OS IMPÉRIOS DO INTERNACIONAL

HUGO GONÇALVES DORES
ANA FILIPA GUARDIÃO
MIGUEL BANDEIRA JERÓNIMO
JOSÉ PEDRO MONTEIRO
(ORGS.)

OS IMPÉRIOS DO INTERNACIONAL

Perspectivas, Genealogias e Processos

ALMEDINA

OS IMPÉRIOS DO INTERNACIONAL:
PERSPECTIVAS, GENEALOGIAS E PROCESSOS

ORGANIZADORES
Hugo Gonçalves Dores
Ana Filipa Guardião
Miguel Bandeira Jerónimo
José Pedro Monteiro

EDITOR
EDIÇÕES ALMEDINA, S.A.
Rua Fernandes Tomás, nºs 76, 78 e 80
3000-167 Coimbra
Tel.: 239 851 904 · Fax: 239 851 901
www.almedina.net · editora@almedina.net

DESIGN DE CAPA
FBA.

PRÉ-IMPRESSÃO
EDIÇÕES ALMEDINA, S.A.

IMPRESSÃO E ACABAMENTO
PAPELMUNDE

Maio, 2020
DEPÓSITO LEGAL
469651/20

ALMEDINA | GRUPOALMEDINA

BIBLIOTECA NACIONAL DE PORTUGAL – CATALOGAÇÃO NA PUBLICAÇÃO

OS IMPÉRIOS DO INTERNACIONAL

Os impérios do internacional: perspectivas, genealogias
e processos / org. Hugo Gonçalves Dores... [et al.]
ISBN 978-972-40-8427-5

I – DORES, Hugo Gonçalves, 1983-

CDU 94(4-44)"18/19"

INTRODUÇÃO
TRAJECTÓRIAS IMPERIAIS E OS MUNDOS DO «INTERNACIONAL»: CASOS, DINÂMICAS E PERSPECTIVAS*

HUGO GONÇALVES DORES
Centro de Estudos Sociais – Universidade de Coimbra
ANA FILIPA GUARDIÃO
Instituto de Ciências Sociais – Universidade de Lisboa
MIGUEL BANDEIRA JERÓNIMO
Centro de Estudos Sociais – Universidade de Coimbra
JOSÉ PEDRO MONTEIRO
Centro de Estudos Sociais – Universidade de Coimbra

A 25 de Outubro de 1911, a revista satírica *Puck* – com um título e correspondente filosofia inspirados na personagem shakespeariana de *Sonho de uma Noite de Verão*, um memorável elfo e bobo, provocador malicioso, mas agudo e certeiro nos remoques – publicou nas suas distintas páginas centrais a ilustração que serve de capa a este volume.[1] Assinada pelo

* Este trabalho foi co-financiado pelo FEDER – Fundo Europeu de Desenvolvimento Regional através do COMPETE 2020 – Programa Operacional Competitividade e Internacionalização (POCI) e por fundos nacionais através da FCT – Fundação para a Ciência e a Tecnologia, no âmbito do projeto «Os mundos do (sub)desenvolvimento: processos e legados do império colonial português em perspectiva comparada (1945-1975)» (PTDC/HAR-HIS/31906/2017 | POCI-01-0145-FEDER-031906).

[1] Fundada em Saint Louis (EUA) em 1871, inicialmente em língua alemã, desde 1877 em inglês, a *Puck* foi a primeira revista de humor com sucesso no país. Terminou em 1918.

artista Gordon Ross (1873-1946), intitula-se *The sleeping sickness* (*A doença do sono*). Nela vemos vários países europeus a implantar bandeiras no continente africano, reservando e expropriando terras, exibindo o seu poderio militar, ímpeto «civilizador» e desenvolvimentista e, ainda, uma particular curiosidade científica. No centro, está um africano gigante, adormecido, encostado a uma árvore. A imagem reproduz tropos bem conhecidos de representação do «Outro» – indolência, por exemplo – que alimentaram processos vários de racialização do mundo colonial e de formulação das chamadas *políticas indígenas* pelas potências coloniais no continente. Junto a ele, com uma bandeira da Bélgica, um europeu chicoteia outro africano. As atrocidades do Rei Leopoldo II tinham adquirido expressão e difusão mundiais recentemente, fazendo ressoar um impacto significativo nos Estados Unidos, onde a *Puck* era editada. O Estado Independente do Congo era então o Congo Belga, desde 1908, isto é, há cerca de três anos, tendo a vontade do monarca soçobrado perante a torrente de indignação face à brutalidade das suas práticas de administração e dominação. Mas os seus legados tardariam em desaparecer.[2] O mesmo poderíamos dizer do que esse apontamento significa: a violência sobre o africano não desvaneceu. A legenda da ilustração diz-nos «Cutting a continent out from under him» («Retalhando um continente debaixo de si»). Remete, como é óbvio, para a partilha de África, dos seus recursos, das suas populações, inclusive para o seu desmantelamento, como se vê no desenho com a retirada das letras de África. Mas esta imagem representa também um momento importante de internacionalização das questões imperiais e coloniais. Sinaliza os efeitos do multilateralismo de oitocentos, nomeadamente na Conferência de Berlim (1884-1885), e aponta para a coexistência de dinâmicas de nacionalismo e internacionalismo imperiais, de processos de competição e de cooperação entre impérios coloniais.[3]

Ou seja, constitui um exemplo, apenas um, mas fundamental, do que este *Impérios do Internacional: Perspectivas, genealogias e processos* procura compreender. O título da ilustração de Ross apontava, por certo, para o conhecido problema das epidemias «tropicais» em África. Nos anos anteriores à sua publicação, estas tinham afectado o continente de modo severo, e mortal.

[2] Ver, por exemplo, Kevin Grant, *A 'Civilized Savagery': Britain and the New Slaveries in Africa, 1884--1926* (Nova Iorque: Routledge, 2005), *maxime* pp. 39-78.

[3] Stig Forster, Wolfgang J. Mommsen e Ronald Robinson, eds., *Bismarck, Europe, and Africa: The Berlin Africa Conference 1884-1885 and the Onset of Partition* (Oxford: Oxford University Press, 1988).

A primeira grande crise deflagrou em 1896 e terminou apenas em 1906, atingindo sobretudo o Congo e o Uganda. Como consequência, entre 1900 e 1915, foram várias as missões científicas que se deslocaram para a África colonizada (missões portuguesas, britânicas, belgas, francesas e alemãs), gerando progressos notórios no conhecimento e profilaxia de tais epidemias, alimentando ao mesmo tempo discursos de «missão civilizadora». Em 1925, a Sociedade das Nações (SDN) organizou a primeira conferência internacional sobre a doença do sono em África, ao mesmo tempo absorvendo e expandindo o conhecimento existente. A segunda ocorreu logo em 1928. Outras se sucederam. O problema internacionalizou-se, facilitando a circulação de saberes e especialistas, tornando-se mais um exemplo de uma crescente intersecção entre dinâmicas imperiais e internacionais, tornando ambas as histórias difíceis de destrinçar.[4] A ilustração de Ross também dá conta deste processo, ilustrando a sua importância para este livro, que o aprofunda, ilustrando-o em diferentes geografias e cronologias, a partir de diversas ordens e métodos de análise.

O presente volume resulta do esforço de vários historiadores que, ao longo dos anos e com muitos outros colegas, têm olhado para as intersecções históricas entre dois processos que, em grande medida, definiram o século pretérito. Trata-se, por um lado, das múltiplas manifestações de imperialismo, abrangendo aqui as suas configurações *formais* e *informais*, e onde se engloba, de forma particular, o colonialismo moderno, produto da expansão europeia no último quartel de oitocentos. Na sua variedade de expressões geográfica, cronológica, económica, política ou ideológica, o imperialismo foi um elemento constitutivo da história do século XX, por muito que este continue a ser lido, de forma anacrónica e *presentista*, como o século da afirmação de uma modalidade específica de governo político, a do Estado-nação, e de uma determinada ordem global fundada na igualdade jurídica soberana dos seus

[4] A literatura sobre a doença em África é considerável. Ver, por exemplo, e referindo apenas livros, Maryinez Lyons, *Colonial Disease: A Social History of Sleeping Sickness in Northern Zaire, 1900-1940* (Cambridge: Cambridge University Press, 1992); Rita Headrick e Daniel R. Headrick, eds., *Colonialism, Health and Illness in French Equatorial Africa, 1885-1935* (Atlanta, GA: African Studies Association Press, 1994); Kirk Arden Hoppe, *Lords of the Fly: Sleeping Sickness Control in British East Africa, 1900-1960* (Westport, CT: Praeger, 2003); Helen Tilley, *Africa as a Living Laboratory. Empire, Development, and the Problem of Scientific Knowledge, 1870-1950* (Chicago: University of Chicago Press, 2011); Deborah J. Neill, *Networks in Tropical Medicine. Internationalism, Colonialism, and the Rise of a Medical Specialty, 1890-1930* (Stanford: Stanford University Press, 2012); Samuel Coghe, *Population Politics in the Tropics: Demography, Health and Colonial Rule in Portuguese Angola, 1890s-1940s* (Florença: Tese de Doutoramento, Instituto Universitário Europeu, 2014).

componentes.[5] Não só os impérios foram determinantes no desenho dos dois sistemas de ordenamento global que marcaram o século passado, primeiro através do sistema da SDN, depois, no da Organização das Nações Unidas (ONU), como muitas das *políticas da diferença* que lhes subjaziam, organizadas em torno de critérios raciais (fossem os seus marcadores justificados por uma ordem de razão biológica ou cultural), foram redefinidas no mundo pós-imperial, onde manifestas desigualdades geográficas, raciais e socioculturais não lograram desaparecer.[6] Aliás, muitas das *políticas da diferença* coloniais persistiram em contextos pós-coloniais, permeando ainda as organizações internacionais após o momento global da descolonização, de maneiras mais ou menos notórias.

Por outro lado, o século XX foi marcado, de forma indelével, por diversas manifestações de *internacionalismo*. Trata-se de um conceito que carrega uma diversidade de significados substancial, tanto nos seus objectivos, desde o internacionalismo enquanto prática de cooperação dentro de uma sociedade internacional de Estados a um internacionalismo imaginado como forma de federação mundial, como em relação às suas diferentes tonalidades, do internacionalismo comunista ao liberal, sem descurar, aspecto aqui particularmente importante, as manifestações de internacionalismo imperial e, de sinal contrário, as que dele fizeram veículo para tentar quebrar as formas de dominação e subjugação colonial. Enquanto prática de mobilização social, metodologia de interrogação do mundo, expressão institucional ou projecto político de reforma ou de transformação radical, o internacionalismo, sempre plural, beneficiou dos rápidos desenvolvimentos técnicos e sociais que marcaram especialmente a segunda metade do século XIX. Manifestou-se, de resto, em iniciativas políticas de carácter relativamente *ad-hoc*, como o Congresso de Viena (1815), e o Concerto Europeu que seguiu na sua esteira,

[5] Para uma genealogia histórica e política do conceito ver os ainda estimulantes exercícios de Richard Koebner, *Empire* (Nova Iorque: Cambridge University Press, 1961) e Richard Koebner e Helmut Dan Schmidt, *Imperialism: The Story and Significance of a Political Word, 1840–1960* (Cambridge: Cambridge University Press, 1964).

[6] Sobre a história e alguns dos legados das formações imperiais, na sua relação com o sistema de ordenamento global, ver, por exemplo, Mark Mazower, *No Enchanted Palace: The End of Empire and the Ideological Origins of the United Nations* (Princeton: Princeton University Press, 2009); Patricia Clavin, *Securing the World Economy: The Reinvention of the League of Nations 1920–1946* (Oxford: Oxford University Press, 2013); Susan Pedersen, *The Guardians: The League of Nations and the Crisis of Empire* (Oxford: Oxford University Press, 2015); Simon Jackson e Alanna O'Malley, *The Institution of International Order: From the League of Nations to the United Nations* (Londres: Routledge, 2018).

e as duas conferências internacionais que viriam a simbolizar a expansão europeia em África, a, já referida, de Berlim (1884-1885) e a de Bruxelas (1889-1890), durante o último quartel do século.[7] Constituiu ainda um importante mecanismo de conexão entre formações imperiais e dinâmicas globalizantes.[8]

Precedida por processos similares de ordem técnica ou científica (por exemplo, em torno de questões como comunicações, tráfego ou unidades de medida), a criação, em 1919, da Sociedade das Nações marcaria uma nova etapa, institucionalizada, de diálogo, cooperação, disputa e confronto num plano que ia além dos estritos limites do Estado nacional.[9] Essa institucionalização adensar-se-ia ao longo de todo o século XX (legando evidentes repercussões nos tempos presentes), sem nunca deixar de se fazer acompanhar por um alargamento das áreas onde as dinâmicas de internacionalização operavam: da economia às políticas sociais, passando pela cultura, até a temas específicos como o combate ao tráfico humano ou o controlo da proliferação nuclear.[10] Precedendo e acompanhando essa institucionalização, a acção de redes e grupos organizados em planos internacionais e transnacionais exponenciou-se ao longo do século passado, ao mesmo tempo que se renovavam os seus repertórios e escopo de intervenção, contribuindo para a constituição de uma *esfera pública global*

[7] Sobre o século XIX, ver, como exemplos, Martin H. Geyer e Johannes Paulmann, *The Mechanics of Internationalism: Culture, Society and Politics from the 1840s to the First World War* (Oxford e Nova Iorque: Oxford University Press, 2001) e os textos inclusos em Emily Rosenberg, ed., *A World Connecting, 1870-1945* (Cambridge, MA: Harvard University Press, 2012).

[8] Tony Ballantyne e Antoinette Burton, «Empires and the reach of the global», em Emily Rosenberg, ed., *A World Connecting, 1870-1945*, pp. 285-431; Martin Thomas e Andrew Thompson, «Empire and Globalisation: From 'High Imperialism' to decolonisation», *International History Review*, vol. 36 (2014), pp. 142–170; Miguel Bandeira Jerónimo, «Imperial globalisations», em Cátia Antunes e Karwan Fatah-Black, eds., *Explorations in History and Globalization* (Londres: Routledge, 2016), pp. 212-230.

[9] Acerca da vibrante literatura sobre internacionalismo ver, entre vários outros exemplos possíveis, Akira Iriye, *Global Community: The Role of International Organizations in the Making of the Contemporary World* (Berkeley: University of Caifornia Press, 2002); Glenda Sluga, *Internationalism in the Age of Nationalism* (Filadélfia: University of Pennsylvania Press, 2013); Mark Mazower, *Governar o Mundo. História de uma Ideia: De 1815 até aos nossos dias* (Lisboa: Edições 70, 2017); Glenda Sluga e Patricia Clavin, eds., *Internationalisms: A twentieth-century history* (Cambridge: Cambridge University Press, 2016); Miguel Bandeira Jerónimo e José Pedro Monteiro, *Internationalism, Imperialism and the Formation of the Contemporary World: the pasts of the present* (Basingstoke: Palgrave, 2017).

[10] Daniel Gorman, *The Emergence of International Society in the 1920s* (Cambridge: Cambridge University Press, 2012).

tendencialmente mais democrática e abrangente, onde, cada vez mais, a par das trocas oficiais entre chancelarias, ou entre agentes económicos, se multiplicavam as campanhas, os boicotes e os processos de recolha de informação que procuravam internacionalizar questões particulares. Os *agentes* do internacional, por consequência, tornaram-se faces cada vez mais quotidianas e populares na vida das sociedades, um pouco por todo o globo.[11]

Se estes dois processos históricos *macro* têm, ao longo das décadas (ainda que com temporalidades bem distintas), dado origem a historiografias próprias, ricas e complexas, os estudos que procuram olhar para as suas frequentes interconexões e sobreposições históricas apresentam uma genealogia mais recente, algo que desenvolveremos mais à frente. Para já, trata-se de reconhecer que o *imperial* e o *internacional* se constituíram e alimentaram mutuamente nas mais diversificadas instâncias históricas do século que passou. É, hoje, relativamente pacífico afirmar que o processo de expansão e consolidação imperial europeia marcou, de forma indelével, por exemplo, as estruturas do Direito Internacional Público ou várias das normas, métodos de funcionamento e instituições que deram corpo não só ao *sistema* da SDN mas também ao da ONU.[12] Da mesma forma, a contestação a esse domínio imperial europeu determinou, em grande medida, o quadro normativo que regulou e continua a regular, de variadas maneiras, a presente ordem global, definida em torno do princípio da universalidade do direito à auto-determinação política e jurídica dos povos. A oposição ao colonialismo europeu comportaria ainda a introdução de novas modalidades de organização e activismo que imprimiriam mudanças tanto nos conteúdos como nas rotinas de diferentes organismos internacionais, gerando, de permeio, um novo tipo de rede ou organização não-governamental internacional ou transnacional e estabelecendo novas formas de solidariedade com alguns dos actores já existentes.[13]

[11] Amy L. Sayward, *The United Nations in International History* (Londres e Nova Iorque: Bloomsbury, 2017).

[12] Ver as contribuições fulcrais de Martti Koskenniemi, *The Gentle Civilizer of Nations: The Rise and Fall of International Law, 1870–1960* (Cambridge: Cambridge University Press, 2002) e de Antony Anghie, *Imperialism, Sovereignty and the Making of International Law* (Cambridge: Cambridge University Press, 2007). Ver, ainda, Martti Koskenniemi, Walter Reich e Manuel Jiménez Fonseca, eds., *International Law and Empire: Historical Explorations* (Oxford: Oxford University Press, 2017).

[13] Para um texto fundamental ver Margaret E. Keck e Kathryn Sikkink, *Activists Beyond Borders: Advocacy Networks in International Politics* (Nova Iorque: Cornell University Press, 1998). Ver, ainda, Neta Crawford, *Argument and Change in World Politics: Ethics, Decolonization and Humanitarian*

Paralelamente, são já antigos os apelos para que a compreensão do moderno imperialismo europeu consiga escapar ao confinamento ao longo de linhas nacionais ou imperiais. Para além do entendimento dos fenómenos imperiais como comportando, pelo menos em potência, dinâmicas globalizantes, um entendimento mais fino, e rico, do colonialismo europeu implicará sempre o estudo de actores, fluxos, eventos e processos que ligaram os vários *locais* a espaços e redes internacionais e transnacionais.[14] E inter-imperiais, aspecto que tem vindo a marcar, de forma crescente, a agenda historiográfica.[15] Por exemplo, é dificilmente disputável a afirmação de que as várias doutrinas da «missão civilizadora», assim explicitamente nomeadas ou não, não podem ser compreendidas sem se atentar na circulação, troca e *acomodação contingente* de conceitos, tropos, linguagens e saberes, práticos e científicos, que deram corpo a um fenómeno trans-imperial de *racionalização* e justificação do governo das populações nativas e a outro, ao primeiro intimamente associado, de *sedimentação* ideológica, política e diplomática da legitimidade imperial europeia. Tal sucedeu tanto nos territórios entretanto adquiridos como na edificação de uma ordem global marcada pela afirmação da desigualdade e diferenciação explícitas entre espaços *civilizados* e espaços *a civilizar*.[16]

A internacionalização dos debates em torno da questão imperial agudizar--se-ia ao longo do século XX, consolidando a interacção entre potências

Intervention (Cambridge: Cambridge University Press, 2002); Erez Manela, *The Wilsonian Moment: Self-Determination and the International Origins of Anticolonial Nationalism* (Oxford: Oxford University Press, 2007); Daniel Maul, *Human Rights, Development and Decolonization: the International Labour Organization, 1940-1970* (Basingstoke: Palgrave, 2012); Miguel Bandeira Jerónimo e José Pedro Monteiro, *Internationalism, Imperialism and the Formation of the Contemporary World.*

14 Ver alguns argumentos sobre o assunto em Diogo Ramada Curto, Nuno Domingos e Miguel Bandeira Jerónimo, «Da história de África à história global: problemas e conexões», em Frederick Cooper, *Histórias de África. Capitalismo, Modernidade e Globalização* (Lisboa: Edições 70, 2016), pp. 9-40, esp. pp. 23-24, 26-28.

15 Muitos destes trabalhos têm vindo a ser discutidos e apresentados em inúmeras conferências internacionais e começam agora a ser publicados. Este volume contém alguns exemplos. Ver ainda o trabalho pioneiro de John Kent, *The Internationalization of Colonialism: Britain, France and Black Africa, 1939-1956* (Oxford: Clarendon Press, 1992); e, ainda, Volker Barth e Roland Cvetkovski (eds.), *Imperial Co-operation and Transfer, 1870-1930* (Londres: Bloomsbury, 2015).

16 Ver, por exemplo, Alice L. Conklin, *A Mission to Civilize. The Republican idea of Empire in France and West Africa, 1895-1930* (Stanford: Stanford University Press, 1999); Kevin Grant, *A 'Civilized Savagery'*; Miguel Bandeira Jerónimo, *Livros Brancos Almas Negras. A 'Missão Civilizadora' do Colonialismo Português (c.1870-1930)* (Lisboa: Imprensa de Ciências Sociais, 2010).

imperiais, tanto de natureza cooperativa como de diferenciação e competição, como referimos no início deste texto, a propósito da ilustração de Gordon Ross na *Puck*. Mas permitiria também definir modalidades *aceitáveis* e *não-aceitáveis* de dominação colonial, sob um ponto de vista estritamente político, como sucedeu com a própria invenção do conceito de mandato internacional, criado no âmbito da SDN[17], mas também num sem número de tópicos de interesse para as sociedades coloniais das Caraíbas, África ou Ásia: da saúde à educação, passando pelo importante tópico do trabalho (frequentemente, de natureza forçada), das estatísticas ou da nutrição. Sobre todos estes assuntos, foram vários os grupos internacionais e transnacionais que procuraram definir argumentos e políticas, condicionando, de modo variável, a trajectória das organizações internacionais e suas agências especializadas. Seria também tendo por pano de fundo o debate e formulação de conceitos e normas, bem como a análise de casos específicos, referentes a cada um destes temas sectoriais, num plano internacional institucionalizado, que as intersecções históricas entre internacionalismo e imperialismo se foram moldando e entretecendo.[18] O lastro histórico criado por essas dinâmicas de internacionalização (e *transnacionalização*) permitiria, mais tarde, que o processo de descolonização global e as suas traduções locais se tornassem num jogo que foi muito além da mera relação metrópole-colónia. No Congo, em Angola, na Argélia ou na Índia, actores, grupos e instituições internacionais e transnacionais desempenharam um papel fundamental no turbulento *endgame* colonial.

É sobre essas múltiplas intersecções que o *Os Impérios do Internacional* trata. Fá-lo através de investigações originais de historiadores de múltiplas nacionalidades e provenientes de diferentes contextos académicos, tendo por objectos históricos e historiográficos diversos temas, eventos, processos, actores, cronologias e geografias. Procura-se, desta forma, oferecer uma panorâmica rica de alguns dos trabalhos mais inovadores que estão a ser feitos nestes domínios disciplinares, que resultam do tipo de investigação

[17] Michael D. Callahan, *Mandates and Empire: the League of Nations and Africa, 1914*-1931 (Brighton: Sussex Academic Press, 1999); Véronique Dimier, «'L'internationalisation' du débat colonial. Rivalités franco-britanniques autour de la commission permanente des mandates», *Outre-mers*, vol. 89, n.º 2 (2002), pp. 333-360; Susan Pedersen, «The meaning of the mandates system: An argument», *Geschichte und Gesellschaft*, vol. 32 (2006), pp. 560–582.

[18] Para vários exemplos ver Miguel Bandeira Jerónimo, «Developing civilisation? Imperial internationalism at the League of Nations (1920s-1930s)», *Histoire@Politique*, vol. 41 (no prelo, 2020).

que procura integrar diferentes ordens analíticas, baseado em pesquisas multi-arquivísticas e multi-linguísticas e que visa compreender a história dos impérios coloniais europeus e dos diferentes movimentos e instituições internacionais de forma historicamente ancorada. Tenta-se, desta forma, desvelar uma realidade mais fina sobre como, onde e porquê dinâmicas internacionais e transnacionais condicionaram os quotidianos dos impérios e, ao mesmo tempo, como o universo alargado das formações imperiais (onde se contavam advogados e detractores) moldou organismos internacionais de vária espécie. Constrangeu ainda a formação uma ordem global específica que, não é demais recordar, não nos é alheia ou indiferente, nos dias que correm.

Importa sublinhar, contudo, que este livro resulta de um esforço colectivo que já conta alguns anos e que teve um precedente com a publicação, em 2015, do volume *Os Passados do Presente: Internacionalismo, Imperialismo e a Construção do Mundo Contemporâneo.*[19] *Os Impérios do Internacional* reforça as reflexões contidas em *Os Passados do Presente*, complexificando algumas das suas propostas e alargando os estudos de casos a partir dos quais as relações entre o internacional e o transnacional e o imperial e o colonial podem ser pensadas, com rigor e fundamento empírico. Dialoga com aquele, mas, ao mesmo tempo, reflecte a expansão e densificação da investigação historiográfica neste campo, em particular no que concerne aos temas, objectos, metodologias e casos que são abordados. Trata-se de um investimento moroso, complexo, que procurou olhar para a intersecção histórica entre estes dois fenómenos. Foi, seguramente, menos rentável, a vários títulos, que as investidas, frequentemente oportunistas, a nível pessoal e institucional, que celebram *a* efeméride sem nenhuma agenda intelectual sustentada nem vestígio de trabalho empírico anterior, o que, aliás, é razoavelmente evidente a partir de vários prismas.[20]

Se o livro *Os Impérios do Internacional* procura ir para além do estrito caso português, incluindo geografias tão díspares como o ex-Congo Belga, a Índia ou a Nigéria, reflecte, ao mesmo tempo, o substancial desenvolvimento

[19] Miguel Bandeira Jerónimo e José Pedro Monteiro, orgs., *Os Passados do Presente: Internacionalismo, Imperialismo e a Construção do Mundo Contemporâneo* (Coimbra: Almedina, 2015). Este volume, por sua vez, já resultava de investigações anteriores que interrogavam estes problemas históricos e historiográficos. Anos depois, com importantes revisões, foi publicado Miguel Bandeira Jerónimo e José Pedro Monteiro, *Internationalism, Imperialism and the Formation of the Contemporary World.*

[20] O centenário da criação da Sociedade das Nações e das suas agências especializadas tem suscitado alguns exemplos deste oportunismo sem substância ou relevo, o que tem sido notado recorrentemente em vários encontros internacionais, por vários especialistas. Natural e felizmente, nem todos os eventos sobre o tópico enfermam do mesmo mal.

dos estudos que procuram indagar historicamente como o imperialismo português foi enformado por dinâmicas que ultrapassaram as fronteiras do seu Estado-império. Da mesma forma, se não é abandonada uma concepção de imperialismo que não se confine às manifestações de *imperialismo formal*, há uma incidência mais clara em casos que procuram relacionar o *moderno* colonialismo europeu, nas suas diferentes fases, com dinâmicas internacionais. Ao mesmo tempo, procura-se reflectir as distintas temporalidades da interrelação entre imperialismo e internacionalismo de forma a questionar ideias genéricas e simplificadoras sobre essas cronologias. Por exemplo, ao fazer recuar as ligações entre anticolonialismo, comunismo e internacionalismo ao período entre-guerras. Ou ao explorar os legados mais ou menos imediatos das dinâmicas coloniais que se fizeram sentir no momento posterior à transferência das independências na Índia ou no Congo. Sobretudo, tal como no volume anterior, procura-se trazer ao leitor português estudos empiricamente sustentados de um «campo» em franco desenvolvimento e que tem, inegavelmente, obrigado a repensar modos tradicionais de compreender o imperialismo e o internacionalismo no século XX, bem como as suas duradouras marcas, ainda discerníveis num mundo marcado por persistentes desigualdades, discriminações e violências, materiais e simbólicas.

Os Impérios do Internacional procurou, pois, complementar, não apenas com novos casos mas respondendo a problemas por explorar, aquilo que já fora iniciado com *Os Passados do Presente*. Por exemplo, uma das lacunas identificadas, então e mais tarde, foi a ausência de estudos sobre como a forma particular de solidariedade anticolonial além-fronteiras se relacionou historicamente com outras modalidades de internacionalismo, em particular os internacionalismos socialista e comunista. O último desde muito cedo identificou na libertação dos povos coloniais um componente integrante do seu projecto, discursivo e prático, de uma transformação social universal. Neste volume, por exemplo, ficamos a saber mais sobre como essas redes se relacionaram, sobrepuseram ou conflituaram, especialmente no período entre-guerras. De resto, tratou-se de um encontro que se repetiria, mais tarde e com contornos bastante diferentes, como, por exemplo, no contexto da turbulenta descolonização do ex-Congo Belga e na acentuada internacionalização que lhe esteve associada.[21]

[21] Alanna O'Malley, *The Diplomacy of Decolonisation, America, Britain and the United Nations during the Congo Crisis 1960-64* (Manchester: Manchester University Press, 2018).

Se a recuperação do papel histórico desempenhado por activistas anticoloniais no entre-guerras (linha de investigação que tem produzido estudos inovadores) e as suas filiações em diferentes modalidades de internacionalismo nos ajuda a repensar as cronologias e conteúdos de uma história da descolonização, outras formas há que nos ajudam a historicizar, de forma mais precisa, tanto os passados do *internacional* como os do *imperial*.[22] Contrariando narrativas unilineares, marcadas por *pontos de viragem* que tudo pretendem explicar (mas não o fazem), vários textos neste volume chamam a atenção para o modo como os impérios coloniais europeus, a partir de 1945, *grosso modo*, longe de darem por perdidos os seus domínios ultramarinos, após a relativamente rápida descolonização da Ásia, viram no continente africano a via para o *rejuvenescimento* das suas sociedades metropolitanas.[23] Nestes anos, e com importantes variações entre as diferentes configurações imperiais europeias, a *segunda ocupação colonial* europeia fez-se acompanhar de numerosos debates, implícitos e explícitos, sobre como reformar os impérios, sobre como os adequar aos ares dos tempos. O recurso em massa à exploração laboral africana, o princípio da autossuficiência financeira das colónias ou a persistência de regimes jurídicos que cristalizavam uma diferença *essencial* (ao longo de linhas raciais mais ou menos declaradas) entre os diferentes habitantes das formações imperiais representaram alguns dos aspectos tradicionalmente associados aos impérios do entre-guerras que foram, mais ou menos rapidamente, com maior ou menor propósito, questionados por administradores, governantes e peritos coloniais, e pelas opiniões públicas, na Europa e em África, e um pouco por todo o globo. O novo regime normativo internacional, em grande medida, impulsionou os decisores políticos imperiais a reimaginar formas, em princípio, mais inclusivas, proclamadas como *multirraciais* e supostamente democráticas, de lidar com os sujeitos coloniais, sobretudo os antigos *indígenas*, no continente africano. Se muitas destas acções foram de natureza reactiva, tendo por objectivo preservar

[22] Jennifer Boittin, *Colonial Metropolis: The Urban Grounds of Anti-Imperialism and Feminism in Interwar Paris* (Lincoln, NE: University of Nebraska Press, 2010); Marc Matera, *Black London: the Imperial Metropolis and Decolonization in the Twentieth Century* (Berkeley: University of California Press, 2015); Michael Goebel, *Anti-Imperial Metropolis: Interwar Paris and the Seeds of Third World Nationalism* (Cambridge e Nova Iorque: Cambridge University Press, 2015). Para um outro tipo de «metrópole» anticolonial, ver Jeffrey James Byrne, *Mecca of Revolution: Algeria, Decolonization and the Third World Order* (Nova Iorque: Oxford University Press, 2016).

[23] Ver, por exemplo, Nicholas J. White, «Reconstructing Europe through rejuvenating empire: The British, French, and Dutch experiences compared», *Past & Present*, vol. 210, n.º 6 (2011), pp. 211-236.

o império e responder à multiplicação de acusações sobre o anacronismo das soluções coloniais e das formações imperiais, não se devem ignorar os esforços de mudança e reforma que lhes estavam subjacentes. Muito menos as suas consequências locais, de natureza política, social, económica, cultural ou até ambiental (aspecto este que está, infelizmente, ausente deste volume).

Como tal, em África, os anos posteriores ao fim da Segunda Guerra Mundial não podem ser lidos como um trajecto directo, provável, expectável e indisputável em direcção à descolonização, traduzida que foi na multiplicação do número de novas unidades políticas soberanas. Foram anos de acesa competição entre os que pretendiam preservar, reformar ou desmantelar o império (e, dentro destes, os que pretendiam a *balcanização* do continente e os que imaginavam novas formas de associação, fossem elas a Euráfrica ou o Pan-Africanismo).[24] Nessa história, as dinâmicas de internacionalização, já antes presentes, atingiram um novo grau de influência e consequência históricas. Traduziram-se em novos mecanismos de inspecção e supervisão, aprofundando as brechas na reserva de soberania imperial, que operaram num quadro normativo substancialmente diferente, onde, por exemplo, a discriminação racial se tornava muito mais custosa politicamente. Numa frase, a disputa em torno da legitimidade e gestão imperial estava, então, longe de ser pré-determinada e jogou-se, cada vez mais, numa esfera internacional. E os que participaram nesta contenda estavam bem cientes disso.

Impérios do Internacional, nesse sentido, e por relação com o que já fora iniciado em *Os Passados do Presente*, vai mais longe no estudo de casos e temas que fizeram parte dessa história. Entre os exemplos que se poderiam elencar, destacamos três. São linhas de investigação que não só dialogam com outras historiografias, mas que, também, complexificam a relação entre o *internacional* e o *imperial*, na sua intrínseca pluralidade de expressões. Primeiro, o caso da saúde e das políticas coloniais que lhe estavam subjacentes. Elemento central na expansão europeia, tanto enquanto marcador da putativa «missão civilizadora» como enquanto pré-requisito da ocupação europeia de territórios até então inacessíveis, a questão da saúde colonial, que durante o período entre-guerras já propiciara o estabelecimento de redes técnicas e científicas

[24] Ver, por exemplo, por tópico referido, Frederick Cooper, *Citizenship between Empire and Nation: Remaking France and French Africa, 1945-1960* (Princeton, NJ: Princeton University Press, 2018); Peo Hansen e Stefan Jonsson, *Eurafrica: The Untold History of European Integration and Colonialism* (Londres: Bloomsbury Academic, 2014); Leslie James, *George Padmore and Decolonization from Below. Pan-Africanism, the Cold War, and the End of Empire* (Nova Iorque: Palgrave Macmillan, 2015).

importantes, adquiriu uma nova centralidade no pós-1945.[25] Ao contrário de outros tópicos da vida colonial, as questões sanitárias emergiriam rapidamente como passíveis do estabelecimento de novas formas de cooperação inter-imperial e internacional.[26] Apesar do seu potencial enquanto elemento de disputa política e diplomática, na medida em que a saúde das populações coloniais podia atestar o esforço «civilizador» ou desenvolvimentista imperial ou, pelo contrário, uma negligência desumanizadora, a segunda metade do século XX assistiu a uma expansão dos programas internacionais de intervenção, sobretudo no continente africano. Tal sucedeu, sobretudo, através de missões *verticais* relacionadas com doenças específicas, como a malária ou a doença do sono. Mais uma vez, apesar da sua saliência política, a porosidade das fronteiras africanas e as características específicas das doenças propiciaram esforços de colaboração internacional que marcaram, de forma indelével, o continente, e os seus quotidianos. E que prosseguiriam após as independências através de várias formas de assistência técnica.[27]

A palavra assistência, de resto, associar-se-ia à história dos territórios previamente colonizados. Mas não se trata de uma história que começa aí. De facto, e em segundo lugar, a história do *colonialismo tardio* não pode ser desligada da emergência e consolidação de um regime dos direitos humanos e da expansão de um fenómeno associado, ainda que diferente, o do humanitarismo. Nesse sentido, o livro *Impérios do Internacional* dialoga com as dinâmicas historiografias que tratam as questões dos direitos humanos e humanitarismo. Fá-lo sublinhando a forma como a afirmação internacional de novas linguagens, doutrinas e repertórios de acção em torno da universalidade de determinados direitos influiu de múltiplas maneiras, muitas das vezes conflituosas entre si, na história dos derradeiros anos do colonialismo europeu, e lhe sobreviveu, depois de reapropriada e reinterpretada de modo a responder às desigualdades globais que persistiram

[25] Para o período entre-guerras, ver Iris Borowy, *Coming to Terms with World Health: The League of Nations Health Organisation, 1921-1946* (Frankfurt am Main: Peter Lang, 2009).

[26] Para um exemplo, ver Samuel Coghe, «Inter-imperial learning and African health care in Portuguese Angola in the interwar period», *Social History of Medicine*, vol. 28, n.º 1 (2015), pp. 134-154.

[27] Sunil S. Amrith, *Decolonizing International Health: India and South-East Asia, 1920-1965* (Basingstoke: Palgrave MacMillan, 2006); Deborah J. Neill, *Networks in Tropical Medicine*; Veronika Lipphardt e Alexandra Widmer, eds., *Health and Difference: Rendering Human Variation in Colonial Engagements* (Nova Iorque: Berghahn, 2016); Jessica Pearson, *The Colonial Politics of Global Health: France and the United Nations in Postwar Africa* (Cambridge, MA: Harvard University Press, 2018).

após a descolonização global. Os direitos humanos tornaram-se, de facto, linguagem corrente na disputa em torno da soberania política e jurídica, obrigando os impérios coloniais europeus a responder-lhe, tanto de um ponto de vista retórico ou simbólico, como imaginando novas formas de governar as populações sob o seu domínio.[28] Da mesma forma, a questão do humanitarismo e da assistência humanitária respondeu aos diferentes ritmos da descolonização, particularmente face aos conflitos que esta incorporou ou gerou (das guerras de libertação às imediatas «crises» geradas, ou, pelo menos, justificadas, pelas fronteiras inalteradas do novo Estado pós-colonial) ao mesmo tempo que esta não deixaria de influenciar as práticas, normas e políticas do humanitarismo.[29]

Dinâmicas similares podem ser detectadas no terceiro exemplo que aqui avançamos. O tópico da educação colonial já fora objecto de internacionalização no período entre-guerras.[30] Declarado como mecanismo cimeiro dos desígnios "civilizadores" europeus, o processo educativo permaneceu envolto em dilemas relativos à inscrição, admissão e obrigatoriedade, e ao tipo de educação que melhor servia os sujeitos coloniais face às suas responsabilidades na administração do império.[31] Após 1945, tornou-se um recorrente objecto

[28] Sobre a vasta historiografia dos direitos humanos ver, sobretudo, Bonny Ibhawoh, *Imperialism and Human Rights: Colonial Discourses of Rights and Liberties in African History* (Nova Iorque: SUNY, 2007); Roland Burke, *Decolonization and the Evolution of International Human Rights* (Filadélfia: University of Pennsylvania Press, 2010); Jan Eckel, «Human rights and decolonization: New perspectives and open questions», *Humanity*, vol. 1, n.º 1 (2010), pp. 111-135; Andreas Eckert, «African nationalists and human rights, 1940s–1970s», em Stefan-Ludwig Hoffmann, ed., *Human Rights in the Twentieth Century* (Cambridge: Cambridge University Press, 2011), pp. 283-300; Meredith Terretta, «From below and to the left? Human rights and liberation politics in Africa's postcolonial age», *Journal of World History*, vol. 24, n.º 2 (2013), pp. 389-416; Fabian Klose, *Human Rights in the Shadow of Colonial Violence* (Filadélfia: University of Pennsylvania Press, 2013); Jan Eckel e Samuel Moyn, eds., *The Breakthrough: Human Rights in the 1970s* (Filadélfia: University of Pennsylvania Press, 2014); Steven Jensen, *The Making of International Human Rights: the 1960s, Decolonization and the Reconstruction of Global Values* (Nova Iorque: Cambridge University Press, 2016).

[29] Ver o trabalho recente de Ana Filipa Guardião, *Desafios Coloniais na Construção do Sistema Internacional de Proteção dos Refugiados: os Processos de Descolonização do Quénia, Argélia e Angola (1950--1975)* (Lisboa: Tese de Doutoramento, Instituto de Ciências Sociais, Universidade de Lisboa, 2019).

[30] Julie McLeod e Fiona Paisley, «The modernization of colonialism and the educability of the 'native': Transpacific knowledge networks and education in the interwar years», *History of Education Quarterly*, vol. 56, n.º 3 (2016), pp. 473-502.

[31] Ver alguns exemplos em Marc Depaepe e António Nóvoa, eds., «The colonial experience in education», *Paedagogica Historica*, vol. 31, supplement 1 (1995); Barnita Bagchi, Eckhardt Fuchs e

de enunciação das contradições dos projectos imperiais por aqueles que os procuravam contestar. No âmbito de renovados esforços desenvolvimentistas, a questão educativa ver-se-ia envolta em cada vez mais densas redes e circuitos de ideias, programas, especialistas e intelectuais. Também aqui, os esforços coloniais de redefinir políticas e estratégias para lidar com populações ditas *atrasadas* influenciaria programas e normas internacionais, ao mesmo tempo que emergiria como um tópico, central e recorrente, de contestação, mobilizado por aqueles apostados na desintegração dos impérios coloniais europeus ou, objectivo mais amplo e limitado ao mesmo tempo, no fim do colonialismo ocidental. Mais uma vez, trata-se de uma história onde usos instrumentais e genuínas preocupações de natureza social se misturaram.[32] Mas, repetindo-nos, trata-se de uma história que se tornará muito mais pobre se lida a partir de um prisma estritamente colonial ou até imperial. Dessa forma, as importantes circulações e apropriações geradas por trocas inter-imperiais e internacionais restarão ausentes, assim como ficará por explicar a insistência de abordagens implementadas por agências internacionais, após a queda dos impérios, em continuar a inscrever-se numa leitura influenciada pelas percepções racializadas ou *culturalistas* dos antigos peritos e funcionários imperiais e coloniais.

Estes são apenas três exemplos, entre vários que podiam ser elencados, das formas através das quais *Os Impérios do Internacional* recupera um projecto com vários anos, apontando caminhos de investigação. No caso da academia portuguesa, são trilhos ainda por explorar com consistência e sustentação empírica, não passíveis de serem sustentados por meros *comissários de festas*, sempre à procura da efeméride do momento, ou por activos produtores de sínteses. Antes, um projecto historiográfico que procura perceber as conexões e intersecções históricas entre internacionalismo e imperialismo, mas, ao mesmo tempo, dar-lhes espessura histórica, demonstrando como, onde e

Kate Rousmaniere, eds., *Connecting Histories of Education. Transnational and Cross-Cultural Exchanges in (Post-)Colonial Education* (Nova Iorque e Londres: Berghahn Books, 2014); Peter Kallaway e Rebecca Swartz, eds., *Education and Empire in Africa: The Shaping of a Comparative Perspective* (Nova Iorque: Peter Lang, 2016); Hugo Gonçalves Dores, Miguel Bandeira Jerónimo e Damiano Matasci, eds., *Education and Development in Colonial and Postcolonial Africa. Policies, Paradigms, and Entanglements, 1890s-1980s* (Londres: Palgrave Macmillan, 2020).

32 Phillip W. Jones, *International Policies for Third World Education: UNESCO, Literacy, and Development* (Nova Iorque: Routledge, 1988); Damiano Matasci, «Assessing needs, fostering development: UNESCO, illiteracy and the global politics of education (1945-1960)», *Comparative Education*, vol. 53, n.º 1 (2017), pp. 35-53; Joseph Watras, «UNESCO's programme of fundamental education, 1946-195», *History of Education*, vol. 39, n.º 2 (2010), pp. 219-237.

quando elas condicionaram realidades concretas, fossem estas os debates em corredores de instalações reputadas em Nova Iorque, Genebra ou Bruxelas, ou em aldeias remotas em Moçambique ou no Paquistão.

* * *

Este livro está organizado em três partes. A primeira parte, intitulada *Anticolonialismo, descolonização e ordem global*, centra-se nas diversas formas de resistência e contestação ao imperialismo, desde o período entre-guerras até aos processos de reconfiguração imperial e de descolonização, no segundo pós-guerra, apontando para as dinâmicas transterritoriais dos movimentos anticoloniais e para a centralidade de projectos internacionalistas a este respeito. Não ignora, também, os vários esforços imperiais para lidar com os novos desafios protagonizados local ou internacionalmente. A reapreciação das cronologias é acompanhada pela diversificação de geografias, incluindo as ideológicas, e tópicos a partir dos quais tais dinâmicas e projectos podem ser pensados e melhor compreendidos.

O primeiro capítulo, de Fredrik Petersson, acompanha o percurso individual e os esforços organizativos de activistas anticoloniais no período entre-guerras, identificando conexões precisas entre movimentos anti-coloniais e internacionalistas. É através das histórias destes diferentes actores que Petersson questiona até que ponto a Conferência de Paz de Paris e o Tratado de Versalhes moldaram as perspectivas anticolonialistas da época enquanto expressão de um determinado internacionalismo, anticolonialista e influenciado por premissas socialistas ou comunistas. Entre outros aspectos, o texto analisa, por exemplo, o impacto que estas correntes político-ideológicas tiveram na formação das identidades daqueles que contestaram o colonialismo ocidental depois da Primeira Guerra Mundial. Petersson reforça a relação entre anticolonialismo e internacionalismo, demonstrando que partilharam aspectos comuns, não deixando, todavia, de divergir.

Centrando-se no pós-1945, o capítulo de Jessica Pearson aborda as perspectivas da diplomacia francesa perante as negociações ocorridas na conferência de São Francisco, em 1945, respeitante à constituição da futura Organização das Nações Unidas. Confrontados com as divergências entre as suas visões e expectativas sobre o futuro sistema global face à posição de representantes dos governos britânicos e norte-americanos, os funcionários franceses viram-se forçados a aceitar, em grande medida, as condições impostas pelo novo cenário. Pearson acompanha a forma como as autoridades francesas procuraram resistir e condicionar, e até aquiescer face à constituição de um sistema de supervisão colonial, sinalizando, ao mesmo tempo, as tentativas da IV República para implementar medidas reformistas que pudessem isentar as suas colónias das intenções tutelares e de supervisão da nascente ONU.

Incidindo sobre a acção das Nações Unidas no processo de descolonização em África, poucas décadas após a sua criação, Alanna O'Malley oferece um olhar criterioso sobre a crise interna e internacional que afectou o antigo Congo Belga, no rescaldo da sua declaração de independência e, depois, com a secessão da sua província meridional, o Catanga. Mapeando as posições divergentes da Grã-Bretanha e dos Estados Unidos perante a hipótese de uma intervenção externa ao abrigo e protagonizada pela ONU, O'Malley revela múltiplos e dinâmicos posicionamentos face aos argumentos e projectos coloniais e internacionalistas, assim como face às possibilidades, vantagens e limites, da sua intersecção. E, a este propósito, os efeitos da entrada e crescente participação dos Estados africanos recém-independentes nos debates na ONU, imersos relacionando-se com as dinâmicas da Guerra Fria, são escrutinados.

A segunda parte deste volume, intitulada *Direitos humanos, humanitarismo e universalismo(s)*, explora a problemática dos direitos humanos e do humanitarismo em contextos africanos coloniais e pós-coloniais, olhando para a forma como as dinâmicas imperiais e internacionais se cruzaram e influenciaram mutuamente, resultado da acção de uma miríade de indivíduos, grupos e Estados. Os capítulos que lhe dão corpo contribuem para o debate historiográfico sobre as interseções entre imperialismo e internacionalismo e, tal como outros trabalhos e investigações têm sublinhado, revelam uma trajecto menos linear na história da acção humanitária e dos propósitos de universalização do regime de direitos humanos.

A contribuição de Miguel Bandeira Jerónimo e José Pedro Monteiro explora a crescente internacionalização e politização da questão colonial portuguesa a partir de 1955, ano da entrada de Portugal nas Nações Unidas, indagando o modo como estes dois aspectos influenciaram processos de auto-escrutínio imperial e, ainda, linguagens e repertórios de reforma colonial no país. Tomando o caso dos direitos humanos como objecto central, os autores contribuem para novas reflexões em torno das cronologias e manifestações do regime internacional de direitos humanos por relação com a descolonização global, bem como para os debates em curso sobre os tópicos da não-discriminação racial e da auto-determinação. De resto, a internacionalização das questões coloniais em África tratou-se, em certa medida, de um processo continental, estendendo-se a outros casos para além do português, naturalmente.

Meredith Terretta analisa as reivindicações dos presos políticos nos Camarões Franceses e Britânicos, ambos territórios sob tutela da ONU. Fá-lo com o propósito de compreender os modelos de atuação dos ativistas africanos em colaboração com advogados anticolonialistas, especialmente aqueles com origem nas metrópoles europeias. De igual modo, acompanha os modos através dos quais ambos, em conjunto, utilizaram as ordens jurídicas metropolitanas, coloniais e internacionais, então em processo de desenvolvimento, para articular e enquadrar as reivindicações em torno de direitos e difundi-las internacionalmente. Se, por um lado, Terretta identifica os esforços transnacionais para influenciar os debates internacionais em diferentes instituições, ao mesmo tempo, destaca os meios utilizados pelas administrações imperiais e coloniais para procurar evitar o caucionamento internacional dessas pretensões.

Tratando, igualmente, o processo político das descolonizações, o capítulo de Ana Filipa Guardião debruça-se sobre a turbulenta formação histórica de um sistema universal de protecção e de auxílio aos refugiados, destacando a tensão entre dinâmicas imperiais, coloniais e internacionais. O estudo da recepção dos casos de descolonização violenta no Quénia, Argélia e Angola pelo Comité Internacional da Cruz Vermelha (CICV) e pelo Alto-Comissariado das Nações Unidas para os Refugiados (ACNUR) permite à autora explorar de que modo os debates no seio destas organizações envolveram processos de auto-escrutínio e de reconhecimento de necessidades de reforma visando responder aos desafios colocados por possíveis intervenções futuras em espaços extra-europeus, com o intuito declarado de auxiliar populações e refugiados autóctones.

O CICV é novamente abordado no capítulo assinado por Marie-Luce Desgrandchamps. Durante a década de 1960, a actuação do Comité foi alvo de crescentes críticas por parte das elites pós-coloniais da África subsaariana. O estudo dos questionamentos e das reivindicações protagonizadas por estes actores em relação à acção da organização internacional permite compreender as inúmeras contradições entre os princípios por esta proclamados e a sua operacionalização no terreno. O mesmo sucede com os variados constrangimentos à sua acção, a diversos níveis, dos aspectos políticos a outros, associados à gestão e organização de recursos materiais. Um dos resultados identificados redundou no frequente desfasamento entre a imagem que vários actores e instituições, humanitários e políticos, pretenderam promover sobre o seu mandato e acção, as suas reais capacidades de intervenção e as formas como foram percepcionados pelas populações locais.

A terceira parte, intitulada *Políticas sociais, desigualdades e internacionalismos*, aborda diferentes dimensões que influíram nas dinâmicas internacionais do imperialismo do século XX: educação, saúde e demografia. Esta última parte lida com aquilo que na literatura das relações internacionais e das organizações internacionais é costume apelidar de temas «técnicos». Por oposição àqueles eminentemente políticos como a paz e a segurança, os temas técnicos, como a educação ou a saúde, seriam, por natureza, mais propícios a esforços de cooperação internacional. Reconhecendo formas várias de colaboração internacional, esta parte dialoga com a historiografia recente que tem vindo a demonstrar como as diferentes agências especializadas detiveram um papel não-negligenciável na história do colonialismo tardio e da descolonização. A saúde, a educação, o controlo de populações, mas também outros tópicos como a cultura ou a agricultura, fizeram também parte do jogo político, e interagiram com este, que levaria à queda dos impérios coloniais europeus. Mais, o produto dessas interacções, por vezes, sobreviveu-lhe de forma inusitada.

O capítulo de Hugo Gonçalves Dores explora as tentativas, promovidas no seio da Organização das Nações Unidas para a Educação, a Ciência e a Cultura (UNESCO), de estabelecer mecanismos e linhas de colaboração com as potências coloniais em África, em especial no que dizia respeito à educação das suas populações autóctones. O autor analisa de que modo a UNESCO – alicerçada no apoio da ONU e na interpretação do *espírito* da Carta das Nações Unidas, mas também animada por uma clara vontade de auxiliar os poderes coloniais nas suas estratégias de melhoria das condições de vida dos sujeitos imperiais – procurou convencer os seus interlocutores das vantagens e dos benefícios da cooperação internacional em contextos coloniais. Esta intenção foi recebida com relutância pelos governos imperiais e pelas administrações coloniais, tomada como sinal de uma indesejável e prejudicial ingerência de forças representantes de um suposto internacionalismo anticolonial.

Dialogando com estas questões e acrescentando outras, o capítulo de Damiano Matasci trata do desenvolvimento histórico do conceito de «educação de base» enquanto elemento principal na formulação de políticas e programas educativos no seio da UNESCO, nos primeiros anos após a sua constituição, sublinhando as suas origens coloniais. De facto, a activa participação de diversos especialistas em educação, detentores de reconhecidos currículos coloniais, não deixou de ter consequências na acção da organização, mas também, claro, no modo como era vista por outros actores. Com esse intuito, Matasci analisa o empenho da UNESCO na promoção do conceito junto dos poderes imperiais a partir de um caso específico, o do projecto-piloto da Niassalândia. Essa colaboração entre a organização e o *Colonial Office* britânico rapidamente viria a deixar claras as dificuldades associadas ao delineamento de um plano desta natureza no contexto africano, bem como as ambiguidades detectáveis na relação entre a UNESCO e os impérios europeus em África.

O capítulo de Philip Havik e José Pedro Monteiro, por sua vez, procura olhar para a forma como o império colonial português se relacionou com as dinâmicas de cooperação sanitária internacional em África, após 1945. Fá-lo de duas maneiras distintas. Primeiro, olhando para a internacionalização da questão sanitária enquanto espaço de disputa em torno da legitimidade colonial, das possibilidades e constrangimentos que dela decorreram. Em segundo lugar, procurando explorar a forma como essa mesma cooperação foi operacionalizada a um nível local através programas verticais de combate a doenças específicas, sublinhando como estas iniciativas responderam a cronologias políticas associadas à descolonização global, mas foram também determinadas por outro tipo de considerações, com incidência local, como, por exemplo, aquelas associadas a questões de produtividade ou às implicações no que respeitava ao mapeamento e controlo das populações.

Finalmente, o capítulo de Corinna Unger aborda as intersecções e a interdependência entre dinâmicas imperiais e internacionais em contextos de afirmação nacional e pós-colonial, tomando como objecto as políticas de controlo da população e as associadas questões demográficas na Índia, durante o século XX. Fá-lo a partir do estudo de múltiplos actores, de administradores coloniais a políticos nacionalistas, de organizações internacionais a não--governamentais, passando pelos governos nacionais. Recorre, para esse efeito, a diferentes contextos e enquadramentos, do período entre-guerras aos anos 1970, revelando os diversos fundamentos científicos, preocupações económicas e usos políticos que presidiram à elaboração de visões distintas sobre a necessidade de controlo populacional, do «colonialismo numérico» ao «problema populacional» de Gandhi.

Parte I

Anti-colonialismo, descolonização e ordem global

1. «DANSE COSMOPOLITAINE»: ANTICOLONIALISMO E INTERNACIONALISMO NO PERÍODO ENTRE-GUERRAS

FREDRIK PETERSSON[*]
Universidade Åbo Akademi

> «Desde aquela época a Sociedade conseguiu assegurar a adesão de sociedades e indivíduos em todo o mundo, desde partidos "nacionalistas" na China, Índia, Egipto e colónias europeias na Ásia, passando por variadas associações sindicais e trabalhistas na Europa e na América, até aos mais brandos socialistas».[1]
>
> Foreign Office, Londres, 25 de Junho de 1927.

Num minucioso relatório de 19 de Outubro de 1930, a Polícia Metropolitana londrina (MEPO) descrevia a *persona* política de Reginald Francis Orlando Bridgeman (1884-1968). Sendo um socialista e pacifista conhecido na Grã--Bretanha, especialmente devido ao seu ativo envolvimento no movimento anti-imperialista e anticolonial a nível nacional e internacional – atuando, por

[*] Tradução de Tiago Carvalho.

[1] Memorandum. Liga contra o Imperialismo, Londres, 25 de Junho de 1927, Hans Piazza Collection [HPC], Foreign Office. O documento faz parte da coleção da Liga contra o Imperialismo e pela Independência Nacional (LAI, 1927-1937), compilados pelo historiador Hans Piazza nos anos 80 e 90. O repositório documental de Piazza está agora depositado em Berlim, e foi consultado por mim em Março de 2015.

exemplo, como secretário da seção britânica da Liga Contra o Imperialismo e pela Independência Nacional (*League against Imperialism and for National Independence*) (LAI; 1927-37) –, a MEPO tinha natural interesse em investigar a carreira e vida de Bridgeman tão detalhadamente quanto possível. O dito relatório mencionava que Bridgeman trabalhava como diplomata antes de ser forçado a reformar-se devido aos seus contactos com diplomatas soviético--russos em Teerão em 1920-21; e que, consequentemente, «manteve fortes opiniões anti-imperialistas» depois de deixar o Foreign Office britânico, associando-se rapidamente aos «extremistas e comunistas» anticoloniais, primeiro em Inglaterra e, depois, na Europa.[2] A leitura deste relatório permite um entendimento mais aprofundado do alcance do anticolonialismo no entre-guerras a partir de uma perspetiva individual, mas é também um relato da disposição global e transnacional do anticolonialismo no mesmo período. Além disso, diz-nos como o anticolonialismo funcionou como uma fonte de inspiração capaz de moldar a identidade política e social de um indivíduo, particularmente tendo em conta o facto de ter sido um movimento que evoluiu, e se sobrepôs, em torno dos conceitos de libertação nacional e independência, composto de atores que cooperavam e se assistiam mutuamente, quer numa dinâmica competição ou de colaboração próxima.

Alguns dias após a conclusão do relatório, a MEPO notou que Bridgeman havia participado num comício anticolonial a 23 de Outubro, em Londres. Nesse comício, o nacionalista indiano e representante do Congresso Nacional Indiano em Londres, K. D. Kumria, havia declarado que a militância no Congresso estava reservada exclusivamente a indianos, mas que qualquer um que «os apoiasse na sua luta pela libertação do jugo do imperialismo britânico» era convidado a expressar a sua solidariedade com a causa.[3] Como tal, a conexão entre o imperialismo britânico e o desenrolar da luta de liberação na Índia enquanto movimento político surgia como relevante para os esforços de monitorização detalhada das agências de segurança britânicas.

No rescaldo da Conferência de Paz de Paris, em 1919, ativistas anticoloniais compreenderam as duras realidades do internacionalismo liberal, um conceito político introduzido por Woodrow Wilson, presidente dos Estados Unidos da América, que promovera uma transferência gradual de independência nacional para as colónias sob a supervisão do sistema de mandatos. No

[2] Relatório Especial: Sujeito, R. F. O. Bridgeman, Londres, 19 de Outubro de 1930, Registos da Polícia Metropolitana [MEPO/Londres] 38/94, Polícia Metropolitana.
[3] Ficheiro LAI, MEPO, p. 27.

entanto, este modelo enfrentava duras críticas e antagonismos vários por parte de um amplo espectro de ativistas anticoloniais – em acesa competição com a contra-narrativa veiculada pelo movimento comunista internacional, após o estabelecimento da Internacional Comunista (Comintern; Terceira Internacional, 1919-1943) em Moscovo, em Março de 1919. De acordo com o nacionalista indiano Subhas Chandra Bose, no início dos anos de 1920, o anticolonialismo como movimento não se confinava às questões da nação e do nacionalismo, antes estava «organicamente ligado à agitação que se faz sentir um pouco por todo o mundo».[4] O anticolonialismo do entre-guerras foi tanto uma expressão local quanto um movimento internacional, tanto no âmbito como na intenção. E, se se tiver em conta a afirmação de Bose sobre o estado do anticolonialismo como movimento de libertação política, implica que este foi entendido como um movimento transnacional que veiculava uma mensagem inerentemente transnacional, capaz de ir além de fronteiras várias, reais e imaginárias. A história do anticolonialismo do entre-guerras baseia-se, portanto, no extensivo rastreamento dos fluxos, movimentos e encontros de pessoas e organizações que se deslocavam e atravessavam fronteiras na busca de um mundo diferente.

O objetivo deste capítulo é discutir e analisar a relação próxima entre o anticolonialismo e o internacionalismo do entre-guerras, e como estas duas interpretações políticas do mundo abraçaram tanto ideais semelhantes como divergentes. Enquanto a história transnacional procura olhar para conexões, fluxos e movimentos, este capítulo tenta perceber como e por que razões o movimento anticolonialista retirou proveitos de se retratar como «internacional», desenvolvendo padrões e movimentos de cariz internacionalista. Aqui, torna-se imperioso enquadrar narrativas de ativistas anticoloniais a um nível individual e organizacional. E, independentemente de a origem ser «colonial» ou «imperial», o objetivo, na análise destes discursos, é localizar conexões e sobreposições entre anticolonialismo e internacionalismo. Além disso, este tipo de abordagem sublinha o impacto que o socialismo e a sua expressão radical, o comunismo, tiveram na formação das identidades políticas dos ativistas anticolonialistas no período entre-guerras. Pode o anticolonialismo ser entendido como uma expressão do internacionalismo? E foram as consequências do Tratado de Versalhes de 1919 um pré-requisito decisivo na enformação do carácter do anticolonialismo de entre-guerras? Em

[4] Subhas Chandra Bose, *The Indian Struggle 1920-1942* (Calcutá: Oxford University Press, 1997), p. 29.

caso de resposta afirmativa, por que razão? Este capítulo tem por objectivo oferecer uma visão, a partir de um prisma global, sobre estas duas questões, a fim de aprofundar a compreensão da natureza articulada do anticolonialismo de entre-guerras como um movimento internacionalista, um fenómeno global moldado em cooperação e competição com o socialismo, o comunismo e o nacionalismo. Embora a relação entre anticolonialismo e internacionalismo simbolize uma força política fundamental, é necessário, ao mesmo tempo, ter em consideração a relação articulada entre anticolonialismo e socialismo e, em segundo lugar, entre anticolonialismo e comunismo internacional, incluindo a autoridade do «partido mundial», isto é, a Internacional Comunista. A partir de uma análise de diferentes histórias produzidas por alguns ativistas anticolonialistas de entre-guerras, é possível compreender por que razão, como e onde o anticolonialismo direccionou o seu ímpeto, e como o socialismo ou o comunismo se tornaram uma importante força ideológica impulsionadora dessas narrativas. Contudo, e ao mesmo tempo, o objetivo político cimeiro entre a maioria dos ativistas anticoloniais era a libertação nacional da sua nação num período caracterizado pela ambição, pela esperança ou pelo desespero. Deste modo, é importante sublinhar que o período entre-guerras não deve ser meramente tratado como um prelúdio para o desastre global que a Segunda Guerra Mundial representou. Pelo contrário, foi um período que foi vivido e concebido como consequência da Grande Guerra de 1914-1918. Foi, portanto, um genuíno momento de pós-guerra.[5]

Arquivos diferentes contam histórias diferentes. Ao consultar e analisar registos de vários arquivos e coleções pessoais, por exemplo, o Arquivo do Comintern (parte do Arquivo Estatal Russo de História Política e Social, RGASPI) em Moscovo; ao fazer um pedido baseado no *Freedom Information Act* à Polícia Metropolitana de Londres; ou ao analisar documentos compilados pelo historiador Hans Piazza na Alemanha nos anos 1980-90 sobre a Liga contra o Imperialismo (material suplementado por arquivos no *Bundesarchiv*, Lichterfelde-Ost, em Berlim), é possível estudar alguns dos muitos padrões do anticolonialismo de entre-guerras, e a sua conexão com o socialismo e o enquanto modalidade teórica e prática de internacionalismo. A abundância

[5] Zara Steiner, *The Lights that Failed. European International History* (Oxford: Oxford University Press, 2005); Philipp Blom, *Fracture. Life and Culture in the West, 1918-1938* (Londres: Atlantic Books, 2015); Alexander Vatlin, *Die Komintern. Gründung, Programmatik, Akteure* (Berlim: Karl Dietz Verlag, 2009).

e caráter díspar dos documentos ilustram, por exemplo, como um ativista anticolonial como Reginald Bridgeman fazia parte de uma extensa rede internacional que ia da Europa, passando pelos Estados Unidos, até à Índia. Contudo, ao mesmo tempo, os documentos revelam as restrições que lhe foram impostas e as limitações espaciais de um ativista anticolonial. Outros relatos pessoais mostram padrões semelhantes. Os preparativos para a viagem de Manabendra Nath Roy – eminente revolucionário indiano nacionalista comunista – a Moscovo, em 1920, revelam a interligação entre anticolonialismo, internacionalismo e comunismo, bem como as ambições pessoais de Roy de encontrar Lenine e discutir a questão colonial no Segundo Congresso Internacional do Comintern.[6] No entanto, o discurso dominante do ativismo anticolonialista no período entre-guerras aglutinava a ideia de solidariedade e internacionalismo como meio e método de progressão na luta contra o colonialismo e o imperialismo.[7] É, portanto, neste contexto que se torna particularmente pertinente examinar o comportamento e o desenvolvimento de práticas anticoloniais, algumas vistas como radicais e subversivas, e como estes foram condicionados por possibilidades e limitações, por exemplo, ao organizar fóruns públicos, campanhas anticoloniais, encontros de protesto, conferências e congressos. Como tal, o objetivo aqui é traçar alguns dos padrões fundamentais do anticolonialismo no período entre-guerras e como este, como movimento social e político, foi posto em prática por certos indivíduos e organizações.

Anticolonialismo e Internacionalismo: Enquadramento e Conexões

Segundo Akira Iriye, a história transnacional olha para o passado «em termos de fenómenos e temas que trespassam as fronteiras nacionais» e, para tal, é crucial a inclusão de «atores» e «entidades não-nacionais» para analisar movimentos, padrões e conexões. Os primeiros referem-se a organizações não-governamentais, enquanto as segundas remetem para a discussão de

[6] Ver também Fredrik Peterson, «Imperialism and the Communist International», *Journal of Labour and Society*, vol. 20 (Março 2017), pp. 23-42.

[7] Ver, por exemplo, o relato de Michele Louro acerca da vida de Jawaharlal Nehru em *Comrades Against Imperialism. Nehru, India, and Interwar Internationalism* (Cambridge: Cambridge University Press, 2018). No livro, Louro fala num processo de «misturar» (*blending*) o anticolonialismo com o internacionalismo; no entanto, a conceção de anticolonialismo e internacionalismo como uma «fusão» dos dois é mais adequada aqui.

civilizações, etnias e grupos de pessoas.[8] O anticolonialismo representa uma ideia que moldou a identidade e a vida de ativistas anticoloniais do período entre-guerras, e a sua prática operou tanto ao nível internacional como local. O que é necessário é, antes de mais, definir uma distinção entre a teoria e a prática do anticolonialismo como forma de internacionalismo, ambas expressões políticas e sociais que, à primeira vista, parecem não manifestar traços semelhantes. Aquilo em que parece haver acordo é que o que unifica os dois é a topografia política do período entre-guerras, ou seja, o anticolonialismo e o internacionalismo foram representados por grupos ou indivíduos que construíram visões, ambições e expectativas sobre como mudar o mundo depois do final da guerra, em 1918.

O período entre 1919-1939 viu o anticolonialismo crescer como movimento politicamente consciente, caracterizado pelo nacionalismo e pela reivindicação da independência nacional. Ao mesmo tempo, era visivelmente *internacional* na sua mensagem, procurando apoios além das fronteiras nacionais e tirando proveito um do outro à medida que interligações emergiam. Como tal, o objetivo fundamental era o de questionar a governação mundial após a Primeira Guerra. Robert J. C. Young afirma que o anticolonialismo destaca as formas através das quais é possível interpretar e compreender a resistência contra o domínio político e a opressão dos povos subjugados nas colónias.[9] Assim, o importante aqui é perceber e discutir como os ativistas anticolonialistas usaram a viagem como forma de desenvolver uma compreensão do mundo e como esta prática conectou o anticolonialismo e o internacionalismo, ajudando-os a tornarem-se fenómenos constitutivos da história do período entre-guerras.

O internacionalismo anticolonial foi adotado na teoria e na prática e, como tal, poderia tanto ser parte de um processo intelectual num determinado espaço, por exemplo em Berlim ou Londres, como podia ser expressado através de variados contactos e encontros, por exemplo em reuniões informais, conferências ou congressos. Se o virmos como um conceito político, este enquadramento é, em parte, inspirado por conotações políticas ligadas ao internacionalismo. Segundo Mark Mazower, o «internacionalismo» tem sido visto como sinónimo da organização e

[8] Akira Iriye, «The making of a transnational world», em Akira Iriye, ed., *Global Interdependence. The World After 1945* (Cambridge: Harvard University Press, 2014), p. 682.

[9] Robert J. C. Young, *Postcolonialism. An Historical Introduction* (Oxford: Blackwell Publishing, 2001), pp. 27 e 75.

administração do socialismo como ideologia política durante o século XX.[10] No entanto, outras considerações necessitam de ser incluídas no argumento de Mazower, particularmente no contexto do anticolonialismo do entre-guerras e da sua relação com o internacionalismo e o socialismo.

Com o início da guerra, em 1914, o movimento socialista europeu foi confrontado com o patriotismo e o nacionalismo que caracterizaram o conflito. A maioria dos partidos socialistas da Europa escolheu alinhar-se com os seus governos nacionais e apoiar o esforço guerra e, como tal, o movimento socialista e o seu maior representante, a Segunda Internacional, sofreram as consequências, já que deixou em pedaços o conceito de «solidariedade internacional» proclamado entre os partidos que a constituíam. Isto significa, portanto, que o movimento teve de enfrentar o desafio de reconstruir-se a si próprio depois da guerra.[11] Neste contexto, é importante falar de nacionalismo. O nacionalismo representa o oposto do internacionalismo, tornando-se o primeiro na abordagem mais atraente, celebrada na conferência de paz de Paris de 1919. O internacionalismo do entre-guerras requer, portanto, uma distinção adicional, especialmente por se ter desenvolvido numa corrente política definida em contextos nacionais e nas esferas políticas internas. Além disso, o internacionalismo pode ser localizado em formas de expressão discursivas conservadoras ou liberais.

No entanto, aqui o primeiro objetivo é abordar a interconexão entre anticolonialismo e internacionalismo, e como esta foi moldada nos contextos do socialismo e comunismo internacionais.[12] No centro desta discussão estava a questão do império e como movimentos anticolonialistas transnacionais acumularam uma capacidade suficientemente viável e importante para criticar a ordem mundial depois de Versalhes. Emily S. Rosenberg descreve, em *A World Connecting*, que o início do século XX testemunhou o desenvolvimento de «instituições internacionais» no início do século XX e como este crescimento de novos atores e instituições foi igualmente definido e restringido por um conjunto de regras, procurando afiliações entre si que cruzaram fronteiras. O internacionalismo, como ilustrado acima, indica uma prática que foi além de um «restrito nacionalismo», abraçando, ao invés, os valores de

[10] Mark Mazower, *Governing the World. The History of an Idea, 1815 to the Present* (Nova Iorque: Penguin Books, 2012), p. 55.

[11] Ver, por exemplo, Donald Sassoon, *One Hundred Years of Socialism. The West European Left in the Twentieth Century* (Londres: Fontana Press, 1997), p. 28.

[12] Carsten Holbraad, *Internationalism and Nationalism in European Political Thought* (Nova Iorque: Palgrave Macmillan, 2003), pp. 70-71.

um «universalismo progressista».[13] A tipologia de anticolonialismo e internacionalismo explorada aqui vai, no entanto, mais além da discussão de Rosenberg. O anticolonialismo do entre-guerras representou uma teoria e prática que pode ser descrita, como sugeriram Sebastian Conrad e Dominic Sachsenmaier, como «internacionalismo subversivo». Esta categoria de internacionalismo implica movimentos e práticas que questionaram e desafiaram formas particulares de hegemonia política, social e cultural em partes do mundo que se entendiam a si próprias como impérios, tendo em sua posse colónias durante o período entre-guerras.[14] Contudo, o que pode ser percebido como «subversivo» por alguns pode, por sua vez, ser visto como algo positivo e perfeitamente lógico para atores ou instituições em busca de mudança. A prática eurocêntrica de escrever e entender a história e processos históricos é ilustrativa disso, acima de tudo no que toca à história dos movimentos de resistência do século XX. O que importa destacar aqui é como e porque é possível olhar para o anticolonialismo do entre-guerras como internacionalismo e, ao fazê-lo, combinar a compreensão do anticolonialismo como expressão de um «internacionalismo subversivo» com a suas respetiva sobreposição com os internacionalismos socialista e comunista.[15] Fundamentalmente, isto cria uma base para uma história do anticolonialismo que revela como atores, conhecidos e desconhecidos, se beneficiaram mutuamente, quer numa dinâmica de competição como de colaboração.

Versalhes 1919: Origens do Anticolonialismo do Entre-Guerras

O momento político global do pós-guerra foi marcado, primeiramente, pela tentativa de apreender e compreender o impacto das ideologias e movimentos espoletados antes e durante a guerra de 1914-1918 e, depois, no contexto da Conferência de Paz de 1919, pelas ondas de choques produzidas por aqueles, e que ultrapassaram os centros do imperialismo na Europa

[13] Emily S. Rosenberg, «Transnational currents in a shrinking world», em Emily S. Rosenberg, ed., *A World Connecting 1870-1945* (Cambridge: Harvard University Press, 2012), p. 824

[14] Sebastian Conrad e Dominic Sachsenmaier, «Introduction», em Sebastian Conrad e Dominic Sachsenmaier, eds., *Competing Visions of World Order* (Nova Iorque: Palgrave Macmillan, 2007), p. 11.

[15] Akira Iriye, *Global Community. The Role of International Organizations in the Making of the Contemporary World* (Berkeley: University of California Press, 2002), p. 29.

e nos Estados Unidos, por exemplo, no Médio Oriente, na Ásia Central e no Sudeste Asiático. Assim, o fim da guerra demonstrou que os defensores do anticolonialismo eram diversos e localizados, mas, e ao mesmo tempo, que o anticolonialismo representava uma voz global contra a opressão dos povos no mundo. A conferência de Paris testemunhou um dos mais significativos encontros deste género. Presente na conferência estava o revolucionário nacional vietnamita Nguyen Ai Quoc («Nguyen, o Patriota», mais conhecido como Ho Chi Minh). Erez Manela descreve como Nguyen Ai Quoc viajou para Paris para participar na conferência com a intenção de se encontrar com o presidente dos Estados Unidos, Woodrow Wilson, e assim abordar a questão da independência do Vietname, tal como descrito na resolução «As reivindicações dos povos de Annam». No entanto, não obteve qualquer reação nem de Wilson nem de nenhum outro delegado, abandonando a conferência desiludido. Cerca de um ano depois da experiência de Paris, tinha adotado o Bolchevismo como mundivisão para alcançar as reivindicações de libertação nacional e autodeterminação do Vietname.[16] O caso de Manabendra Nath Roy, o comunista e revolucionário nacionalista indiano, segue uma trajetória semelhante e reforça a ilustração do percurso de ativistas anticoloniais no contexto da divisão entre o liberalismo internacionalista e o comunismo internacional depois de Versalhes e, acima de tudo, depois do estabelecimento da Internacional Comunista, em 1919.

Em 1919-20, Roy tencionava estabelecer relações funcionais e sustentáveis com a sede do Comintern, em Moscovo. Ao chegar a Berlim, em 1920, depois de ter feito parte do desenvolvimento do movimento comunista no México, a ambição de Roy era viajar até Moscovo para participar no Segundo Congresso Internacional do Comintern. Numa carta enviada ao comunista holandês Sebald Justius Rutgers, em Maio de 1920, Roy descrevia as suas recentes viagens e a intenção de ir até Moscovo e, mais significativamente, a sua visão anticolonial. Depois de deixar o México, graças à ajuda do emissário russo soviético Mikhail Borodin, Roy e a sua esposa, Helen, chegaram a Berlim. Antes de poder prosseguir para Moscovo, o casal teve de esperar que o Comintern, em Moscovo, organizasse os preparativos da sua viagem para a «capital Vermelha». Roy explicou a Rutgers o significado que tinha para ele participar no segundo congresso do Comintern, onde «colocaria

[16] Erez Manela, *The Wilsonian Moment. Self-Determination and the International Origins of Anticolonial Nationalism* (Oxford: Oxford University Press, 2007), pp. 3-4.

o movimento indiano num novo patamar de importância e prestígio perante os trabalhadores do mundo».[17]

Em 1920, havia outras correntes e movimentos dentro da luta de libertação nacional indiana, além das ambições de Roy. O jornalista e ativista nacionalista indiano Lal Har Dayal fora um dos fundadores do Partido *Hindustan Ghadar*, criado em São Francisco, em 1913, e encontrava-se também ligado ao Comité Central dos Nacionalistas Indianos, estabelecido na Europa (mais conhecido como Comité da Índia, 1914-1919). Depois da guerra, Dayal publicou o livro *Forty-four months in Germany and Turkey* (1920), onde identificou e resumiu as suas impressões sobre a guerra. No livro, Dayal admitia que a Alemanha tinha intenções imperiais, mas que a guerra gradualmente desradicalizara a sua visão acerca do colonialismo e do imperialismo. Tendo consciência de si próprio como um indivíduo que defendera mudanças rápidas e radicais para as colónias durante a guerra, após esta Dayal passava a endossar uma visão reformista do mundo, concluindo que o colonialismo europeu «pode trazer coisas boas aos nativos [nas colónias] desde que obedeça aos seus próprios códigos morais».[18] Com esta afirmação, Dayal sugeria que o colonialismo como sistema estrutural apenas era funcional quando o colonizador se empenhava para que assim o fosse. Em comparação com Roy, Dayal oferecia uma abordagem moderada à questão do colonialismo e do imperialismo.

O fim da guerra e a conferência de Paris, em 1919, testemunharam o triunfo do nacionalismo. Além do mais, marcaram a continuação do colonialismo e do imperialismo como sistemas estruturais que, numa interpretação abstrata, foram celebrados pelos poderes vitoriosos dos Estados Unidos, Grã-Bretanha, França e, até certo ponto, Itália no contexto do «momento Wilsoniano» de Versalhes. Emergindo em paralelo à visão liberal internacionalista de Wilson, assente na transferência gradual da independência das colónias através do sistema de mandatos, estava um projeto que teria de combater a política radical defendida pelo regime bolchevique de Lenine na antiga Rússia czarista. No auge da guerra, Lenine publicou a sua interpretação do imperialismo em *Imperialismo: Fase superior do capitalismo* (1916) – baseada, em grande medida, na obra de John A. Hobson *Imperialism: A Study* (1902) – que se tornaria, mais tarde, amplamente reconhecida e tornar-se-ia

[17] Carta de M. N. Roy (usando o pseudónimo «Robert Allan»), a Sebald J. Rutgers, 9 de Maio de 1920, Rossiiskii gosudarstvennyi arkhiv sotsial'no-politicheskoi istorii, Arquivos Estatais Russos para a História Social e Política, Moscovo, [RGASPI], 497/2/9, 11.

[18] Lal Har Dayal, *Forty-four Months in Germany and Turkey, February 1915 to October 1918. A Record of Personal Impressions* (Londres: P. S. King & Son, Ltd, 1920), p. 18.

uma fonte de inspiração fundamental para os ativistas anticoloniais. Depois de os bolcheviques tomarem o poder na Rússia, com o golpe de Outubro de 1917, Lenine renunciou às concessões especiais que a Rússia detinha na China, na esperança de que isto granjeasse o apoio de anticolonialistas asiáticos ao governo soviético russo. Lenine estava ciente do potencial associado a um futuro apoio da China e da Índia, uma vez que acreditava que estas duas nações determinariam uma futura estrutura de poder global, tendo em conta particularmente que uma Ásia libertada abalaria o imperialismo europeu. Esta visão encontrou apoio em Estaline, que sentenciava que «aquele que quer a vitória do socialismo não pode esquecer-se do Oriente».[19] Tratava-se, certamente, de uma mistura entre ideais nacionalistas e princípios internacionalistas, que encontrou uma base em ideias que tiveram origem em políticas socialistas e comunistas. No entanto, assumiria uma decisiva influência na definição do carácter dos movimentos anticolonialistas após 1918, e depois com as consequências que advieram do tratado de Versalhes e da formação da Internacional Comunista.

A expectativa gerada em torno da guerra havia sido a de «uma guerra para acabar com todas as guerras». No entanto, alguns sugeriram que as negociações na conferência de Paris se tornaram numa paz que acabou com todas as pazes.[20] Isto tornou-se evidente em 1919, por exemplo, com tentativas revolucionárias fracassadas e tumultos na Europa (Alemanha e Hungria), e com a eclosão da desordem colonial na China, Coreia, Índia e Egipto. O rumo dos acontecimentos neste curto espaço de tempo influenciou ou desencadeou reações anticoloniais que fomentaram novas relações, algumas duradouras, outras transformadas durante período entre-guerras. Este foi, portanto, um período importante na medida em que se deu a emergência de movimentos anticolonialistas politicamente conscientes, procurando desafiar as estruturas existentes através do estabelecimento de ligações através e para além das fronteiras nacionais. Este fenómeno tornou-se possível graças à possibilidade de estabelecer viagens internacionais e à «migração intelectual» de ativistas anticoloniais, saídos das colónias e chegados aos centros imperiais e metropolitanos europeus antes ou depois da guerra. Como tal, os movimentos anticolonialistas eram impulsionados pela ambição

[19] Pankaj Mishra, *From the Ruins of Empire. The Revolt against the West and the Remaking of Asia* (Nova Iorque: Picador, 2012), pp. 194-195.

[20] Steiner, *The Lights that Failed*, pp. 1-5; Manela, *The Wilsonian Moment*; Cemil Aydin, «A Global Anti-Western Moment? The Russo-Japanese War, Decolonization, and Asian Modernity», em Conrad e Sachsenmaier, eds., *Competing Visions of World Order*, pp. 213-236.

de alcançar a independência nacional e a autodeterminação, um desígnio posto em marcha no virar do século, simbolizado pela vitória militar do Japão sobre a Rússia czarista, em 1905.[21]

Os contextos do anticolonialismo, socialismo e comunismo do entre-guerras, e o próprio conceito de internacionalismo, revelam um mundo interconectado que torna possível perceber como e por que razão atores anticolonialistas – indivíduos e organizações – adoptaram um quadro internacionalista para dinamizar uma luta política. O foco nos percursos políticos ou trajectórias pessoais de ativistas anticoloniais permite discernir como essas experiências estabeleceram uma relação funcional entre anticolonialismo e internacionalismo. «Histórias perdidas» de atores e instituições que foram maioritariamente esquecidos revelam como o anticolonialismo abraçou os ideais do socialismo e do internacionalismo e colocou os dois em prática. No entanto, tal não era possível sem incluir os conceitos de «nação», «nacionalista» e «nacionalismo» nos seus referenciais. Segundo Jonathan Derrick, o nacionalismo era uma força impulsionadora e dominante dentro do movimento anticolonialista durante os anos 1920 e, portanto, é crucial reconhecer a relação complexa entre anticolonialismo e nacionalismo, ou seja, a visão que postulava que a luta anticolonial acabaria por conduzir, em última instância, à libertação nacional e à independência.[22]

A independência nacional era o objectivo primeiro das organizações anticolonialistas. Sobretudo, um dos principais argumentos passava por criticar o fracasso simbólico da Sociedade das Nações em cumprir o objetivo de conceder a independência nacional às colónias depois da guerra. Assim sendo, no período entre-guerras, organizações anticolonialistas e anti-imperialistas como a Liga contra o Imperialismo e pela Independência Nacional (LAI, 1927-37); as francesas *Union Intercoloniale* e a *Ligue de Défense de la Race Négre*; o *African National Congress*, na África do Sul; o *American Negro Labour Congress*; a *All-American Anti-Imperialist League*; a *Perhimpunan Indonesia*;

[21] Desenvolvo este argumento no capítulo «From Versailles to Bandung: The Interwar Origins of Anti-Colonialism», em Luis Eslava, V. Nesiah e M. Fakhri, eds., *Bandung, Global History and International Law: Critical Pasts and Pending Futures* (Cambridge: Cambridge University Press, 2017), pp. 66-80. Para compreender a inspiração criada pela vitória do Japão em 1905 entre ativistas anticoloniais (W.E.B. Du Bois, Mohandas Gandhi, ou Rabindranath Tagore), ver, por exemplo Mishra, *From the Ruins of Empire*, pp. 1-8.

[22] Jonathan Derrick, *Africa's 'Agitators'. Militant Anti-Colonialism in Africa and the West, 1918-1939* (Londres: Hurst & Company, 2008), pp. 64-65.

e o *International Trade Union Committee of Negro Workers*, para mencionar apenas alguns, sublinharam e enfatizaram a luta pela libertação nacional como elemento central, ainda que, ao mesmo tempo, preservassem os seus pontos de vista ideológicos e modos de expressão específicos e diferentes uns dos outros. No entanto, estas organizações também partilhavam origens e conexões semelhantes. Por exemplo, a maioria deles tinha conotações comunistas ou relações com o movimento internacional comunista, na altura. Ademais, isto é sintomático de como o anticolonialismo, enquanto movimento, emergindo como força vibrante depois de Versalhes, tinha errado ao negociar a questão colonial, em 1919. Por outro lado, a formação da Internacional Comunista, nesse mesmo ano, dava aos ativistas anticoloniais uma voz nova e radical que, pelo menos, parecia oferecer apoio para a luta anticolonial.[23]

Para além de Versalhes: Aglutinando o Anticolonialismo de Entre--Guerras e o Internacionalismo

Os movimentos anticolonialistas no período entre-guerras estavam dependentes do reconhecimento oficial a nível local e global. Para o alcançar, eram indispensáveis métodos organizacionais e administrativos que permitissem promover o conhecimento e sensibilização, por exemplo, através de reuniões públicas de protesto, conferências e congressos. O «Primeiro Congresso Internacional contra o Colonialismo e o Imperialismo», realizado em Bruxelas entre 10 e 14 de Fevereiro de 1927, é um episódio crucial neste contexto. Testemunhou o estabelecimento da Liga contra o Imperialismo ao declarar «Igualdade Nacional – Justiça Social» a uma audiência internacional em Bruxelas, um dos centros simbólicos do imperialismo. O Congresso de Bruxelas ampliou as estruturas globais do colonialismo e imperialismo, com uma audiência de 174 delegados, representantes de 134 organizações, associações e partidos políticos, em representação de atores e agentes de origem europeia, estudantes coloniais e ativistas europeus, para além de alguns chegados das colónias a Bruxelas. Tentando resumir as intenções internacionais da Liga Contra o Imperialismo, descrevendo o carácter do congresso e a forma como a mensagem política do anticolonialismo e anti-imperialismo havia sido defendida, Willi Münzenberg (1889-1940),

[23] Young, *Postcolonialism. An Historical Introduction*, p. 100.

um comunista alemão e secretário-geral da *Internationale Arbeiterhilfe* (IAH; Ajuda Internacional dos Trabalhadores, 1921-35, uma organização proletária de massas), afirmou que o congresso havia sido um evento histórico. Münzenberg tinha sido uma figura de destaque na organização do congresso de Bruxelas, apesar de ter sido um processo estreitamente coordenado com a sede do Comintern, em Moscovo. Assim, o projeto anticolonialista de Münzenberg culminou com o Congresso de Bruxelas, um evento que atraiu a atenção de círculos socialistas, pacifistas e radicais fora do movimento comunista. De pé, na tribuna do Palais d'Egmont, em Bruxelas, a 13 de Fevereiro, Münzenberg afirmava que «negros ou amarelos, seja a cor de pele castanha ou branca, seja por motivações políticas ou religiosas», o protesto contra o colonialismo e o imperialismo acabava de «criar uma arma poderosa contra um inimigo comum, o igualmente opressivo Imperialismo». Para transformar isto numa «arma poderosa», Münzenberg incitou «cada trabalhador, empregado, cada ser humano progressista e anti-imperialista» em todo o mundo a apoiar a causa da Liga Contra o Imperialismo.[24] Depois do Congresso, quando Münzenberg resumiu as suas impressões do evento, admitiu, num relatório ao Secretariado do Comité Executivo da Internacional Comunista (ECCI), em Moscovo, que se perguntava a si próprio «o que acontecerá agora?», questionando o Comité Executivo sobre o que devia ser feito para que a Liga contra o Imperialismo «permaneça firme nas nossas mãos».[25]

O Congresso de Bruxelas foi, não obstante, um novo ato de solidariedade anticolonialista. Outros eventos, de características semelhantes, realizados noutras partes da Europa e nos Estados Unidos, haviam precedido este congresso, como, por exemplo, os congressos Pan-Africanos de William Edward Burghardt Du Bois (1919, 1921 e 1923); os Congressos dos Povos Pan-Asiáticos (1926 e 1927); o Primeiro Congresso dos Povos do Oriente, em Baku, em 1920 organizado pelo Comintern. E, mesmo depois do Congresso de Bruxelas, em 1927, um quarto Congresso Pan-Africano foi organizado em Nova Iorque, em 1927; a Liga contra o Imperialismo realizou o seu Segundo Congresso Internacional contra o Colonialismo e o Imperialismo em Frankfurt am Main, Alemanha, de 21 a 27 de Julho de 1929; e, finalmente,

[24] Para o estabelecimento da LAI e do Congresso de Bruxelas em 1927, ver Fredrik Petersson, *«We Are Neither Visionaries Nor Utopian Dreamers». Willi Münzenberg, the League against Imperialism, and the Comintern, 1925-1933*, vols. I-II (Lewiston: Queenston Press, 2013), pp. 135-148.

[25] Carta de W. Münzenberg ao Secretariado ECCI, em Moscovo, 21 de Fevereiro de 1927, RGASPI 542/1/7, pp. 120-23.

a conferência fundadora do Comité Sindical Internacional de Trabalhadores Negros ocorreu em Hamburgo, a 7 de Julho de 1930. Para a Liga contra o Imperialismo, o congresso de Frankfurt tornar-se-ia num episódio belicoso, com comunistas a acusarem verbalmente os delegados não-comunistas de serem «agentes do imperialismo» ou «sociais fascistas», que se haviam submetido à enfraquecida política de reformismo nacional em vez de agirem como verdadeiros revolucionários nacionais. O Congresso de Frankfurt viria a revelar-se um desastre para a organização internamente, abalando negativamente a direção futura do movimento anti-imperialista. A principal razão para apreciação tem que ver com o facto de o congresso ter sido meticulosamente preparado na sede do Comintern, em Moscovo, com o único objetivo de colocar em prática a política de «classe contra classe» dentro do movimento internacional anticolonialista e anti-imperialista.[26] Embora tenha causado uma divisão entre a Liga contra o Imperialismo e alguns dos seus apoiantes mais ilustres, como o indiano Jawaharlal Nehru, Roger Baldwin, dos Estados Unidos, o sindicalista Edo Fimmen, da Holanda, e o nacionalista indonésio Mohammad Hatta, as secções nacionais da Liga manifestaram crença e compromisso com a causa. Por exemplo, a secção britânica da Liga declarou que o Congresso de Frankfurt havia sido uma poderosa manifestação que tinha ajudado a distinguir «os elementos genuínos dos falsos».[27]

Os congressos anticolonialistas eram, na maioria dos casos, de carácter grandioso, conseguindo reunir inúmeras pessoas com orientações políticas muito distintas. Contudo, encontros mais pequenos, conferências e propaganda anticolonial devem ser vistos como meios igualmente importantes, na medida em que possibilitavam provocar ressonância a nível internacional. Acima de tudo, este tipo de atividades permitiu ao anticolonialismo implantar-se num nível local. Em «metrópoles coloniais» por toda a Europa Ocidental como, por exemplo, Paris, Berlim, Hamburgo, Amesterdão, Manchester ou Londres, ativistas anticoloniais conectaram o movimento local e globalmente. Ao organizarem ou participarem em campanhas anticolonialistas, as iniciativas

[26] Christopher J. Lee, «Introduction», em Christopher J. Lee, ed., *Making a World After Empire. The Bandung Moment and its Political Afterlives* (Athens, OH: Ohio University Press, 2010), pp. 9-10; Fredrik Petersson, «Anti-imperialism and nostalgia: A Re-assessment of the history and historiography of the league against imperialism», em Holger Weiss, ed., *International Communism and Transnational Solidarity. Radical Networks, Mass Movements and Global Conflicts, 1919-1939* (Leiden: Brill, 2016), pp. 191-255. Para a LAI e preparações para o Congresso de Frankfurt, ver Petersson, «*We Are Neither Visionaries Nor Utopian Dreamers*».

[27] Carta circular da secção britânica da LAI, Londres, Outubro-Novembro de 1929, MEPO 38/93.

que eram dirigidas e controladas por redes comunistas permitiam que o conhecimento e a informação acerca da natureza e impacto do colonialismo e do imperialismo fossem divulgados publicamente em diferentes fóruns. A mais prolífica foi a campanha «*Hands off...*», uma ideia organizativa que, numa lógica funcionalista, difundia vários tópicos anticolonialistas primeiro no plano local e, depois, como uma questão internacional merecedora de preocupação a nível global. Esta campanha baseava-se nas fórmulas da política «frentista» do Comintern; contudo, tratava-se de uma modalidade organizacional profundamente enraizada numa tradição de promoção de campanhas de solidariedade que vinha das primeiras décadas do século XX. No contexto do movimento comunista internacional, onde a frágil posição do regime bolchevique depois de 1917 se destacava, várias campanhas internacionais foram levadas a cabo para reunir apoio material e moral. Foi nessas condições que a *Internationale Arbeiterhilfe* de Münzenberg se tornou fundamental na promoção de campanhas de solidariedade e no aperfeiçoamento do tipo de iniciativa semelhante à da «Hands off...», destinada a concentrar-se num único propósito. Na Alemanha, depois do falhanço do *putsch* comunista em 1923, a *Internationale Arbeiterhilfe* redefiniu e apurou os objetivos da «Hands off...» para assim conseguir congregar o apoio de personalidades com visibilidade social (académicos, intelectuais), organizações e partidos que não faziam parte do movimento comunista. Para a IAH, o lançamento da campanha «Hands off China» na Alemanha, em 1925, revelou ser crucial para o avanço do projeto anticolonialista da IAH e de Münzenberg, que, por sua vez, mais tarde viria estar na origem do estabelecimento da Liga Contra o Imperialismo.[28] Outras campanhas «Hands off...» tiveram lugar, todas interligadas através de diferentes pontos da rede comunista global, como, por exemplo, a «Hands off Nicaragua», desenvolvida no México sob a supervisão de Augostino Sandino em 1928;[29] ou o estabelecimento da campanha «Hands off India», em Inglaterra, em 1930, uma ramificação da campanha «Meerut Conspiracy Case». Esta última havia sido impulsionada por iniciativa de Reginald Bridgeman, em Março de 1929, e estava organizada em torno da secção londrina da Liga Britânica contra o Imperialismo, até ser dissolvida em 1933. Contudo, o aspecto

[28] Petersson, «*We Are Neither Visionaries Nor Utopian Dreamers*»; Kasper Braskén, *The International Workers' Relief, Communism, and Transnational Solidarity* (Houndmills: Palgrave Macmillan, 2015).

[29] Daniel Kersffeld, *Contra el imperio. Historia de la Liga Antimperialista de las Américas* (México: Siglo Veintiuno Editores, 2012).

fundamental estava no facto de a sede da Liga contra o Imperialismo, o Secretariado Internacional em Berlim, ter de dar primeiro a sua aprovação, depois de consultar o Comintern em Moscovo.[30]

A campanha «Hands off India», em Inglaterra, pretendia unificar grupos políticos e indivíduos a fim de declarar solidariedade com a luta dos revolucionários nacionalistas indianos; no entanto, foi também uma campanha que assestou duras críticas ao imperialismo britânico, a uma escala global.[31] A secção britânica da Liga Contra o Imperialismo acentuou o peso deste último objetivo ao pedir, em 1932, aos «trabalhadores de Londres» para se unirem em apoio às campanhas «Hands off...» da Índia e de Meerut. A única razão avançada foi a de que esta acção poria a nu a globalidade do colonialismo e imperialismo britânico. Como tal, a secção argumentava que o mundo, à época, estava em vias de extinção devido a várias razões: as políticas fracassadas da Sociedade das Nações; a militarização do imperialismo japonês após a invasão da Manchúria, em 1931, algo que poderia resultar na partição da China; assim, o movimento dos trabalhadores global tinha de «defender a União Soviética». Não se tratava, portanto, de se centrar unicamente na região e nação indianas. Estas campanhas conjuntas estavam interligadas e tentavam englobar explicitamente uma ampla gama de questões na luta internacional contra o colonialismo.[32] Campanhas anticolonialistas como a «Hands off...» eram, na sua essência e natureza, esforços de propaganda centradas num ponto específico, e com o único propósito de disseminar informação a nível local e global. Pode-se mesmo sugerir que esta questão se relaciona com uma discussão sobre cosmopolitismo e a sua associação discursiva aos conceitos de globalização e à justiça global.[33] Contudo, se olharmos para a campanha de Meerut, esta refletiu e foi sintomática do *modus operandi* implementado por ativistas anticolonialistas para obter atenção internacional para um assunto em particular.

Como é que se pode, então, abordar a questão do anticolonialismo e internacionalismo do entre-guerras numa perspetiva construtiva?

[30] Petersson, «*We Are Neither Visionaries Nor Utopian Dreamers*», pp. 279-280 e 485-486.

[31] Relatório Especial: Sujeito R. F. O. Bridgeman, Polícia Metropolitana, Londres, 14 de Novembro de 1930, MEPO 38/94.

[32] Folheto «London Workers! Your Help is Needed!!», Março 1932, RGASPI 495/100/875, 60, Secção Britânica LAI, Londres.

[33] Gillian Brock, «Cosmopolitanism and the Struggle for Global Justice», em Maria Rovisco e Magdalena Nowicka, eds., *The Ashgate Research Companion to Cosmopolitanism* (Surrey: Ashgate Publishing, 2011), p. 180.

Primeiramente, é essencial examinar os encontros de vários indivíduos que se dedicaram a incrementar o ativismo anticolonialista a nível transnacional e, em segundo lugar, avaliar se os discursos sobre o anticolonialismo podem ser vistos como uma forma de internacionalismo, posto em prática quer através de campanhas de propaganda quer por entidades organizadas (organizações, comités e associações). Através de uma rigorosa investigação em diferentes arquivos e fontes, combinada com obras autobiográficas e memórias, a conexão entre anticolonialismo e internacionalismo revela as fontes de inspiração ideológica (socialismo e comunismo) e como estas contribuíram para o fortalecimento ou enfraquecimento do anticolonialismo enquanto movimento. As actividades e campanhas anticolonialistas caucionam o entendimento de que se tratava de um movimento centrado num tópico particular, organizado a um nível local com conexões com redes internacionais. Isso implica que as campanhas anticolonialistas, as ideias ou o trabalho rotineiro em organizações anticoloniais dependiam da capacidade para dar projecção a tópicos específicos e, como tal, eram capazes de subsistir apenas por um período limitado de tempo. As campanhas organizadas à imagem do tipo «Hands off...» mobilizaram-se por questões nacionais e focaram-se, essencialmente, em destacar o domínio estrangeiro e a opressão dos povos nativos. No entanto, foram as correntes, movimentos e fluxos que ajudaram a transformar as campanhas em circulações transnacionais de conhecimento sobre o estado do anticolonialismo entre-guerras.

As campanhas «Hands off China» e «Hands off Nicaragua» foram bons exemplos do que foi acima descrito: campanhas de propaganda que se organizavam em torno do anticolonialismo enquanto forma de internacionalismo, conseguindo definir uma agenda política que unia os simpatizantes de uma forma que cruzava as fronteiras políticas e nacionais. Tal como referido, o «Hands off China» foi um passo num caminho mais longo, que culminou com o Congresso de Bruxelas e o estabelecimento da Liga Contra o Imperialismo, em 1927. Além disso, a campanha foi um grande sucesso para Münzenberg e para a *Internationale Arbeiterhilfe* na Alemanha, e ligou pessoas de diferentes origens, por exemplo, da Europa, dos Estados Unidos e da Ásia.[34] Todavia, o modelo de direcção e o papel omnipotente do Comintern no que respeitava a autorizar orçamentos e pessoal são fatores que não podem ser ignorados. E, apesar de se apresentar em público como um ator independente, Münzenberg estava ligado, em primeiro lugar, ao Partido Comunista da

[34] Petersson, «*We Are Neither Visionaries Nor Utopian Dreamers*», pp. 65-79.

Alemanha e, em segundo lugar, à sede do Comintern em Moscovo e, por isso, só podia prosseguir nas suas actividades depois de os decisores na capital soviética aprovarem a organização das várias campanhas.[35]

É nesse contexto que é fundamental avaliar o papel que organizações como a Liga Contra o Imperialismo e a *All American Anti-Imperialist League*, nos Estados Unidos, detiveram na disseminação informação e em unir atores para promover o trabalho da «Hands off...».[36] As campanhas anticolonialistas ambicionavam projectar o anticolonialismo como uma questão tanto nacional como internacional. Assim, o anticolonialismo era um movimento que, por um lado, enfrentou a dura realidade do período entre-guerras e que, por outro, dependia susbtancialmente da vontade e capacidade dos ativistas e organizações anticolonialistas internacionais.

A solidão do anticolonialismo entre-guerras: ativistas e organizações

A 26 de junho de 1930, membros da Polícia Metropolitana de Londres quiseram ir a um evento de dança privado intitulado *Danse Cosmopolitaine*, na Tottenham Distillery, em Tottenham Court Road. Ao tentar entrar, os polícias foram impedidos de o fazer e disseram-lhes que «a admissão era apenas através de bilhete e que não recebiam dinheiro na porta». A *Danse Cosmopolitaine* fora organizada como um empreendimento conjunto entre ativistas anticoloniais indianos e a seção da Liga Britânica Contra o Imperialismo e a ela assistiram aproximadamente 60 indivíduos. De acordo com um relatório da Polícia Metropolitana, do sexo masculino eram «cerca de 20 indianos, 6 europeus e 6 negros», enquanto o resto consistia em «jovens inglesas». A noite de dança cosmopolita, pela leitura do bilhete, não dava a impressão de ser uma manifestação anticolonialista; em vez disso, anunciava «uma boa noite» com dança e refrescos a preços acessíveis.[37] Contudo, o evento revelava o caráter transnacional do anticolonialismo e como este se empenhava em unir os ideais nacionalistas com um fenómeno transcultural como dançar

[35] Para a hierarquia organizacional e administrativa das relações entre o Comintern e Münzenberg, ver Fredrik Petersson, «Willi Münzenberg: a propagandist reaching beyond the Party and Class», em Ralf Hoffrogge e Norman LaPorte, eds., *Weimar Communism as Mass Movement 1918-1933* (Chadwell Heath: Lawrence e Wishart, 2017), pp. 240-259.

[36] Kersffeld, *Contra el imperio*; Petersson, «*We Are Neither Visionaries Nor Utopian Dreamers*».

[37] Relatório Especial: Indian Dance, Tottenham Court Road, 26 de Junho de 1930, MEPO (ficheiro LAI) 38/93.

ao som de música. Para interpretar o exposto, torna-se imperioso compreender se o anticolonialismo entre-guerras assumiu o internacionalismo como um meio a fim de promover o movimento. Isto inclui levar em conta as interseções onde as histórias globais, locais, regionais e imperiais se encontraram e se confrontaram, e em como isso estabeleceu novas expressões que tiveram um impacto decisivo nos movimentos anticoloniais. Era um mundo onde, como escrevem Tony Ballantyne e Antoinette Burton, os laços transnacionais «atravessaram» as fronteiras e «cresceram organicamente» na sociedade do pós-guerra de 1919.[38]

Perscrutando atentamente a natureza e o caráter da luta anticolonial no período entre-guerras, é evidente que esta representou um movimento influenciado pelos fluxos e contradições emergentes no rescaldo da afirmação do internacionalismo liberal de Wilson e da vitória do nacionalismo em Paris, em 1919, e, por isso, as promessas do Comintern, como meio e solução, pareciam promissoras. Para alguns dos ativistas anticoloniais, a sua luta internacional teve origem noutros aspectos que permitiam uma apreciação crítica da opressão e a injustiça social como, por exemplo, as tradições religiosas. De acordo com a autobiografia do comunista afro-americano William Lorenzo Patterson, depositada no Arquivo do Comintern, a sua jornada política começou em tenra idade quando decidiu romper com «filiações religiosas». Depois de considerar o «Partido Socialista americano [como] muito fraco», e de se abster de participar na National Association for the Advancement of Coloured People (NAACP) de W. E. B. Du Bois, na década de 1920, Patterson tornou-se membro do comunista *Workers' Party of America*, em 1926 (o precursor do PCUSA).[39] A autobiografia de Patterson retrata a vida de um anticolonialista devotado, querendo libertar África e lutar contra as injustiças sociais do *Jim Crowism* na comunidade afro-americana dos Estados Unidos. Além disso, é uma narrativa tipicamente resultante de experiências e encontros de ativistas anticoloniais durante o período entre-guerras e, mais ainda, protagonizados internacionalmente. Os ativistas anticoloniais faziam política em comités organizados, associações ou organizações, e uma razão para isso era a de que, assim, tinham acesso a eventos como conferências e congressos. Patterson fazia parte deste tipo

[38] Tony Ballantyne e Antoinette Burton, «Empires and the reach of the global», em Emily S. Rosenberg, ed., *A World Connecting 1870-1945*, pp. 391-392.

[39] Autobiografia: William Lorenzo Patterson, Moscovo, 16 de Abril de 1932, RGASPI 495/261//3072, pp. 99-102.

de estruturas, participando, por exemplo, no II Congresso Internacional contra o Colonialismo e o Imperialismo em Frankfurt am Main, em 1929. De igual importância era o uso e distribuição de material impresso (panfletos, periódicos, folhetos), onde essa forma de propaganda adquiria uma circulação global, independentemente das medidas repressivas instigadas pelas agências de segurança nacionais na tentativa de bloquear o fluxo de informações.[40]

Os materiais impressos são uma importante via para compreender o anticolonialismo como uma expressão de internacionalismo, especialmente porque revelam as identidades e consciências políticas. Por exemplo, o Partido Ghadar, em São Francisco, tinha conexões globais com a Europa e a Ásia nos anos do entre-guerras, e usou essas relações para distribuir propaganda com o único propósito de postular a atitude do partido face ao colonialismo e ao imperialismo. O Partido Ghadar foi intensamente radicalizado devido à sua estreita relação com o movimento comunista internacional na década de 1920, e isso influenciou decisivamente a sua compreensão do mundo. Em 1931, o mesmo professou claramente uma compreensão da divisão do mundo segundo a doutrina comunista, ou seja, «classe contra classe». E, ao fazê-lo, afirmou que a possibilidade de a Índia alcançar a igualdade social em termos semelhantes às nações ocidentais «nunca aconteceria dentro do império britânico, construído com base na opressão colonial e no domínio racial».[41] Limitando-se quase exclusivamente a fomentar contactos pessoais, as ligações do Partido Ghadar eram frágeis e, além disso, propensas aos conflitos entre os seus membros. Har Dayal, um membro fundador do partido, desenvolveu um entendimento diferente do mundo no período entre-guerras do daquele veiculado pelo partido. Viajando pela Europa durante a guerra, partiu da Alemanha em 1918 e chegou a Estocolmo. Depois do fim da guerra, mudou-se para Mölnlycke, uma pequena comunidade nos arredores de Gotemburgo, na Suécia. Aí, Dayal continuou a dar palestras por todo o país na década de 1920, onde transmitiu uma imagem da Índia como uma nação que não deveria ser vista como estando repleta de «mistérios e contos de fadas»,

[40] Martin Thomas, *Empires of Intelligence. Security Services and Colonial Disorder After 1914* (Berkeley: University of California Press, 2008).

[41] MEPO 38/93, O Partido Hindustan Gadhar, *Resolutions of the League against Imperialism for India*, São Francisco, 1931, p. 7. Para a radicalização do Partido Hindustan Gadhar, ver, por exemplo, Sobhanlal Datta Gupta, *Comintern and the Destiny of Communism in India 1919-1943* (Kolkata: Seribaan, 2006).

antes como uma nação com uma história social e cultural única.[42] Estes dois casos são exemplificativos do seguinte: apesar da inclusão e representação de organizações e indivíduos com diferentes origens nacionais, tinham em comum o facto de se identificarem como opositores ao colonialismo e ao imperialismo. Além disso, estes indivíduos e movimentos traspuseram as fronteiras nacionais nos anos do entre-guerras, um padrão que se mostra útil quando se trata de avaliar se o anticolonialismo pode ser ligado ao internacionalismo numa estrutura interpretativa.

Os movimentos anticoloniais esforçaram-se para transformar as campanhas locais em questões internacionais de solidariedade e, para isso, foram fundamentais o compromisso e o nível de ativismo dos indivíduos. A secção britânica da Liga Contra o Imperialismo, por exemplo, declarou nos seus princípios estatutários, no que se referia o trabalho político, em 1929, que o «trabalho especial» se concentrava essencialmente em unir todas as organizações e indivíduos na Grã-Bretanha na luta contra o imperialismo. Assim, a secção considerava a organização de «reuniões, manifestações e campanhas especiais relacionadas com questões imediatas» como particularmente valiosa.[43] Episódios deste tipo definem o caráter do anticolonialismo entre-guerras na Inglaterra, mas eventos, ao mesmo tempo semelhantes e diferentes, desenrolaram-se na Alemanha de Weimar até 1932, na França e na Holanda, e assim por diante. Por mais que o anticolonialismo pareça ser um movimento internacional, também foi nacionalista, ou seja, os ativistas anticoloniais não só enfatizaram a luta nacional pela independência, esta também fazia parte de um discurso que, integrando um cenário internacional, mantinha o colonialismo e o imperialismo no processo de definição do mundo. Na Alemanha, por exemplo, num comício político em Tonhalle, em Duisburg, a 2 de Outubro de 1926, o chinês Hang Fong-keng fez um discurso sobre a situação na China e na Coreia. A multidão presente consistia nos membros da cena política da esquerda alemã: o Partido Comunista da Alemanha, a *Internationale Arbeiterhilfe* e a Associação Frente Vermelha (em alemão: *Rote Front Bund*), lado a lado com representantes do movimento sindical. Fong-keng chamou a atenção, no seu discurso, para o enigma social e político que constituía o Sudeste Asiático, afirmando que se tornara uma região onde o movimento dos trabalhadores declarava a sua

[42] Material sobre a vida e atividades de Har Dayal na Suécia na década de 1920 foi localizado por mim na Biblioteca Real (Kungliga biblioteket), em Estocolmo, coleção: Svensk-indiska föreningens arkiv Acc 2013/35 [Arquivos da Sociedade Sueco-Indiana].

[43] (Carta Oficial) Liga contra o Imperialismo (secção Britânica), Londres, 1929, MEPO 38/93.

simpatia pelo comunismo, mas não conseguia identificar-se com a versão europeia do comunismo.[44] O discurso de Fong-keng foi, no entanto, uma expressão do movimento anticolonial em ascensão na Alemanha.

Simultaneamente, outros indivíduos assumiriam uma vida caracterizada por atividades revolucionárias. O revolucionário nacionalista coreano Yoe Un Hyeng (Lyuh Woon-hyung; 1885-1947) pode, neste contexto, ser visto como um internacionalista anticolonialista ideal. Depois de ter vivido a invasão japonesa da Coreia, em 1910, converteu-se ao Cristianismo e, em 1914, mudou-se para Xangai, onde se envolveu na elaboração de propaganda para promover a libertação da Coreia após o fim da guerra. Após a desilusão com o resultado das negociações da Conferência de Paz de Paris, Hyeng viria a estabelecer uma reputação de fervoroso ativista anticolonial na China e na Coreia, tendo, além disso, organizado uma rede operacional composta de indivíduos com um pensamento semelhante no Sudeste Asiático. Na década de 1920, as suas opiniões anticoloniais encontraram inspiração na mensagem do socialismo e Hyeng assumiu um papel de liderança no desenvolvimento do movimento comunista na Coreia. Este último teria um impacto decisivo na sua vida e carreira como ativista anticolonial. A 22 de Outubro de 1929, a Liga Contra o Imperialismo publicou, no seu Serviço de Imprensa, um artigo que detalhava a prisão de Hyeng pelas forças policiais britânicas na *Nanking Road*, em Xangai. Os britânicos entregaram-no à jurisdição do consulado japonês e, pouco depois, foi enviado para a Coreia para ser julgado com a acusação de ter «mantido ligações com os comunistas na Coreia». Segundo o Serviço de Imprensa, as acusações contra Hyeng eram um ato meramente político, com o objetivo de difamar um indivíduo que deveria antes ser visto como «uma das pessoas mais influentes do movimento coreano pela independência nacional»; em vez disso, foi atormentado e perseguido, declarou a Liga Contra o Imperialismo.[45]

[44] «Vortrag des Chinesen Hang Fong-keng aus Korea», Duisburg, 9 de Outubro de 1926. HPC. O documento é um relatório do comissário da polícia em Duisburg para o chefe de autoridade da província de Düsseldorf.

[45] «Yoe Un Hyeng, preso pela polícia britânica em Xangai e cedido aos japoneses», em Serviço de Imprensa da Liga contra o Imperialismo, n.º 29 (Berlim: Secretariado Internacional, 22/10/1929). Mais tarde, Yoe foi libertado da prisão em 1933. Durante a Segunda Guerra Mundial, Yoe organizou a sociedade secreta Aliança para a Restauração da Nação Coreana em 1944, tendo sido preso novamente, mas libertado no ano seguinte, após a derrota do Japão. A 19 de julho de 1947, um jovem nacionalista de direita assassinou Yoe numa disputa sobre a questão coreana, ver http://digitalarchive.wilsoncenter.org/resource/modern-korean-history-portal/yeo-un-hyeong [acesso a 19.10.2016].

Os internacionalistas anticoloniais, nascidos e criados num ambiente imperial, levavam uma vida que levaria primeiro, à proeminência, mas que acabaria em isolamento e solidão. O comunista britânico de origem indiana, Clemens Palme Dutt (1893-1974), e o seu irmão, Rajani Palme Dutt, considerado um dos principais especialistas sobre a Índia, e um dos principais promotores do anticolonialismo como uma ideia e prática no Partido Comunista da Grã-Bretanha (PCGB) nos anos entre-guerras, são exemplos deste tipo de trajectória política. Rajani detinha uma posição de autoridade e era uma figura pública dentro do PCGB. No entanto, Clemens experienciou as funções internas associadas às organizações do ativismo anticolonial na Europa do entre-guerras. Apesar de Clemens ter sido um dos membros fundadores do PCGB, em 1920, atuou em segundo plano na modelagem da estrutura e na criação de redes anticoloniais na Inglaterra dos anos de 1920. Uma experiência que Clemens descreveu, em 1933, no seu «Lebenslauf», um documento guardado no seu ficheiro no Arquivo do Comintern, informando como fora «claramente associado ao trabalho geral relativo à questão colonial no PCGB, desde a sua fundação», ligado que estava ao departamento colonial do partido. Acima de tudo, isso estava em sintonia com a sua origem indiana, o que fez com que Clemens se envolvesse no «trabalho partidário da Índia», uma linha de trabalho dirigida a partir de Londres e ligada a várias redes na Europa e na Índia. Para testar as suas capacidades, ordenaram a Clemens que viajasse para Berlim para funcionar como «membro do Secretariado Internacional da Liga contra o Imperialismo», em 1931-33.[46]A razão para Clemens deixar Londres e viajar para Berlim era substituir e assumir as funções do o antigo membro do Secretariado Internacional da Liga Contra o Imperialismo, Virendranath Chattophadyaya (Chatto, 1880-1937), um revolucionário nacionalista indiano. Enquanto Dutt conseguiu posicionar-se como uma voz a ser consultada e uma força administrativa para ajudar os movimentos anticoloniais e anti-imperialistas na Europa, Chatto fora instruído pela sede do Comintern para viajar para Moscovo a fim de enfrentar acusações de «desonestidade política» cometidas durante a guerra de 1914-18. Em agosto de 1931, Chatto viajou para Moscovo e respondeu à acusação de ter estado envolvido com o Comité da Índia (1914-19), especialmente, a de ter recebido apoio financeiro do governo alemão do Kaiser durante a guerra. No final, Chatto foi acusado de ser um espião alemão em solo soviético e

[46] Lebenslauf Clemens Palme Dutt, Moscovo, 1933, RGASPI 495/198/1140, pp. 29-30.

foi executado em Moscovo, a 2 de Setembro de 1937. Chatto foi uma das muitas vítimas da purga secreta e sangrenta do aparelho do Comintern em Moscovo durante o auge do Grande Terror.[47]

A vida de Clemens Dutt justifica a necessidade de compreensão da ligação entre o anticolonialismo e o internacionalismo. À medida que a campanha de Meerut ganhava ritmo em 1929, a questão da luta de libertação nacional da Índia alcançava um novo ímpeto, depois das sessões do Congresso Nacional Indiano em Lahore, em 1929. Faltava, contudo, ao movimento anticolonial indiano um componente crucial: tratava-se da incapacidade de estabelecer organizações anticoloniais funcionais na Índia capazes de manter contactos com centros anticoloniais na Europa. Uma explicação para isso foi uma decisão das autoridades coloniais britânicas, em 1929, de proibir os ativistas anticoloniais famosos, na Índia e em Inglaterra, de viajar para visitar os seus respetivos países. Assim, outras estratégias tiveram que ser postas em prática.

A 2 de Junho de 1930, Clemens Dutt fora de Berlim a Londres para uma breve visita, durante a qual discursaria numa reunião de protesto contra o imperialismo britânico, organizada pela secção britânica da LAI e pela comunista Liga do Bem-Estar dos Trabalhadores da Índia. Na reunião, Clemens foi apresentado como «orador principal» sobre a situação na Índia e a opressão das suas populações. De acordo com um relatório de vigilância da Polícia Metropolitana de Londres, Dutt demonstrou uma atitude inflexível ao descrever como a situação poderia ser mudada na Índia. Por exemplo, o movimento anticolonial teria de fazer uma distinção radical entre as formas através das quais o socialismo e o comunismo defendiam mudanças nas questões da opressão nacional, colonialismo e imperialismo. Em comparação com o carácter reformista do socialismo, a promoção, veiculada pela mensagem comunista, de uma mudança revolucionária rápida, defendida por Dutt, era tanto o meio como o método que a luta de libertação nacional indiana deveria adotar. De acordo com Dutt, «não havia meio termo». Pelo contrário, era preciso escolher «um lado ou outro» no caminho para a independência. Clemens argumentava que o movimento de libertação nacional indiano era uma luta que dependia da capacidade inerente do «movimento da classe trabalhadora», que contrastava com o «desenvolvimento reformista de um Movimento Democrático Capitalista». Para isso, e segundo Clemens, era fundamental conectar a luta de libertação

[47] Petersson, «*We Are Neither Visionaries Nor Utopian Dreamers*», p. 425.

indiana com o movimento operário europeu e estabelecer uma «união de solidariedade e ação» na forma dos comités «Hands off India» a nível global.[48]

Reginald Bridgeman tinha uma posição diferente no movimento anticolonial, face à de Clemens Dutt. Funcionando como um intermediário entre o reformismo do socialismo e a retórica revolucionária radical do comunismo, Bridgeman é fundamental nesta história, na medida em que facilitou uma coordenação dos movimentos anticoloniais entre-guerras, primeiro na Inglaterra e, depois, a nível internacional. Existe uma lacuna académica em torno da figura de Bridgeman e, apesar da biografia eloquente mas breve de John Saville sobre Bridgeman, ele é imprescindível para se produzir uma visão geral que una, numa narrativa concreta, o anticolonialismo e o internacionalismo. E mais uma vez, as viagens, encontros e novas experiências moldaram a vida de Bridgeman, levando-o a deixar a carreira de diplomata profissional, de acordo com Saville, para se tornar um destacado peticionário pacifista e anticolonial contra a opressão. Tendo vivenciado a devastação social na Europa após o fim da guerra em 1918, Bridgeman viajou para Teerão para seguir a carreira diplomática na embaixada britânica. No entanto, a viagem a Teerão causou um impacto em Bridgeman ao testemunhar a implementação estrutural e prática do imperialismo britânico na Ásia Central. Uma vez em Teerão, Bridgeman conviveu com diplomatas soviéticos e foi forçado a renunciar à sua posição na embaixada. Ao voltar a Inglaterra, encontrou um novo propósito e direção para a sua vida, moldada, a partir de então, segundo princípios pacifistas e socialistas.[49]

Ao longo do período entre as duas guerras, Bridgeman apoiou e organizou uma série de empreendimentos anticoloniais na Inglaterra. Por exemplo, fundou o *Chinese Information Bureau*, em 1925, e colaborou com Shapurji Saklatvala, um comunista britânico de origem indiana, coordenando em Londres as atividades da Liga contra a Opressão Colonial (que foi a precursora da Liga Contra o Imperialismo, fundada em Berlim, a 10 de Fevereiro de 1926). Bridgeman assistiu ao congresso de Bruxelas, em Fevereiro de 1927, onde foi nomeado secretário da secção da Liga Britânica Contra o Imperialismo e, mais tarde, após a dissolução da organização na Alemanha e da sua transferência de Paris para Londres, assumiu a posição de secretário

[48] Relatório Especial, sujeito: Re. Meeting, Londres, 2 de Junho de 1930, MEPO 38/93.

[49] John Saville, «Bridgeman, Reginald Francis Orlando», em Joyce M. Bellamy e John Saville, eds., *Dictionary of Labour Biography*, vol. VII, (Londres: Macmillan, 1984), pp. 26-40; Petersson, «A Man of the World». Encounters and articulations of anti-imperialism as cosmopolitanism», *Twentieth Century Communism: A Journal of International History*, n.º 10 (2016), p. 85.

internacional da Liga Contra o Imperialismo, em 1933. Para Bridgeman, a principal motivação política era a de denunciar a opressão colonial de várias maneiras e através de diferentes colaborações. Por exemplo, apelou frequentemente ao Partido Trabalhista Independente Britânico e o seu líder, A. Fenner Brockway, para que apoiassem o trabalho da Liga Contra o Imperialismo. No entanto, as conotações comunistas desta tornaram impossível para aquele apoiar oficialmente qualquer uma das iniciativas da Liga, como, por exemplo, protestar contra a crise na Abissínia, em 1935. Isso contribuiu para isolar Bridgeman na arena política em Inglaterra e, com a discreta dissolução da Liga Contra o Imperialismo, em maio de 1937, abriu-se uma porta para seu isolamento político mais geral. Em vez disso, Bridgeman fundou o *Colonial Information Bureau* para funcionar como sucessor da Liga Contra o Imperialismo e, ao mesmo tempo, relacionou-se com outra associação anticolonial em Londres, o Centro Contra o Imperialismo. As associações fundiram-se com o Congresso dos Povos Contra o Imperialismo, organizada também por Brockway, em 1948 e, assim, a natureza e o âmbito do anticolonialismo entre-guerras não só continuaram após o fim da Segunda Guerra Mundial, como o movimento se transformou, aparecendo em novas formas e constelações, processo em que Bridgeman participou ativamente.[50]

No entanto, Bridgeman foi uma figura política ostracizada na esquerda da política britânica durante o período entre-guerras. A sua ligação à Liga Contra o Imperialismo, vista como uma organização subversiva, comunista e radical pelo movimento socialista e agências de segurança nacional[51], e o seu envolvimento oficial na contestação imperialismo britânico, em vários comités e campanhas, não contribuíram para que lograsse estabelecer uma base sólida em Inglaterra. O processo eleitoral de 1929, na Grã-Bretanha, confirmou o isolamento de Bridgeman. Quando tentou ser eleito representante da secção de Uxbridge do Partido Trabalhista, e apesar de o jornal *The Voter* ter descrito Bridgeman como o «porta-estandarte» da solidariedade no partido, negaram-lhe que a possibilidade de representar o partido devido à sua ligação à Liga Contra o Imperialismo. O artigo, contudo, divulgava a intenção e

[50] Petersson, «*We Are Neither Visionaries Nor Utopian Dreamers*», p. 102; Petersson, «Willi Münzenberg: A Propagandist Reaching Beyond the Party and Class».

[51] Em outubro de 1927, a Internacional Trabalhista e Socialista publicou uma detalhada análise sobre as origens e conexões comunistas da Liga Contra o Imperialismo, material que as agências de segurança nacional usaram na sua avaliação da organização como ator subversivo. Ver mais em Petersson, «*We Are Neither Visionaries Nor Utopian Dreamers*», pp. 189-196.

o compromisso de Bridgeman em promover uma agenda anticolonial. Para ele, um lugar no parlamento britânico dar-lhe-ia a oportunidade de lá introduzir uma discussão crítica sobre as consequências do colonialismo e do imperialismo britânicos. Bridgeman reconhecia que tinha uma relação próxima com a Liga Contra o Imperialismo, mas não deixava de alegar que isso era necessário dado «que não hesito em proclamar a minha crença de que o imperialismo é a maldição da classe trabalhadora». Como forma de o exemplificar, Bridgeman argumentava que existia uma explicação tangível para as revoltas indígenas e a queima de tecidos britânicos na Índia, sobretudo porque «na luta pela liberdade dos trabalhadores de todo o mundo», o anticolonialismo indiano queria atacar o «imperialismo britânico, que é a opressão militarista dos fracos».[52]

Declarações como as acima mencionadas fizeram com que as agências de segurança em Inglaterra direccionassem a sua atenção para a monitorização das atividades e redes de Bridgeman. Num dos vários relatórios especiais produzidos sobre ele, em 1937, constante dos arquivos da Polícia Metropolitana em Londres, dava-se nota do seu compromisso consistente em «promover o movimento anti-imperialista», e essa tendência não mostrava nenhum sinal de esmorecimento. Pelo contrário, o seu ativismo só tinha aumentado após a sua renúncia forçada do Corpo Diplomático britânico, em 1923. Bridgeman nunca fora um «membro declarado» do PCGB, observava a MEPO, mas as suas conexões com «todos os campos de trabalho anti-imperialista» relativos à Índia, África, China e Irlanda, e o facto de ter participado em «todas as conferências que se relacionem de alguma forma com questões indianas, chinesas e outros assuntos orientais», tornavam óbvio que ele tinha contactos próximos com o movimento comunista em Inglaterra.[53]

Por outro lado, dentro do movimento comunista nacional e internacional, também se levantavam-se vozes críticas de Bridgeman. Em 1933, Münzenberg disse ao comunista britânico Percy Glading que tinha feito «grandes esforços [...] para se ver livre de Bridgeman na Liga Contra o Imperialismo». No entanto, Bridgeman recusara-se a acatar as recomendações de Münzenberg, dizendo-lhe que tinha «muitos seguidores da sua pessoa» em Inglaterra.[54]

[52] Reginald O. Bridgeman, «Election issues defined», *The Voter*, vol. 1, n.º 3 (Maio 1929). Retirado de HPC.

[53] Sumário: Reginald Francis Orlando Bridgeman, Polícia Metropolitana, Londres, 1937. MEPO 38/94,

[54] Liga contra o Imperialismo, 25 de Agosto de 1933, The National Archives, Kew (Londres), KV5/135, 50, Pessoal M/12.

E, em 1937, circulou um boato de que «em muitos círculos dentro do Partido Comunista [da Grã-Bretanha] estão a ser levantadas dúvidas quanto à "fiabilidade" de Bridgeman».[55] Isto relacionava-se com luta pelo poder dentro da Liga Contra o Imperialismo. Mas, como a organização foi dissolvida em maio de 1937, a questão deixou de fazer sentido. Bridgeman demonstrou uma capacidade notável de estabelecer contactos com outros grupos anticoloniais internacionais em Londres, nos anos de 1930, por exemplo, com a Negro Welfare Association, com o Movimento Anti-Guerra, em Inglaterra (que estava ligado ao Amsterdam/Pleyel Moviment, 1932-33), e com a *India Independence League*.[56] Além disso, ajudou o pan-africanista George Padmore, de Trinidade, a criar o *International African Service Bureau* em Londres, em 1937. Aquele era conhecido pelo seu compromisso de longa data contra o colonialismo e o imperialismo, desde a década de 1920. Tendo Padmore, contudo, terminado as suas ligações ao movimento comunista internacional em 1933, redireccionara o foco da sua atenção e acção para a questão da luta de libertação de África.[57]

A Polícia Metropolitana recolhia as suas informações de indivíduos que se tinham infiltrado em encontros e organizações anticoloniais, e usou-as para mapear a vida e as atividades indivíduos como Bridgeman durante a década de 1930. Em 1934, por exemplo, a Polícia Metropolitana observou cuidadosamente as atividades de Bridgeman, nomeadamente, o seu discurso numa reunião da Liga Contra o Imperialismo, em Wealdstone, no dia 12 de Abril; a realização de uma palestra sobre «O Poder Soviético na China», no Marx Memorial Hall, a 22 de Abril; a sua participação numa reunião da Negro Welfare Association, no edifício da Câmara Municipal de Canning, a 14 de Setembro; e, a 6 de Dezembro, o discurso que fez «numa reunião especial», convocada pela Indian Independence League, e que ocorreu no restaurante Nanking, em Londres.[58] O número total de observações registadas pela Polícia Metropolitana é demasiado vasto para incluir e discutir aqui. No entanto, os documentos relativos a Bridgeman revelam uma multiplicidade

[55] Relatório Especial, sujeito: R. F. O. Bridgeman, Polícia Metropolitana, Londres, 13 de Setembro de 1937. MEPO 38/94.

[56] Relatório Especial, sujeito: R. F. O. Bridgeman, Polícia Metropolitana, Londres, 4 de Setembro de 1935, MEPO 38/94.

[57] Nota: R. F. O Bridgeman, Polícia Metropolitana, Londres, 1937, MEPO 38/94; Holger Weiss, *Framing a Radical African Atlantic* (Leiden: Brill, 2014), p. 672.

[58] Relatório Especial, sujeito: R. F. O. Bridgeman, Polícia Metropolitana, Londres, 8 de Março de 1935, MEPO 38/94.

de atividades, contactos e redes, que ilustram a relação interconectada entre anticolonialismo e internacionalismo entre-guerras.

«Danse Cosmopolitaine»: relações na tomada de decisões e um mundo em mudança

O fim da guerra, em 1918, determinou a criação de um novo mundo, com novas possibilidades. Para o movimento anticolonial, o contexto político e social foi determinado por meio de contactos, relações e redes transnacionais que pareciam existir numa «dança» onde participavam adversários e apoiantes. Este capítulo analisou e demonstrou como os movimentos anticoloniais, se tinham por base uma agenda nacional, dependeram também da capacidade de se moverem por baixo, através e por cima das fronteiras nacionais. Assim, o anticolonialismo mobilizou-se a vários níveis, local ou global; porém, o objectivo principal era o de contestar as estruturas globais do colonialismo e do imperialismo. Assim, tratou-se de um movimento que também se apoiou em estruturas internacionalistas compostas por uma ampla gama de indivíduos, associações, comités ou organizações. A principal razão deveu-se à necessidade de se estabelecerem colaborações, assim como de encontrar força e validação em diferentes campos ideológicos (nacionalismo, socialismo e comunismo) que pudessem caucionar a mundivisão dos ativistas anticoloniais sobre necessidade de uma mudança global. Os casos individuais descritos neste capítulo como, por exemplo, os William Patterson, Reginald Bridgeman, Clemens Dutt ou Har Dayal, confirmam o que foi dito acima.

Enquanto a relação entre anticolonialismo e internacionalismo, durante o entre-guerras, pode ser interpretada através da compreensão de eventos, momentos e episódios, são os contactos e ligações transnacionais que posicionam esses fenómenos em estruturas locais e globais. O anticolonialismo de entre guerras apresentou-se como «internacional» com o objectivo de congregar a atenção num plano local e, ao fazê-lo, por exemplo, nas várias campanhas «Hands off...», tornou-se propenso a ser classificado como radical e subversivo. Assim, e apesar da conexão ideológica com várias expressões do socialismo ou do comunismo, o anticolonialismo de entre-guerras oferecia aos indivíduos provenientes de diferentes origens sociais, culturais e nacionais a possibilidade de conhecer e discutir episódios e relações, tanto os que perduraram como os que se esvaneceram ao longo do tempo e do espaço.

2. O IMPÉRIO FRANCÊS VAI A SÃO FRANCISCO: A FUNDAÇÃO DAS NAÇÕES UNIDAS E OS LIMITES DA REFORMA COLONIAL*

JESSICA PEARSON**
Macalester College

> «O objectivo da colonização francesa reside algures entre a internacionalização das colónias e a independência, duas soluções que não oferecem segurança para os Estados recém-emancipados nem dignidade para os seus habitantes.»
>
> Telegrama de M. de la Roche ao Governador Laurentie, Março de 1945.[1]

> «Uma França global de mais de cem milhões de pessoas pode sobreviver e tentar desempenhar um papel decisivo na política mundial. Uma França reduzida ao seu território metropolitano, tão

* Este trabalho foi co-financiado pelo FEDER – Fundo Europeu de Desenvolvimento Regional através do COMPETE 2020 – Programa Operacional Competitividade e Internacionalização (POCI) e por fundos nacionais através da FCT – Fundação para a Ciência e a Tecnologia, no âmbito do projeto «Os mundos do (sub)desenvolvimento: processos e legados do império colonial português em perspectiva comparada (1945-1975)» (PTDC/HAR-HIS/31906/2017 | POCI-01-0145-FEDER-031906).

** Tradução de Hugo Gonçalves Dores.

[1] Telegrama de M. de la Roche ao governador Laurentie, 5 de Março de 1945, Archives Diplomatiques de La Courneuve, Paris [ADLC], K Afrique – Généralités 1, p. 1.

> comparativamente inconsequente, e a uma população tão diminuta deixa de contar, deixa de existir. Em São Francisco, a França está a jogar o seu destino. Para jogar e ganhar, o que pode ser feito?»
>
> Texto da posição francesa sobre a questão colonial em São Francisco, Março de 1945.[2]

À medida que a Segunda Guerra Mundial estava a chegar ao seu término, líderes políticos, funcionários governamentais, *experts* e jornalistas começavam a ponderar o modo como, no pós-guerra, uma nova organização internacional de nações unidas poderia evitar conflitos de uma forma que a Sociedade das Nações (SDN) não houvera conseguido. Tal como os fundadores da SDN, estes actores estavam preocupados não apenas com a forma de relacionamento a estabelecer entre as grandes potências por forma a assegurar a paz e a prosperidade, mas também na forma como os impérios coloniais iriam ser enquadrados nesta equação. Se 1945 representou uma ocasião importantíssima para reimaginar as filosofias e as estruturas da governação global, foi também um momento crucial para repensar o modo como os impérios coloniais iriam, a partir daí, operar. Enquanto o império britânico estava a delegar poderes em algumas colónias, noutras reorientava a sua política colonial para o desenvolvimento social. Já os funcionários franceses reuniram-se em Brazzaville, em 1944, para desenhar uma política colonial para o pós-guerra e, posteriormente, em Paris, em 1945 e 1946, para redigir uma constituição que incorporaria os habitantes dos territórios ultramarinos franceses numa base menos desigual face ao estatuto dos habitantes da França metropolitana.

Apesar destes dois processos de reforma colonial e internacional se terem desenvolvido simultaneamente, os visionários por detrás destes planos enfrentaram, muitas vezes, dificuldades em adaptar rapidamente as novas estruturas internacionais aos impérios em mudança, e vice-versa. Num artigo da *Times*, de Fevereiro de 1945, Sir Frederick Whyte relatava a atmosfera tensa que rodeara as discussões sobre dependência e colonialismo na 9.ª Conferência do *Institute of Pacific Relations*, em Hot Springs, Virginia, que tivera lugar no mês anterior. Escreveu: «Alguns críticos americanos do "imperialismo" parecem não estar conscientes do carácter progressista das

[2] *Aide-Mémoire* sobre a tese colonial francesa em São Francisco, 27 de Março de 1945, ADLC, K Afrique – Généralités 1, pp. 1-2.

políticas coloniais das potências europeias; e, ouvindo as suas descrições críticas, um visitante de Marte poderia ser levado a pensar que o Império Britânico permaneceu inalterado desde que Joseph Chamberlain foi secretário das colónias».[3] Os relatórios franceses sobre o evento lamentavam igualmente a falta de compreensão, por parte da delegação americana, do «espírito progressista da política colonial europeia».[4] Mas se Whyte escarnecia da falta de compreensão global sobre o modo como o império britânico estava a mudar, o que estava em jogo para os britânicos era relativamente menos problemático quando comparado com os seus aliados do outro lado do canal.

O esforço britânico para criar estruturas internacionais de supervisão colonial está bem documentado pelos historiadores. Trabalhos recentes de historiadores como Susan Pedersen e Mark Mazower, beneficiando de estudos já clássicos – como o trabalho de William Roger Louis –, dão um importante contributo para se compreender as formas através das quais as instituições internacionais, como a SDN e a ONU, catalisaram ou ajudaram a retardar o lento processo de descolonização que decorreu ao longo do século XX.[5] Ambos demonstram como os imperialistas britânicos estavam, na verdade, optimistas acerca do potencial das instituições internacionais para preservar as estruturas imperiais e para universalizar uma abordagem especificamente britânica para a governação dos territórios dependentes.

A posição francesa relativamente à evolução dos mecanismos de controlo internacional permanece menos clara. A convincente descrição de Frederick Cooper sobre a reforma francesa, no rescaldo da da guerra, das políticas de cidadania relata uma importante história sobre o modo como mudanças estruturais no império se deveram tanto a determinadas aspirações africanas como ao desejo francês de preservar o império. Mas diz-nos menos sobre o modo como este império reconfigurado se relacionou com um regime de

[3] Sir Frederick Whyte, «When Japan is beaten: towards security in the Pacific», *The Times*, 13 de Fevereiro de 1945, p. 5. Ver também Relatório de M. P. E. Naggiar, Embaixador de França, Representante do Governo Francês nas Conferências de Tutela, ADLC, NUOI 5, Régime International de Tutelle (Trusteeship), p. 6.

[4] Massigli a Bidault, 24 de Fevereiro de 1945, n.º 435, ADLC, K Afrique – Généralités 1, p. 1.

[5] Ver William Roger Louis, *Imperialism at Bay: The United States and the Decolonization of the British Empire, 1941-1945* (Nova Iorque: Oxford University Press, 1978); Mark Mazower, *No Enchanted Palace: The End of Empire and the Ideological Origins of the United Nations* (Princeton: Princeton University Press, 2009); Susan Pedersen, *The Guardians: The League of Nations and the Crisis of Empire* (Oxford: Oxford University Press, 2015).

supervisão internacional em evolução, e vice-versa.[6] Se os britânicos estavam razoavelmente optimistas sobre a possibilidade de usar as novas instituições internacionais para protelar uma possível descolonização, os seus parceiros franceses estavam consideravelmente menos esperançosos. Divididos entre o desejo de eliminar a dolorosa e traumática marca da ocupação e da colaboração através de novas formas de cooperação internacional, e as suas suspeitas, bem reais, de que essa mesma internacionalização poderia determinar o fim do império, os delegados franceses à Conferência de 1945, em São Francisco, optaram por uma abordagem substancialmente diferente nas negociações sobre a crescente internacionalização do império.

Este capítulo, elaborado a partir de arquivos do Ministério dos Negócios Estrangeiros francês, de documentação da ONU e de jornais americanos, pretende responder à seguinte questão: como é que diplomatas e funcionários franceses lidaram com a criação das Nações Unidas no que dizia respeito ao papel da nova organização na potencial supervisão do vasto império ultramarino francês? De que formas a delegação francesa explorou esta oportunidade para difundir um novo conjunto de reformas coloniais, que estavam a ser desenhadas concomitantemente, e de que modo tentou minimizar essa mesma «interferência» potencial, recorrendo ao argumento de que o modelo de supervisão internacional proposto pela conferência constituía, na verdade, um retrocesso para os habitantes do que viria ser conhecido como União Francesa? Este capítulo explora as percepções francesas sobre a supervisão colonial internacional desde a conferência de Dumbarton Oaks, no Outono de 1944, até à aprovação do acordo de tutela para os Camarões e Togo, em Dezembro de 1946. Neste sentido, ele procura perceber em que medida foram os franceses capazes de condicionar o resultado da Conferência de São Francisco, em 1945, relativamente aos territórios sob tutela e aos territórios não-autónomos.

Sustento, aqui, que, não obstante os meios limitados da delegação francesa para fazer vingar as suas opções no sistema criado em 1945, compreender a sua posição nas novas estruturas da ONU é essencial para o nosso entendimento da reforma colonial francesa no pós-guerra. Se as contínuas negociações com representantes dos seus territórios ultramarinos tornaram mais percetíveis os limites da reforma colonial do pós-guerra, também as manobras limitadas do governo francês nas Nações Unidas ajudam a compreender as insuficiências da

[6] Frederick Cooper, *Citizenship Between Nation and Empire: Remaking France and French Africa, 1945-1960* (Princeton: Princeton University Press, 2014).

nova política colonial, pós-1945. Contra aquilo que muitos delegados franceses acreditavam ser a decisão mais acertada, a representação francesa aquiesceu face ao estabelecimento um certo nível de controlo internacional sobre todos os territórios não-autónomos. E apesar das suas intenções originais de remover o Togo e os Camarões das estruturas de supervisão colonial internacional, acabaram por concordar em colocá-los sob o novo regime de tutela internacional. Ao estudar em paralelo a evolução das estruturas de controlo colonial e de supervisão internacional, podemos oferecer uma visão mais clara do alcance destas reformas e começar a construir uma abordagem mais apropriada para estudar o impacto local do sistema das Nações Unidas nos territórios coloniais.

Um novo império francês encontra uma nova audiência global

Em Janeiro e Fevereiro de 1944, funcionários franceses com elevadas responsabilidades reuniram-se em Brazzaville, capital da África Equatorial Francesa, para planear mudanças importantes no modelo de governação colonial francês, que seria posto em vigor depois da guerra. Apesar de terem surgido poucas propostas concretas, as recomendações emanadas da reunião admitiam que uma participação política mais substancial dos habitantes das colónias francesas *e* um maior compromisso com o desenvolvimento e bem-estar sociais seriam necessários se a França queria conservar as suas colónias no pós-guerra.[7] Em 1945 e 1946, delegados da França metropolitana e das colónias reuniram-se em Paris para desenhar a constituição da Quarta República, colocando muitas destas recomendações em vigor. Como Frederick Cooper demonstrou no seu recente trabalho sobre as reformas francesas do pós-guerra no âmbito da cidadania, a constituição incluía mudanças significativas no modo como o império francês estava estruturado e, mesmo que a prometida igualdade se mostrasse difícil de implementar imediata ou rigorosamente, o novo sistema concedeu importantes direitos a todos os habitantes dos territórios ultramarinos franceses.[8]

Enquanto os funcionários franceses projectavam extensas mudanças da estrutura do império, do outro lado do Atlântico, líderes, decisores políticos

[7] *La Conférence Africaine Française: Brazzaville, 30 Janvier 1944 – 8 Février 1944* (Paris: Ministère des Colonies, 1945).

[8] Cooper, *Citizenship Between Nation and Empire.*

e jornalistas americanos repensavam a estrutura da supervisão internacional que iria manter esse império – entre outros – sob controlo. Mas esforços no rescaldo de uma guerra para construir um sistema de supervisão internacional não eram novos. Pelo contrário, este sistema seria construído sobre ideias e estruturas que já haviam sido testadas no período entre-guerras sob o sistema de mandatos da SDN, tópico do trabalho de Susan Pedersen, *The Guardians*. Como demonstrou Pedersen, o sistema de mandatos nunca foi pensado para erradicar o colonialismo, e nalguns casos tornou mesmo mais duras as condições de domínio colonial. Pedersen defende que o sistema de mandatos da SDN – desenhado para supervisionar a governação das colónias que haviam sido retiradas à Alemanha e ao Império Otomano – era uma criação anglo-americana baseada na ideia de universalização do modelo britânico de governação colonial indirecta. Estabelecido pelo Artigo 22.º do Pacto da Sociedade das Nações, o sistema de mandatos exigia aos poderes administrantes que reportassem regularmente sobre a governação dos territórios que lhes haviam sido mandatados pela SDN. De acordo com Pedersen, mesmo que a Comissão Permanente de Mandatos da SDN tenha aberto algumas possibilidades enquanto fórum internacional através do qual as preocupações de algumas populações dependentes podiam ser ouvidas, tinha pouca capacidade para alterar as estruturas gerais de domínio colonial, ainda que isso tornasse a «governação imperial mais pesada e onerosa».[9]

Se, no período entre-guerras, a SDN não conseguiu produzir uma mudança real substancial na vida das pessoas que viviam em determinados territórios dependentes, após 1945, vários indivíduos advogavam um sistema muito mais abrangente que teria o poder de instigar mudanças mais concretas e acelerar a evolução em direcção à autodeterminação e à independência.[10] Ao lidar com as negociações do pós-guerra, as autoridades franceses tomavam especial atenção tanto ao que funcionários governamentais como pessoas comuns diziam sobre o seu império, mas não havia nenhum outro lugar onde a opinião pública fosse mais temida do que nos Estados Unidos. De acordo com um relatório francês: «o silêncio que havia sido mantido em Dumbarton

[9] Pedersen, *The Guardians*, p. 3.

[10] Sobre as perspectivas americanas a respeito dos direitos humanos no mundo do pós-guerra, ver Elizabeth Borgwardt, *A New Deal for the World: America's Vision for Human Rights* (Cambridge, MA: Belknap Press of Harvard University Press, 2005). Ver também Relatório n.º 15: «Les vues du Gouvernement des Etats-Unis sur les questions coloniales et l'administration des territoires sous mandat», 20 de Dezembro de 1944, ADLC, NUOI 5, Délégation aux Etats-Unis du Gouvernement Provisoire de la République Française, Bureau d'Études d'Après Guerre, pp. 1-2.

Oaks, não era partilhado por diversos sectores da opinião pública americana. Através de jornais, agências noticiosas, conferências oficiais e privadas, as campanhas anticoloniais nos Estados Unidos continuaram durante e depois das discussões de Dumbarton Oaks». Segundo o mesmo relatório, e apesar de serem frequentemente contraditórias, estas opiniões promoviam uma doutrina mais ou menos coerente onde «o colonialismo era considerado como estando mais ou menos ultrapassado» e que deveria ser substituído por alguma forma de supervisão internacional onde «a administração dos territórios coloniais responderia perante a comunidade internacional».[11]

Em Fevereiro de 1945, num artigo publicado no *The American Mercury*, por Geneva, «pseudónimo de um especialista em assuntos internacionais (...) cujas relações actuais com governos europeus não lhe permitem escrever em nome próprio», delineava-se um plano para este novo sistema internacional de supervisão colonial. Enquanto as discussões na conferência de Dumbarton Oaks não tinham sido cabalmente esclarecedoras acerca do tipo de sistema que iria substituir a Comissão de Mandatos, Geneva sugeria que uma futura «Mesa Colonial» iria preencher o vazio, e, talvez, especulava, «demonstrar ser a mais importante» de todas as negociações do pós-guerra. Segundo Geneva, os povos dependentes em todo o mundo iriam «olhar para os Estados Unidos como a mais poderosa e idealista nação do mundo a ajudá-los na sua luta para o autogoverno e reforma económica». «A maioria destes povos submetidos», explicava, eram «castanhos e negros, sub-empregados, mal pagos, subnutridos, mal-vestidos, sem instrução, privados de direitos e estavam cada vez mais agitados sob o domínio das oligarquias brancas privilegiadas». Apesar da esperança de que a liderança americana os guiaria no seu caminho rumo à liberdade, os habitantes dos territórios coloniais mantinham-se cépticos, talvez sem grande surpresa, uma vez que os Estados Unidos não tinham aderido à Sociedade das Nações e não tinham participado na Comissão de Mandatos. No entanto, Geneva acalmava os seus leitores, «somos bem-intencionados e manteremos os nossos compromissos». A relutância do governo americano em desafiar as políticas coloniais dos seus aliados durante o conflito não iria contaminar as negociações do pós-guerra.[12]

Enquanto o sistema de mandatos da SDN se estendera apenas a um grupo seleccionado de territórios coloniais – os resquícios dos impérios alemão e

[11] Relatório de Naggiar, ADLC, NUOI 5, Régime International de Tutelle (Trusteeship), pp. 4-5.

[12] Geneva, «America's plan for the colonial world», *The American Mercury*, vol. LX, n.º 254 (Fevereiro de 1945), pp. 135-136.

otomano – Geneva propunha um sistema em que *todos* os territórios coloniais poderiam, em potência, ser colocados sob um regime de tutela internacional. Segundo o artigo, «não há razão para o princípio da supervisão internacional ficar confinado aos antigos mandatos da Sociedade... imperialismo é imperialismo seja novo ou antigo, e a violência diária, rotineira, necessária para manter antigas tiranias é quase tão indesculpável como uma nova agressão».[13] Era este alargamento do sistema de mandatos a um conjunto mais vasto de territórios que os funcionários franceses mais temiam. De facto, o princípio que guiava todas as reformas propostas surgidas na conferência de Brazzaville de 1944, de acordo com as recomendações da reunião publicadas, era o de que: «as metas que a obra civilizacional da França atingiu nas suas colónias excluem qualquer ideia de autonomia e toda a possibilidade de evolução fora do conjunto do império da França; o estabelecimento de autogovernos, mesmo num futuro distante, deve ser igualmente excluído».[14]

A par deste sistema alargado de supervisão internacional pela futura organização das Nações Unidas, criar-se-ia um sistema de conselhos regionais, compostos por representantes dos governos coloniais, dos habitantes dos territórios coloniais e de outras partes directamente interessadas. Por suspeitar que os representantes dos governos coloniais tentariam usar os conselhos regionais para preservar, em vez de desmantelar o império, Geneva defendia que «teremos de manter os olhos abertos, prevenidos contra as armadilhas dos hábeis obscurantistas que se dedicaram a dominar povos submetidos». O sistema de supervisão que Geneva delineava no seu artigo teria a capacidade não apenas de «investigar localmente qualquer situação colonial importante», mas também de «retirar qualquer colónia à sua potência administrante se esta fosse incapaz de impor padrões internacionais mínimos». A ideia de criar conselhos regionais tinha originalmente sido introduzida na conferência de Hot Springs. Segundo a interpretação francesa dos debates, a ideia era a de que os órgãos regionais operariam sob a alçada da organização internacional e estariam encarregados de publicar relatórios sobre a administração dos territórios dependentes, fornecendo conselhos técnicos e «investigando, no local, as queixas dos nativos».[15] Para Geneva, mesmo que o objectivo último associado a este acordo fosse a independência política, «nativos com fome

[13] *Ibid.*, pp. 135 e 138-140.

[14] *La Conférence Africaine Française*, p. 32.

[15] Nota para o Ministro: «L'Amérique et les colonies, Ministère des Affaires Etrangères», 12 de Março de 1945, ADLC, K Afrique – Généralités 1, p. 4.

não pod[iam] comer constituições» e, assim, a nova organização internacional (juntamente com as comissões regionais) precisaria de fazer com que os governos coloniais se responsabilizassem não apenas pelo desenvolvimento do autogoverno político mas também pela reforma económica.[16]

Se o sistema que Geneva descreveu constituía o pior pesadelo que funcionários franceses podiam ter para o império do pós-guerra, aqueles temiam a opinião pública americana quase tanto como as manobras do Departamento de Estado. O ministro francês dos Negócios Estrangeiros seguia cuidadosamente a cobertura de imprensa americana às reformas coloniais do seu país, especialmente em jornais com um número alargado de leitores afro-americanos, como o *The Pittsburgh Courrier.* Este jornal cobria um vasto leque de assuntos relativos ao império francês, com cabeçalhos como «O *New Deal* para as Raças de Cor: De Gaulle promete aos africanos a aplicação da Carta do Atlântico» e «O fim do vasto império francês aproxima-se».[17] Outro jornal com um número considerável de leitores afro-americanos, o *The Chicago Defender,* proclamava que a França, como a África do Sul, governava as suas populações coloniais com um «pulso de ferro anti-negros».[18]

Um memorando interno do Ministério dos Negócios Estrangeiros francês explicava que era importante acompanhar a opinião pública americana no que respeitava aos assuntos coloniais da França, porque «a questão colonial era uma das poucas questões (...) onde a atitude do povo americano estava tão claramente em oposição à da França». O memorando destacava que as duas mais significativas guerras travadas pelos Estados Unidos antes de 1914 tinham sido guerras de emancipação: «uma pela sua própria... outra pela dos escravos». O memorando defendia que os debates em torno do colonialismo e da tutela na ONU seriam uma das poucas ocasiões em São Francisco em que a delegação americana seria capaz de «satisfazer a sua propensão para cruzadas ideológicas e o apetite do público [americano] pelo progresso e novas ideias, aplicadas a uma escala mundial».[19]

[16] Geneva, «America's plan for the colonial world», 139, pp. 141-142. Sobre a ideia de comissões regionais, ver: Nota para o Ministro: «L'Amérique et les colonies, Ministère des Affaires Etrangères», 12 de Março de 1945, ADLC, K Afrique – Généralités 1.

[17] George Padmore, «New Deal for Colored Races», *The Pittsburgh Courier,* 29 de Janeiro de 1944, p. 11; Hugh Weston, «End of vast French empire looms: full freedom all written into new constitution», *The Pittsburgh Courier,* 11 de Maio de 1946, p. 16.

[18] «South Africa, France balk on giving up colonies to UNO», *The Chicago Defender,* 19 de Janeiro de 1946, p. 4.

[19] Nota para o Ministro: «L'Amérique et les colonies, Ministère des Affaires Étrangères», 12 de Março de 1945, ADLC, K Afrique – Généralités 1, pp. 1-3.

Se a política do governo dos Estados Unidos e a opinião pública americana eram ambas movidas por considerações ideológicas, imperativos económicos e militares também as condicionavam. Funcionários franceses temiam que a delegação norte-americana à conferência de São Francisco pressionasse no sentido de estabelecer uma política comercial de portas abertas para todos os territórios coloniais e tentasse garantir o controlo de bases estratégicas em África e no Pacífico.[20] Segundo um estudo do *Bureau pour l'Étude de l'Après-Guerre* francês:

> A aplicação de uma política de portas abertas (...) transformaria profundamente os sistemas de preferência imperial francês e britânico... Pode conjecturar-se que se os Estados Unidos tomarem esta posição será na esperança de (...) expandir as suas perspectivas económicas nos territórios coloniais, sendo que anteriormente se limitavam a trocas comerciais com a metrópole ou com outros membros do sistema político do qual fazem parte.[21]

Mas, e apesar de temerem a expansão económica americana nos seus territórios coloniais, os administradores franceses também concediam que quaisquer potenciais resultados negativos poderiam ser compensados face à forte probabilidade de a França do pós-guerra depender substancialmente de capital americano para reconstruir a sua economia e para assegurar a sua segurança militar. De certo modo, em alguns aspectos, o que era bom para os Estados Unidos seria também bom para a França. Segundo o relatório da delegação francesa à conferência de São Francisco, «a relação amigável entre a França e os Estados Unidos – que tem uma base tão profunda e estável – cria uma forma de interdependência que pesa na balança (...) a nosso favor, de tal forma que qualquer coisa que contribua para o poder

[20] Nota para o Ministro: «L'Amérique et les colonies, Ministère des Affaires Étrangères», 12 de Março de 1945, ADLC, K Afrique – Généralités 1, p. 3; e Relatório n.º 15: «Les vues du Gouvernement des Etats-Unis sur les questions coloniales et l'administration des territoires sous mandat», 20 de Dezembro de 1944, ADLC, NUOI 5, Délégation aux Etats-Unis du Gouvernement Provisoire de la République Française, Bureau d'Études d'Après Guerre, p. 5. Ver também *Bulletin d'Études* n.º 14, «Les idées américaines sur les colonies et les bases océaniques», 18 de Abril de 1945, ADLC, K Afrique – Généralités 1, État Major de la Défense Nationale; e George Weller, *Bases Overseas* (Nova Iorque: Harcourt Brace, 1944).

[21] Relatório n.º 15: «Les vues du Gouvernement des Etats-Unis sur les questions coloniales et l'administration des territoires sous mandat», 20 de Dezembro de 1944, ADLC, NUOI 5, Délégation aux Etats-Unis du Gouvernement Provisoire de la République Française, Bureau d'Études d'Après Guerre, p. 3.

americano beneficia-nos a todos!». Dito isto, o relatório admitia que, por vezes, os meios para atingir os objectivos norte-americanos poderiam entrar em conflito com os interesses franceses; assim, seria necessário agarrar todas as oportunidades para «apresentar os nossos argumentos e defendê-los duma forma que seja acessível à opinião americana. Seria apenas uma simples questão de vocabulário, engenho e tacto».[22]

Apesar de os franceses estarem preocupados com o facto de os interesses americanos poderem, em certas circunstâncias, levar a futura organização das Nações Unidas a adoptar um modelo generalizado de tutela, a delegação francesa tentou lidar com estas negociações com um optimismo cauteloso. Em primeiro lugar, os funcionários coloniais franceses estavam convencidos de que o império britânico seria o verdadeiro «alvo» dos ataques anticoloniais americanos. Um memorando chegava mesmo a declarar que alguns americanos, incluindo Sumner Welles, autor de *The Time for Decision*, acreditavam que a colonização francesa de África poderia ser vista como um «sucesso». Se o público americano via os franceses como «mais hostis à ideia do autogoverno do que os britânicos», os franceses poderiam, pelo menos, beneficiar do facto de o seu império ser o «menos conhecido» dos dois.

Em segundo lugar, e de acordo com o mesmo memorando, os projectos americanos para a tutela iriam focar-se principalmente em áreas estratégicas do Pacífico e, logo, com a excepção do Togo e dos Camarões – ambos antigos mandatos da SDN – a maioria dos territórios africanos da França poderia provavelmente escapar ao novo regime de supervisão internacional. Terceiro, e mesmo que, de facto, fosse «o aspecto humanitário da questão colonial que prendia o interesse do público americano (...), a situação dos afro-americanos nos Estados Unidos expunha-os facilmente a réplicas por parte dos seus interlocutores europeus».[23] Por exemplo, René Maran, um escritor franco-guianês extremamente crítico da política colonial europeia, era ainda mais crítico acerca da forma como os afro-americanos eram tratados nos Estados Unidos. Num artigo de 1946, no *The Chicago Defender*, aquele era citado da seguinte forma: «todas as potências coloniais estão mais ou menos contra a emancipação das pessoas de cor. Mas a [política] mais

[22] Relatório de Naggiar, ADLC, NUOI 5, Régime International de Tutelle (Trusteeship), p. 56.

[23] Nota para o Ministro: «L'Amérique et les colonies, Ministère des Affaires Etrangères», 12 de Março de 1945, ADLC, K Afrique – Généralités 1, pp. 4 e 14. Ver também relatório de Naggiar, ADLC, NUOI 5, Régime International de Tutelle (Trusteeship), pp. 4-5.

desumana é, sem dúvida, aquela que os Estados Unidos praticam contra pessoas no seio do seu próprio país. Quando falam de democracia, não é senão hipocrisia. Libertar outros territórios sem libertar o seu próprio é hipocrisia».[24] Sabendo que não eram o único país que tratava as pessoas de forma diferente em razão da cor da pele, a delegação francesa participou nas discussões sobre a tutela com um optimismo cauteloso. Se o relativo desconhecimento do império francês não era suficiente para escudar-se das críticas internacionais, talvez o mau comportamento de outros países o fosse.

Segurança global e o futuro do império: a perspectiva da França

Enquanto as discussões em Dumbarton Oaks tinham deixado sem resposta a questão dos mandatos, os acordos de Ialta estipularam que os representantes dos Estados Unidos, China, URSS, Grã-Bretanha e França se deveriam encontrar antes da conferência de São Francisco para delinear um novo sistema de tutela internacional que substituiria a Comissão Permanente de Mandatos da SDN. Estas discussões preliminares limitar-se-iam a princípios gerais e não identificariam territórios específicos aos quais poderiam ser aplicados. A questão de quais seriam os territórios que ficariam sob tutela deveria ser determinada mais tarde.[25]

Na véspera das discussões preliminares sobre a tutela, o ministro francês dos Negócios Estrangeiros emitiu um documento interno detalhando a forma como a delegação deveria abordar a defesa do projecto imperial, durante as discussões preliminares e na conferência de São Francisco, que estava previsto começar em Abril. O documento incidia menos sobre as disposições específicas do futuro regime de tutela e mais sobre a compreensão francesa dos problemas relacionados com a reforma do império francês num cenário de rápida evolução do sistema de supervisão internacional. O documento sublinhava a necessidade de se encontrar uma solução para a questão colonial que respondesse directamente aos interesses franceses e que permitisse à delegação defender não só a sua «acção colonial anterior», mas também propor soluções positivas que pudessem ser «estudadas e apresentadas em função de novos factos que marcam um ponto de viragem na nossa política

[24] John Robert Badger, «French author sees dark future for colonials», *The Chicago Defender*, 2 de Novembro de 1946, p. 4.

[25] Relatório da sub-comissão de mandatos sobre o regime de mandatos da Sociedade das Nações e o regime de «tutela», Fevereiro de 1945, ADLC, K Afrique – Généralités 1, p. 1.

colonial (...) ou mesmo do desaparecimento do regime colonial [em favor de] uma federação francesa».[26] No que respeitava ao registo colonial francês, um conjunto prévio de instruções especificava que a delegação deveria realçar as realizações do projecto imperial – «cujo princípio fundamental tinha sido, desde o seu início, o respeito pela dignidade humana» – e deveria chamar particularmente a atenção para o facto de a «França ter melhorado as condições de vida moral dos povos que tomou sob sua responsabilidade», tendo também «melhorado as condições de vida material», incluindo o acesso à alimentação e a infraestruturas de saúde modernas.[27]

De acordo com as instruções dadas à delegação, era «crucial assegurar que nenhum dos debates relativos às colónias se estendesse para lá do enquadramento de uma discussão sobre paz e segurança». Era necessário evitar, a qualquer custo, «colocar o império sob julgamento». Segundo o documento, a paz só seria alcançada através de «medidas preventivas e correctivas» com o objectivo de eliminar os conflitos políticos e económicos. Segundo esta formulação, o império poderia contribuir para a paz e segurança, sendo atribuída a responsabilidade à delegação francesa de convencer os seus interlocutores de que nem a independência imediata nem um sistema alargado de tutela internacional assegurariam um futuro global mais seguro. Depois, o documento ponderava todas as propostas americanas que poderiam ser levantadas nas discussões sobre a tutela e de que forma a delegação francesa deveria responder-lhes no contexto das contínuas reformas coloniais francesas.[28]

A primeira proposta que se tinha por possível, e a mais perigosa aos olhos do Ministério dos Negócios Estrangeiros, era a de que todas as potências coloniais concedessem a independência imediata a todos ou a alguns dos seus territórios dependentes. Segundo a proposta americana que se conjecturava, «a França, com a sua tradição de lealdade, justiça e generosidade deveria sacrificar (...) algumas das suas legítimas vantagens e privilégios em prol da paz mundial (...) desistindo de alguns territórios». De acordo com o documento, a resposta francesa a esta proposta hipotética deveria dar ênfase tanto ao caos global que se seguiria à rápida multiplicação

[26] *Aide-Memóire* sobre a tese colonial francesa em S. Francisco, 27 de Março de 1945, ADLC, K Afrique – Généralités 1, p. 4.

[27] Nota para servir de preparação das próximas conferências internacionais, 1 de Março de 1945, ADLC, NUOI 5, p. 8.

[28] Nota para servir de preparação das próximas conferências internacionais, 27 de Março de 1945, ADLC, K Afrique – Généralités 1, pp. 5-6.

de Estados incipientes e fracos, como à forma como esta independência prematura iria interromper um processo evolutivo em direção ao autogoverno que o governo francês estava já a iniciar. Segundo o documento, a delegação francesa à conferência precisava de realçar que «a dissociação do bloco francês constituiria, na verdade, uma ameaça à paz mundial». Se os franceses concedessem a imediata independência a todos ou a qualquer um dos seus territórios ultramarinos:

> «Esses países, que deixariam de estar na órbita da França, seriam teoricamente independentes. Mas apesar e por causa da independência, a sua fraqueza faria dos seus primeiros passos hesitantes e perigosos. Pode-se assumir que procurariam rapidamente apoio. Para que lado se virariam? É certo que se inclinariam para o lado da comunidade atlântica? Os países árabes e "amarelos" não ficariam tentados a juntar-se numa federação racial cujos perigos são óbvios? E se esses novos Estados não tomassem nenhum desses lados, outro perigo emergiria. Tornar-se-iam uma arena de competição de influências que envenenaria as relações internacionais.»[29]

Um mundo colonial desagregado do vasto império francês contribuiria pouco para preservar a paz e tornar-se-ia, de facto, uma «causa de insegurança».[30]

Para além do perigo que uma independência imediata acarretava para a paz mundial, numa perspectiva mais alargada, sobravam, ainda, as ameaças para o processo de evolução política que as reformas francesas do pós-guerra tentavam estimular. «A França», de acordo com o documento, estava já «envolvida numa real "revolução colonial"». A independência ou mesmo a expansão da tutela internacional apenas limitariam as possibilidades dessas reformas. A segunda proposta potencial identificada – a extensão da tutela internacional – «não encerraria a era colonial, iria antes prolongá-la. Enquanto a Comunidade Francesa elimina a existência de um regime colonial (...) uma população colonial ao encargo de uma organização internacional vive num estado inferior de dignidade do que uma população que forma parte da Comunidade Francesa». A França e os habitantes dos seus territórios ultramarinos estavam unidos pelos «corações tanto quanto pelo espírito», laços que seria perigoso quebrar.[31] Um outro conjunto de instruções clarificava

[29] *Ibid.*, p. 9.

[30] *Ibid.*, p. 9.

[31] *Ibid.*, pp. 13-14. Ver também Nota para servir de preparação das próximas conferências internacionais, ADLC, NUOI 5, 1 de Março de 1945, p. 7.

melhor o projecto da Comunidade Francesa, declarando que não era «uma entidade constituída, por um lado, pela França e, do outro, pelas suas colónias, nem sequer «um império francês» (...) mas uma «Comunidade» de nações que ainda não tinham todas atingido o mesmo grau de maturidade política mas com direito a igual tratamento». A delegação francesa foi instruída para relembrar os seus interlocutores que, longe de esquivar-se aos seus deveres para com a comunidade internacional face às suas colónias, o governo francês tinha, de facto, colaborado activamente com a Organização Internacional do Trabalho no período entre-guerras e iria continuar a cooperar a uma escala global, ainda que «conservando a soberania [da França]» e actuando enquanto «o seu próprio poder mandatário ».[32]

Para além de prejudicar o processo contínuo de reforma colonial, a transferência de todas as colónias francesas para um novo sistema de tutela colocaria a própria França em perigo. Como se podia ler num artigo da *Economist*, de Março de 1945: «Neste momento, para a França, quando o país está lenta e dolorosamente a recuperar o seu prestígio perdido, pedirem-lhe que partilhe a sua soberania sobre as suas colónias, que, de acordo com a filosofia colonial francesa, são vistas mais como parte vital de França do que dependências individuais, seria o supremo insulto».[33] Um memorando interno do Ministério dos Negócios Estrangeiros do mesmo mês ecoava essa declaração, referindo que a França, mais do que qualquer outro Estado «havia sofrido com a devastação moral e material da guerra». Assim, «seria inútil imaginar um questionamento da legitimidade dos nossos territórios ultramarinos». Além disso, o memorando declarava:

> «A comunidade de interesses franceses espalhados pelo mundo apresenta-se, ela própria, como um bloco indivisível, similar ao bloco americano, ao bloco britânico e até ao bloco soviético (...) Há realmente uma diferença efectiva entre o problema dos territórios ultramarinos sujeitos a um poder metropolitano e aqueles territórios metropolitanos onde vivem minorias étnicas significativas, como é o caso da Alemanha (os polacos), da Checoslováquia (os alemães sudetas), para não falar dos Estados Unidos (cuja população negra excede os 10 milhões)?

[32] *Ibid.* pp. 6-10. Ver também cópia de ofício dirigido ao Ministro das Colónias, 17 de Março de 1945, ADLC, K Afrique 1, p. 4.

[33] «Colonial Issue», *The Economist*, vol. CXLVII. n.º 5301, 31 de Março de 1945, p. 402. Ver também Massigli a Bidault, a/s Le problème colonial et l'opinion anglaise, 12 de Abril de 1945. ADLC, K Afrique – Généralités 1, Afrique.

A paz mundial está menos ameaçada pela existência dessas minorias do que pelas exigências de populações coloniais menos evoluídas?».[34]

As restantes propostas que foram pensadas no documento relacionavam-se principalmente com a actividade económica estrangeira no império ultramarino francês. O memorando sublinhava os «perigos da colonização das colónias da França por capital estrangeiro, e, especialmente, americano». Segundo o documento, era através do imperialismo económico que os Estados Unidos «orientavam dissimuladamente as políticas de vários Estados latino-americanos», e era esse o meio através do qual os Estados Unidos seriam capazes de subordinar «os interesses das colónias e da Metrópole aos dos americanos». A única forma de a França evitar o imperialismo económico norte-americano nos territórios coloniais franceses passava por expandir os investimentos estatais nesses territórios e controlar o influxo de capital estrangeiro.[35]

Uma nota seguinte foi enviada directamente para Paul-Emile Naggiar, que viria a chefiar a secção da delegação francesa em São Francisco, e que tornar-se-ia também responsável por lidar com os assuntos referentes aos territórios dependentes. Esta clarificava a posição do governo francês relativa à questão da tutela. Para além da possibilidade, mais remota, de os Estados Unidos proporem que todos os territórios coloniais ficassem sob o regime da tutela internacional, havia três categorias diferentes de territórios dependentes que apresentavam maior probabilidade de ser incluídos nesse regime: os antigos mandatos da SDN (como o Togo e os Camarões, no caso francês), os territórios retirados à Itália e ao Japão, e qualquer território que fosse colocado voluntariamente sob tutela. Neste memorando, o Ministério dos Negócios Estrangeiros dava a Naggiar instruções específicas para que em nenhuma circunstância o governo francês aceitasse a inclusão de qualquer um dos seus territórios ultramarinos sob o novo regime de tutela internacional.[36] No caso das categorias mais «legítimas» de territórios sob tutela, as indicações

[34] *Mandats et Trusteeships*, 1 de Março de 1945, ADLC, NUOI 5, p. 7.

[35] *Aide-Memóire* sobre a tese colonial francesa em S. Francisco, 27 de Março de 1945, ADLC, K Afrique – Généralités 1, pp. 13-24. Ver também Nota para o Ministro «L'Amérique et les colonies, Ministère des Affaires Etrangères», 12 de Março de 1945, ADLC, K Afrique – Généralités 1, p. 3.

[36] Nota para Naggiar, sem data, ADLC, K Afrique – Généralités 1, pp. 1-3. Sobre a recusa francesa em colocar qualquer território colonial sob o regime de tutela, ver também Telegrama, a/s La Tunisie et la Conférence de San Francisco, 7 de Abril de 1945, ADLC, K Afrique – Généralités 1.

do governo sublinhavam a necessidade de assegurar que qualquer sistema a implementar aplicável ao Togo e aos Camarões não poderia resultar num fardo mais pesado ou num maior controlo sobre a França do que o anterior sistema da Comissão de Mandatos. Sobre a última categoria – territórios que pudessem ser colocados voluntariamente sob tutela – as indicações para Naggiar especificavam que deveria ficar claro na Carta que a única «vontade» a ter em conta seria a do Estado soberano.[37]

Desenhando o futuro internacional do império francês

Se os funcionários franceses estavam convencidos que tinham considerado todos os cenários possíveis nas discussões iniciais em torno da tutela, não previram um acontecimento que iria igualmente condicionar e libertar os termos do debate de forma inesperada. A morte do presidente Franklin D. Roosevelt, poucos dias antes do início previsto da Conferência de São Francisco, atrasou as discussões preliminares e obrigou as cinco potências a enfrentar um conjunto mais vasto de exigências vindo do universo alargado da conferência, que acabariam por ocorrer simultaneamente. Ao mesmo tempo, a morte de Roosevelt aliviou alguma da pressão que o governo francês sentia, em direcção à descolonização, uma vez que a administração Truman seria menos enérgica na defesa dos direitos dos povos dependentes que viviam nos territórios coloniais. No final, foram os britânicos, e não os norte-americanos, que propuseram o esboço considerado como mais hostil para o império francês.

Originalmente marcadas para terem lugar no início do mês, as discussões preliminares entre as cinco potências em torno da tutela só começaram a 30 de Abril de 1945, apenas cinco dias antes de ter lugar a primeira reunião do comité de tutela na conferência principal. Entre 30 de Abril e 26 de Junho, quando a Carta foi unanimemente assinada, as cinco potências tinham participado em treze sessões sobre o tópico da tutela, enquanto o grupo alargado de 55 nações tinha participado em 21. O objectivo dos debates entre as cinco potências era desenvolver um documento de trabalho que servisse como base para os capítulos da carta relativos à tutela, com a esperança de que esse documento reduzisse a probabilidade de um aceso e prolongado debate nas sessões plenárias. Mas se o objectivo das discussões

[37] Nota para Naggiar, sem data, ADLC, K Afrique – Généralités 1, pp. 1-3.

a cinco era reduzir o desacordo na reunião geral, estes debates acabariam por ser frequentemente afectados pelas suas próprias controvérsias e querelas.[38]

Grande parte das discussões durante as reuniões a cinco incidiu sobre os objectivos mais amplos do projecto de tutela e no significado de termos como «dependente», «autogoverno» e «independência», e foi em torno destas definições e do seu papel nos acordos que se centraram as principais controvérsias. Apesar de o esboço original do acordo apresentado pelos Estados Unidos, através de Harold Stassen, incluir apenas o termo «autogoverno», as delegações chinesa e soviética tentaram incluir a palavra «independência».[39] No decurso das reuniões, os debates tornaram-se tão acalorados que Naggiar chegou a ameaçar que o governo francês não ratificaria a Carta. Num esforço para dar um cunho mais positivo à discussão, ao mesmo tempo que evitava o termo «independência», o ministro das colónias francês sugeriu um texto que enfatizasse a importância de aceder à «solidariedade e igualdade», e não especificamente à independência. O papel das Nações Unidas, segundo o modelo francês, seria o de «assistir os territórios dependentes na sua educação intelectual, moral e política (...) e assegurar os benefícios das trocas internacionais livres».[40]

Embora a delegação francesa estivesse ao lado dos britânicos nos debates acerca de como enquadrar os objectivos do novo sistema de tutela internacional, estavam igualmente conscientes de que, talvez ainda mais do que a sua congénere britânica, era essencial «favorecerem um acordo entre os cinco». Segundo o relatório final de Naggiar sobre a conferência, para além do simples interesse em «manter boas relações entre as Potências no contexto de um mundo devastado», era «neste grupo dos cinco que a França encontraria as condições mais favoráveis para a sua recuperação política e económica» e para «o restabelecimento do prestígio global da França». A delegação francesa também reconhecia a importância de as grandes

[38] Relatório de Naggiar, ADLC, NUOI 5, Régime International de Tutelle (Trusteeship), pp. 14-15. Ver também Charmian Edwards Toussaint, *The Trusteeship System of the United Nations* (Nova Iorque: Praeger, 1956) e *United Nations Conference on International Organization Documents,* vol. 10, Commission II General Assembly (Nova Iorque: United Nations Information Organizations, 1945).

[39] Relatório de Naggiar, ADLC, NUOI 5, Régime International de Tutelle (Trusteeship), pp. 14-15. Ver também Telegrama, Washington, 31 de Maio de 1945, ADLC, K Afrique 1,

[40] Nota para a Direcção de África/Levante, a/s Trusteeship, 14 de Junho de 1945, ADLC, K Afrique 1, pp. 1-2.

potências – apenas cinco das cinquenta delegações – acordarem um plano que pudessem defender nas sessões plenárias.[41]

Se a opinião pública americana sobre o império fora uma das principais preocupações do governo francês até à conferência de São Francisco, durante os trabalhos daquela, os funcionários franceses foram ficando cada vez mais conscientes da onda mediática desfavorável de que os impérios francês e britânico estavam a ser alvo na União Soviética. A 24 de Junho de 1945, Pierre Charpentier, um diplomata francês em Moscovo, enviou um telegrama ao ministro dos Negócios Estrangeiros francês, Georges Bidault, detalhando alguma da recente cobertura jornalística dos debates sobre tutela em São Francisco. Charpentier assinalava que antes da Conferência de São Francisco a imprensa soviética se tinha mantido, em grande medida, silenciosa sobre a questão, sem dúvida porque acreditava que os americanos iriam encabeçar as propostas para uma reforma mais agressiva do sistema internacional de supervisão colonial existente. Mas, na sequência da morte de Roosevelt e à luz das propostas mais moderadas feitas pela delegação americana na conferência, vários jornais soviéticos, incluindo o *Pravda* e o *Estrela Vermelha*, lançaram ataques contra a reforma colonial do pós-guerra. Segundo a interpretação de Charpentier do comportamento da imprensa soviética, funcionários de nível elevado da URSS consideravam mesmo que a visão reformista do império, no pós-guerra, era «incompatível, não apenas com a sua ideologia, mas também com a organização de uma paz durável baseada em fundações democráticas».[42]

Uma carta anterior do Ministério dos Negócios Estrangeiros francês para o ministro das colónias tinha sugerido usar-se o «entusiasmo espontâneo com o qual pessoas de todas as raças se tinham reunido sob a nossa bandeira para responder ao apelo da Pátria em perigo» para defender a indivisibilidade do império francês. Mas, de acordo com a imprensa soviética, as colónias tinham apoiado o esforço de guerra dos Aliados não apenas «porque [...] representavam a causa da liberdade e independência», mas também porque seria uma forma de «acelerar a hora da sua própria libertação do sistema colonial». Além disso, e ainda segundo a imprensa soviética, o sistema colonial não oferecera protecção aos territórios ultramarinos durante o período da

[41] Relatório de Naggiar, ADLC, NUOI 5, Régime International de Tutelle (Trusteeship), pp. 15-16.

[42] M. Pierre Charpentier, Encarregado de Negócios da França em Moscovo, a Bidault, 24 de Junho de 1945, ADLC, K Afrique 1, Cópia do despacho «Asie», a/s l'URSS et les questions coloniales, pp. 1-3.

guerra. Pelo contrário, apenas os tinha exposto aos ataques dos «inimigos do poder administrante». Segundo Charpentier, a independência era a única opção para os soviéticos e era por relação a este objectivo que o governo soviético iria avaliar toda a política colonial francesa. A incapacidade de modificar suficientemente o sistema colonial existente iria expor o império francês ao tipo de ataques que se testemunhara na imprensa americana antes da conferência de São Francisco, representando uma «fonte de permanente perigo» para a nova «comunidade» francesa.[43]

No final, e apesar dos esforços de delegações como a do Iraque, dos Estados árabes e das Filipinas, o comité dos Cinco foi bem sucedido em promover a sua proposta, que se tornaria nos capítulos XI, XII e XIII da Carta.[44] O Capítulo XI, a «Declaração relativa aos territórios não autónomos», resultou do esboço britânico e elencava os princípios gerais para administrar todos os territórios dependentes. Os Capítulos XII e XIII definiam os princípios e a organização do sistema de tutela internacional, e eram baseados no esboço americano.[45] Surpreendentemente, a maior decepção para a delegação francesa não foi uma disposição incluída na Carta pelas delegações anticoloniais do Sul Global, ou mesmo pelos Estados Unidos. Foi, antes, esta declaração geral proposta pelos britânicos para os territórios dependentes. No preâmbulo do seu esboço, a delegação britânica distinguira entre dois tipos diferentes de tutela: primeiro, o regime de tutela existente e que supervisionaria os territórios tomados às potências inimigas durante a Primeira e a Segunda Guerras Mundiais; e, segundo, um *espírito* mais geral de tutela que seria aplicado a todos os territórios dependentes.[46] O Capítulo XI da Carta, a «Declaração Relativa a Territórios Não-Autónomos», obrigava os governos a comprometerem-se com o tratamento justo das populações coloniais, a «desenvolver o autogoverno» e a «transmitir (...) informação (...) relativa às condições económicas, sociais e educativas nos territórios pelos quais eles são respectivamente responsáveis». Esta última medida, anteriormente reservada aos territórios mandatados no quadro da SDN, era, agora, aplicada numa escala muito maior.[47]

[43] *Ibid.*, pp. 4-5 e 8-9.

[44] Relatório de Naggiar, ADLC, NUOI 5, Régime International de Tutelle (Trusteeship), p. 15.

[45] Relatório dos trabalhos da Conferência de São Francisco, 1 de Agosto de 1945, Anexo 5, ADLC, K Afrique 2, pp. 1-2.

[46] Cópia de um ofício do Département dirigida ao Ministro das Colónias, 17 de Maio de 1945, ADLC, K Afrique 1, p. 2. Ver também *United Nations Yearbook 1946-1947*, p. 29.

[47] Carta das Nações Unidas, Capítulo XI «Declaração relativa aos Territórios Não-Autónomos».

Apesar da sua insatisfação face ao acrescento britânico ao esboço, e não obstante as crescentes preocupações com o anticolonialismo na União Soviética, a delegação francesa viu-se numa posição que a impedia de rejeitar a Carta proposta. Os delegados deixaram a conferência aliviados e desapontados. Mas o seu desapontamento foi atenuado pela sua convicção de que as disposições da Carta, especialmente aquelas relativas aos territórios coloniais, poderiam ser interpretados mais como orientações gerais do que como cláusulas legalmente vinculativas. Segundo um relatório francês sobre a Conferência, a «Declaração Relativa a Territórios Não-Autónomos», dados os limites de aplicação abrangentes, poderia ter algumas «implicações delicadas». Mas o «título "declaração", sob o qual é apresentado, limita o perigo ao assinalar que estamos diante de uma declaração de intenção dos poderes coloniais e não, estritamente falando, de uma obrigação contratual».[48] Esta afirmação prenunciava uma década e meia de debate em torno da questão da aplicação, ou não, das disposições do sistema de supervisão colonial da ONU aos territórios da União Francesa, e sobre se os franceses estavam a reportar, ou não, as informações sobre os seus territórios ultramarinos somente como acto de boa-vontade face à comunidade internacional.[49]

Dos Mandatos à Tutela

Da mesma forma que manifestaram um optimismo cauteloso no que respeitava às obrigações para com os seus territórios ao abrigo do Capítulo XI da Carta, as autoridades francesas também levaram seriamente em consideração o facto de estarem obrigados a colocar os seus mandatos da SDN sob a tutela da ONU, tendo por pano de fundo das reformas políticas a aplicar na estrutura do império. Se a Carta das Nações Unidas estabelecia um sistema de tutela relativamente abrangente, as discussões em São Francisco determinaram que a escolha dos territórios específicos onde seria aplicado o sistema seria feita mais tarde e estaria sujeita a acordos individuais estabelecidos entre a ONU e as potências administrantes. No final de 1945, tanto o governo britânico como o belga declararam a intenção

[48] Relatório dos trabalhos da Conferência de São Francisco, 1 de Agosto de 1945, Anexo 5, ADLC, K Afrique 2, p. 6.

[49] Ver Jessica Pearson, «From the civilizing mission to international development: France, the United Nations, and the politics of family health in postwar Africa, 1940-1960» (Tese de doutoramento, Nova Iorque: New York University, 2013).

de transferir os seus mandatos da SDN para o novo sistema de tutela da ONU, respectivamente, o Tanganica e partes do Togo e dos Camarões, e o Ruanda-Urundi.[50]

Enquanto outras potências administrantes dos mandatos da SDN se comprometiam a transferir os respectivos territórios para o novo sistema, os funcionários franceses procuravam formas de isentar as parcelas do Togo e dos Camarões sob a sua administração deste novo enquadramento. Em Janeiro de 1946, o Conselho de Ministros francês decidiu não propor o Togo e os Camarões sob administração francesa ao sistema de tutela da ONU, alegando que essa decisão estaria reservada à Assembleia Constituinte, para onde ambos os territórios haviam enviado representantes eleitos. A decisão, segundo um memorando do Ministério das Colónias para o Ministério dos Negócios Estrangeiros, não resultava do interesse em «defender uma noção ultrapassada de imperialismo». Era, em vez disso, uma «tentativa de defender os interesses dos habitantes desses territórios». De acordo com o memorando, o governo francês nunca considerara as disposições relativas à tutela como uma obrigação jurídica aplicável a todos os territórios mandatados. Pelo contrário, seriam apenas aplicadas nos territórios que a potência administrante escolhesse transferir para o sistema de tutela. Mas, se isso era verdade, explicava o memorando, esta não era a razão principal que levava o governo francês a decidir não transferir o Togo e os Camarões para o novo sistema.[51]

Segundo o Ministério das Colónias, a razão principal para a exclusão residia no facto de o governo francês ter já ultrapassado os objectivos do sistema de tutela, em consequência do processo de reestruturação legal do império que garantia a igualdade entre os seus membros. De acordo com o memorando, «o regime de tutela (...) não constitui um fim em si mesmo. É um regime transitório, destinado a facilitar e acelerar o acesso de um território ao autogoverno ou à independência (...) e de libertá-lo do jugo do colonialismo». Ao reformar as estruturas daquilo que em breve passaria a ser conhecido como «União Francesa», a França tinha atingido esse objectivo, «mais do que qualquer outra potência colonial nas Nações Unidas». Os aspectos

[50] Nota a/s Transformação dos territórios sob mandato para territórios sob tutela, 27 de Dezembro de 1945, ADLC, K Afrique 2, p. 3. Ver também Nota para o Ministro, a/s Organisation du système de tutelle, 6 de Dezembro de 1945, ADLC, K Afrique 2.

[51] Ministro das Colónias ao Ministro dos Negócios Estrangeiros, «Projet d'instructions à la Délégation française à l'Assemblée Générale des Nations Unies relatives au territoires africains sous mandat», 9 de Janeiro de 1946, ADLC, K Afrique 2, pp. 1-4.

característicos do colonialismo, incluindo a «subordinação política à Metrópole (...), o estatuto desigual dos habitantes das colónias e da metrópole, e a subordinação económica», estavam a desaparecer para dar lugar a um novo sistema que permitiria aos habitantes dos territórios ultramarinos alcançar a igualdade política, ainda que «conservando e desenvolvendo as suas qualidades étnicas, históricas, espirituais e morais nacionais». Em cada território da União Francesa, os povos locais assumiriam um papel significativo na governação e seriam capazes de «usar qualquer recurso agrícola e industrial em proveito próprio». O objectivo deste novo sistema era desenvolver os territórios ultramarinos com o fim último de «eles próprios se administrarem e, mais tarde, se governarem, precisamente o objectivo do sistema de tutela internacional estabelecido pela Carta das Nações Unidas».[52]

Segundo os funcionários do Ministério das Colónias, ainda que o governo francês concordasse, em princípio, com os fins últimos da tutela, este não acreditava que o sistema fosse o melhor caminho para atingir esses fins nos seus territórios mandatados em África. Como o memorando explicava, «o regime de tutela internacional (...) apenas expande os poderes de controlo e investigação da parte da Organização Internacional, ao mesmo tempo que mantém o estatuto colonial dos próprios territórios sob tutela». A tutela, continuava o texto, não serviria qualquer propósito em territórios onde estavam já «designados, através de eleições absolutamente livres, representantes para a Assembleia Constituinte», que era responsável pela elaboração de uma constituição para a nascente Quarta República. Afirmava que, se o governo francês fosse forçado pela Carta a submeter à tutela o Togo e os Camarões, esses territórios corriam o risco de sofrer várias consequências negativas, nomeadamente, económicas. A política comercial de porta aberta que acompanharia o regime de tutela poderia, segundo o Ministério, forçar esses territórios a envolver-se em actividades económicas que poderiam ser prejudiciais ao seu desenvolvimento. Assim, em vez de querer «anexar o Togo e os Camarões, a França pretendia libertá-los de qualquer subordinação económica ou política».[53]

Se a primeira resposta do governo francês às negociações, então a decorrer, sobre os acordos para a tutela fora uma recusa geral, poucos dias depois chegou um telegrama ao Ministério dos Negócios Estrangeiros, proveniente da delegação francesa na Assembleia Geral, em Londres, chefiada

[52] *Ibid.*, pp. 3-5.
[53] *Ibid.*, 5-6.

por Jacques Fouques-Duparc. O telegrama afirmava que o governo francês estava «pronto para estudar os termos do acordo [sobre a tutela] nos casos do Togo e dos Camarões, desde que o resultado não reduzisse os direitos que essas populações detinham como consequência da sua recente integração na comunidade francesa».[54] Dois meses mais tarde, um memorando do Ministério explorava as potenciais consequências de uma recusa em colocar o Togo e os Camarões sob tutela De acordo com o memorando, a recusa em transferir os mandatos africanos da França para o novo sistema iria demonstrar falta de boa vontade, especialmente porque a Carta das Nações Unidas estabelecia que esta transição era uma etapa lógica. Além disso, o memorando defendia que tal recusa pouco faria para libertar a França das suas obrigações coloniais internacionais, uma vez que os Artigos 73.º e 74.º da Carta se aplicavam a *todos* os territórios dependentes, mesmo àqueles que não estavam incluídos no sistema de tutela internacional.[55]

Enquanto o novo sistema desenhado na Carta não iria, segundo o memorando, «modificar directa ou indirectamente [e] de alguma forma os direitos de qualquer Estado ou qualquer povo», a transição para a tutela poderia, através da negociação de acordos individuais, ter, de facto, um efeito positivo: o «de nos permitir reconhecer certos direitos que estão, no momento, a ser-nos recusados». Mais importante, o Artigo 5.º do esboço francês para os acordos de tutela para o Togo e os Camarões iria possibilitar uma união mais próxima entre o Estado francês e esses territórios, que seriam considerados, segundo o acordo, «partes integrantes do território da França». Os Artigos 8.º e 9.º do esboço de acordo iriam libertar os mandatos da França dos «fardos económicos que actualmente pesam sobre eles».[56] Apesar de o novo acordo de tutela permitir uma política económica de porta aberta, esta seria limitada pela obrigação mais geral de a França «promover o desenvolvimento político, económico, social e cultural» dos povos camaronês e togolês.[57]

[54] Telegrama, Londres, 19 de Janeiro de 1946, ADLC, K Afrique 2.

[55] «Maintien dans l'Union Française des Territories sous Tutelle», 12 de Março de 1945, ADLC, K Afrique 2, pp. 1-3.

[56] *Ibid.*, 1-3.

[57] «Notes Documentaires et Etudes no. 545: Documents concernant les territoires non autonomes et les territoires sous tutelle», 12 de Fevereiro de 1947, ADLC, NUOI 471, pp. 7-8. Ver também «Projet de résolution présenté à L'Assemblée Générale des Nations Unies tendant à l'approbation de l'accord de tutelle s'appliquant au Togo placé sous mandat français», ADLC, K Afrique 3.

Em Dezembro de 1946, Paul-Emile Naggiar regressou à ONU como representante francês na IV Comissão, dedicada aos territórios sob tutela e não-autónomos. Nas suas observações introdutórias, assinalou que tinha sido uma «honra» ter estado presente na Conferência de São Francisco. Chamou a atenção para o facto de o governo francês ter sido a primeira potência administrante a submeter um esboço de acordo para os seus territórios mandatados e referiu que a «vontade com que o governo francês lealmente cumprira as suas obrigações pode ser explicada pelo facto de a Carta ser inspirada pelos mesmo princípios que a nossa própria civilização e pelos mesmos sentimentos que dominam a alma francesa». Continuando: «ao longo das diferentes variedades e mesmo contradições do pensamento humano e da sociedade, o espírito francês procura (...) não o que nos separa, mas, pelo contrário, o que nos aproxima». Naggiar sustentava que era com este espírito que a França tinha sempre abordado a sua política face aos seus territórios ultramarinos. Miraculosamente, segundo Naggiar, a França tinha conseguido evitar os «preconceitos de raça que tanto pesavam sobre as relações humanas». O governo francês tinha, durante mais de cem anos, «permitido a delegados vindos das suas mais antigas colónias representarem os seus povos nas suas assembleias políticas e tomarem lugar no governo».[58] Mas se a afirmação de Naggiar estava correcta no que respeitava a uma parte dos seus territórios ultramarinos – por exemplo, as Quatro Comunas do Senegal – poder fazer-se representar na política francesa, a grande maioria ainda estava no processo de ascender plenamente aos direitos de cidadania que advinham da transformação do Império Francês em União Francesa. E, para muitos dos que viviam nesses territórios, as condições mantinham-se claramente desiguais.[59]

Apesar do tributo de Naggiar aos ideais da civilização francesa, na verdade, mesmo as mais proeminentes reformas coloniais foram confrontadas com uma realidade no terreno muito distante daquilo que fora idealizado, e não permitiriam ao império francês escapar ao alcance da supervisão colonial internacional. Se re-imaginar o império francês como União Francesa implicava importantes e verdadeiras mudanças políticas, bem como outorgar

[58] Discurso de Naggiar perante a Comissão IV da Assembleia das Nações Unidas, Lake Success, 5 de Novembro de 1946, ADLC, K Afrique 5.

[59] Ver, por exemplo, Meredith Terretta, *Petitioning for our Rights, Fighting for our Nation: The History of the Democratic Union of Cameroonian Women, 1949-1960* (Bamenda, Camarões: Langaa Research & Publishing, 2013) e Frederick Cooper, *Decolonization and African Society: The Labor Question in French and British Africa* (Nova Iorque: Cambridge University Press, 1996).

direitos significativos aos habitantes dos territórios ultramarinos franceses, essas reformas não eram suficientes para isentar o império francês – relativamente a territórios mandatados ou outros territórios coloniais – dos mecanismos de supervisão das Nações Unidas, então em desenvolvimento. A Assembleia Geral da ONU aprovou os acordos de tutela para o Togo e os Camarões a 13 de Dezembro de 1946 e, pouco depois, o governo francês submeteu os primeiros relatórios informativos sobre todos os seus territórios ultramarinos de modo a cumprir as obrigações decorrentes do Artigo 73.º e) da Carta das Nações Unidas, que se aplicava a todos os territórios dependentes que não estavam ao abrigo da tutela.

* * *

Alguns anos mais tarde, numa carta para a delegação francesa ao Comité Especial da ONU sobre Informação dos Territórios Não-Autónomos – o órgão que veio a ser estabelecido para analisar estes relatórios – o comissário técnico francês, Daniel Pepy, pediu à delegação para relembrar os outros membros do comité que «os nossos territórios ultramarinos são parte integrante da República Francesa (...) e que participam no exercício da soberania nacional e se nós continuamos a providenciar à ONU informação estipulada pelo Artigo 73.º e) da Carta, é por pura cortesia e não para satisfazer qualquer obrigação internacional».[60] Mas se os funcionários franceses estavam dispostos a deixar claro este ponto aos seus colegas, e mesmo aos membros do Comité Especial, não estavam dispostos a aplicar semelhante estratégia na Assembleia Geral. Até mesmo as reformas coloniais de maior alcance tinham os seus limites. Neste caso, os limites eram – não as próprias estruturas do sistema de supervisão das Nações Unidas – o fórum criado pela ONU para a difusão das opiniões públicas pelo globo, e que acabou por criar um sistema de supervisão *de facto* para o mundo colonial.

Os historiadores discutem muitas vezes a Comissão Permanente de Mandatos e o Conselho de Tutela da ONU tendo por termos do debate a incapacidade de estes sistemas instituírem um verdadeiro regime de *accountability*. Condicionados pelo envolvimento das potências coloniais, especialmente pela Grã-Bretanha e pela África do Sul, que queriam usar

[60] Circular, *Objet: Renseignements fournis au titre de l'Article 73*, n.º 8.826, Paris, 6 de Dezembro de 1952, Archives Nationales du Sénégal, 1 H 49 (163), Ministère de la France d'Outre-Mer, Direction des Affaires Politiques, 3ème Bureau, p. 2.

o enquadramento institucional para preservar os seus impérios, em vez de os desmantelar, tanto o sistema dos mandatos como o de tutela não conseguiram introduzir uma reforma radical no que dizia respeito à supervisão internacional do mundo dependente.[61] Mas, se mobilizamos a ONU para perceber os limites da reforma colonial internacional, deveríamos usá-la igualmente para demarcar as fronteiras da reforma colonial nacional no período do pós-guerra. Apesar das reformas de longo alcance que deram corpo à União Francesa, em 1946, e outorgaram importantes direitos de cidadania a pessoas que viviam nos seus territórios ultramarinos, aquelas não foram suficientes para isentar a França de um sistema alargado de supervisão internacional definido na Carta ou para torná-la imune ao cada vez mais alargado fórum da opinião pública internacional que se desenvolveu paralelamente àquele.

[61] Ver Pedersen, *The Guardians*, e Meredith Terretta, «'We had been fooled into thinking that the UN watches over the entire world': Human Rights, UN Trust Territories, and Africa's Decolonization», *Human Rights Quarterly: a Comparative and International Journal of the Social Sciences, Philosophy, and Law*, vol. 34, n.º 2 (2012), pp. 329-360.

3. A BIGORNA DO INTERNACIONALISMO, AS NAÇÕES UNIDAS E AS RELAÇÕES ANGLO-AMERICANAS DURANTE OS DEBATES SOBRE O CATANGA, 1960-1963

ALANNA O'MALLEY*
Universidade de Leiden

> «[...] a única coisa que queremos para o nosso país é o direito a uma vida digna, a dignidade sem encenação, a independência sem restrições.
> Este nunca foi o desejo dos colonialistas belgas e dos seus aliados ocidentais, que receberam apoio, directo ou indirecto, aberto ou encapotado, de alguns funcionários com postos elevados nas Nações Unidas, o órgão sobre o qual depositámos toda a nossa esperança quando lhe apelámos por ajuda».
>
> Patrice Lumumba, primeiro-ministro congolês, Janeiro de 1961[1]

Quando, a 12 de Julho de 1960, o secretário-geral das Nações Unidas, Dag Hammarskjöld, recebeu um pedido do primeiro-ministro congolês, Patrice

* Tradução de Hugo Gonçalves Dores.

[1] Carta escrita por Patrice Lumumba para a sua esposa, durante o cativeiro, Janeiro de 1961. Guy Arnold, *Africa, A Modern History* (Nova Iorque: Atlantic Books, 2006). Ver também http://www.assatashakur.org/forum/shoulders-our-freedom-fighters/42970-collected-speeches-writings-patrice-lumumba.html.

Lumumba, e do presidente congolês, Joseph Kasavubu, para a ONU intervir no Congo, percebeu imediatamente que a organização precisava de agir. Um dos seus biógrafos, Emery Kelen, recorda a sua acção: «Eu tenho de fazer isto. Deus sabe onde isto levará esta organização e onde me levará a mim».[2] Na noite seguinte, Hammarskjöld convocou uma reunião de emergência do Conselho de Segurança para discutir o pedido do governo congolês para uma intervenção humanitária com vista a defender a soberania do país face às incursões belgas. Não era a primeira vez que o Conselho de Segurança reunia em cima da hora, nem que decidia durante a noite, mas era a primeira ocasião em que um secretário-geral evocava os seus poderes, ao abrigo do Artigo 99.º, para recomendar que o Conselho interviesse em defesa da soberania de um Estado recém-independente.[3] Desde o início, o Congo estabeleceu precedentes nas ações da ONU. Esta seria a maior, mais complexa e mais cara operação de manutenção de paz alguma vez lançada, levando a organização a uma crise constitucional e financeira antes da retirada das tropas, em 1964. Durante quatro curtos anos, o primeiro-ministro congolês seria assassinado, o próprio Hammarskjöld seria morto em circunstâncias suspeitas e a reputação da ONU seria permanentemente manchada. A organização só voltaria a lançar uma operação de manutenção da paz de uma escala semelhante nos anos 1990. A missão no Congo demonstrou ser ainda um desafio para as políticas das potências europeias para África. Combinando as tensões das políticas da Guerra Fria com os desafios e as atribulações da descolonização e do fim do império, o Congo constituiu um contexto único, no qual as abordagens tradicionais dos Estados Unidos e da Grã-Bretanha às questões africanas foram perturbadas à medida que os Estados africanos e o bloco afro-asiático na Assembleia Geral desempenharam um papel de crescente importância na elaboração da política da ONU para o Congo e, mais tarde, para África.

O internacionalismo imperial da Bélgica, Grã-Bretanha, França e Portugal estava debaixo de fogo desde 1947, quando a independência da Índia levou a uma gradual proliferação de visões nacionalistas nos países do Sul Global. Nos anos seguintes, o sentimento anticolonialista, combinado com a afirmação do direito de cada nação à autodeterminação, desafiou todos os aspectos do

[2] Kelen Emery, *Hammarskjöld* (Nova Iorque: Putnam, 1966), p. 166. Reproduzido em Rodger Lipsey, *Hammarskjöld: A Life* (Ann Arbour, MI: University of Michigan Press, 2013), p. 401.

[3] O Artigo 99.º da Carta das Nações Unidas estipulava que: «o secretário-geral poderá chamar a atenção do Conselho de Segurança para qualquer assunto que em sua opinião possa ameaçar a manutenção da paz e da segurança internacionais». Ver http://www.un-documents.net/charter.htm.

projecto imperial. Por volta de 1960, o fim do império estava claramente em andamento, mas a erupção da violência e desordem no Congo, apenas sete dias após a sua independência da Bélgica, parecia ameaçar todo o processo de descolonização. O Congo e outros Estados africanos, incluindo o Gana, a República Árabe Unida (RAU) e a Tunísia, imediatamente interpretaram a crise como uma ameaça à liberdade arduamente conquistada. Com o desenrolar dos acontecimentos, aperceberam-se da ingerência neocolonialista no Congo e, durante os debates em Nova Iorque, usaram o papel da ONU na região como meio para denunciar e perturbar as acções da Bélgica, Grã-Bretanha e Estados Unidos. Para a Grã-Bretanha e os Estados Unidos, o Congo representava o pior cenário de descolonização. O secretário das colónias britânico, Ian Macleod, referiu, em 1961, que a anarquia no Congo após a saída da Bélgica era uma clara demonstração do que poderia correr mal quando se concedia a independência e se descolonizava demasiado rápido.[4] Funcionários do governo conservador do primeiro-ministro britânico Harold Macmilllan acreditavam que a preservação dos interesses económicos britânicos nos países vizinhos em África era primordial e que a descolonização das restantes colónias britânicas, especialmente aquelas que faziam fronteira com o Congo – o Uganda, a Tanzânia, a Zâmbia e a Federação da Rodésia e Niassalândia –, deveria ser lenta e firme, de modo a prevenir o colapso da lei e da ordem como acontecera no Congo. Os Estados Unidos, durante a administração Eisenhower e, depois, na administração Kennedy, ainda que hesitando face a possibilidade de serem atraídos para um conflito por procuração e, por conseguinte, considerados neocolonialistas, viam no conflito congolês uma ameaça que poderia desencadear uma escalada das tensões da Guerra Fria no centro de África. Os receios dos Estados africanos e das potências europeias envolvidos na crise centravam-se na questão da secessão do Catanga – a província mais lucrativa do Congo, que declarou a sua independência a 11 de Julho de 1960.

O Catanga passou a representar não apenas a flagrante manifestação do neocolonialismo em África, mas também modificou a forma como os Estados pós-coloniais usaram a ONU para promover a sua agenda para a descolonização. Com o decorrer da crise, o principal ponto de discórdia entre o bloco afro-asiático e as potências ocidentais nas Nações Unidas girava em torno do uso da força pelas tropas da ONU no Catanga e da melhor forma

[4] D. George Boyce, *Decolonisation and the British Empire, 1775-1997* (Londres: Palgrave Macmillan, 1999), p. 226.

para pôr fim à secessão. Os debates na Assembleia Geral e no Conselho de Segurança sobre as políticas e a gestão da intervenção da ONU ofereciam não apenas uma plataforma para os membros do bloco afro-asiático para poderem apresentar as suas posições, mas também, e crescentemente, um modelo para desafiar o internacionalismo imperial dos Estados Unidos e da Grã--Bretanha, uma vez que a missão estava dependente do destacamento de tropas dos seus países. Por seu turno, e apesar das tradicionais e liberais abordagens imperialistas de Londres e Washington face a África serem amplamente compatíveis, o Congo revelou as tensões existentes entre as suas visões sobre como a ONU deveria lidar com a questão do Catanga. Na base dos seus desentendimentos estavam diversas impressões distintas sobre a importância de África e concepções muito diferentes sobre o papel da ONU. Procurando capitalizar as divergências ocidentais na ONU sobre a questão do Congo nos primeiros três anos da crise, o bloco afro-asiático usou com sucesso o problema do Catanga para demonstrar o poder de uma ONU ativista em questões de descolonização, e na comunidade epistémica existente dentro e fora da organização, tornando gradualmente inaceitável o internacionalismo imperial inerente às políticas anglo-americanas face a África.

Uma crise sem precedentes

Uma crise civil e constitucional irrompeu no Congo apenas uma semana após o país conseguir a independência da Bélgica, a 30 de Junho 1960. O colapso da lei e da ordem começou quando o exército congolês, a *Force Publique*, se amotinou contra os oficiais belgas, conduzindo à violência e ao caos nas ruas na capital, Léopoldville. Em resposta, os belgas enviaram paraquedistas para a antiga colónia de modo a proteger a restante comunidade europeia e os seus interesses económicos, acto que foi interpretado pelos congoleses como sinal de que a Bélgica iria tentar recuperar o controlo sobre o Congo. O recém-eleito primeiro-ministro, Patrice Lumumba, apelou à ONU para intervir de modo a defender a soberania do Congo daquilo que era entendido como um acto de agressão do imperialismo belga ao violar a soberania do Congo. Em resposta, a ONU aprovou a intervenção da maior força de manutenção de paz constituída até à data, de modo a restaurar a paz e a ordem. Ao fazer isso, a crise internacionalizou-se de imediato.[5] Parte deste

[5] Para mais informação sobre a crise do Congo, ver Madeline Kalb, *Congo Cables, The Cold War in Africa from Eisenhower to Kennedy* (Nova Iorque: Macmillan Publishing Co. 1982); John Kent,

internacionalismo, a política da Guerra Fria, que até então estava em grande parte nos bastidores do processo de descolonização em África, tornou-se num aspecto mais evidente do drama tanto para os Estados Unidos, a URSS, as antigas potências coloniais europeias, como para os outros países africanos.

A crise do Congo foi imediatamente interpretada por vários Estados africanos como um teste para a descolonização. Desde o início, o Gana, a RAU e a Tunísia viram o seu destino colectivo suspenso quando a luta entre as tropas da ONU e as forças governamentais congolesas deflagrou. À medida que a crise avançava, líderes como Kwame Nkrumah do Gana e Monghi Slim da Tunísia surgiam cada vez mais enfurecidos e veementes na ONU contra aquilo que viam como o avanço do neocolonialismo no país. Estas alegações de neocolonialismo ajudaram a criar uma base de apoio e de consenso entre países africanos e asiáticos presentes na ONU sobre como poderiam moldar, em conjunto, o desenvolvimento político, económico e social de África. A princípio, dirigiram as suas críticas à Bélgica e à Grã-Bretanha, uma vez que Bruxelas e Londres haviam respondido ao deteriorar da situação com esforços para preservar os seus interesses, através da tentativa de derrube do governo de Lumumba. Reagindo a estas acções, Nkrumah declarou na Assembleia Geral da ONU, em 1961, que toda a intervenção externa, não--africana, no Congo deveria ser evitada, de modo a permitir a restauração da completa soberania territorial congolesa. «É bastante claro», afirmou, «que uma tentativa desesperada está a ser feita para criar a confusão no Congo, estender a Guerra Fria a África e envolvê-la nas disputas suicidas das potências estrangeiras».[6]

America, the UN and Decolonisation: Cold War Conflict in the Congo (Londres: Routledge, 2010); Ernest Lefever, «The U.N. as a foreign policy instrument: the Congo crisis», em Rodger Hilsman et al., eds. *Foreign Policy in the Sixties: The Issues and the Instruments; Essays in Honour of Arnold Wolfers* (Baltimore, MD: Johns Hopkins Press, 1965), pp. 141-157; Colin Legum, *Congo Disaster* (Londres: Penguin Press, 1961); Richard D. Mahoney, *J.F.K, Ordeal in Africa* (Nova Iorque: Oxford University Press, 1983); Lise Namikas, *Battleground Africa: Cold War in the Congo 1960-1965* (Stanford: Stanford University Press, 2013); Stephen R. Weissman, *American Foreign policy in the Congo* (Nova Iorque: Cornell University Press, 1974); Susan Williams, *Who Killed Hammarskjöld? The UN, The Cold War and White Supremacy in Africa* (Londres: Hurst, 2011); Crawford Young, *Politics in the Congo, Decolonization and Independence* (Princeton: Princeton University Press, 1965).

[6] «Osagyefo at the United Nations», discurso de Kwame Nkrumah na Assembleia Geral da ONU, outubro de 1960. Disponível online: http://www.nkrumah.net/un-1960/kn-at-un-1960-07.htm. Para mais informação sobre o papel de Nkrumah e do Gana, ver A. B. Assensoh, *African Political Leadership* (Malabar: Krieger Publishing Company, 1998); Richard Bjornson, *The African Quest for Freedom and Identity* (Bloomington: Indiana University Press, 1991); Colin Legum, *Pan-Africanism* (Nova Iorque: Frederick A. Praeger, 1962); Immanuel Wallerstein, *Africa and the Modern World*

Havia mais do que uma ponta de verdade nas declarações de Nkrumah que sublinhavam o facto de que tinha sido apenas concedida uma forma de «soberania-clientelar» ou falsa independência ao Congo, isto é, a atribuição de uma independência limitada à antiga colónia escondia a intenção de fazer deliberadamente do país um estado-cliente, controlando-o efectivamente por outros meios que não políticos.[7] Embora a hipérbole das alegações de Nkrumah tenha sido pensada para espicaçar o sentimento anticolonialista aquando da 15.ª sessão da Assembleia Geral, vale a pena examinar melhor os detalhes das suas afirmações. Em resposta à crise no Congo, Bruxelas e Londres tinham adoptado políticas delineadas para proteger os seus extensos interesses económicos e políticos na região. No caso belga, correspondeu ao apoio político e financeiro que Bruxelas concedeu ao regime secessionista do Catanga – território 16 vezes maior que a Bélgica – liderado por Moise Tshombe. A secessão exacerbou a difícil situação do Congo uma vez que a sua economia interna se baseava em recursos catangueses, como o cobre, cobalto e diamantes. Em 1959, o Congo produzira, como um todo, 69% dos diamantes industriais do mundo, 49% do cobalto e 9% do cobre. A província era uma fonte de matérias-primas extremamente valiosa, cuja exploração contribuía significativamente para a economia global. Esses recursos estratégicos eram largamente controlados pelo grupo financeiro belga, *Sociéte General du Belgique* (SGB), e extraídas pela subsidiária *Union Minière du Haut-Katanga* (UMHK) em parceria com o grupo *Tanganyika Concessions*. A UMHK estava profundamente interligada aos aspectos económicos e políticos da mineração no Congo, gerindo anualmente na região o produto de cerca de 8431 toneladas métricas de cobalto e 280 403 toneladas métricas de cobre.[8] A companhia também controlava interesses num conjunto de empresas que ia dos caminhos-de-ferro, cimenteiras, produção de farinhas, companhias de seguros, até áreas de produção de

(Trenton: Africa World Press, 1986); Immanuel Wallerstein, *Africa: The Politics of Independence* (Nova Iorque: Random House, 1961); Ali A. Mazrui, *Towards a Pax Africana* (Londres: London Weidenfeld & Nicolson, 1967); Kwame Nkrumah, *Africa Must Unite* (Londres: Heinemann, 1963); Kwame Nkrumah, *Towards Colonial Freedom* (Londres: Heinemann, 1962); Kwame Nkrumah, *Ghana* (Londres: Nelson, 1957); George Padmore, *Pan Africanism or Communism?* (Londres: Dobson, 1956); Dennis Austin, *Politics in Ghana, 1946-1960* (Londres: OUP, 1964).

[7] «Osagyefo at the United Nations», discurso de Kwame Nkrumah na Assembleia Geral da ONU, Outubro de 1960. Disponível online: http://www.nkrumah.net/un-1960/kn-at-un-1960-04.htm.

[8] John Hillman, «Chartered companies and the development of the tin industry in Belgian Africa, 1900-1939», *African Economic History*, nº 25 (1997), pp. 149-173, p. 152.

gado, hospitais e escolas.[9] O poder e a riqueza da companhia são ilustrados pelas suas notáveis margens de lucro. Por exemplo, no período entre 1950 e 1959, a UMHK registou um lucro líquido total de 31 mil milhões de francos belgas.[10] A eclosão da violência e da confusão política que penetrou no Congo ameaçavam a produção contínua, a estabilidade da companhia, e, logicamente, o fluxo de receitas da região para os accionistas e grupos financeiros britânicos e belgas. Assim, em resposta à crise, as políticas de Londres e de Bruxelas para o Congo tinham no seu âmago o objectivo de manter as redes de influência económica e política no Catanga e no restante território congolês anteriores à independência.

Preservar os interesses económicos e frustrar os esforços de Lumumba para reintegrar o Catanga pela força, se necessário, dominaram as discussões sobre o Congo no Foreign Office britânico a partir de 1960. Como Martin Thomas argumentou recentemente, a independência do Gana tinha mostrado aos funcionários britânicos que era a adaptação das preferências britânicas, em vez de um real envolvimento com um «nacionalismo construtivo», que lhes permitiria executar planos para uma descolonização que conservasse elementos do sistema colonial.[11] Até esse momento, a descolonização britânica em África tinha-se desenrolado, em grande medida, de forma pacífica, com a independência da Líbia em 1951, do Sudão em 1956, do Gana em 1957 e da Somália em 1960. A iminente independência da Nigéria, Tanganica, Serra Leoa, Quénia e Uganda não apresentavam, no imediato, auspícios claramente negativos para as relações britânicas com as antigas colónias em África. A transformação do império britânico no sistema da Commonwealth tinha no seu cerne a protecção das redes e dos interesses económicos e financeiros britânicos na região. Em Londres, perspectivava-se que, sob o olhar atento do governo, essas nações desenvolveriam linhas sociais e económicas dentro do sistema britânico, tornando-se membros fortes da Commonwealth e, no processo, assegurariam a importância e prestígio mundiais da Grã-Bretanha.[12]No entanto, a instabilidade do Congo ameaçou

[9] Catherine Hoskyns, *The Congo Since Independence, January 1960 to December 1961* (Oxford: Oxford University Press, 1965), p. 17.

[10] Conor Cruise O'Brien, *From Katanga and Back, A UN Case History* (Nova Iorque: Simon and Schuster, 1962), p. 173.

[11] Martin Thomas, *Fight or Flight, Britain, France and Their Roads from Empire* (Oxford: Oxford University Press, 2014) pp. 261-262.

[12] Para mais sobre a Grã-Bretanha e a Commonwealth ver S. R. Ashton e William Roger Louis, eds., *East of Suez and the Commonwealth, 1964–1971, Part II: Europe, Rhodesia, Commonwealth,*

os regimes coloniais nos países vizinhos e lançou uma sombra sobre uma possível descolonização pacífica.

Apesar do facto de Macmillan ter admitido a vaga crescente do nacionalismo africano no seu discurso dos «Ventos da Mudança», proferido na Cidade do Cabo, em Janeiro de 1960, para o governo britânico o desenvolvimento da crise do Congo ilustrava os piores excessos da violenta busca dos ideais nacionalistas. A política britânica a respeito do Congo estava essencialmente focada em resistir ao uso da força pela ONU contra o Catanga e em perpetuar a secessão através de um apoio indirecto.[13] O primeiro impulso das estratégias britânicas foi assegurar que haveria a menor mudança possível na economia política colonial. Em 1959, as colónias britânicas em África forneciam apenas 3% das importações e absorviam menos que isso em exportações britânicas.[14] Apesar disso, a posição financeira da Grã-Bretanha estava dependente do valor dos activos monetários assegurados pelas suas colónias, que em 1958 haviam sido avaliados em 1,45 mil milhões de libras esterlinas. De um modo crucial, 60% do capital ultramarino britânico era investido nos países da Commonwealth.[15] Embora fossem feitos esforços para diversificar as economias coloniais, o que os funcionários do Colonial Office mais temiam era o impacto da independência e do nacionalismo na segurança das empresas privadas, na estabilidade no acesso a matérias-primas e na discreta operação das suas companhias. A injecção das tensões da Guerra Fria no contexto congolês alimentou a insegurança entre investidores, ao mesmo tempo que empresas como a Shell e a UMHK eram alvo de manifestações anticoloniais. À medida que a percepção da instabilidade da Guerra Fria se fundia com a volátil política do nacionalismo, aumentou o receio entre

British Documents on End of Empire, Series A, Volume 5 (Londres: The Stationary Office, 2004); S.R. Ashton, «British Government perspectives on the Commonwealth, 1964-71; an asset or a liability?», *Journal of Imperial and Commonwealth History*, vol. 35, nº 1 (2007), pp. 73-94; A. Bosco e A. May, eds., *The Round Table: The Empire/Commonwealth and British Foreign Policy* (Londres: Lothian Foundation Press, 1997); Geoffrey L. Goodwin, «The Commonwealth and the United Nations», *International Organization*, vol. 19, nº 2 (1965), pp. 678-694; Thomas B. Millar, «The Commonwealth and the United Nations», *International Organization*, vol. 16, nº 4 (1962), pp. 736-757; Philip Murphy, «Britain and the Commonwealth: confronting the past-imagining the future», *The Round Table. The Commonwealth Journal of International Affairs*, vol. 100, nº 414 (2011), pp. 267-283.

[13] Alan James, *Britain and the Congo crisis 1960-63* (Basingstoke: Hampshire: Palgrave Macmillan, 1996).

[14] William Minter, *King Solomon's Mines Revisited, Western Interests and the Burdened History of Southern Africa* (Nova Iorque: Basic Books Inc., 1986), p. 165.

[15] Thomas, *Fight or Flight, Britain, France and Their Roads from Empire*, p. 278.

os investidores e as indústrias nos países recém-independentes, aquilo que Thomas denominou como «fuga de capitais». Em resposta, a Grã-Bretanha procurou apoiar os seus investimentos no Catanga e ao longo da lucrativa cintura do cobre que incluía a província.

A secessão do Catanga também colocava dificuldades políticas aos interesses britânicos na região. Na vizinha Federação da Rodésia e Niassalândia, liderada por Roy Welensky, existia entre a população de colonos brancos um apoio generalizado à secessão. Welensky rapidamente desenvolveu relações próximas com Tshombe, dando apoio material e político através da Federação. Esta atitude favorável também se reflectia no corpo consular britânico na capital provincial, Élisabethville, que gozava de relações cordiais com o regime de Tshombe.[16] As actividades de Welensky eram apoiadas por um número significativo de membros do Partido Conservador que tinha investimentos na região e que se opunha a uma rápida descolonização de África. Membros como o secretário dos Negócios Estrangeiros, Lord Alec Douglas Home, não viam com bons olhos o aventureirismo da ONU e opunham-se consistentemente ao uso da força pela mesma contra o Catanga.[17] Isto colocou a Grã-Bretanha na desconfortável posição de divergir diretamente dos Estados Unidos em relação à sua política para o Congo.

Da perspectiva britânica, a experiência da Guerra Fria em confrontar as forças violentas do nacionalismo africano no Congo havia revelado a importância de preservar as redes coloniais de influência com políticos africanos e de gerir cuidadosamente essas relações para preservar a influência britânica. Pelo contrário, os Estados Unidos optaram por abraçar inteiramente elementos mais moderados das forças nacionalistas do Congo de modo a manter o país unido e prevenir qualquer infiltração de influência comunista. Se os Estados Unidos acreditavam que a ONU deveria ser habilitada a agir contra o Catanga de modo a restaurar a integridade territorial do Congo, a Grã-Bretanha recusava firmemente sancionar o uso da força por parte das tropas da ONU contra a *Gendarmerie* catanguesa e o exército de mercenários de Tshombe. A política britânica para o Congo ilustrava as características-chave do internacionalismo imperial: um esforço para preservar tanto quanto possível o *status quo* e prevenir que tanto as «perigosas» forças do nacionalismo africano como as tendências intervencionistas da ONU de

[16] Para uma visão geral, ver Conor Cruise-O'Brien, *To Katanga and Back, A UN Case Study* (Londres: Hutchinson, 1962).

[17] Alan James, *Britain and the Congo Crisis 1960-1963.*

Hammarskjöld, ameaçassem a preservação dos seus interesses económicos e políticos na região. A este respeito, assemelhava-se ao internacionalismo liberal dos Estados Unidos, mas o acelerar da dimensão da Guerra Fria na crise cedo expôs as diferenças fundamentais entre as perspectivas britânicas e americanas face à operação da ONU.

Anticolonialismo americano no Congo

Há muito que os Estados Unidos se haviam declarado como nação anticolonial e os decisores políticos em Washington tinham avisado as potências imperiais europeias, logo em 1945, que o colonialismo era insustentável.[18] O processo de descolonização e do fim do império não causou um problema significativo na política externa dos Estados Unidos até ao final dos anos 1950, e, mesmo nesse caso, foi restrito à Argélia e ao Vietname. No entanto, a crise do Congo juntou os desafios da Guerra Fria com a descolonização duma forma que expôs as falhas das declarações anticolonialistas americanas. Para os funcionários em Washington, a crise representava um vazio de poder no coração de África, provocando um aumento da rivalidade e da hostilidade no contexto da Guerra Fria. O país era estrategicamente importante na luta global contra o comunismo e a política dos Estados Unidos ao longo da crise foi a de assegurar que o Congo fosse governado por um regime favorável ao Ocidente, como forma de prevenir a infiltração de qualquer influência soviética. Além disso, o Catanga era fonte de matérias-primas importantes, como o urânio usado para a produção de armas nucleares americanas. Mesmo por volta de 1965, o United States Inter-departamental Stockpile Committee (SSACB)[19] continuava a olhar para o país como essencial para o fornecimento de borts[20] e diamantes. Na tentativa de apoiar os interesses económicos dos Estados Unidos, o Departamento de Estado optou por uma estratégia de estabilizar,

[18] William Roger Louis, *Ends of British Imperialism, The Scramble for Empire, Suez and Decolonisation* (Londres: I.B. Tauris, 2006). Ver também William Roger Louis e Ronald Robinson, «The imperialism of decolonisation», *Journal of Imperial and Commonwealth History,* Vol. 22 (1994), pp. 462-511.

[19] Memorando inter-departamental, 15 de Outubro de 1965, Subject Files, Congo, Special Files: Public Service, Kennedy/Administrations, 1958-1971, Folder 5, Subject File Congo (1), Box 448, Averell Harriman Papers [AHP], Biblioteca do Congresso, Washington D.C.

[20] Variante de diamante de má qualidade (N. do T.).

tanto política como economicamente, o governo central congolês, e, desse modo, encorajar investidores americanos a investir no Congo e por toda a África. Só em 1962, o governo dos Estados Unidos contribuiu com mais de 85 milhões de dólares em ajuda bilateral para o governo central e, como William Minter descreveu, «um número desconhecido de muitos milhões para os pagamentos da CIA a políticos congoleses».[21]

A visão americana de modernização da economia congolesa era um reflexo da sua estratégia mais ampla para o desenvolvimento no Terceiro Mundo. Ela era conduzida por dois princípios fundamentais: a crença no valor da economia liberal e a reconhecida omnipresença da Guerra Fria, servindo ambos para conduzir uma rigorosa campanha de modernização em África. Os «novos liberais» do Departamento de Estado incluíam economistas, como Walt Rostow, e internacionalistas liberais, como Chester Bowles e Adlai Stevenson.[22] Como Robert Rakove defendeu, «Rostow procurou articular uma visão especificamente americana que poderia ser prosseguida no mundo em desenvolvimento».[23] No centro desta visão estava a importância do rápido desenvolvimento e industrialização das economias do Terceiro Mundo e de extensos programas de ajuda bilateral que poderiam modelar os interesses nacionais dos países em desenvolvimento de modo mais favorável para o Ocidente. O que era importante nas perspectivas de Rostow não era apenas a sua influência nas políticas do Departamento de Estado, mas também no facto de ele não considerar a democracia uma «condição absoluta» para o desenvolvimento.[24] Bowles e Stevenson também acreditavam na importância de envolver as nações africanas de uma maneira aberta e cooperativa que distinguiria a abordagem americana face a África como anticolonial e livre de conotações neocoloniais. Advogavam o desenvolvimento das economias africanas através de extensos programas de ajuda e da abertura dos mercados como forma de encorajar o sector privado americano a investir

[21] William Minter *King Solomon's Mines Revisited*. p. 150.

[22] Para uma perspectiva geral de como estas figuras, entre outras, moldaram a abordagem do Departamento de Estado relativamente à modernização e a África durante a administração Kennedy, ver Robert B. Rakove, *Kennedy, Johnson and the Non-Aligned World* (Cambridge: Cambridge University Press, 2013), pp. 41-55. Sobre as teorias de modernização nos Estados Unidos durante a década de 1960, ver também Larry Grubbs, *Secular Missionaries: Americans and African Development in the 1960s* (Amherst, MA: University of Massachusetts Press, 2010); Philip E. Muehlenbeck, *Betting on the Africans, John F. Kennedy's Courting of African Nationalist Leaders* (Oxford: Oxford University Press, 2012).

[23] Rakove, *Kennedy, Johnson and the Non-Aligned World*, p. 42.

[24] *Ibid.*, p. 44.

mais no continente.[25] Apesar de Bowles e, claramente, Stevenson, terem uma influência mais limitada no Departamento de Estado do que Rostow, estes formavam uma importante parte das referências liberais que alcançaram predominância na administração Kennedy e tiveram um efeito duradouro na forma como os Estados Unidos abordaram África.[26]

Em paralelo com o investimento económico, os Estados Unidos procuraram reorientar a sua política face à ONU, especialmente a seguir aos violentos debates da 15.ª sessão da Assembleia Geral, em Setembro de 1960. O presidente Eisenhower tinha seguido uma política de abstenção sobre as resoluções coloniais na ONU, de modo a preservar as relações com as potências coloniais europeias, Grã-Bretanha e França, mas a intervenção no Congo arrastou os Estados Unidos mais directamente para um conflito de descolonização. Embora desconfiados em relação ao facto de a ONU se estar a tornar demasiado activista sob a liderança de Hammarskjöld, os EUA apoiaram o pedido do secretário-geral para mandatar uma força de manutenção de paz e foram o principal suporte financeiro da operação durante a crise. Porém, a sua incapacidade para criticar publicamente a Bélgica pelo seu fracasso em cumprir as resoluções da ONU entre Julho e Dezembro de 1960, apelando à sua retirada do Congo, teve o efeito de projectar os americanos como neocolonialistas.[27] Em particular, o país passou a estar sob ataque cerrado da União Soviética, com Nikita Khrushchev a ir pessoalmente à Assembleia Geral em Setembro para proferir críticas mordazes contra a política da ONU e do Ocidente no Congo.[28] Assim, e apesar de tanto os Estados Unidos como a Grã-Bretanha terem, à superfície, diferentes políticas sobre o Congo e diferentes abordagens sobre questões coloniais, especialmente na ONU, ambos actuavam como agentes do internacionalismo imperialista. No caso britânico, isto era evidente na sua ênfase em manter e reforçar as redes de influência colonial no Congo e em África, enquanto que, ao mesmo tempo, resistia a esforços de capacitar mais a força da ONU para acabar com

[25] Para uma leitura mais desenvolvida, ver Chester Bowles, *Africa's Challenge to America* (Berkeley/Los Angeles: University of California Press, 1956).

[26] Por exemplo, o gabinete africano do Departamento de Estado apenas foi criado em 1958, mas manteve-se um importante repositório dos planos de Rostow ao longo dos anos 60.

[27] Em Julho de 1960, as Resoluções do Conselho de Segurança 143, 145 e 146, exigiam à Bélgica que respeitasse as decisões do Conselho de Segurança e retirasse as suas tropas do Congo. Ver http://www.un.org/en/ga/search/view_doc.asp?symbol=S/RES/146(1960).

[28] Sobre a política soviética na ONU em relação ao Congo, ver Alessandro Iandolo, «Beyond the shoe: rethinking khrushchev at the 1960 UN General Assembly», *Diplomatic History*, vol. 41, n.º 1 (Janeiro 2017), pp. 128-154.

a secessão e para africanizar a resposta à crise. As conotações imperialistas da política dos Estados Unidos são menos evidentes, mas, não obstante, foram uma característica definidora da resposta à questão do Congo. Ao romper com o Reino Unido e com as antigas potências coloniais, com o abandono da política de abstenção sobre as resoluções coloniais da ONU a partir de 1961, os Estados Unidos tentaram manifestamente consolidar o seu perfil anticolonialista. Contudo, ao responder às dimensões da Guerra Fria da crise, em detrimento dos dilemas coloniais, a política americana enfatizou a importância de criar um regime estável e democrático no Congo, o que levou o Departamento de Estado a aumentar, junto dos políticos de Léopoldville, as táticas coercivas de modo a garantir esse resultado. Esta estratégia levou à percepção, junto dos próprios congoleses e de outras nações africanas, de que a sua abordagem era imperialista e dominadora.

Durante o Inverno de 1960, à medida que os debates na Assembleia Geral continuavam a inflamar as imaginações políticas do bloco afro-asiático, os Estados Unidos empreenderam igualmente um esforço para reordenar a liderança sobre a direcção da operação da ONU. As relações entre Hammarskjöld e Lumumba, que se haviam deteriorado ainda antes da abertura da sessão da Assembleia Geral, centravam-se em torno do desentendimento sobre se a força da ONU devia ou não pôr fim à secessão do Catanga.[29] Lumumba considerava-o um imperativo para restaurar a integridade territorial do Congo, mas Hammarskjöld recusou permitir o envolvimento militar das forças da ONU contra a *Gendarmerie* catanguesa, assinalando que o principal objectivo da missão da ONU era a restauração da lei e da ordem. Um golpe militar liderado pelo general Joseph Desiré Mobutu (mais tarde Mobutu Sese Seko), em Setembro de 1960, depôs Lumumba e colocou-o sobre protecção da ONU até uma fatídica noite de Novembro, quando ele fugiu e tentou viajar para se juntar aos seus apoiantes na cidade de Stanleyville, no norte do país. A decisão de Lumumba de fugir de Léopoldville foi um dos momentos mais decisivos da crise. Até esse momento, os Estados Unidos haviam trabalhado sob o pressuposto que nenhuma resolução para o dilema constitucional congolês, nem para toda a crise, poderia ser encontrada enquanto ele se mantivesse no poder. Os seus delegados na ONU conduziram uma vigorosa campanha de recolha de votos na Assembleia Geral para assegurar o reconhecimento, pela Comissão de Verificação de Poderes, do seu oponente, o presidente Joseph Kasavubu,

[29] Lipsey, *Hammarskjöld: A Life*, pp. 438-476.

como o legítimo líder do Congo. Tal era a força deste esforço americano que um delegado indiano comentou que «nunca antes vira uma exibição de tal pressão».[30] Não obstante a vitória, a Índia, o Gana e a Guiné-Conacri contestaram abertamente o assento da delegação de Kasavubu como representante oficial do Congo, demonstrando que continuavam a apoiar Lumumba como o único líder legítimo do país. Os debates sobre o papel de Lumumba como líder do Congo conheceram uma nova e drástica viragem em 1961, quando o seu assassinato por oficiais catangueses levou a outra acção sem precedentes da ONU: o uso da força pelas forças de manutenção de paz.

A Resolução de Fevereiro

O reconhecimento dos representantes de Kasavubu na ONU não teve o desejado efeito de restaurar a ordem no Congo. De facto, o golpe de Mobutu derrubara o governo mas deixara o exército em estado de desordem. Forças leais a Lumumba atacaram as tropas da ONU nas proximidades da capital e invadiram casas de funcionários da organização, agredindo quem encontravam pelo caminho.[31] A violência e o caos generalizados foram ainda mais inflamados quando forças de segurança congolesas, auxiliadas pelas agências dos serviços de *intelligence* belgas, prenderam Lumumba antes de este chegar à relativamente segura Stanleyville. Rapidamente o entregaram nas mãos dos seus inimigos no Catanga, onde foi brutalmente assassinado por Tshombe e os seus apoiantes, em Janeiro de 1961.[32] A morte do popular primeiro-ministro do Congo, o primeiro democraticamente eleito, foi largamente condenada, desencadeando protestos e manifestações de Dublin a Moscovo e atiçando as chamas de tensão na ONU, onde membros do bloco afro-asiático reagiram através da denúncia da atitude neocolonialista das potências ocidentais, que se acreditava estarem em grande medida envolvidas, e da ameaça de retirar as suas tropas da missão da ONU. O primeiro-ministro ganês, Kwame Nkrumah, atacou o Ocidente

[30] Citado em Hoskyns, *The Congo Since Independence,* p. 264.

[31] «Kasavubu delegation wins seat in General Assembly, Vote comes as Congo troops beat, arrest U.N. officials», *The Stanford Daily,* vol. 138, n.º 44 (23 de Novembro de 1960). http://stanforddailyarchive.com/cgi-bin/stanford?a=d&d=stanford 19601123-01.2.12&e=-------en-20--1--txt-txIN-------#.

[32] Emmanuel Gerard e Bruce Kuklick, *Death in the Congo, Murdering Patrice Lumumba* (Cambridge, MA e Londres: Harvard University Press, 2015).

num discurso emotivo que não deixava qualquer dúvida sobre quem tinha a responsabilidade pelo assassinato: «O perigo no Congo não é tanto a possibilidade de uma guerra civil entre africanos, mas sim, uma guerra colonialista na qual o poder colonial e imperialista se esconde por detrás de regimes africanos fantoche... Os colonialistas e imperialistas mataram-nos [Lumumba e dois dos seus associados, Maurice Mpolo e Joseph Okito, assassinados juntamente com o primeiro], mas o que eles não conseguiram fazer foi matar os ideais que nós continuaremos a pregar e pelos quais eles sacrificaram a sua vida».[33]

A morte de Lumumba teve o efeito de incendiar as tensões na ONU em todas as direções. A posição soviética foi de total condenação da acção de Hammarskjöld e da ONU no Congo, com o *Pravda* a ir ao ponto, depois da morte de Lumumba, de denunciar o secretário-geral como um «carniceiro» e um «Judas».[34] Os soviéticos foram à 15.ª sessão da Assembleia Geral, em Setembro, preparados tanto para punir Hammarskjöld como para desmascarar o imperialismo da abordagem dos Estados Unidos no Congo.[35] Embora a sua controversa iniciativa de constituição de uma «troika» – que propunha a substituição do secretário-geral por três sub-secretários, cada um representando um dos principais blocos políticos – não tenha sido aprovada, o seu papel no debate sobre o Congo foi extremamente importante para demonstrar como as dimensões da Guerra Fria se espalharam nos debates mais alargados sobre o colonialismo. De facto, o sucesso da Resolução 1514 sobre a concessão da independência aos povos coloniais deveu-se em parte ao papel dos delegados soviéticos em estimularem a discussão. Os delegados foram especificamente instruídos a utilizar os debates na questão dos territórios sob tutela «para incitar um «constructivismo crítico» da política e prática coloniais de países como os Estados Unidos, Inglaterra, França e Bélgica».[36] Embora, em última análise, isto fosse uma estratégia no quadro da Guerra Fria para cortejar as recém-independentes nações africanas e asiáticas, e em particular líderes não-alinhados como Nkrumah e Gamal Abdel Nasser do Egipto, ao interagir com essas delegações, a União Soviética solidificou, de facto e talvez inconscientemente, a sua contribuição e o seu papel na discussão

[33] Discurso de Kwame Nkrumah, Acra, 14 de Fevereiro de 1961. Ver http://www.nkrumahinfobank.org/article.php?id=406&c=46.

[34] Kalb, *Congo Cables*, p. 234.

[35] Ilya V. Gaiduk, *Divided Together, The United States and the Soviet Union in the United Nations, 1945-1965* (Stanford: Stanford University Press, 2012), pp. 260-261.

[36] *Ibid.*, p. 259.

intelectual sobre a descolonização e independência que foi responsável pelo sucesso da Resolução 1514. Após o assassinato de Lumumba, a posição soviética endureceu ainda mais e a sua recusa em contribuir financeiramente para a ONU, empurrou-a, na verdade, para uma posição de passividade no Conselho de Segurança enquanto continuava a vetar as resoluções sobre o Congo.

Ao receber as notícias do homicídio de Lumumba, o recém-eleito presidente John F. Kennedy tapou a cara com as mãos em desespero. Não só o assassinato lançava uma imagem desfavorável sobre a ONU, que falhara em protegê-lo, como levou a uma condenação pública da política ocidental no Congo e impulsionou a impressão de um neocolonialismo americano em África. Kennedy já havia estabelecido um comité interdepartamental de trabalho sobre o Congo para rever a política dos Estados Unidos na ONU, de modo a criar apoio a um novo mandato para aumentar a autoridade da missão das Nações Unidas e bloquear toda a assistência externa ao Congo, excepto através da organização.[37] O comité notou ainda que em caso de fracasso do esforço da ONU, «devemos considerar a viabilidade de outras políticas, incluindo a acção militar».[38] Os Estados Unidos reconheciam assim que a questão do uso de mais força no Congo era central para o sucesso de qualquer nova iniciativa, tal como o apoio do bloco afro-asiático. Quando, a 13 de Fevereiro, foi anunciado que Lumumba fora assassinado[39], a pressão política vinda de todos os lados forçou a iniciativa americana em resposta à indignação generalizada pela perda do mais carismático líder do Congo. A controvérsia e a especulação sobre quem era responsável espalhou-se imediatamente como um incêndio pelo Secretariado e pelas delegações da ONU no terreno. Isto deu aos Estados Unidos a oportunidade de usar o momento de crise para elaborar a apresentação e promoção do seu plano ao Conselho de Segurança, como forma de providenciar uma solução para a escalada do conflito. O assassinato serviu para dividir ainda mais a opinião

[37] Detalhado num memorando do secretário de estado Rusk para o presidente Kennedy, 1 de Fevereiro 1961. *Foreign Relations of the United States* (FRUS), *XX*, 45-46. Os principais elementos foram igualmente apontados num telegrama do Departamento de Estado para a embaixada na Índia, datado de 2 de Fevereiro. FRUS, *XX*, 48.

[38] Memorando secreto, *Working Committee on the Congo*, 7 Fevereiro 1961, Box 8, Bureau of African Affairs, Central Africa. Ver http://www.wilsoncenter.org/sites/default/files/Congo1960-61_1.pdf.

[39] Na segunda-feira 13 de Fevereiro foi anunciado na Radio Katanga que Lumumba havia escapado à custódia da ONU e que havia sido assassinado, juntamente com os seus associados, por aldeões hostis. Kalb, *Congo Cables*, p. 225.

nos Estados africanos entre o grupo de Monróvia, mais moderado (que incluía Chade, Camarões, Congo-Brazzaville, Daomé, Gabão, Alto Volta, Mauritânia, Níger, Nigéria, República Malgaxe, República Centro Africana, Senegal e Costa do Marfim) e o grupo de Casablanca, de linha dura (abrangendo Argélia, Egipto, Gana, Guiné, Líbia, Mali e Marrocos).[40] Com os acontecimentos a saírem fora de controlo, o bloco afro-asiático agiu rapidamente para tomar algumas medidas, ultrapassando a iniciativa americana com a proposta do Ceilão e da RAU, de 17 de Fevereiro, que pedia a retirada de todo o pessoal e militares estrangeiros do Congo e a concessão às tropas da ONU do «direito de usar a força, em último recurso, para prevenir a guerra civil».[41] A resposta do Departamento de Estado foi uma «amarga discordância».[42]

No Departamento de Estado havia divisões internas, entre o grupo de Stevenson (que incluía Chester Bowles e o recém-nomeado secretário--de-estado-adjunto para os Assuntos Africanos, George 'Soapy' Mennen Williams) que advogava que os Estados Unidos deveriam apoiar a resolução afro-asiática, com algumas emendas, e o grupo de Timberlake (que incluía o secretário de estado, Dean Rusk, e o sub-secretário, George Ball) que se opunha à resolução. O resultado foi um compromisso sobre a posição americana inicial, e Stevenson foi instruído a apresentar duas emendas à resolução: uma declaração de apoio a Hammarskjöld e o reconhecimento do governo de Kasavubu. No entanto, apesar de uma semana dura de *lobbying*, Stevenson não conseguiu persuadir os afro-asiáticos a adoptarem as emendas[43] e, desse modo, os Estados Unidos ficaram na desconfortável posição de terem de aceitar uma resolução na qual haviam tomado a dianteira, mas que era drasticamente diferente daquilo que pretendiam.

Na sua redacção final, a resolução afro-asiática foi apresentada ao Conselho de Segurança pela Libéria e aprovada a 21 de Fevereiro por nove votos a favor, zero contra, e com as abstenções da França e da URSS.[44] Num decreto

[40] Catherine Hoskyns, «The African states and the United Nations, 1958-1964», *International Affairs*, vol. 40 (1964), p. 471.

[41] Weissman, *American Foreign Policy in the Congo*, p. 142.

[42] *Ibid.*

[43] Kalb, *Congo Cables*, pp. 235-236.

[44] Declaração de Hammarskjöld ao Conselho de Segurança depois da adopção daquela que ficou conhecida como Resolução Afro-Asiática, Nova Iorque, 21 de Fevereiro de 1961; Security Council Official Records, Sixteenth year, 942.ª reunião, publicada em Andrew W. Cordier, Max Harrelson e Wilder Foote, *Public Papers of the Secretaries-General of the United Nations* (Nova Iorque: Columbia University Press, 1969-77), p. 359. A resolução passou com apenas duas abstenções da França e da URSS.

ambivalente, a resolução autorizava as forças a «tomar todas as medidas apropriadas para prevenir a ocorrência de uma guerra civil no Congo, incluindo disposições para cessar-fogos, a suspensão de todas as operações militares, a prevenção de confrontos, e *o uso da força, se necessário,* em último recurso».[45] A ordem militar era uma resposta à escalada dos problemas no Catanga onde as tropas da ONU continuavam a confrontar-se com os mercenários de Tshombe. Um antigo representante especial do secretário-geral, Conor Cruise O'Brien, escreveu que «a sua imediata aplicação... seria nada menos que revolucionária».[46]

A tentativa americana de cortejar os afro-asiáticos reflectia uma viragem em direcção à posição de Hammarskjöld e dos africanos na questão do Congo. No entanto, o apoio público à posição de Hammarskjöld expôs o Secretariado a acusações de conluio ocidental e teve como efeito exacerbar as tensões com o secretário-geral. Além de consolidar inadvertidamente as dimensões da Guerra Fria da crise, ao forçar a URSS a vetar a resolução, o fortalecimento das tropas da ONU teve como efeito destruir o consenso no bloco ocidental sobre como se deveria lidar com a questão congolesa.[47] Esta tentativa de afirmar a influência americana na questão do Congo na ONU, no fundo, expôs a natureza contraditória da posição anticolonial americana. Enquanto os Estados Unidos estavam preocupados em não serem cunhados de potência neocolonialista, o seu fracasso em condenar as acções belgas e a associação com os britânicos atraiu a crítica de neocolonialismo oriunda dos afro-asiáticos. Era tal o dinamismo do bloco afro-asiático na questão de conceder à ONU o uso da força no Congo que a sua proposta de resolução foi a versão aprovada pelo Conselho de Segurança, mandatando as forças de manutenção de paz a usar a força em legítima defesa. De um modo mais abrangente, revelava em que medida os membros do bloco reconheciam os objectivos imperialistas inerentes às políticas americana e britânica sobre o Congo. Para os britânicos, era a protecção dos seus interesses estratégicos, para os americanos eram as evidentes tácticas da Guerra Fria na abordagem à questão do uso da força para prevenir a interferência externa. Enquanto a aprovação da resolução indicara que a interpretação dos membros do bloco afro-asiático seria ainda mais decisiva no delinear da política da ONU

[45] Parágrafo A1 da Resolução 161, adoptada pelo Conselho de Segurança, a 21 de Fevereiro de 1960; *Appendix 1, Resolutions on the Congo adopted by the Security Council and General Assembly.* Ver O'Brien, *To Katanga and Back,* p. 336. Itálico nosso.

[46] O'Brien, *To Katanga and Back,* p. 40.

[47] Collins, «The Cold War comes to Africa», p. 256.

sobre o Congo, a sua implementação abriu caminho para um desafio directo ao internacionalismo imperialista dos Estados Unidos e do Reino Unido no país.

Implementar a Resolução

Imediatamente após a resolução de Fevereiro, Hammarskjöld iniciou um renovado esforço junto de Kasavubu para o incitar a restaurar o governo central e assegurar que as tropas congolesas não continuariam a confrontar as forças da ONU. A capacitação das forças de manutenção de paz para o uso da força em legítima defesa levou a uma série de escaramuças nos arredores de Élisabethville, enquanto as tropas reforçavam o objectivo de expulsar o exército mercenário de Tshombe. Foi uma acção que produziu apenas resultados limitados, uma vez que os mercenários expulsos rapidamente reentraram no Catanga, disfarçados ou por novas rotas. O'Brien caracterizou o processo como uma «conformidade simbólica», uma vez que «a ONU seria obrigada, se insistisse em ter as suas resoluções realmente aplicadas, a usar a força».[48] Ao mesmo tempo, enquanto começavam a circular planos sobre como a organização poderia «realmente aplicar» o seu mandato no Catanga, os políticos congoleses, incluindo Antoine Gizenga, que tinha sido o mais forte apoiante de Lumumba, encontraram-se na Lovanium, hoje a Universidade de Kinshasa, numa tentativa para reconstruir a autoridade estatal. A 12 de Dezembro de 1960, Gizenga tinha estabelecido um governo provisório nacionalista em Stanleyville, na província oriental, assumindo ser o legítimo representante do Estado congolês. Com a fonte de ajuda soviética ao seu regime a secar por volta de Junho de 1961 e com o aumento da ameaça de uma acção militar contra si pelo exército de Mobutu, concordou em tomar parte nas conversações com os políticos de Léopoldville de modo a restaurar a autoridade do Governo Central.[49] Os americanos apoiavam a sua inclusão num governo unificador, que nomearia o moderado Cyrille Adoula como primeiro-ministro e Gizenga como seu adjunto, a 2 de Agosto. Com a reconstituição do governo central agora completa, a ONU virou a sua atenção para o fim da secessão do Catanga com uma série de ataques militares, apoiados pela autoridade legal e moral de Léopoldville. O primeiro, sob

[48] O'Brien, *To Katanga and Back*, p. 203.

[49] Sergei Mazov, «Soviet aid to the Gizenga government in the former Belgian Congo (1960-61) as Reflected in Russian Archives», *Cold War History*, vol. 7, n.º 3 (2007), pp. 425-437, p. 429.

o nome de código Operação Rumpunch, apanhou o exército mercenário e o governo provincial catangueses de surpresa. Um ataque de madrugada aos serviços e às casas dos comandantes militares do regime e de conselheiros belgas e outros estrangeiros resultou na saída pacífica de 273 pessoas, para grande surpresa de Tshombe. A seguinte, Operação Morthor, foi, no entanto, drasticamente diferente. Desde o início que existia uma marcante confusão acerca dos objectivos da missão e sobre como deveriam ser cumpridos. Durante oito dias, a partir de 13 de Fevereiro de 1961, as forças da ONU defrontaram o exército catanguês, resultando na morte de centenas de civis e na perda de cerca de sete soldados da ONU. Na tentativa de repetir o sucesso da Rumpunch, as forças da ONU encontraram a resistência armada dos catangueses, que estavam preparados, resultando na troca de tiros nos arredores de Élisabethville. Outra companhia militar da ONU, em Jadotville, esteve confinada nas suas casernas, na sequência de um cerco de seis dias.[50] Esta caótica situação no terreno também se reflectiu em reacções políticas mais abrangentes, enquanto os Estados Unidos e a Grã-Bretanha recuavam horrorizados perante a escalada do envolvimento militar da ONU contra as forças mercenárias de Tshombe, que liderou o exército em confrontos contra as forças de manutenção de paz.

A Operação Morthor fez soar os alarmes em Bruxelas, Londres e Washington. Um dia após o lançamento da operação, o embaixador britânico em Léopoldville, Derek Riches, apresentou a Hammarskjöld uma diligência de Home que avisava que o governo britânico retiraria todo o apoio à ONUC a menos que: «1. Hammarskjöld pudesse providenciar uma explicação aceitável para o ocorrido no Catanga; ou 2. Hammarskjöld pudesse providenciar uma garantia de que a luta iria rapidamente terminar».[51] Para a Grã-Bretanha, a decisão de fornecer a O'Brien os mandados de prisão para Tshombe e seus associados era uma clara indicação da intenção de acabar com o regime no Catanga. Internamente, havia um azedo desentendimento sobre o que Iain MacLeod formulou da seguinte forma: «como é que nós nos colocámos nesta posição, a menos que tivéssemos um motivo que não veio à tona».[52]

[50] Para uma boa descrição das acções militares, ver Michael Kennedy e Art Magennis, *Ireland, the United Nations and the Congo* (Dublin: Four Courts Press, 2014).

[51] Citado em Arthur L. Gavshon, *The Mysterious Death of Dag Hammarskjöld* (Nova Iorque: Walker Publishing, 1962), p.130. Para uma leitura mais desenvolvida ver Williams, *Who Killed Hammarskjöld?*.

[52] Iain MacLeod, citado num telegrama de Walker para o Commonwealth Relations Office, 18 de Setembro de 1961, The National Archives, Kew (Londres) [TNA] PREM 11/3175.

O problema também se estendeu aos aliados dos britânicos que progressivamente começavam a acreditar que a Grã-Bretanha estava de conluio com Tshombe, uma impressão reforçada quando se descobriu que, durante o conflito, Tshombe se tinha refugiado na casa do cônsul britânico em Élisabethville, Denzil Dunnett.[53] Ao saber da sua localização, a ONU telegrafou de imediato a Dunnett, pedindo-lhe para «fazer todos os possíveis para arranjar um encontro entre [Tshombe] e O'Brien de modo a se chegar a um cessar-fogo», mas sem qualquer sucesso.[54] O resultado foi o agravamento das relações entre o Foreign Office e Hammarskjöld, que observou que os britânicos estavam a ser particularmente inúteis.[55]

O Departamento de Estado estava chocado pelos eventos no Catanga. Alegadamente, Kennedy estava «extremamente perturbado» com o facto de Hammarskjöld ter usado o crescente apoio político e financeiro dos Estados Unidos contra o Catanga, sem consultar Washington.[56] O Departamento de Estado estava igualmente preocupado com as consequências para as populações europeias, com o embaixador americano em Léopoldville, Edward Gullion, observando que a ONU era agora «incapaz de prevenir a participação dos europeus no que se tinha tornado numa "guerra de libertação" contra a ONU».[57] Reportou estar a ser pressionado pelos consulados belga e britânico para denunciar «as atrocidades da monstruosidade da ONU».[58] Mas apesar disso, a posição do Departamento de Estado sobre a Morthor era clara: embora a ONU tivesse cometido um erro imperdoável, os Estados Unidos apoiavam-na no Congo.[59] Em parte, a razão pela qual não condenaram

[53] Telegrama de Walker, embaixador britânico em Deli, para o Commonwealth Relations Office, 18 de Setembro de 1961, TNA, PREM 11/3175.

[54] Telegrama de Riches, embaixador britânico em Léopoldville, através dos canais da ONU, para Denzil Dunnett, cônsul britânico em Élisabethville, 14 de Setembro de 1961, United Nations Archives [UNA], Cooperation and Liaison-Britain, Registry Files Political and Security Matters, Mission Files United Nations Operation in the Congo, UNA, [UK] S-0735-0004-01.

[55] Telegrama de Rusk, Departamento de Estado, para a embaixada americana em Léopoldville, 15 de Setembro de 1961, 770G.0019-1561, National Archives and Records Administration [NARA], Department of State, Central Files, FRUS, *XX*, p. 216.

[56] Kalb, *Congo Cables*, p. 296; Mahoney, *J.F.K, Ordeal in Africa*, p. 100.

[57] Telegrama de Gullion, em Élisabethville, para o Departamento de Estado, 14 de Setembro de 1961, 332.70G/9-1461, NARA, Department of State, Central Files, FRUS, *XX*, p. 212.

[58] Telegrama de Gullion, em Élisabethville, para o Departamento de Estado, 14 de Setembro de 1961, 332.70G/9-1461, NARA, Department of State, Central Files, Confidential, FRUS, *XX*, p. 213.

[59] Conversa entre Gullion e Hammarskjöld em Léopoldville, comunicada ao Departamento de Estado, 15 de Setembro de 1961, 770G.00/9-1561, NARA, Department of State, Central Files, FRUS, *XX*, p. 215.

a acção no Catanga estava associada à insistência de Hammarskjöld de que *não sabia*[60] que a operação iria ter lugar quando teve, e que nessa altura ele próprio estava a caminho de Léopoldville para negociar com o governo central os próximos passos. Da sua parte, Adoula também expressou ressentimento sobre aquilo que chamou de «a acção do Reino Unido contra a ONU». Num encontro com Gullion, lamentava a reviravolta dos eventos no Catanga, declarando que nem ele, nem a ONU tinham querido alguma vez uma guerra no Catanga, mas que Tshombe havia «preparado o combustível, que a mais pequena faísca incendiou». Além disso, Adoula acreditava que os britânicos eram agora anti-ONU e, como referiu, por «razões impuras».[61]

A Operação Morthor serviu para revelar que a oposição britânica ao uso da força para pôr fim à secessão era tal que o Foreign Office estava disposto a romper com o Estados Unidos e a ONU nesta questão. Até 16 de Setembro, telegramas desesperados voavam entre Londres, Washington e Léopoldville enquanto funcionários britânicos e americanos instavam Hammarskjöld a formular uma resolução pacífica para o conflito.[62] Ao mesmo tempo, em contraste com as garantias do Foreign Office para cooperar com a ONU, Dunnet continuava a obstruir as acções da organização, mesmo após a chegada de Lord Lansdowne, o emissário especial britânico que havia sido precipitadamente despachado para Élisabethville por ordem do primeiro-ministro. O desentendimento entre o Foreign Office e o Departamento do Estado sobre como as resoluções da ONU deveriam ser implementadas contra o Catanga era agora do conhecimento geral. Apesar dos objectivos

[60] Telegrama de Gullion, Embaixada americana em Léopoldville, para o Departamento de Estado, 17 de Setembro de 1961, 770G.00/9-1761, NARA, Department of State; Central Files, FRUS, *XX*, p. 226.

[61] Telegrama de Gullion, Embaixada americana em Léopoldville, para o Departamento de Estado, 21 de Setembro 1961, 770G.00/9-1861, NARA, Department of State, Central Files, FRUS, *XX*, p. 231.

[62] Não há dúvida de que o secretário-geral estava sob intensa pressão tanto dos Estados Unidos como do Reino Unido para resolver a situação. Kalb afirma que os «esforços anglo-americanos atingiram o clímax a 16 de Setembro, quando Gullion apresentou a Hammarskjöld uma iniciativa conjunta de Kennedy, Rusk e Home, pedindo-lhe que se mantivesse no Congo até que a luta terminasse de modo a demonstrar a sua "seriedade"». No entanto, as fontes para esta afirmação são os diários de Macmillan, que não apresentam uma perspectiva equilibrada. Kalb, *Congo Cables*, pp. 296-297. Além do mais, Williams difere significativamente na sua análise dos eventos, que referem que Hammarskjöld foi ao Congo especificamente para negociar um cessar-fogo, e não porque tinha sido forçado pelos britânicos, para demonstrar o seu comprometimento depois da Operação Morthor.

mais abrangentes das políticas para o Congo e dos interesses económicos e políticos na região estarem amplamente interligados, os meios para os atingir eram diferentes. No centro do problema estavam as suas visões contrárias sobre o que a ONU deveria fazer relativamente à questão do Catanga e como a organização deveria gerir a intervenção. Sublinhava o facto de que o internacionalismo imperial dos Estados Unidos e do Reino Unido face ao Congo era em geral similar até ao momento em que teria de conciliar-se com as suas visões opostas sobre a ONU. Fundamentalmente, as confrontações sobre o uso da força contra o Catanga pareciam adaptar-se à imagem neocolonialista das suas políticas, como foi perceptível pela postura dos afro-asiáticos, que reagiram de forma diferente perante a escalada dos eventos no Catanga.

A primeira ronda de acção militar da Operação Rumpunch levou a uma renovação do sentimento de confiança dos Estados africanos face à ONU.[63] Durante o Verão de 1961, pressionaram Hammarskjöld para tomar uma atitude mais determinada contra o Catanga, enquanto punham em acção a sua estratégia mais geral de reintegração da província. A Operação Morthor incorporou o seu plano preferencial para a acção da ONU: usar decisivamente a força para pôr fim à secessão e restaurar a integridade territorial do Congo. As reacções britânicas, em particular, foram alvo de crítica por parte dos indianos, com a embaixada americana em Nova Deli a relatar ao Departamento de Estado que na Índia o sentimento era negativo face ao papel desempenhado pela Grã-Bretanha no Congo.[64] As tentativas iniciais de Kennedy, durante o ano de 1961, para cortejar a opinião dos afro-asiáticos, através do apoio à resolução de Fevereiro e, mais tarde, com a declaração sobre a posição anticolonialista dos Estados Unidos ao votar uma resolução condenando Portugal pela sua contínua política colonial em Angola, eram agora vistas como vazias de intenção.[65] Isto foi ainda mais enfatizado quando se tornou público que, a 16 de Setembro, Kennedy, Rusk e Home diligenciaram Hammarskjöld para se «manter no Congo até que

[63] O'Brien, *To Katanga and Back*, p. 220.

[64] Telegrama da embaixada americana em Nova Deli para o secretário de estado, 21 de Setembro de 1961, 310/9-961, NARA. Department of State, Central Files, Congo.

[65] Os Estados Unidos, pela primeira vez, votaram contra os seus aliados europeus, ao votar favoravelmente numa resolução que condenava as acções portuguesas em Angola, estabelecendo, assim, um precedente na atitude americana em relação às questões coloniais na ONU. Resolução do Conselho de Segurança 163, 9 de Junho de 1961: http://www.un.org/en/ga/search/view_doc.asp?symbol=S/RES/163(1961).

o conflito terminasse de modo a demonstrar a sua "seriedade"».[66] Entre os líderes africanos e asiáticos isto alimentou a ideia de que o Ocidente ainda via a questão do Congo através dum prisma neocolonialista, mas eles também perceberam que o fim da secessão estava à vista, mesmo que alguns membros, incluindo o Gana, ainda não reconhecessem oficialmente a legitimidade do governo Adoula-Gizenga. As instruções anglo-americanas para o secretário-geral foram decisivas tanto para a secessão como para a opinião afro-asiática. A caminho da negociação para o cessar-fogo entre Tshombe e a ONU, o avião de Hammarskjöld despenhou-se em circunstâncias suspeitas nos arredores de Ndola, na Rodésia do Norte, a 17 de Setembro. Como refere Namikas, a sua morte foi um «tremor de terra».[67]

Sem a forte liderança de Hammarskjöld no Congo, a operação da ONU seria lançada num vazio ocupado rapidamente pelos afro-asiáticos. A 3 de Novembro, enquanto o diplomata birmanês U Thant era eleito secretário-geral interino, três dos maiores colaboradores da ONUC, Etiópia, Nigéria e Sudão, pediram imediatamente uma reunião do Conselho de Segurança sobre a questão do Catanga, de modo a renovar o ataque da ONU contra o país.[68] No Congo, a ténue aliança entre Adoula e Gizenga quebrou-se e, embora, o governo central se mantivesse, Mobutu levou o ANC numa campanha contra o Catanga. Os Estados africanos apoiaram em grande medida este esforço e viravam-se agora para o Conselho de Segurança para mandatar a ONU para terminar o serviço. Apesar de várias tentativas de Stevenson e Ball para emendar a proposta de resolução do Ceilão, Libéria e a RAU, de 12 de Novembro, que autorizava o uso de força para terminar com a secessão, a resolução seria adoptada a 24 de Novembro por nove votos a favor e zero contra, com a abstenção da Grã-Bretanha e da França. Os Estados Unidos votaram com «grande relutância».[69] Era uma clara e significativa vitória dos afro-asiáticos, representando a sua importante influência sobre a política da ONU a respeito do Congo.[70] A resolução foi rapidamente implementada com uma nova fase de acções militares em Dezembro, após a qual Tshombe anunciou o fim da secessão. Apesar de esta acção não ter sido conclusiva para a dissolução do Catanga enquanto Estado independente, até um ataque final em Dezembro de 1962, esta foi a última resolução do Conselho de

[66] Kalb, *Congo Cables*, p. 297.
[67] Namikas, *Battleground Congo*, p. 153.
[68] Kalb, *Congo Cables*, p. 302.
[69] *Ibid*, p. 311.
[70] Hoskyns, «The African States and the United Nations», pp. 466-480.

Segurança sobre a crise do Congo. A influência afro-asiática na criação e condicionamento das acções militares da ONU reflectiu uma vitória para o internacionalismo anticolonialista e a correspondente derrota para o internacionalismo imperial dos Estados Unidos e da Grã-Bretanha no Congo.

Conclusão

O fim da secessão do Catanga pelas acções militares da ONU em 1961 e, depois, em 1962 revelaram o modo como a organização poderia ser utilizada para intervir decididamente em conflitos relativos a questões de soberania. Sublinhou o papel central da organização em resolver a crise do Congo como um todo, mas também mostrou a importância da ONU enquanto palco e actor ao prover o formato para solucionar o conflito. O activismo afro-asiático na ONU tinha demonstrado às potências ocidentais os limites da utilidade da organização, mas também proporcionou, em particular, aos Estados africanos, uma plataforma e um conjunto de ferramentas para desafiar o internacionalismo imperialista dos Estados Unidos e do Reino Unido. O bloco afro-asiático estava longe de ser um actor monolítico no seio das Nações Unidas a respeito da questão do Congo, mas o que era coerente entre os seus membros era tanto a sua determinação em que a missão da ONU, para a qual contribuíram com a maioria das forças de manutenção de paz, deveria usar a força para pôr fim à secessão do Catanga, e também que os instrumentos da organização, como o Conselho de Segurança e, em menor grau, a Assembleia Geral, deveriam ser utilizados para dirigir a missão para os seus objectivos. O seu sucesso reflectia o potencial da organização enquanto espaço no qual as ambições e estratégias internacionalistas poderiam ser amplificadas, adaptadas e cristalizadas, enquanto o seu internacionalismo anticolonialista e neutralista fornecia a forma e o apoio político para as acções da ONU, derrotando os objectivos do internacionalismo imperial dos Estados Unidos e do Reino Unido.

Para a questão da soberania no contexto de África, a crise do Congo foi um momento importante no qual os Estados africanos, em particular, perceberam as limitações dos argumentos sobre a preservação da soberania num conflito internacional. A curto prazo, o Congo teve uma importante influência na sobrevivência de regimes brancos minoritários e nas políticas dos colonos brancos em África. O fim da secessão e o desmantelamento do regime do Catanga representavam a ideia de que os regimes brancos nos países vizinhos, incluindo a Rodésia e Angola, estavam cada vez mais ameaçados pelo nacionalismo africano. De facto, o líder da minoria branca rodesiana Ian Smith estava tão influenciado pela situação no Congo que acelerou a Declaração Unilateral de Independência da Rodésia, ocorrida em 1965. Em Angola, o ataque ao colonialismo português na ONU, devido à internacionalização das questões coloniais no Quarto Comité e os debates públicos na Assembleia Geral, marcou o início de uma amarga luta pública pela independência angolana. A longo prazo, a intervenção da ONU também teve uma profunda influência na forma como as missões de manutenção de paz eram desenhadas e mandatadas e, de facto, foi tal o impacto prejudicial da ONUC na ONU, tanto política como financeiramente, que foi a última missão de manutenção de paz a esta escala até ao fim da Guerra Fria, nos anos 1990. Assim, a experiência do Congo serviu para condicionar a resposta da ONU a respeito dos assuntos sobre intervenções humanitárias durante as décadas seguintes e mesmo hoje em dia.[71] Embora a missão fosse inicialmente mandatada para salvaguardar a soberania do Congo, intervenções humanitárias mais recentes ocorrem em nome dos direitos humanos e da segurança das pessoas, desafiando assim o primado absoluto da soberania.

As variantes divergentes do internacionalismo imperial que existiram entre a Grã-Bretanha e os Estados Unidos foram claramente expostas nas suas diferentes visões sobre a ONU e do seu papel na resolução da crise do Congo. A crise serviu para sublinhar as diferentes manifestações da sua perspectiva internacionalista em África e como isso foi afectado por uma organização activista, estimulada pelo bloco afro-asiático. O fim da secessão representou uma vitória para o bloco afro-asiático porque legitimou as suas percepções da crise e implementou as suas ideias sobre como a ONU deveria restaurar a integridade territorial do Congo. Embora fosse uma derrota do *status quo* em África, e particularmente das políticas anglo-americanas na região, esta derrota das ambições do internacionalismo imperial foi de curta

[71] Sobre as genealogias da intervenção humanitária e o papel da crise do Congo, ver Georges Abi-Saab, *The United Nations Operation in the Congo, 1960-1964 (International Crisis and the Role of Law)* (Oxford: Oxford University Press, 1979); Michael Barnett, *Empire of Humanity. A History of Humanitarianism* (Ithaca: Cornell University Press, 2011); Trevor Findlay, *The Use of Force in UN Peace Operations* (Oxford: Oxford University Press, 2002); Norrie MacQueen, *Humanitarian Intervention and the United Nations* (Edimburgo: Edinburgh University Press, 2011); Peter Walker e Daniel Maxwell, *Shaping the Humanitarian World* (Londres: Routledge, 2009); W. R. Smyser, *The Humanitarian Conscience. Caring for Others in the Age of Terror* (Basingstoke: Palgrave Macmillan, 2003).

duração. A gradual afirmação do poder americano no Congo e em África rapidamente assumiu novas formas de neocolonialismo no continente. A partir de 1962, os Estados Unidos desempenharam um papel mais activo na formulação da política da ONU sobre o Congo, enquanto as lições aprendidas pelo Departamento de Estado sobre a questão congolesa (e através de desenvolvimentos paralelos na Guerra do Vietname) consagraram um longo processo de interacção com o Sul Global que rapidamente substituiu e revigorou antigos métodos internacionalistas liberais de subjugação e controlo. Ironicamente, apesar de os Estados Unidos estarem gravemente preocupados em serem associados às potências coloniais europeias e conotados de «neocolonialistas», as suas próprias políticas face ao Congo e, por conseguinte, a África acabaram por fortalecer a imagem do seu internacionalismo como sendo de feição imperialista. Para a Grã-Bretanha, embora o fim da secessão reflectisse uma derrota do seu tradicional internacionalismo liberal em África, também foi o início de uma mudança em direcção a tácticas mais subversivas e clandestinas. A derrota pública dos seus objectivos para o Catanga mostrou como a ONU poderia ser usada para desafiar o internacionalismo imperial, o que levou os funcionários do Foreign Office a ter uma visão pessimista da organização e do seu papel em gerir a descolonização. A ONU emergiu da crise com pouco capital financeiro e político, mas tinha provado ser um dinâmico fórum de interacção entre o bloco afro-asiático e as potências ocidentais; uma bigorna onde os diversos eixos do internacionalismo poderiam ser claramente considerados, alterados e catalisados.[72]

[72] Para uma leitura mais desenvolvida ver Alanna O'Malley, *The Diplomacy of Decolonisation, America, Britain and the United Nations during the Congo crisis, 1960-1964* (Manchester: Manchester University Press, 2018).

Parte II

Direitos humanos, humanitarismo e universalismo(s)

4. OS INVENTORES DOS DIREITOS HUMANOS EM ÁFRICA: PORTUGAL, O COLONIALISMO TARDIO E O REGIME DE DIREITOS HUMANOS DA ONU*

MIGUEL BANDEIRA JERÓNIMO
JOSÉ PEDRO MONTEIRO
Centro de Estudos Sociais – Universidade de Coimbra)**

Introdução

Em 1966, onze anos depois da admissão de Portugal nas Nações Unidas, Franco Nogueira, o ministro dos Negócios Estrangeiros português e um dos defensores das múltiplas doutrinas da excecionalidade que

* Tradução de Tiago Carvalho.

** Os autores deste texto querem agradecer a Roland Burke, Marco Duranti, Dirk Moses, Eva-Maria Muschik, Steven Jensen, Alanna O'Malley, Boyd Van Dijk e Brad Simpson por inúmeras críticas e sugestões.
Este trabalho foi co-financiado pelo FEDER – Fundo Europeu de Desenvolvimento Regional através do COMPETE 2020 – Programa Operacional Competitividade e Internacionalização (POCI) e por fundos nacionais através da FCT – Fundação para a Ciência e a Tecnologia, no âmbito do projeto «Os mundos do (sub)desenvolvimento: processos e legados do império colonial português em perspectiva comparada (1945-1975)» (PTDC/HAR-HIS/31906/2017 | POCI-01-0145-FEDER-031906); e do projecto individual «Rights of Belonging, Rules of Exclusion: the Politics and Policies of Citizenship in Portuguese Late Colonialism (1945-1975)», CEECIND/01714/2017/CP1402/CT0004. Trata-se de uma versão revista e alargada de «The *inventors* of human rights in Africa: Portugal, late colonialism and the human rights regime (1955-1965)», em Roland Burke, Marco Duranti e Dirk Moses, eds. *Human Rights, Empires and their Ends: the New History of Human Rights and Decolonization* (Cambridge: Cambridge University Press, no prelo).

governavam a ideologia imperial no pós-guerra, afirmou que «fomos nós, e só nós, que trouxemos à África antes de ninguém a noção de direitos humanos e igualdade racial». Ressoando as ideias subsumidas sob o nome do lusotropicalismo, propostas pelo sociólogo brasileiro Gilberto Freyre e usadas instrumentalmente pelas autoridades portuguesas, Nogueira acrescentava que os Portugueses teriam sido os únicos que praticaram o «multirracialismo», segundo este, a expressão mais acabada e inovadora da fraternidade humana e do progresso sociológico.[1] Estas declarações, cujo significado e propósito foram partilhados por muitos, não apenas dentro da cadeia administrativa imperial e diplomática, foram feitas em Lourenço Marques, cinco anos após o início dos conflitos em Angola e apenas alguns anos depois da extensão da guerra colonial à Guiné-Bissau e Moçambique. Apesar de o regime de *Indigenato* – o marco jurídico que definiu estatutos legais e penais e direitos sociais e culturais diferentes aos «cidadãos» (portugueses brancos e africanos «assimilados») e «indígenas» – apenas ter sido abolido *de jure* em 1961, mais de uma década depois da proclamação da Declaração Universal dos Direitos Humanos, e apesar da persistência generalizada de formas de discriminação social e racial nas «províncias ultramarinas», a linguagem da cidadania e dos direitos humanos (incluindo os «sociais») foi apropriada de forma particular pelas autoridades portuguesas.

A relação complicada e historicamente densa entre a afirmação e a universalização das diferentes expressões e repertórios dos direitos humanos e do processo de descolonização global tem sido objeto de atenção crescente de vários investigadores nos últimos anos. Uma complexa literatura sobre estas interações emergiu – com pontos de vista divergentes e diversificados – avaliando as suas múltiplas cronologias e geografias, ainda que o caso do colonialismo português não tenha merecido particular referência ou reflexão até agora.[2] Esta ausência de Portugal é, em importantes aspetos,

[1] Franco Nogueira, *O Terceiro Mundo* (Lisboa: Ática, 1967), p. 197.

[2] Para algumas das principais contribuições ver Bonny Ibhawoh, *Imperialism and Human Rights: Colonial Discourses of Rights and Liberties in African History* (New York: SUNY, 2007); Roland Burke, *Decolonization and the Evolution of International Human Rights* (Filadélfia: University of Pennsylvania Press, 2010); Jan Eckel, «Human Rights and Decolonization: New Perspectives and Open Questions», em *Humanity* vol. 1, n.º 1 (2010), pp. 111-135; Andreas Eckert, «African Nationalists and Human Rights, 1940s-1970s», em Stefan-Ludwig Hoffmann, ed., *Human Rights in the Twentieth Century* (Cambridge: Cambridge University Press, 2011), pp. 283-300; Meredith Terretta, «From Below and to the Left? Human Rights and Liberation Politics in Africa's Postcolonial Age», *Journal of World History*, vol. 24, n.º 2 (2013), pp. 389-416; Fabian Klose, *Human Rights in the Shadow of Colonial Violence* (Filadélfia: University of Pennsylvania Press, 2013); Steven

uma omissão crucial porquanto se trata de um dos poucos casos que perdurou até ao suposto momento de «rutura», relativo aos anos 1970, um ponto decisivo na evolução do discurso contemporâneo sobre direitos humanos. Ainda mais se se pensar na centralidade dos direitos humanos enquanto linguagem a partir da qual se expressou a condenação internacional do regime de Salazar. Como no caso do *apartheid* na África do Sul, um país muito mais proeminente na literatura sobre direitos humanos, Portugal foi um «descolonizador» tardio.[3] A sua incorporação possibilita, ou reforça, a introdução de uma temporalidade distinta nos debates sobre as conexões entre os direitos humanos e o fim do império. Além disso, historiciza, de maneira mais subtil, a afirmação e o desenvolvimento de uma *lingua franca* dos direitos humanos. Como os argumentos atuais sobre as genealogias dos direitos humanos revelam, e o caso português demonstra – *timing matters*. Isto é, o contexto temporal e histórico em que certos fenómenos ocorrem pode ser decisivo.[4]

Outro aspecto que faz do caso português uma contribuição importante para o debate sobre as tensões entre visões imperialistas, nacionalistas e internacionalistas dos direitos humanos é a natureza autoritária do regime e, também, o facto de a ordem político-jurídica racializada ter sobrevivido à desintegração da maioria dos impérios coloniais europeus. O estudo das cronologias e das modalidades de intersecção entre direitos humanos e não-discriminação, por um lado, e auto-determinação e descolonização, por outro, ganha um novo ponto de observação, frutífero e crucial. Este capítulo revela porquê e como, questionando historicamente os limites estritos comumente estabelecidos entre os domínios técnico e político, entre direitos individuais e coletivos. Interroga como as dinâmicas históricas do colonialismo tardio português foram afetadas pela(s) política(s) dos direitos humanos. Examina os usos das últimas como instrumento político contra o *modus operandi* do império colonial português, mas também como um dispositivo mobilizado regularmente pela formação imperial

Jensen, *The Making of International Human Rights: The 1960s, Decolonization and the Reconstruction of Global Values* (Nova Iorque: Cambridge University Press, 2016).

[3] Ver Saul Dubow, *South Africa's Struggle for Human Rights: The History of Rights in South Africa* (Athens, OH: Ohio University Press, 2012); idem, *Apartheid, 1948-1994* (Oxford: Oxford University Press, 2014); Ryan Irwin, *Gordian Knot. Apartheid and the Unmaking of the Liberal World Order* (Oxford: Oxford University Press, 2012).

[4] Ver, por exemplo, Jan Eckel e Samuel Moyn, eds., *The Breakthrough: Human Rights in the 1970s* (Filadélfia: University of Pennsylvania Press, 2014).

para afirmar a sua legitimidade internacional e procurar comprovar a sua capacidade de governar os povos subjugados de forma progressista. O foco no período entre 1955 e 1965 permite entender o impacto antes e depois do começo das guerras coloniais. Também abordará, de forma mais resumida, os desenvolvimentos que tiveram lugar durante o final dos anos 1960 e início dos anos 1970, de forma a ilustrar as continuidades e as ruturas resultantes da intensificação dos conflitos coloniais e das pressões internacionais sobre o império português.

Desta forma, a primeira parte deste capítulo trata da relação portuguesa com a Organização das Nações Unidas (ONU), entre, 1955 e 1960, numa fase inicial. Explora o impacto da crescente internacionalização e politização da questão colonial portuguesa. Estas dinâmicas combinadas viriam a gerar novos esforços de auto-escrutínio imperial, obrigando as autoridades portuguesas a dialogar com os idiomas e repertórios emergentes associados aos direitos humanos, ajustando os seus próprios discursos e argumentos de justificação imperial com o objetivo de contrariar as críticas vindas do exterior. Tais críticas foram, cada vez mais, definidas pela invocação dos direitos humanos como base para desafiar a legitimidade imperial. Aliás, essas dinâmicas fomentariam, ou, pelo menos, abririam algumas oportunidades a uma imaginação reformista dentro da cadeia burocrática imperial.

A segunda parte centra-se num período (1961-1965) marcado pela persistência de nexos transformadores entre escrutínio e denúncia internacional, auto-escrutínio imperial, racionalização e adaptação administrativa e, possivelmente, reforma política, jurídica e social. Devido a vários desenvolvimentos críticos – nas colónias, na metrópole e nos fóruns internacionais – este período foi caracterizado por profundas transformações, pelo menos de um ponto de vista formal ou legal.

Ainda que estas últimas fossem caracterizadas por numerosas ambiguidades em relação às motivações, alcances e direcções pretendidas, visavam, certamente, ser um contrapeso às críticas direcionadas às prevalecentes *políticas da diferença*. As *políticas da diferença* nunca deixaram de ser vistas como violações ostensivas do regime de direitos humanos, então em gestação, que condenava ordens políticas e jurídicas baseadas na distinção e discriminação de grupos tendo por base a raça ou, na sua tradução legal e diplomática, o «nível cultural».

Assim, este capítulo ilumina as implicações fundamentais da relação do Estado português com o(s) repertório(s) internacional(is) dos direitos humanos, nomeadamente no que diz respeito aos impactos na política imperial e nas estratégias do Estado-império português. Foca-se, depois, numa série de episódios que se verificaram após a eclosão das guerras coloniais, sublinhando a incorporação da linguagem dos direitos humanos em iniciativas anticoloniais e destacando também os esforços para a sua apropriação pelas autoridades portuguesas, tendo em vista a sustentação das suas estratégias para lidar com as pressões para a descolonização.

Encontrar um *Modus Operandi*: os desafios à integração internacional (1955-1960)

Sobre a utilidade política da estatística

Em outubro de 1956, o Ministério do Ultramar enviou uma carta ao diretor do Instituto de Estudos Ultramarinos, Adriano Moreira, pedindo uma lista de trabalhos publicados em Portugal sobre direitos humanos. Moreira, futuro ministro e conhecido ideólogo imperial, respondeu que não existia um único estudo. Reacção a um pedido da Organização das Nações Unidas (ONU), decorrente da resolução 630D (XXII) do Conselho Económico e Social da ONU, representou também a manifestação de uma preocupação crescente em Portugal com a evolução do tema. A integração internacional do estado português expandiu-se e enfrentou novos desafios. Os direitos humanos precisavam de ser estudados, os seus novos idiomas dominados, o seu alcance exato determinado e as suas implicações políticas avaliadas.[5] Desde a adesão à ONU, Portugal focara a sua estratégia diplomática imperial no quarto comité da Assembleia Geral, responsável pela questão dos territórios não-autónomos e pelos assuntos relacionados com a descolonização. A principal preocupação relacionava-se com o disputado debate acerca do Artigo 73.º da Carta das Nações Unidas, que determinava o fornecimento de informação sobre o desenvolvimento económico, educacional, social e político, pelas potências administrantes de territórios coloniais. Isto condicionou fortemente a relação com a ONU, dada a recusa do governo português em providenciar a informação pedida, argumentando que

[5] Ministro do Ultramar para Adriano Moreira, 18 de outubro de 1956; Adriano Moreira para ministro do Ultramar, 9 de novembro de 1956, Arquivo Histórico-Diplomático do Ministro dos Negócios Estrangeiros [AHD-MNE], MU-GM-GNP-RRI-00562.

não tinha qualquer «território não-autónomo».[6] Gradualmente, contudo, esta abordagem seletiva às ações da ONU tornar-se-ia insustentável. A relação com o terceiro comité, os seus debates e consequências, diretos ou indiretos, foi o exemplo mais revelador da gradual redefinição estratégica. Lidando com assuntos sociais, humanitários, culturais e humanitários, este é um observatório histórico privilegiado para se estudar os desafios e as oportunidades que o momento internacional do pós-guerra colocava.[7]

Em novembro de 1956, o representante português Henrique Martins de Carvalho, especialista em assuntos coloniais do Ministério dos Negócios Estrangeiros, procurava, de forma dita factual, responder a um problema substantivo: a posição portuguesa era distinta em termos ideológicos, legais e práticos da da da grande maioria dos membros da ONU.[8] O potencial impacto negativo deste fato foi imediatamente sublinhado por autoridades portuguesas em Nova Iorque. A delegação precisava de estar preparada para lidar com o vasto conjunto de questões que ia sendo gradualmente abordado na terceira comissão e, talvez mais importante, poder prever as suas consequências políticas. A lista dos assuntos fundamentais a ser revista era reveladora: a expressão legal, no âmbito nacional, dos conceitos de auto-determinação e liberdade religiosa; a (des)igualdade de direitos entre homens e mulheres; o direito e o dever ao trabalho (associado ao problema do «trabalho forçado»); liberdade de associação; o papel da «polícia política»; os usos penais do trabalho; os direitos, em vigor, das minorias étnicas (um problema delicado dado a questão das populações nativas coloniais). As prováveis contradições entre o quadro jurídico imperial e as respetivas práticas sociais e os novos princípios debatidos em Nova Iorque deveriam ser resolvidos imediatamente.[9]

As recomendações com potencial nocivo que constavam da proposta feita pelo representante grego Constantin Eustathiades adensaram o sentido de urgência relativo aos processos de recolha de informação, auto-escrutínio,

[6] Aurora Santos, «A Organização das Nações Unidas e a questão colonial portuguesa, 1961--1970» (Lisboa: Tese de Doutoramento, FCSH/UNL, 2014); Fernando Martins, «Portugal e a Organização das Nações Unidas» (Lisboa: Tese de Mestrado, FCSH/UNL, 1995).

[7] Miguel Bandeira Jerónimo e António Costa Pinto, número especial «International dimensions of Portuguese late colonialism and decolonization», *Portuguese Studies* 29, n.º 2 (2013), pp. 137-276.

[8] Nota de Carvalho, 16 de novembro de 1956, AHD-MNE, POI-135.

[9] Nota de Carvalho e J. M. Fragoso, «Confidencial – urgente», 30 de novembro de 1956, AHD-MNE, POI-135.

orientação estratégica renovada e tomada de decisão, e, possivelmente, reforma. Os governantes portugueses acreditavam que a tese da unidade imperial promovida no quarto comité devia ser de novo mobilizada no terceiro. A coerência política era tida por imprescindível. Mas, dado que nenhum «pacto colonial» ou nenhuma «cláusula colonial» foram reconhecidos pelo comité, a esperança de que a situação nas diversas colónias se furtasse a uma apreciação externa diluía-se.[10] Ademais, esperava-se que uma proposta para a criação de um Alto-Comissariado para os Direitos Humanos, com poderes executivos, fosse apresentada pela delegação uruguaia (um projeto que foi contestado e que teve uma trajectória acidentada).[11] A concretizar-se, provavelmente aumentaria o escrutínio internacional e o «intervencionismo» externo. A apreensão gerada entre a delegação portuguesa fora certamente reforçada pelo facto de os temas do colonialismo, segregação racial e perseguição religiosa estarem agendados como tópicos do debate seguinte. Nestas discussões, Portugal estava destinado a ter maus resultados. Mais informações legais e estatísticas eram necessárias sobre aqueles tópicos mas também, e de forma crucial, sobre as realidades sociais concretas das colónias.[12]

Num relatório confidencial que sumariava, no início de 1957, os trabalhos da terceira comissão, as propostas grega e uruguaia foram descritas como sendo uma ofensiva contra os poderes administrantes, isto é, coloniais. Apesar de ambas serem derrotadas, continuariam a ser temidas. A questão de Chipre era a que estava no centro dos debates, mas a alusão a «populações sujeitas ao 'colonialismo autoritário'» causava apreensão. A supervisão era considerada uma forma de intervencionismo e, como tal, devia ser rejeitada. De resto, várias estratégias de dilação tinham sido eficazes, até então. A procrastinação burocrática foi usada e abusada. Os resultados aparentavam ser favoráveis a todos os países que combatiam a transformação dos convénios no sentido de permitirem a intervenção em assuntos reservados à soberania

[10] *Ibid.*

[11] Ver Theo Van Boven, «The United Nations High Commissioner for Human Rights: the history of a contested project», *Leiden Journal of International Law*, n.º 20 (2007), pp. 767-784; Roger S. Clark, *A United Nations High Commissioner for Human Rights* (Haia: Martinus Nijhoff, 1972); Andrew Clapham, «Mainstreaming Human Rights at the United Nations: the task of the first High Commissioner for Human Rights», em *Collected Courses of the Academy of European Law*, vol. II, livro 2 (1999), pp. 159-234.

[12] Vasco Garin para Ministério dos Negócios Estrangeiros, 7 e 15 de dezembro de 1956, AHD-MNE, POI-135.

estatal. Mas a transição de um «simples problema humanitário» para um «problema político» era vista como tendencialmente imparável, como o caso da queixa da Índia relativa ao «tratamento discriminatório» dado pela União Sul-Africana aos seus cidadãos revelava. Ademais, os debates sobre direitos humanos haviam sido, segundo as autoridades portuguesas, realizados num «ambiente sempre facilmente inflamável pela demagogia». Por exemplo, os delegados sul-americanos eram tomados como «facilmente conduzíveis por apelos melodramáticos» (o Brasil, o Chile, a Argentina e o Peru eram excluídos da imputação), enquanto os «afro-asiáticos» eram acusados de não hesitar «em subscrever textos inaplicáveis às respetivas populações». A intensificação da politização dos debates sobre direitos humanos não constituiu, como tal, uma surpresa.[13]

Muitos outros debates preocupavam as autoridades portuguesas. Um exemplo concreto das sérias implicações políticas associadas ao debate – que caucionam a interpretação da comissão como sendo um espaço gerador de dificuldades mais ou menos esperadas – relacionava-se com o tema da educação. As repercussões esperadas da formulação de normas sobre «educação fundamental» e «educação religiosa» poderiam comprometer a defesa portuguesa da tese da unidade imperial.[14] A avaliação estatística comparada das realidades educacionais certamente revelaria fatos desagradáveis. Publicações recentes destacavam a Guiné Portuguesa como uma das regiões do mundo com menores taxas de alfabetização. Como consequência, argumentava a administração imperial portuguesa, eram necessárias outras estatísticas, «úteis», de modo a demonstrar dois pontos: que a percentagem de iliteracia nas províncias ultramarinas era, por vezes, igual ou inferior ao de certas áreas metropolitanas; e que a percentagem de iliteracia nas colónias não era inferior à de países independentes, isto é, aqueles onde não vigorava, há mais ou menos tempo, um sistema de dependência imperial. A comparação com territórios pós-coloniais era sempre uma estratégia atrativa, sendo, de resto, partilhada com outros

[13] Henrique Martins de Carvalho, *Relatório da Terceira Comissão* (Lisboa: 1957), AHD-MNE, Biblioteca, cit. pp. 58-59, 70, 72. Para a questão de Chipre, ver A. W. Brian Simpson, *Human Rights and the End of Empire: Britain and the Genesis of the European Convention* (Oxford: Oxford University Press, 2001), esp. pp. 924-1052.

[14] Phillip W. Jones, *International Policies for Third World Education: Unesco, Literacy and Development* (Londres: Routledge, 1988); Chloé Maurel, *Histoire de l'Unesco. Les trente premières années. 1945--1974* (Paris: L'Harmattan, 2010). Ver ainda os textos de Hugo Gonçalves Dores e Damiano Matasci neste volume.

poderes coloniais.[15] Como Franco Nogueira proclamou, «as nossas províncias em África são mais desenvolvidas, mais progressivas, mais evoluídas em todos os domínios do que qualquer território recentemente independente da África ao sul do Sahara, seja qual for». E declarava: «pedimos que nos visitem e nos comparem».[16]

Para além da educação, eram esperadas complicações similares em resultado de debates em curso sobre tópicos com clara ressonância colonial: o do direito ao trabalho e ao trabalho livre, o do direito à greve e à liberdade de associação, o do problema dos refugiados ou da nacionalidade da mulher casada, ou ainda aquele associado aos relatórios provenientes do Conselho Económico e Social da ONU (ECOSOC). A auto-determinação, claro, permanecia com uma das principais preocupações administrativas e governamentais. A ideia de criar uma comissão *ad-hoc* para estudar o conceito de auto-determinação era particularmente receada. Esta solução seria necessariamente «anti-colonialista»: incluiria um membro do bloco soviético, provavelmente a Índia e outro país tido por neutralista. Para contrariar os presumíveis efeitos negativos, a aprovação da tese da «unidade portuguesa» no quarto comité era crucial. Dessa forma, as províncias ultramarinas estariam fora do âmbito do seu mandato. Caso contrário, consultas e solicitações de missões *in situ* seriam esperadas. A recusa era uma opção, mas com custos políticos significativos. A impressão geral era a de que as investidas, reais ou potenciais, contra Portugal no quarto comité ocorreriam também no terceiro. Os mais recentes debates sobre direitos económicos, sociais e culturais, por um lado, e sobre direitos políticos e civis, por outro, produziriam as suas consequências. O problema da auto-determinação adquiriria, seguramente, maior proeminência. Era crucial reforçar a estratégia que estava a ser levada a cabo. Deveria ser repetido o argumento de que não era uma questão que incidisse sobre o império português, na medida em que, ali, não existiam territórios não-autónomos. Com esta proposição, Portugal poderia orientar-se «de modo semelhante a muitos países da ONU» e até «acusar os países coloniais». Mas os trabalhos do terceiro comité ampliariam os desafios, multiplicariam as suas potenciais implicações e aumentariam os custos de determinadas opções políticas do governo português. As formas de abordar criticamente a questão colonial estavam a diversificar-se. Novamente,

[15] Garin para ministro dos Negócios Estrangeiros, 17 de dezembro de 1956, AHD-MNE, POI-135.

[16] Franco Nogueira, *O Terceiro Mundo*, p. 198.

uma preparação mais adequada e ponderada da representação portuguesa era considerada incontornável. O aconselhamento técnico nas «grandes questões» era desesperadamente necessário. Durante o biénio 1956-1957, não estava presente qualquer especialista em questões laborais. Nos anos de 1957-1958, peritos em questões de trabalho e educação eram tidos por indispensáveis. Estas considerações talvez expliquem, de alguma forma, a escassa participação portuguesa nos debates do terceiro comité, que era, sobretudo, determinada pelas instruções vindas de Lisboa.[17]

«Amanhã poderá ser demasiado tarde»

O aparecimento de propostas que poderiam dificultar a estratégia global portuguesa e exponenciar a diversificação de potenciais tópicos de crítica sobre as realidades metropolitanas e coloniais foi devidamente notada. Estes desenvolvimentos geraram vários alertas no governo português e na administração imperial. O processo de intensa politização dos direitos humanos e o reconhecimento da necessidade de aumentar e aprimorar os conhecimentos especializados para lidar com o crescente envolvimento dentro da ONU continuariam a capturar a «mente oficial» imperial nos anos seguintes. Em 1958, dez anos após a proclamação da Declaração Universal dos Direitos Humanos, foram anotados dois dos principais desafios que se enfrentaram na 13ª Assembleia Geral, por um dos administradores imperiais. O primeiro era o «problema dos territórios não-autónomos». O segundo, bastante relacionado, resultava da criação, pelo Conselho Económico e Social da ONU (ECOSOC), de uma Comissão Económica Africana (CEA), cujo mandato se direcionava para a produção e difusão de conhecimentos especializados que visavam impulsionar o desenvolvimento no continente. A CEA era vista com suspeição, podendo obstaculizar o sucesso da estratégia nacional. Resultava de «pressões já antigas», tanto do «secretariado» como dos «sectores anti-colonialistas». Os «possíveis inconvenientes» da comissão deviam ser minimizados, de modo activo e informado. A necessidade de criar um órgão permanente que pudesse preparar a participação nas reuniões da ONU, baseado no conhecimento e envolvimento estratégico nas suas agendas, era visto como imperativo pela *official mind* portuguesa. Desde 1955 que as autoridades portuguesas estavam essencialmente

[17] Carvalho, *Relatório da Terceira Comissão*, cit. pp. 71, 78, 80, 128.

centradas na problemática dos «territórios não-autónomos», no interior da quarta comissão. Agora, era claro que problemas sérios poderiam advir de outras comissões, em relação com outros tópicos, nem sempre óbvios. Os debates sobre direitos sociais, económicos e culturais, por um lado, e sobre diretos políticos e civis, por outro, eram reveladores a este respeito. Dados os desafios supramencionados – expansão de tópicos problemáticos e a variedade e complexidade da *expertise* associada – foi proposta a criação de um comité interministerial. A recorrência e magnitude dos debates na ONU, nomeadamente aqueles relativos à questão colonial, exigiam uma outra preparação. Requeriam ainda uma posição concertada, bem oleada. O comité deveria ser um fórum destinado à recolha de informação, auto-escrutínio e avaliação de políticas e formulação de decisões diplomáticas e políticas que facilitasse esse desiderato.[18]

Com esse propósito, o comité reuniu entre 1958 e 1959. Como afirmou Franco Nogueira, no primeiro encontro, as recomendações sobre assuntos técnicos formuladas pelo comité deveriam ter sempre em conta aspetos de natureza política. Assuntos «técnicos» eram, de facto, e face às circunstâncias, intrinsecamente políticos. Este facto explicava, aliás, a necessidade de uma «estrita colaboração» entre o Ministério dos Negócios Estrangeiros e os restantes ministérios «especializados».[19] Um dos exemplos desta perspetiva consubstanciou-se no modo como a criação da CEA foi apreciada. Tomada como mais uma etapa do «movimento de internacionalização do fenómeno colonial iniciado com a Conferência de Berlim» e «continuado na política colonial da Sociedade das Nações», a constituição da CEA e os planos da sua acção interventiva eram classificados como mais um exemplo, preocupante, da «crescente tendência fiscalizadora» e averiguação crítica da presença europeia em África. Era crucial obviar a algumas destas tendências. A criação da CEA era tomada como uma mudança importante na relação tensa entre princípios de soberania e aqueles de escrutínio e intervenção internacional. Até então, defendia-se, a intervenção das Nações Unidas em África tinha sido eficazmente restringida e minorada. Neste processo de obstrução das «tendências intervencionistas», a Comissão de Cooperação Técnica na África ao Sul do Sara (CCTA) desempenhara um

[18] Relatório de J. M. Fragoso, «Programa de trabalhos relativos à posição de Portugal nas Nações Unidas», 4 de janeiro de 1958; Carta de Paulo Cunha, 22 de janeiro de 1958, ambos em AHD-MNE, POI-33.

[19] Comité inter-ministerial para as Nações Unidas (a partir daqui CIMNU), Primeira sessão, 29 de abril de 1958, AHD-MNE, MU/GM/GNP/171/1.

papel fundamental. Os esforços de afirmação da «primazia da competência» desta face às agências especializadas da ONU estavam a ser bem-sucedidos, talvez com uma exceção, a da OIT. As «mais perigosas», como a UNESCO, tinham sido contrariadas. Mas a CEA podia trazer inúmeros problemas a um poder colonial, pelo esperado alcance da sua intervenção, que se presumia muito vasto. Os «interesses económicos concorrentes», o «movimento emancipador» em África e o «fenómeno do anticolonialismo», combinados, tornariam a CEA, por certo, num poderoso instrumento intervencionista, com «projeção internacional». A «íntima colaboração» dos poderes coloniais nos debates era vista como uma solução possível, apesar da «diversidade de pontos de vista». Uma conquista era já tomada como certa: a supressão de uma referência a «problemas sociais» na proposta do Sudão sobre o mandato da comissão e a sua substituição por «implicações sociais dos problemas económicos».[20]

De qualquer modo, a crença generalizada era a de que a totalidade da política ultramarina estaria sob intenso escrutínio, incluindo a partir de ângulos críticos antes pouco valorizados. Muito estudos seriam feitos, versando desde «o novo plano de Fomento até aos problemas de mão-de--obra, sindicalismo, salários, estatísticas, capitação de rendimentos por raças, assistência técnica, etc.». A possibilidade de missões *in situ*, compostas por «técnicos altamente competentes e especializados» e resultando em relatórios detalhados sobre as realidades ultramarinas, era referida com preocupação. As conclusões dessas missões seriam debatidas em muitos fóruns internacionais, gerando «recomendações», provavelmente «desfavoráveis». Se assim acontecesse, «nada podemos esperar de bom», declarava Franco Nogueira. Poder-se-ia votar contra aquelas e «até não as cumprir». Mas tal decisão não evitaria «ataques». Aliás, a recusa até deveria suscitar outros, ainda «mais violentos». A «indiferença» perante tais recomendações teria custos: colocaria o país em posições «porventura insustentáveis nos organismos internacionais». A rejeição da entrada de missões conduziria a resultados semelhantes.[21]

Um caso exemplar relativo a estas questões foi o da missão feita a Portugal por Ona B. Forrest, uma oficial da ONU, da *Africa Unit* (Assuntos

[20] CIMNU, Segunda sessão, 19 maio 1958, AHD-MNE, MU/GM/GNP/171/1. Para a CEA, que ainda aguarda por um estudo aprofundado, ver Ekei Umo Ekpenyong, *The Economic Commission for Africa (ECA) and development in Africa* (Londres: Tese de doutoramento, London School of Economics, 1990).

[21] CIMNU, Segunda sessão, 19 de Maio de 1958, AHD-MNE, MU/GM/GNP/171/1.

Económicos). O objectivo era o de recolher informação sobre a situação económica em Angola. Forrest foi directa ao assunto: porque é que Portugal tinha «tão poucos, desactualizados e incompletos dados estatísticos?» (sobre mão de obra); quantos «técnicos estatísticos» existiam no Ultramar?; «como é que, não tendo estatísticas», se podiam elaborar planos de fomento? A este respeito, a sua avaliação era clara: «Angola é talvez, entre os grandes territórios africanos, o mais atrasado em matéria de estatística». Para os relatores da visita de Forrest, as suas questões e apreciações eram incómodas. Não eram, obviamente, apenas sobre estatísticas. Debruçavam-se sobre muitos temas sensíveis, desde as condições de mão-de-obra até aos planos de fomento, ao seu financiamento e resultados (desde o seu início, em 1953). Apontavam para a esperada evolução económica dos territórios ultramarinos e, especialmente, das populações africanas, inquirindo sobre variadíssimos aspectos: a progressão das suas «necessidades»; a ligação entre os investimentos em curso e a elevação do seu nível de vida; a relação entre uma economia de mercado em consolidação e a economia nativa; os «aspectos económico-sociais do problema habitacional dos indígenas, sobretudo nas áreas mais evoluídas?» (ou seja, sobre o impacto da urbanização e da *destribalização*, assuntos importantes na esfera internacional); a «evolução do homo economicus» nos territórios ultramarinos e a «psicologia económica» das respectivas populações; e, finalmente, as questões relativas aos «contactos raciais» e «formas de convivência» associadas. Sobre todos estes assuntos, as implicações políticas eram óbvias. Informação sólida escasseava, o mesmo sucedendo com a preparação técnica para a produzir. Era preciso mudar. Como escreviam os relatores, «amanhã poderá ser demasiado tarde».[22]

No interior da burocracia imperial, muitos reconheciam a urgência de produzir informação essencial à formulação de políticas mais adequadas aos desafios que a integração internacional colocava. As actividades das várias comissões da ONU criavam problemas de difícil resolução, na ausência de informação credível e mais ou menos rigorosa sobre as realidades africanas.

[22] Idem; Relatório de Nuno Alves Morgado et al., «Entrevistas com Mrs. Ona B. Forrest, da ONU (Economic Affairs, African Unit) em 18 e 19 de abril de 1958», 28 abril 1958, AHD-MNE, MU/GM/GNP/171/1. Para as dinâmicas dos anos 50 ver Miguel Bandeira Jerónimo e António Costa Pinto, «A Modernizing Empire? Politics, Culture and Economy in Portuguese Late Colonialism», em Miguel Bandeira Jerónimo e António Costa Pinto, eds., *The Ends of European Colonial Empires* (Basingstoke: Palgrave-Macmillan, 2015), pp. 51-80. Ver ainda UNESCO/The International African Institute (eds.), *Social Implications of Industrialization and Urbanization in Africa South of the Sahara* (Paris: UNESCO, 1956).

Igualmente reconhecido era o facto de que a «nossa prática administrativa nem sempre corresponde aos nossos princípios», como foi sinalizado pela voz do presidente do comité, Franco Nogueira. Encontrar uma «maior coincidência» entre ambos era, claramente, considerado um imperativo. Do mesmo modo, era «indispensável» elaborar, «desde já», «dados estatísticos rigorosos, relatórios, estudos» e exponenciar a participação nacional nas Nações Unidas, envolvendo um número maior de especialistas, em vários assuntos. Era esta uma das recomendações do comité inter-ministerial. Os estudos da CEA teriam, sem dúvida, «graves implicações de ordem social e política», com uma «inevitável» repercussão nos territórios ultramarinos, qualquer que fosse a posição das autoridades portuguesas. Assim sendo, e resultando de uma outra orientação, emanada da segunda sessão do comité, era necessário encarar os «problemas económicos» e as respectivas implicações sociais e políticas que a CEA iria por certo analisar. Os mais «melindrosos», que precisavam de ser compreendidos e de se tornar objecto de intervenção, eram os «problemas de trabalho, mão de obra e salários; preparação de dados estatísticos; coordenação de planos e projetos económicos; interpenetração de economias; produtividade; rendimento e sua distribuição». A identificação e preparação de especialistas capazes de o fazer e de representar Portugal na CEA, desde logo, no seu primeiro encontro (29 de dezembro de 1958 a 6 de janeiro de 1959) eram urgentes. Estes tinham de compreender a dimensão política dos debates técnicos. As estatísticas sobre salários, mão-de-obra ou aspectos educativos eram eminentemente políticas, e politizáveis.[23]

Sobre como encaixar em «classificações internacionais» e não ofender as «sensibilidades» da «arena internacional»

Segundo fontes do Ministério dos Negócios Estrangeiros, os argumentários produzidos para a comunidade internacional deveriam ser regidos por um princípio fundamental: não poderiam contradizer, de forma alguma, a tese da unidade imperial. A apresentação de informações passou a ser vista como fundamental para fortalecer a posição do país internacionalmente. Uma nova lógica, e estratégia, poderia ser possível, talvez desejável. Tornava-se claro que as dificuldades em sustentar a tese da unidade imperial aumentavam

[23] CIMNU, Segunda sessão e «Recomendações», 19 de maio de 1958, AHD-MNE, MU/GM/GNP/171/1.

a cada dia.[24] Além disso, esta gerava, também, problemas na OIT, onde as colónias eram tidas como «territórios não metropolitanos».[25] As modalidades de ratificação das suas convenções espelhavam a separação entre territórios metropolitanos e ultramarinos. Este era um reconhecimento tácito de uma «diferenciação incompatível» que minava a proclamada unidade imperial. De acordo com o Ministério do Ultramar, a solução era transformar Portugal num «país independente com populações aborígenes», expressão replicada na tradução portuguesa da convenção da OIT referente ao tema. Nogueira argumentava que o carácter excecional da nação portuguesa – resultado de razões «históricas, políticas e morais» particulares – era impossível de fazer coadunar com as classificações internacionais existentes. A solução proposta implicaria que as populações nativas fossem consideradas como detendo plena cidadania. Ora, isso não se verificava nas colónias portuguesas, como observou J. M. Fragoso. E esta não era a única inconsistência que envolvia a tese da unidade imperial. Até então, os detratores do império não tinham sido capazes de compreendê-lo completamente, mas essa situação não duraria muito mais. Era claro que havia uma disjunção entre a legislação e os princípios. Uma dualidade de procedimentos e requisitos legais perdurava e, em breve, enfrentaria duras críticas.[26]

A contradição mais óbvia prendia-se com o próprio regime de indigenato. A possibilidade de promover o país internacionalmente como um «país independente com populações aborígenes» recomendava a sua reavaliação, começando com a questão da sua congruência com as normas internacionais. Um problema substancial foi identificado: a existência de uma referência específica à raça negra. O estatuto era um instrumento legal que, em última instância, se baseava em critérios raciais, ainda que direcionados a comunidades particulares. Esta formulação não deixaria de ser atacada pelo que era vista como uma comunidade internacional dominada pelos princípios do anti-racismo. A supressão do perfil racial foi defendida. Outra questão era a de que a categoria de «indígena» portuguesa implicava a «admissão de um certo grau de discriminação». Era possível argumentar, face a esta formulação, que os nativos não eram parte integrante da nação. A situação permitia críticas sobre a vigência de discriminação racial. «Não evoluídos» ou

[24] CIMNU, Terceira sessão, 30 de maio de 1958; Quarta sessão, 11 de junho de 1958, AHD-MNE, MU/GM/GNP/171/1.

[25] Daniel Maul, *Human Rights, Development and Decolonization: The International Labour Organization, 1940-1970* (Nova Iorque: Palgrave, 2012).

[26] CIMNU, Quarta Sessão, 11 de junho de 1958, AHD-MNE, MU/GM/GNP/171/1.

«não assimilados» eram as designações preferidas para contornar este estado de coisas. Para alguns, era mais importante identificar as particularidades associadas a determinadas áreas socioeconómicas (ainda que estas fossem definidas em termos eminentemente raciais) do que invocar explicitamente referências abstractizantes sobre raça. Era fundamental «eliminar qualquer possibilidade» de a definição de «indígena» poder ser «interpretada como indício de racismo». A questão era encontrar uma forma de manter «as diferenciações humanas existentes nos vários territórios» ultramarinos «por via administrativa sem prejudicar a ordem jurídica comum». A *descolonização semântica* promovida pela revisão constitucional de 1951, que simplesmente transformara as colónias em «províncias ultramarinas», e pelas revisões limitadas ao regime de indigenato, em 1954, tinha de ir mais longe. Reformas, mesmo que sobretudo cosméticas, eram necessárias, a fim de lidar com as circunstâncias presentes, algumas diretamente relacionadas com o surgimento de expressões, idiomas e repertórios de direitos humanos. Nesse sentido, foi emitida uma recomendação: a substituição do indigenato por um regime jurídico construído em torno da noção de aborígene deveria ser seriamente considerada. O «conteúdo racial» do estatuto deveria ser eliminado e a nacionalidade devia ser dada a toda a população como um estágio anterior à cidadania plena.[27]

Outro exemplo das ponderações de reformas concebíveis foi a questão do trabalho «indígena». O regime existente «danificava seriamente a reputação do país». Por exemplo, a possibilidade de prisão em casos de violação de contratos, aplicável apenas a trabalhadores nativos, e legalmente sancionada, colidia com o Artigo 11.º do projeto de convenção sobre direitos civis e políticos.[28] Mas as questões de trabalho não eram as únicas. «Prioridade máxima» deveria ser dada aos estudos focados na revisão de «todas as práticas administrativas» que não reflectissem a legislação existente. Políticas e realidades educacionais acresciam às razões pelas quais os portugueses eram cada vez mais «vulneráveis»: as «implicações na arena internacional» eram óbvias e tinham que ser mitigadas.[29]

[27] CIMNU, Quinta sessão, 26 de junho de 1958; Décima-primeira sessão, 2 de setembro de 1958, AHD-MNE, MU/GM/GNP/171/1.

[28] CIMNU, Décima-primeira sessão, 2 de setembro de 1958; Décima-terceira sessão, 10 de setembro de 1958; Décima-sétima sessão, 23 de fevereiro 1959, AHD-MNE, MU/GM/GNP/171/1. Ver também José Pedro Monteiro, *Portugal e a Questão do Trabalho Forçado: um império sob escrutínio (1944-1962)* (Lisboa: Edições 70, 2018).

[29] CIMNU, Décima-nona sessão, 6 de abril de 1959, AHD-MNE, MU/GM/GNP/171/1.

«O primeiro julgamento do colonialismo Português», outra vez...

Lado a lado com a dinâmica do auto-escrutínio promovida pela necessidade de enfrentar adequadamente as crescentes exigências de integração internacional, as numerosas acusações do *modus operandi* imperial e do *modus vivendi* colonial, vindas de uma multiplicidade de fontes com motivações heterogéneas, fomentaram o pensamento reformista e a reorganização estratégica. Recorrentes por natureza, com uma longa e rica genealogia, as críticas sobre o funcionamento do império colonial português ganharam força após a adesão à ONU.

A 30 de abril de 1956, no ECOSOC, os portugueses criticaram a *Anti-Slavery Society* (ASS) por denunciar a existência de um «sistema de trabalho forçado» nas colónias. A ASS tinha uma longa tradição de antagonismo perante as justificações portuguesas em relação às denúncias de desigualdades coloniais, sendo frequentemente o canal através do qual as queixas locais ganhavam difusão internacional.[30] O *Anti-Slavery Reporter*, o seu órgão oficial, publicava amiúde reportagens críticas das condições das «províncias ultramarinas» portuguesas. As suas figuras mais destacadas enviavam regularmente informação ao governo britânico, com constantes atualizações, nomeadamente em relação às condições de trabalho. Tal foi o caso com o memorando enviado por C. W. W. Greenidge, diretor da ASS, para Alan Lennox-Boyd, secretário de estado das colónias, em 26 de agosto de 1955, intitulado «Trabalho Forçado nas Colónias Portuguesas», que fora enviado também para os secretários de Estado dos Negócios Estrangeiros e assuntos da Commonwealth. O objetivo era fazer com que o governo britânico exercesse pressão sobre os portugueses no sentido de mudar radicalmente os procedimentos de extração e uso de mão-de-obra.[31]

Numa operação conjunta com a OIT, a 30 de agosto de 1955, a ASS enviou outro memorando à Comissão ad-hoc sobre trabalho forçado do ECOSOC//OIT acerca da «escala extensiva» na qual se mobilizava «trabalho indígena». Este era «pouco diferente da escravatura», e «dois tribunais internacionais» já haviam confirmado a acusação geral. Tratava-se da própria Comissão ad-hoc, no seu relatório de 1953, e o comité da OIT para o Trabalho Forçado, em

[30] Para momentos anteriores ver Miguel Bandeira Jerónimo, *The «Civilizing Mission» of Portuguese Colonialism (c.1870-1930)* (Basingstoke: Palgrave Macmillan, 2015).

[31] Greenidge para Lennox-Boyd, 26 de agosto de 1955, em Papers of the Anti-Slavery Society, Bodleian Library, Universidade de Oxford [ASSP], Mss. British Empire, S22/G638-641/Portuguese Africa.

1956. Por exemplo, a situação em São Tomé era considerada «similar à dos trabalhadores sob um regime de trabalhos forçados por motivos económicos». Um elemento adicional que apoiava este raciocínio relacionava-se com o facto de a adesão de Portugal aos padrões normativos da OIT relativos à liberdade de trabalho ser fraca. Mesmo com a ratificação de convenções internacionais, Greenidge acreditava firmemente que «isso não faria muita diferença no tratamento dos africanos». Esta informação foi fornecida, em 1956, a Roger Baldwin da *International League for Human Rights*. Foi também enviada para a Divisão de Direitos Humanos da ONU.[32]

A 30 de abril de 1956, Garin dirigiu-se ao ECOSOC com o objetivo de refutar as «acusações infundadas e injustificadas» da ASS. Segundo o governo português, a legislação nacional estava «em completa harmonia» com as convenções da OIT (de 1930 sobre Trabalho Forçado e de 1936 sobre Recrutamento, aplicável apenas a «trabalhadores nativos»). A ASS era um «moinho de vento que continua trabalhando apesar de não ter grãos para moer»: não havia nada de novo, nas alegações de 1955, que não tivesse sido apresentado antes. E estas tinham recebido a devida resposta, de acordo com Garin. Os «preconceitos tradicionais equivocados» e os «julgamentos nebulosos» da ASS foram criticados, enquanto o Código de Trabalho dos Indígenas de 1928 era considerado «mais favorável à população indígena» do que os instrumentos normativos internacionais que versavam sobre o assunto. Além disso, a «realidade sociológica, jurídica, política e unitarista» da nação pluricontinental portuguesa tornava as alegações referentes ao tratamento negativo das populações indígenas insustentáveis: a persistência de «relações fraternas» entre comunidades, «com políticas com séculos e tradições de não-distinção e não discriminação de raça, cor ou religião» eram mobilizadas para reforçar este ponto. Consequentemente, e este era um ponto-chave, a ASS tinha de «produzir evidência factual das violações dos princípios de justiça ou de humanidade». O que, até então, não tinha feito. Estas ideias, e outras, eram apresentadas na refutação oficial das conclusões da Comissão ad-hoc, enviada a 15 de dezembro de 1955.[33] Contudo, estas proclamações eram insuficientes para bloquear as denúncias continuadas sobre as condições

[32] ASS, «Memorandum on forced labour», 1 de março de 1956; Greenidge para William Cadbury, 2 de outubro de 1956, ASSP, Mss. British Empire, S22/G638-641/Portuguese Africa; Greenidge para Baldwin, 10 de julho de 1956, International League for Human Rights Records, The New York Public Library, 207/C2/D4/Box 5; UN Documentation, E/2815, 324-329.

[33] ASSP, Mss. British Empire, S22/G638-641/Portuguese Africa; ver também UN Documentation, E/2815, pp. 329-331.

de trabalho e discriminação racial. Por exemplo, um ano depois, em abril de 1957, Baldwin escreveu a Garin, anexando um longo documento intitulado «Trabalho Forçado no Antigo Reino do Congo (Angola)», que listava várias «plantações» nas regiões de Angola cujas condições de trabalho eram descritas. Para ambas as organizações supramencionadas, as condições de trabalho eram claros exemplos das más-práticas de direitos humanos.[34]

A repressão política violenta era outro tópico de denúncia. A 1 de dezembro de 1959, J. Bouvier, do *Arbeitskreis der Freunde Ghanas* (um grupo sediado na Alemanha Ocidental), enviou um telegrama para o secretário-geral da ONU, Dag Hammarskjöld. A mensagem era clara: «pare as atrocidades constantes e as matanças selvagens contra os povos africanos da Guiné e Angola». A «libertação de prisioneiros políticos» e a suspensão das «preparações para a repressão» deveriam ser aplicadas. Este telegrama viria a ser mais tarde apresentado numa conferência de imprensa do *American Committee on Africa* (7 de março de 1960). Bouvier também contactou o Ministério do Ultramar português, denunciando as prisões e «desaparecimento» de 200 africanos no distrito de Cabinda, após reivindicações de independência. Dois membros da *União das Populações de Angola* (UPA), Libório Nefwane e Lello Figueira, tinham sido presos em 1956 em «campos de concentração» do Bié. Outros «desapareceram após serem torturados». Desde março de 1959, de acordo com a carta, a polícia política tinha feito «centenas de detenções», depois processando os infratores por «crimes contra a segurança interna do Estado». Usando a Declaração Universal dos Direitos Humanos, o grupo alegava que eram presos políticos. Lutavam pela auto-determinação dado que «a situação colonial dos países africanos sobre dominação portuguesa» era óbvia.[35]

Em fevereiro de 1960, Baldwin escreveu a Garin informando-o que a Liga tinha uma lista dos «nativos» recentemente presos em Angola, «evidentemente por acusações políticas de terem afirmado o direito a auto-determinação». «Familiarizada» com as políticas portuguesas em relação às crescentes «reivindicações de auto-determinação», mas também com o «conceito de que todos os territórios ultramarinos eram partes internas de

[34] Baldwin para Garin, 28 de abril de 1957, AHD-MNE, ONU/M24/S3.E89 P1-38179.

[35] J. Bouvier para Dag Hammarskjöld, telegrama, 1 de dezembro de 1959; Bouvier para o Ministério do Ultramar, 25 de fevereiro de 1960; João da Costa Freitas, ministro do Ultramar, para Diretor da PIDE, confidencial, 14 de março de 1960, AHD-MNE, MU-GM-GNP-RRI-00562.

Portugal, não estando sujeitos a auto-determinação», a Liga, ainda assim, assinalava as constantes «violações básicas dos direitos humanos», ligadas ao aprisionamento e julgamento de pessoas que apenas «reivindicavam um direito geralmente reconhecido».[36]

Em março, Abel Djassi, *nom de guerre* de Amílcar Cabral, escreveu a declaração intitulada «O colonialismo português em julgamento pela primeira vez». A «situação trágica» na «"zona silenciada" de África» era assinalada: «11 milhões de seres humanos» eram considerados «servos no seu próprio país». As «condições mais básicas dos direitos humanos» estavam em falta, condições piores do que aquelas do «Nazismo». «Miséria abjeta», «ignorância» forçada e «trabalho forçado» prevaleciam. O «mito do multirracialismo» e da «fraude constitucional da "unidade nacional"» não podiam apagar estas realidades. A «completa supressão de todos os direitos humanos» reinava, num esforço que combinava «a Gestapo colonial, o exército, a administração e os colonos». Duzentas pessoas tinham sido «presas ou dadas como desaparecidas»; desde março de 1959, *circa* cem pessoas tinham sido presas em diversas colónias, algumas estavam no exílio, e mais de mil africanos tinham sido «mortos em massacres» em São Tomé, e mais de 50 na Guiné-Bissau. Os julgamentos em curso deveriam ser «o primeiro julgamento público do colonialismo português», um «caso entre o colonialismo português e a humanidade». Tudo isto foi incluído num dossier enviado para o ECOSOC pela ASS, que considerava o caso tão grave que fazia com que os observadores da ONU devessem assistir aos julgamentos em Luanda.[37] Em Lisboa, apesar de todas provas, as acusações de Cabral eram vistas como meras manifestações de «interesses ilegítimos» estrangeiros, e não como uma expressão de queixas locais e de reivindicações que se internacionalizavam.[38]

Também em março, uma organização sem nome, com base em Acra, alertou o secretário-geral da ONU para a situação dos direitos humanos em Angola. Um telegrama foi enviado para chamar «a atenção para as atrocidades infligidas aos nacionalistas Angolanos arbitrariamente detidos na prisão de Luanda». Os detidos tinham reagido contra o *modus vivendi* colonial, «caracterizado pelo trabalho forçado, a espoliação do território para benefício dos colonos,

[36] Baldwin para Garin, 17 de fevereiro de 1960, AHD-MNE, ONU/M24/S3.E89 P1-38179.

[37] Amílcar Cabral, 3 de março de 1960; Thomas Fox-Pitt para secretário do ECOSOC, 1 de abril de 1960; ministro dos Negócios Estrangeiros para ministro do Ultramar, 4 de junho de 1960, AHD-MNE, MU-GM-GNP-RRI-00562.

[38] Adriano Moreira, «Problemas sociais do Ultramar», em Adriano Moreira, *Ensaios* (Lisboa: Junta de Investigações do Ultramar, 1960), p. 154.

obscurantismo e ausência de liberdades públicas». Estes movimentos, que diziam actuar em nome dos povos africanos, «reivindicando os seus direitos humanos», não eram o resultado da influência de «alguns Protestantes, animistas e comunistas», como os portugueses alegavam. Era crucial «alertar a opinião internacional a respeito das atrocidades e atos genocidas cometidos pelos colonialistas portugueses». A esfera internacional era instrumental para alargar e reforçar as reivindicações e protestos anticoloniais.[39] O papel desempenhado pelas redes transregionais de direitos humanos no processo não pode ser subestimado.[40] Estas denúncias causavam ferozes reações das autoridades portuguesas, desde «caças ao homem» e «prisões em massa» até ao incremento intimidatório da presença militar.[41]

Motins ou protestos coloniais não eram desconhecidos das autoridades portuguesas. Em Batepá, São Tomé, em 1953, em Pidjiguiti, Guiné-Bissau, em 1959, ou em Mueda, Moçambique, em 1960, africanos locais expressaram as suas queixas de forma veemente. Depararam-se com uma feroz repressão exercida pelas autoridades portuguesas. No entanto, nenhum desses eventos produziu o impacto no exterior daqueles que marcaram o ano de 1961 em Angola. Este foi um ano crítico para o projeto imperial português. Resultado combinado de vários fatores, entre janeiro e fevereiro, africanos locais da Baixa do Cassange (Angola) revoltaram-se contra os administradores da concessionária de algodão, a COTONANG, e autoridades coloniais. Seguiram-se cenas de violência extrema quando medidas repressivas violentas foram adotadas.[42] A 4 fevereiro de 1961, um grupo de africanos armados atacou vários edifícios governamentais, incluindo prisões e estações de polícia, o que levou a várias mortes. Esta ação teria sido planeada de forma a potenciar a sua repercussão internacional, ao ocorrer num momento em que vários jornalistas estrangeiros estavam em Luanda, aguardando

[39] Ver Andreas Eckert, «African nationalists and Human Rights, 1940s–1970s», esp. p. 285. Ver também Roland Burke, *Decolonization and the Evolution of International Human Rights*, *op. cit.*, esp. p. 35-58.

[40] Meredith Terretta, «From below and to the left?».

[41] «Communication from an organization in Ghana», 29 de março de 1960, AHD-MNE, ONU/M24/S3.E89 P1-38179.

[42] Alexander Keese, «Dos abusos às revoltas? Trabalho forçado, reformas portuguesas, política "tradicional" e religião na Baixa de Cassange e no Distrito do Congo (Angola), 1957-1961», *Africana Studia*, n.º 7 (2004), pp. 247-276; Diogo Ramada Curto e Bernardo Pinto Cruz, «Terror e saberes coloniais: Notas acerca dos incidentes na Baixa do Cassange, janeiro e fevereiro de 1961», em Miguel Bandeira Jerónimo, ed., *O Império Colonial em Questão* (Lisboa: Edições 70, 2012), pp. 3-36.

a anunciada chegada do paquete Santa Maria, sequestrado por oposicionistas portugueses, e que nunca se chegaria a concretizar. Nos dias seguintes, a repressão indiscriminada contra africanos, perpetrada por militares e colonos brancos, causou numerosos mortos e feridos. Centenas foram presos. Estes eventos levaram a uma série de iniciativas internacionais, sobretudo protagonizadas por estados africanos independentes. A 15 de março, diversos ataques no norte de Angola, levados a cabo pela UPA, provocaram a morte de vários colonos europeus, habitantes e trabalhadores africanos. De novo, a reação portuguesa consistiu em prisões e mortes indiscriminadas, tortura em larga escala e bombardeamento aéreos, causando um êxodo massivo para países vizinhos.[43]

Este último problema era de especial importância, sendo imediatamente notado fora do país. Em junho de 1961, o Conselho de Segurança adotou uma resolução em que criticava «profundamente os assassinatos em grande escala e as medidas severamente repressivas em Angola». Os pedidos de informação foram enviados ao alto-comissário para os Refugiados.[44] De acordo com as estimativas da Liga das Sociedades da Cruz Vermelha, o número de refugiados aumentou de 10 mil, em abril, para 131 mil, em setembro.[45] Um dos primeiros relatos *in situ* da situação, feito na fronteira, em Junho, e resultante de entrevistas com refugiados, confirmou 90 mil refugiados, mas observou que «centenas» atravessavam a fronteira todos os dias. De acordo com informações recolhidas em Thysville, canalizados pelo Reverendo Fullbrook, da missão Batista em Moerbecke, os refugiados não planeavam voltar a Angola. O governo estava a «prender de forma sistemática todos os africanos com educação ou com poderes de liderança».

[43] Ver, entre outros, John Marcum, *The Angolan Revolution: Anatomy of an Explosion (1950-1962)* (Cambridge, MA: M.I.T. Press, 1978).

[44] Resolução S/4835, 9-6-1961; Carlos Salamanca para Félix Schnyder, 14 de junho de 1961; Arquivos do Alto-Comissariado das Nações Unidas para os Refugiados [UNHCRA], Fonds 11/ Series 1/Box 251/"Angolan Refugees." Sobre o ACNUR e a descolonização ver Jérôme B. Elie e Jussi Hanhimäki, «UNHCR and decolonization in Africa: expansion and emancipation, 1950s to 1970s», em Anja Kruke, ed., *Dekolonisation: Prozesse und Verflechtungen, 1945-1990* (Bonn: Dietz, 2009), pp. 53-72. Sobre toda esta problemática ver o trabalho pioneiro de Ana Guardião, «Desafios coloniais na construção do sistema internacional de proteção dos refugiados: os processos de descolonização do Quénia, Argélia e Angola (1950-1975)» (Lisboa: Tese de Doutoramento, Instituto de Ciências Sociais, Universidade de Lisboa, 2019).

[45] Gervais Bahizi para secretário-geral, 7 de setembro de 1961; Félix Schnyder, «Account of the situation of refugees from Angola and of the action taken to assist them as at 1 July 1961»; UNHCRA/Fonds 11/Series 1/Box 251/Angolan Refugees.

Muitos angolanos tinham sido «fuzilados», e os que tinham sido presos tinham sido «executados». «Bombardeamentos aéreos» destruíram aldeias inteiras. As «causas das revoltas» foram atribuídas às «condições opressivas» predominantes em Angola, mas também aos «métodos violentos relatados pela UPA». Muitos refugiados foram entrevistados e pareciam mostrar «pouca ou nenhuma amargura para com os portugueses». Mas as razões avançadas para justificar essa condição eram significativas: «eles parecem considerar os tiroteios, assassinatos e represálias por ambos os lados como um modo de vida perfeitamente natural». A «guerra tribal» era comum, asseveravam, e muitos dos refugiados consideravam os portugueses «apenas mais uma tribo».[46]

Em novembro de 1961, outro relatório, relativo a uma missão ao Congo e associado ao programa de ajuda do Alto-Comissariado das Nações Unidas para os Refugiados (ACNUR), afirmava que este êxodo atingira a cifra de 148 mil refugiados registados. Uma visita a dois setores da área de refugiados, localizados perto da fronteira, levou o relator a sublinhar o facto de que «os refugiados parecem ser mais primitivos do que a população nativa. Aparentemente, muitas crianças nunca frequentaram a escola em Angola e diz-se que aqueles que frequentam estão atrás das crianças congolesas». De acordo com os refugiados, o regresso a Angola estaria dependente do fim das operações militares, mas também da «presença de tropas» e a disparos mais ou menos fortuitos. «Uma coisa é clara», concluiu um repórter, «o problema dos refugiados de Angola não está acabado».[47] Em 1963, estimava-se que entre 200 a 300 mil refugiados de Moçambique se encontravam no Tanganhica, Quénia, Uganda e na Federação da Rodésia e Niassalândia, e mais de 150 mil angolanos estavam no Congo (Léopoldville). A questão dos refugiados contribuiu para colocar, novamente, o *modus vivendi* colonial na ribalta.[48]

[46] J. D. R. Kelly, «Report on refugees from Angola» e «Interviews with refugees» (Annex 4), 26 de junho de 1961; J. D. R. Kelly para Félix Schnyder, 27 de junho de 1961; UNHCRA/Fonds 11/Series 1/Box 251/Angolan Refugees.

[47] R. T. Schaeffer para Henrik Beer, 21 de novembro de 1961, «Report on Congo visit November 14-November 19, 1961»; V. A. Temnomeroff para High Commissioner for Refugees, 20 de novembro de 1961; UNHCRA/Fonds 11/Series 1/Box 251/Angolan Refugees.

[48] D. Protitch para Félix Schnyder, 4 abril 1963, UNHCRA/Fonds 11/Series 1/Box 251/«Refugees from Portugal and territories under Portuguese administration–General».

Navegando a tempestade: os usos dos direitos humanos (1961-1965)

«O mundo está louco e somos nós que temos que sofrer as consequências»

Os eventos de 1961 amplificaram as pressões internacionais sobre o império. As trajetórias da descolonização, então em curso, permitiram que críticas regulares ao colonialismo português fossem proferidas, então, pelos novos estados independentes, com representação institucional. Após os incidentes, as iniciativas anticoloniais tornaram-se mais internacionalizadas e institucionalizadas e adquiriram um âmbito mais profundo. Em fevereiro de 1961, o representante da Libéria na ONU requereu ao Conselho de Segurança que incluísse a situação em Angola na agenda. Outra nota sustentava que era crucial «prevenir uma maior deterioração e abuso dos direitos humanos e privilégios em Angola». A reunião do Conselho de Segurança coincidiu com a erupção dos motins no norte de Angola. Para os portugueses, isto era prova de que os «terroristas» tinham apoio e orientação externos. Contudo, mais de 30 Estados africanos e asiáticos apoiaram a moção da Libéria. Um subcomité para estudar a situação deveria ser estabelecido. Apesar de rejeitada no Conselho de Segurança, uma moção similar seria aprovada, mais tarde, na Assembleia Geral.[49] O conteúdo e os trabalhos do subcomité para Angola são particularmente reveladores das intersecções entre os discursos sobre direitos humanos e auto-determinação, e as formas através das quais o governo português lidou com eles.

As atividades do subcomité foram preparadas através da recolha de informação existente sobre as condições em Angola, fornecidas, por exemplo, por um relatório de Edward Lawson, da Divisão dos Direitos Humanos da ONU, ou por documentos do supracitado comité ad hoc sobre Trabalho Forçado.[50] Informação jurídica e estatística sobre Angola foi providenciada ao subcomité pelo governo português, embora, sublinhou-se, não sob os auspícios do Artigo 73.º. Também foram enviadas informações sobre as numerosas reformas espoletadas em 1961, fato a que voltaremos de seguida. Uma reunião com Salazar e os ministros dos negócios estrangeiros e do Ultramar foi permitida. Fundamentalmente, o governo português recusou uma inspeção *in situ*, fato que levou a esforços para entrevistar testemunhas em

[49] Nações Unidas, i, S/4994, 22 de novembro de 1961, pp. 8-28.

[50] John Humphrey a Dantas de Brito, 2 de outubro de 1961, United Nations Archives [UNA], PO-230/Pasta-A.

Léopoldville, incluindo refugiados angolanos, representantes dos movimentos nacionalistas e associações políticas africanas. Um desses testemunhos foi fornecido por Holden Roberto, que fez uma conexão clara entre *o modus vivendi* colonial e as revoltas e motins subsequentes: os Africanos não tinham «direitos, apenas obrigações», tinham de trabalhar «14 horas por dia», eram «insultados e espancados», às vezes «deportados», e tinham de pagar pesados «impostos». Para mais, «o trabalho forçado» era ainda predominante.[51]

O estabelecimento de um nexo claro entre as condições sociais, económicas e políticas dos angolanos e as recentes revoltas violentas também ficou patente no relatório do subcomité. Para além de outros tópicos importantes, como os incidentes em Angola e as medidas repressivas portuguesas que se lhes seguiram, assim como o seu potencial impacto no que se referia à segurança e paz internacionais, a terceira parte do relatório foi inteiramente dedicada à «contextualização da situação». Foi recolhida informação detalhada sobre a organização política e constitucional do império, o estatuto jurídico dos indígenas, relações raciais e políticas, tributação, trabalho, culturas obrigatórias, educação e saúde, e políticas fundiárias, entre outros. A avaliação foi severa. O regime de indigenato era visto como a «distinção básica entre europeus e não-europeus», uma distinção que permeava «todas as fases da vida», «a base de várias práticas discriminatórias». Direitos políticos não eram concedidos aos «indígenas» e as taxas de assimilação eram residuais (cerca de 95% dos angolanos eram «indígenas»). O «imposto indígena» era insuportável e era frequentemente associado à cobrança de «trabalho compulsório». Práticas de trabalho e recrutamento, a participação residual de «nativos» nos altos escalões da administração, a ausência de instalações educacionais e a natureza dual do sistema educacional também foram criticados. O relatório também destacou que «espancamentos e prisões» pareciam ser parte integral da vida quotidiana em Angola.[52]

As reformas entretanto realizadas foram abordadas, mas a sua implementação e impacto foram julgados com reservas. Foi esse, particularmente, o caso no que respeitava a uma das preocupações centrais da ONU: a questão da auto-determinação política e a sua equiparação à independência anticolonial. Além disso, o relatório rejeitou as alegações portuguesas de

[51] Nações Unidas, *Relatório do Subcomité*, pp. 15-28; *Resumo das Notícias*, 26 de maio de 1962, UNA, Séries0805/Caixa 3/Ficheiro 6.

[52] Nações Unidas, *Relatório do Subcomité*, pp. 65-67, 69-70, 72-93.

que os incidentes em Angola eram a ação de uma coligação internacional de comunistas e subversivos anticolonialistas. O mesmo aconteceu com o argumento de que a «paz e harmonia» reinavam em Angola no período anterior a 1961. Os recentes desenvolvimentos em África – nomeadamente o incremento do nacionalismo anticolonial e a obtenção da independência por várias colónias vizinhas – foram reconhecidos como aspetos importantes, mas as causas para a revolta foram situadas noutro lugar: as «queixas e aspirações do povo angolano». O ostracismo e o estatuto jurídico diminuído da maioria da população africana fomentavam o «sentimento generalizado de que eram tratados como estrangeiros na sua própria terra e de que não podiam adquirir direitos fundamentais, a menos que adotassem um modo de vida estrangeiro». O nexo entre as restrições ao exercício das «liberdades fundamentais e direitos humanos» pelos «indígenas» e os incidentes era, portanto, fortemente estabelecido. A negação ou violação sistemática dos direitos humanos era evidente, e não era necessariamente reduzida a preocupações inspiradas no desígnio da auto-determinação.[53]

O subcomité não foi o único *locus* das atividades contra o colonialismo português. Vários Estados pressionaram regularmente as autoridades da ONU no sentido de se tomarem medidas mais enérgicas para obstruir os projetos imperiais portugueses. Dezenas de cartas foram enviadas ao gabinete do secretário-geral da ONU, abordando as causas e consequências das rebeliões. A Associação Internacional de Juristas Democratas apelou ao Conselho de Segurança para que cessasse o massacre de angolanos; a Associação de Naturais de Angola (uma associação angolana), que afirmava ser composta por negros, mestiços e brancos, pelo contrário, exigia que o Conselho de Segurança se abstivesse de interferir nos assuntos internos portugueses, em clara sintonia com os desejos do governo. Também participaram opositores na metrópole: por exemplo, o Comité para a Defesa das Liberdades Democráticas denunciou a «desumanidade da repressão», que estava perto do «genocídio, em flagrante violação da Declaração dos Direitos do Homem». A linguagem dos direitos humanos foi claramente mobilizada. Mas as críticas foram para além dos eventos mais chocantes de rebelião e repressão. Por exemplo, apesar de condenar a «guerra de extermínio em Angola», o Congresso de Sindicatos da África do Sul destacou o facto de os trabalhadores nativos angolanos estarem privados dos «direitos humanos mais elementares», sendo

[53] *Ibid.*, pp. 45, 71, 86, 92 104, 121, 131.

«sujeitos a trabalhos forçados numa escala desconhecida em qualquer outra parte do mundo».[54]

A dinâmica de internacionalização e institucionalização da causa anticolonial também foi explorada por coligações heterogéneas em agências especializadas como a OIT.[55] O trabalho forçado, um tema perene de dissidência tanto reformista como anticolonial, foi o tópico escolhido pelo governo do Gana para apresentar uma queixa, em fevereiro de 1961, contra Portugal, na OIT por não cumprir da Convenção 105 sobre a Abolição do Trabalho Forçado, ratificada em 1959. A ligação direta entre o colonialismo e as práticas e leis, tidas por desumanas, prevalecentes foi realçada naquela que foi primeira vez que um governo soberano apresentou uma queixa contra outro, no seio da organização.[56] A reação portuguesa foi (ou fingiu ser) de surpresa. Como afirmou Ribeiro da Cunha, «o mundo é louco e somos nós que temos que sofrer as consequências». No entanto, diferiu substancialmente daquela que se verificava na ONU. Aqui, decidiu-se pela cooperação total com a comissão de inquérito e a visita dos seus membros a Angola e Moçambique foi permitida. A perceção de que a OIT tinha uma postura mais acomodatícia para com as potências coloniais contribuiu para esse resultado.[57]

Obviamente ligadas a motivações (geo)políticas, as alegações feitas pelo Gana aclararam, no entanto, as abundantes inconsistências entre a legislação portuguesa e as práticas administrativas, e entre estas e as normas internacionais do trabalho. A existência de um «Código do Trabalho dos Indígenas» particular, que diferia do código metropolitano e permitia várias modalidades de trabalho compulsório, era um exemplo revelador. O «dever

[54] Carta da Association Internationale des Juristes Démocrates, 10 de outubro de 1961; Carta da Associação de Naturais de Angola, 11 de outubro de 1961; Carta do comité para a Defesa das Liberdades em Portugal, 15 de janeiro de 1961; Carta do South Africa Congress of Trade Unions, 4 de julho de 1961, UNA, PO230/PI S/NC/1961/Pasta B-6.

[55] Sobre as décadas de intersecções históricas entre trabalho colonial, descolonização e instituições internacionais no longo curso, ver Miguel Bandeira Jerónimo e José Pedro Monteiro, «Colonial labour internationalised: Portugal and the decolonization momentum (1945-1975)», *International History Review*, vol. 42, n.º 3 (2020).

[56] OIT, «Relatório da Comissão nomeada de acordo com o Artigo 26.º da Constituição da Organização Internacional de Trabalho para examinar a queixa apresentada pelo Governo do Gana referente à observância pelo Governo de Portugal da Convenção sobre a Abolição do Trabalho Forçado, 1957 (n.º 105)», *Boletim Oficial*, vol. 45, n.º 2, Suplemento II (Genebra: OIT, 1962), pp. 117-141. Ver também José Pedro Monteiro, *Portugal e a Questão do Trabalho Forçado*.

[57] Ribeiro da Cunha a Victor Gomez, 3-1961; *Apontamento*, Ribeiro da Cunha, 29 de abril de 1961, AHD-MNE, MU-GM-GNP-RRI-0790-12432.

moral de trabalhar», que incumbia a todos os homens indígenas adultos, era visto como a pedra angular do sistema. Permitiu o envolvimento de autoridades oficiais na sua aplicação através da «persuasão» ou medidas coercivas. Estas impendiam, por exemplo, sobre a migração de centenas de milhares de trabalhadores moçambicanos para as minas do Rand, sobre a mobilização para os programas de culturas obrigatórias ou no que respeitava à orientação do trabalho para determinadas empresas agrícolas e mineiras. Todos esses aspetos foram confirmados, em variados graus, por muitas outras fontes que alimentaram a comissão de inquérito. Associada à denúncia, a República Árabe Unida forneceu bibliografia secundária que incluía trabalhos de autores como Amílcar Cabral, James Duffy ou Basil Davidson.[58] A Liga Internacional dos Direitos Humanos e a Comissão Internacional de Juristas canalizaram testemunhos escritos fornecidos por instituições que não estavam formalmente autorizadas intervir, como o *American Committee on Africa* ou a *Baptist Missionary Society*.[59] A quantidade de informação recolhida, embora nem sempre precisa ou atualizada, foi substancial e revelou a acção de importantes redes e conexões internacionais e transnacionais. Ativistas anticoloniais, governos pós-coloniais, associações filantrópicas e de direitos humanos e intelectuais *engagés* uniram-se para levar a julgamento as políticas sociais coloniais portuguesas, avaliando-as, também, através das lentes dos direitos humanos. Os portugueses reagiram com exemplos de reformas empreendidas durante o processo. Isto explica, em parte, o veredicto relativamente positivo da comissão, que acabaria por ser substancialmente exagerado pelas autoridades portuguesas.[60]

A posição portuguesa não foi meramente defensiva. Em agosto de 1961, uma queixa semelhante contra a Libéria foi apresentada pelo governo português na OIT. A queixa tinha um tom político claro e patentemente estratégico. Dois aspetos eram cruciais. Primeiro, a Libéria não podia invocar como argumento os legados do colonialismo europeu. Em segundo lugar, se a queixa fosse bem-sucedida, as autoridades portuguesas poderiam reforçar a chamada «tese belga», isto é, o argumento de que estados pós-coloniais como a Libéria, mas também os EUA ou o Canadá, tinham o seu próprio regime político-jurídico de excecionalidade para populações «atrasadas». Este era

58 OIT, «Relatório da Comissão...», pp. 5-7, 142.

59 Carta da Liga Internacional dos Direitos Humanos, 22 de agosto de 1961, ACD-14-1-3-2; Carta da Comissão Internacional de Juristas, 8 de agosto de 1961, ambas nos Arquivos da Organização Internacional de Trabalho, ACD-14-1-3-1.

60 OIT, «Relatório da Comissão...», pp. 227-253.

um argumento poderoso uma vez que *des-excepcionalizava* a natureza de uma relação colonial formal. O fato de a Libéria ter um regime jurídico dual, que permitia variadas modalidades de trabalho coercivo, definidas em função do suposto estágio civilizacional, tornava-a num alvo perfeito. Era também uma forma prática de afirmar internacionalmente que a auto-determinação entendida como independência anticolonial não tinha necessariamente uma relação direta com o histórico de cada Estado no capítulo dos direitos humanos.[61]

Como aconteceu no caso português, a queixa contra a Libéria desencadeou novas reformas e intensificou o escrutínio da OIT sobre o país. No entanto, o facto de o governo da Libéria não ter cumprido as obrigações jurídicas formais possibilitou uma forte condenação, ao contrário do que ocorreu no caso português. As autoridades portuguesas não perderam a oportunidade para difundir amplamente o evento através dos canais diplomáticos. O governo português chegou mesmo a constituir um comité interministerial para estudar novas queixas, mas os funcionários da OIT opuseram-se à ideia. Em suma, as conversações sobre direitos humanos também puderam ser mobilizadas como uma estratégia diplomática de resiliência imperial.

«Rever, sem demora»

Estes acontecimentos marcaram um momento decisivo na institucionalização do escrutínio internacional sobre a conformidade entre as políticas e práticas imperiais portuguesas e as novas normas internacionais, especialmente no que se referia à não discriminação e à expansão de uma miríade de direitos a grupos até então considerados demasiado *atrasados* para exercê-los sensatamente. Este processo comportou dinâmicas reformistas. As ações dos «inventores dos direitos humanos» e as práticas do multirracialismo precisaram ser demonstradas. Mudanças e reformas, mesmo que cosméticas, estavam intimamente associadas a desenvolvimentos internacionais. As pressões internacionais aceleraram e expandiram a resposta reformista. É claro que o *timing*, conteúdo e âmbito do processo reformista também estavam

[61] José Pedro Monteiro «"One of those too rare examples": The International Labour Organization, the colonial question and forced labour (1961-1963)», em Miguel Bandeira Jerónimo e José Pedro Monteiro, eds., *Internationalism, imperialism and the formation of the contemporary world* (Basingstoke: Palgrave, 2017), pp. 221-249.

ligados a outras pressões internacionais, metropolitanas e coloniais, estando, ademais, associados a dinâmicas anteriores de integração internacional e transnacional (e até inter-imperial). Mas algumas mudanças foram muito além da imaginação imperial predominante. O envolvimento em debates sobre direitos humanos tornou-se crucial. A sobrevivência dos argumentos justificatórios *lusotropicais* dependia disso.

Em maio de 1961, uma série de decretos abordaram alguns dos aspetos mais contenciosos da legislação laboral portuguesa, apenas alguns dias depois de Wilfred Jenks, sub-director-geral da OIT, ter visitado Lisboa, relacionados com temas como a criação de inspeções do trabalho nas colónias ou a revogação dos programas obrigatórios de cultura do algodão. No que diz respeito ao subcomité da ONU, sabe-se que as autoridades portuguesas mantinham contacto com o seu presidente, Carlos Salamanca, e estavam provavelmente cientes dos tópicos mais controversos em análise. Portanto, não é de surpreender que a revogação do indigenato e a súbita incorporação de elevação de todos os «indígenas» a cidadãos com plenos direitos políticos tenha ocorrido apenas alguns meses (setembro de 1961) após o início das atividades do subcomité. Já no final de 1960, um representante português na ONU instou o governo a «rever, sem demora, alguns aspetos da estrutura jurídica das nossas províncias ultramarinas». A persistência do indigenato enfraquecia o argumento português da «unidade imperial». O correspondente argumentava que era fundamental estender os direitos políticos aos «indígenas», já que, na ONU, quase ninguém ficaria satisfeito com meras «mudanças aparentes». No entanto, a iniciativa foi adiada.[62] A promulgação, também em setembro de 1961, de vários decretos que tratavam da participação política local dos africanos ou da questão fundiária foram o equivalente ao reconhecimento pelas autoridades portuguesas de que um regime jurídico dual era insustentável. Isto contradizia o discurso oficial que enfatizava a ideia de unidade nacional, ao mesmo tempo que alimentava e justificava as queixas geradas. Como os portugueses indicaram ao subcomité, as reformas foram elaboradas para «contrabalançar supostos mal-entendidos no exterior e racionalizar procedimentos».[63]

[62] Nota do Gabinete do ministro do Ultramar a GNP, 24 de novembro de 1960; «Nota acerca do estatuto do nativo», Ministério do Ultramar, 1 de outubro de 1960, AHD-MNE, MU/GM/GNP/RRI/0721/12127.

[63] Nações Unidas, *Relatório do Subcomité*, p. 138.

A estreita associação entre iniciativas internacionais e impulsos reformistas foi ainda mais evidente em relação às políticas laborais. O estudo do projecto de um novo código de trabalho foi anunciado pela primeira vez no relatório final da comissão de inquérito da OIT, em fevereiro de 1962. A sua promulgação dependeria da sanção pelo Comité de Peritos para a Aplicação de Convenções e Recomendações da OIT, um órgão permanente. O novo Código do Trabalho Rural, publicado alguns meses mais tarde, foi, de facto, supervisionado pelas estruturas da OIT. O «dever moral de trabalhar» foi revogado, nenhuma modalidade de trabalho compulsório foi permitida, a interferência administrativa nos processos de recrutamento foi proibida e nenhum tipo de discriminação étnica, cultural ou racial nos regimes laborais seria, doravante, e pelo menos de um ponto de vista legal, permitida. O código foi apresentado como um passo fundamental na universalização dos direitos sociais e, em certa medida, políticos. O direito dos trabalhadores «nativos» de participar da negociação coletiva e da sindicalização (ainda que profundamente constrangida, dada a natureza do regime político) foi um exemplo disso. Garantir um elevado grau de conformidade com os padrões da OIT tornou-se parte fundamental do esforço para contradizer as acusações de discriminação racial. Era imperativa a demonstração, mesmo que de um ponto de vista meramente jurídico, da não discriminação e da extensão dos direitos socioeconómicos às populações subjugadas. Como escreveu um funcionário do Ministério do Ultramar, uma vez que o trabalho forçado era uma das «acusações mais frequentes contra nós [...] se a agência mais competente das Nações Unidas afirma que essas práticas [...] são proibidas pelo governo português [...], essa afirmação seria extremamente útil internacionalmente e demoliria a campanha que neste importante setor é dirigida contra nós».[64]

Apesar da persistência de uma generalizada perspetiva racialiazada que se projectava sobre as comunidades africanas, do adiamento e das deficiências de grande parte das reformas sancionadas, estas ilustrações mostram como a particular conjuntura histórica de 1961 e 1962 forçou as autoridades portuguesas a elaborar nova legislação a fim de expandir os direitos das populações coloniais. O crescente vigor do discurso dos direitos humanos e a afirmação da não-discriminação racial obstaram a que oficiais e diplomatas

[64] Nota de ITPAS-Moçambique para a OIT, 1962, AHD-MNE, MU-GM-GNP-RRI-0721-00507; «Apontamentos», AHD-MNE, MU-GM-GNP-RRI-0790-12529.

portuguesas simplesmente descartassem o *zeitgesist* internacional, ou que, em alternativa, promovessem apenas um simulacro de mudanças.

As reformas tornaram-se poderosas ferramentas diplomáticas, apesar da alegação de que eram resultado de dinâmicas endógenas e da evolução gradual do império, e não de pressões internacionais. Na resposta ao relatório do subcomité, o governo português frisou as reformas realizadas, «de grande alcance em seu âmbito e efeitos». Fizeram-se referências à liberalização da produção de algodão, por exemplo, mas argumentou-se que essa mudança fosse introduzida «assim que os agricultores se familiarizassem com a técnica apropriada». No que diz respeito às observações do subcomité sobre um regime dual de trabalho, a delegação apontou para a extensão da aplicação de algumas das convenções da OIT a todas as províncias ultramarinas. Reformas, direitos iguais independentemente de raça, não-discriminação, unidade nacional (imperial) eram os argumentos centrais da retórica e estratégia diplomática portuguesa.[65]

Em Nova Iorque, Vasco Garin insistiu que Portugal estava «a adaptar-se progressivamente ao mundo em mudança», como resultado do seu compromisso secular com a edificação de uma sociedade multirracial. Além disso, Portugal «foi o primeiro país do mundo a defender a dignidade e a igualdade de todos os homens sem distinção de raça». Portugal fora, afinal, o inventor dos direitos humanos. A rejeição da aplicação da auto-determinação às populações ultramarinas foi justificada com o argumento de que «foram integradas na Nação Portuguesa durante séculos» e de que «já eram livres e independentes como cidadãos plenos de Portugal». Lamentou-se a forma como a nova legislação fora minimizada. O mesmo aconteceu com a suposta resistência em reconhecer a supressão do indigenato e a outorga de «direitos políticos plenos em bases de igualdade absoluta». Significativamente, concluía o seu discurso declarando que a delegação «indignadamente» repudiava «a acusação de repressão e negação dos direitos humanos e das liberdades fundamentais». Tais aspetos eram de importância fundamental para as autoridades portuguesas.[66]

Acusações referentes à violação de direitos sociais, económicos, civis e políticos fundamentais condicionaram significativamente as dinâmicas de mudança jurídica e política nesta conjuntura particular. Mas a *official*

[65] «Alguns comentários da delegação Portuguesa à XVI Assembleia Geral das Nações Unidas sobre o relatório do Subcomité para Angola», AHD-MNE, MU-GM-GNP-171-3.
[66] «Comentários da delegação portuguesa», 16 de janeiro de 1962, UNA, PO-230-Pasta A.

mind portuguesa acreditava verdadeiramente que o reformismo e o seu envolvimento com a linguagem dos direitos humanos fortaleceriam a sua posição política nos *fora* internacionais e a sua legitimidade imperial no exterior. Por exemplo, Archibald Ross, embaixador britânico em Lisboa, considerou que o novo Código do Trabalho Rural deveria ser «bem recebido, pois marca o início de uma tentativa prática e sensata de enfrentar pela raiz os problemas fundamentais das Províncias Ultramarinas».[67] Claro que alguns desses novos instrumentos legislativos tinham lacunas consideráveis e não lograram, de facto, generalizar e uniformizar os direitos de europeus e dos africanos. Por exemplo, G. Mennem Williams, membro da administração norte americana de John F. Kennedy, baseando-se em fontes locais, acreditava que as reformas eram «destinadas principalmente a silenciar críticas estrangeiras» e que era «extremamente improvável» que elas «melhorassem significativamente a situação do africano em Angola».[68] No entanto, representaram um significativo avanço jurídico numa entidade imperial caracterizada por um padrão extremamente lento de mudança normativa e política. Em suma, as autoridades portuguesas interagiram e reagiram aos debates centrados nos direitos humanos, mas sempre com a intenção de dissociar direitos humanos e a auto-determinação entendida como independência anti-colonial. A adoção de uma linguagem particular dos direitos humanos fazia também parte de uma estratégia diplomática que visava normalizar a solução imperial portuguesa. Os debates sobre direitos humanos, e sobre o seu potencial universalista, foram recebidos como ameaças às afirmações portuguesas de legitimidade imperial no exterior. O envolvimento em tais debates era temido, mas os custos de uma rejeição explícita eram considerados demasiado elevados. Certamente antes, mas especialmente depois de 1961, os especialistas, diplomatas e responsáveis políticos portugueses tornaram-se cada vez mais cientes de que a linguagem e o reportório dos direitos humanos – como uma expressão do progressismo colonial e como uma justificação prática de intervenção social nos territórios ultramarinos – poderiam ter um valioso uso instrumental político e diplomático.

[67] Despacho nº 49, Archibald Ross, 8 de maio de 1962, The National Archives, Kew (Londres) [TNA], LAB 13/1599.

[68] Cartas de Mennem Williams ao Departamento de Estado, 12 de setembro de 1961 e 17 de janeiro de 1962, NARA, USA, RG 59 Registos Gerais do Departamento de Estado, Arquivo Decimal Central, 1960-63 Caixa 1815.

Conclusão

Os processos analisados ao longo deste capítulo tiveram um impacto duradouro nas opções imperiais portuguesas até à descolonização. Isto notou-se, de forma particularmente clara, à medida que uma associação mais explícita entre os direitos humanos e a não-discriminação e, obviamente, a auto-determinação, se materializou, nos anos 1960 e início dos anos 1970, com a multiplicação de iniciativas e instrumentos internacionais destinados a expandir o regime normativo dos direitos humanos.[69]

A criação da Declaração das Nações Unidas sobre a Eliminação de Todas as Formas de Discriminação Racial, em 1963, e da Convenção Internacional com o mesmo nome, em 1965, requereu novos esforços por parte das autoridades portuguesas. Depois de lhes ter sido pedido, pelo secretário-geral da ONU, que dessem exemplos de medidas que responderiam aos objetivos da Declaração, os representantes portugueses afirmaram que a «igualdade racial» tinha sido proclamada pelos portugueses «há cinco séculos». As leis e contatos com outras comunidades «estavam despojadas de qualquer preconceito racial».[70] Dissociar a auto-determinação e os direitos humanos era o objetivo estratégico. Num *aide-mémoire* formulado para explicar a posição britânica em relação ao esboço da Convenção, o embaixador britânico tocou naquilo que era o chamamento a rebate: «não há conexão necessária, na lógica ou na prática, entre discriminação racial e colonialismo».[71] Claro que o envolvimento português nos debates sobre direitos humanos e não discriminação foi sempre orientado por uma abordagem pragmática. Como Nogueira afirmou, em 1963, a internacionalização do «problema ultramarino português» implicou uma «politização imediata» e um «terrorismo psicológico» com os quais era necessário lidar sistematicamente.[72] Depois de uma nova *demarche* pelo secretário-geral da ONU sobre a Convenção de 1965, foi compilada uma lista de inúmeras declarações sobre a precedência secular do país na promoção dos direitos humanos e da harmonia racial. O governo não ratificaria a convenção porque a não-discriminação era desconhecida da sociedade portuguesa e, portanto, não eram necessárias medidas para combater a discriminação racial e o preconceito. No entanto, o verdadeiro motivo para

[69] Para este período, ver Roland Burke, *Decolonization and the Evolution of International Human Rights*, pp. 59-111; Steven Jensen, *The Making of International Human Rights*, pp. 102-137, 174-208.

[70] Nota do Ministério dos Negócios Estrangeiros, 4 de julho de 1964, AHD-MNE, POI-139.

[71] *Aide mémoire*, 13 de novembro de 1964, AHD-MNE, POI-139.

[72] Franco Nogueira, *Les Nations Unies et le Portugal* (Paris: Fayard, 1963), pp. 11, 125, 128.

essa recusa resultava do facto de a Convenção permitir várias modalidades de petição. Ratificar a Convenção seria «dar uma oportunidade adicional» e também «uma arma suplementar» para mais «ataques contra a política ultramarina portuguesa».[73]

Apesar da retórica sobre a sociedade multirracial secular, os desafios de iniciativas baseadas nos direitos humanos persistiram. A afirmação da não-discriminação como preocupação central dos órgãos relacionados com os direitos humanos continuou a colocar a questão colonial portuguesa no centro das atenções internacionais. A decisão de criar um grupo *ad-hoc* de especialistas dentro da Comissão de Direitos Humanos da ONU, com a tarefa de estudar as expressões concretas de direitos humanos, *apartheid* e discriminação racial em Angola, Moçambique, Guiné-Bissau, África do Sul e Rodésia, foi uma das iniciativas que aumentou significativamente o escrutínio sobre as situações coloniais.

Apesar da importância das reivindicações de auto-determinação, eram constantes os esforços para provar que esses regimes impediam que as suas populações exercessem um vasto repertório de outros direitos fundamentais. Por exemplo, em 1967, uma resolução da Comissão de Direitos Humanos afirmou que «a insatisfação básica» das populações africanas nos territórios portugueses era essencialmente um subproduto de uma «relação colonial». Mas a resolução também enfatizou que, apesar das reformas acima mencionadas, essas populações continuaram privadas dos «mesmos direitos civis e políticos» que os europeus. Além disso, «as práticas de trabalho forçado» continuavam a ser uma realidade, «as aspirações básicas» dos africanos não tinham sido cumpridas e nenhuma modificação significativa ocorreu em relação a «condições políticas, económicas, sociais e educacionais». O grupo *ad-hoc* de especialistas denunciou assassinatos políticos em massa, ordenados pelas autoridades, práticas abusivas forçando os africanos a vender os seus produtos a compradores definidos pelo governo, castigos corporais e o bombardeamento de populações com napalm e fósforo. Em suma, a invocação dos direitos humanos revelou-se fundamental nos argumentos aduzidos contra o colonialismo português.[74] Na OIT, por

[73] Nota, Gaspar da Silva, 26 de maio de 1966, AHD-MNE, POI-139.

[74] Telegrama da Missão Permanente Portuguesa na ONU, 19 de outubro de 1970, AHD-MNE, POI52; Telegrama da Missão Permanente Portuguesa na ONU, 2 de julho de 1970; Telegrama da Missão Permanente Portuguesa na ONU, 4 de julho de 1970; Telegrama da Missão Permanente Portuguesa na ONU, 7 de julho de 1970; Telegrama da Missão Permanente Portuguesa na ONU, 14 de julho de 1970, AHD-MNE, PAA-178.

exemplo, as denúncias sobre o trabalho forçado nas colónias portuguesas persistiram. No final da década de 1960, o governo português solicitou o estabelecimento de contactos diretos com a OIT para refutar as alegações. Isso levou a um novo exercício de escrutínio internacional, liderado por Pierre Juvigny, ex-membro da Subcomissão das Nações Unidas para a Prevenção da Discriminação e Proteção às Minorias. A sua visita a Angola e Moçambique em 1970 desencadeou subsequentemente novas iniciativas reformistas.[75]

As historiografias do colonialismo e da descolonização portuguesas, por um lado, e dos direitos humanos, por outro, têm estado, até ao momento, e em grande parte, dissociadas. Dado o registo colonial e as formas pelas quais foi contestado internacionalmente, seria de esperar um diálogo historiográfico mais regular e frutífero. Na literatura emergente e inovadora sobre o colonialismo português no século XX, o tema dos direitos humanos internacionais não é tratado de forma particular. Este capítulo argumenta que o estudo das interconexões entre estes dois processos históricos é enriquecedor para ambos. As articulações entre a descolonização global e os direitos humanos universais só podem ser adequadamente abordadas se o número de casos de estudo for ampliado, se todos os atores, pró-imperiais e anticolonialistas, forem inseridos no quadro analítico e se estes e outros atores forem devidamente estudados para avaliar como as lógicas e linguagens dos direitos humanos foram, de facto, utilizadas. As interconexões entre direitos humanos e colonialismo não se limitaram à década de 1950, antes reflectem diversas cronologias. As linguagens dos direitos humanos não foram apenas usadas instrumentalmente como forma de condenar o imperialismo e obter acesso ao poder político soberano; também foram apropriadas para tentar legitimar a resistência imperial. Ao relacionar-se com os debates sobre o colonialismo, as suas apropriações históricas foram bastante subtis e maleáveis, sendo o resultado de diversas motivações e perspetivas políticas e éticas. Ademais, esses usos devem ser analisados para além dos cenários institucionalizados; devem ser escrutinadas nos múltiplos *loci* – coloniais, metropolitanos, mas também internacionais e transnacionais – onde os ideais e a retórica de um conjunto universalizado de direitos que puderam atender, em determinados momentos, às aspirações das populações e

[75] Ver Miguel Bandeira Jerónimo e José Pedro Monteiro, «Internationalism and the *labours* of the Portuguese colonial empire (1945-1974)», *Portuguese Studies*, vol. 29, n.º 2 (2013), pp. 142-163, esp. pp. 160-161.

representantes africanos e asiáticos para se livrarem do jugo europeu.[76] No entanto, a relevância em estudar o caso português não está limitada a estes aspetos. Este caso coloca novas questões que podem ser úteis para debates mais amplos sobre direitos humanos e descolonização.

Em primeiro lugar, como demostrado nas páginas anteriores, a linguagem ou argumentos inspirados nos direitos humanos foram factos omnipresentes na história das denúncias e condenações internacionais do imperialismo português durante o prolongado processo de descolonização. O repúdio global e institucionalizado do colonialismo português em lugares como a ONU ou a OIT foi visível, numa época em que a solução imperial já não era aceitável. Foi também esse o caso em iniciativas anteriores, menos coordenadas, que denunciaram aspetos particularmente nocivos das políticas e práticas colonialistas. A relutância ou incapacidade de as autoridades imperiais portuguesas lidarem com um novo conjunto de normas internacionalmente codificadas que visava conceder um mínimo de direitos a todos os seres humanos, independentemente da raça, eram regularmente censuradas por ativistas reformistas ou anti-imperialistas, oposicionistas metropolitanos e instituições internacionais. Certamente, algumas dessas iniciativas configuravam expedientes políticos para uma busca incessante pela independência. Mas um fato crucial persistia: a negação intrínseca e fundamental de um regime de direitos universalizado por parte do império português. Consequentemente, qualquer que seja o grau de uso instrumental dado à questão dos direitos humanos, nada ofusca o facto de esses atores mobilizaram consistentemente a linguagem dos direitos para desafiar a legitimidade imperial. A estrutura jurídico-política racializada do império, com as suas repercussões no que respeitava às políticas e condições sociais e económicas, era frequentemente identificada como uma violação grosseira do regime normativo internacional dos direitos humanos e como a explicação causal fundamental para as dissidências anti-imperialistas e anticolonialistas. Para o grupo diverso de atores contemporâneos que criticava o Estado-império português, independentemente das suas motivações e fins políticos, as fronteiras exatas entre os chamados direitos individuais e coletivos estavam longe de ser claras.

Em segundo lugar, a emergência histórica dos direitos humanos como um princípio fundamental da ordem internacional do pós-guerra teve um forte impacto nas reflexões, esforços corretivos e iniciativas reformistas das autoridades imperiais portuguesas. Certamente, esse impacto teve que ver

[76] Jan Eckel, «Human Rights and decolonization: new perspectives and open questions».

com circunstâncias imperiais e coloniais específicas. Contudo, o medo das consequências, em potência, de uma nova linguagem internacionalizada de direitos universais persistiu. Os desafios colocados pela conjugação de normas e preceitos sobre os direitos humanos e o desenvolvimento de avaliações críticas ao colonialismo português moldaram os argumentos pró-imperiais, a organização administrativa imperial, os seus imaginários políticos e a sua estratégia propagandística. Este processo expandiu os limites dos esforços reformistas dentro da cadeia administrativa imperial e condicionou as estratégias diplomáticas portuguesas. As reformas do início da década de 1960 foram um claro exemplo de como a mobilização internacional e transnacional da ideia de direitos humanos universais requereu novas estruturas legais e políticas aos governantes do império e seus defensores. Com certeza, esse nexo poderia ser identificado em outras formações imperiais. Mas a sua importância no caso português foi particularmente significativa, uma vez que a natureza autoritária do sistema político metropolitano implicou severos limites à dissidência interna, especialmente anticolonialista. Além disso, as reformas representaram um afastamento significativo de projetos ideológicos e políticos de longa data, projetos arraigadamente racializados. Os tempos e os conteúdos das transformações legais e políticas estiveram intimamente relacionados com as denúncias internacionais referentes ao fosso entre as proclamações multirracialistas e as realidades coloniais. Mas tais transformações também foram fundamentais para o fortalecimento da estratégia diplomática de resistência imperial. Baseados no mito da suposta paternidade dos «direitos do homem» pelos portugueses e pela dissociação jurídica e política entre auto-determinação enquanto independência anticolonial e direitos humanos, os governantes imperiais portugueses esforçaram-se por provar a existência de uma ordem política e legal equitativa em todo o império. Neste sentido, os direitos humanos tornaram-se um instrumento para afirmar o progressismo imperial português e resistir às pressões anticolonialistas, interna e externamente. Também foram fundamentais para denunciar a duplicidade de alguns dos seus críticos, como atesta a queixa contra a Libéria, na OIT. Esta dupla instrumentalização dos direitos humanos – como um poderoso instrumento de crítica anticolonial e como um dispositivo crucial para a resistência imperial – contribuiu para a *vernacularização* histórica dos direitos humanos.[77]

[77] Bonny Ibhawoh, «Testing the Atlantic Charter: Linking anticolonialism, self-determination and universal human rights», *International Journal of Human Rights*, vol. 18, n.º 7-8 (2014), pp. 842-860, esp. p. 855.

Finalmente, o estudo das interseções históricas entre a política dos direitos humanos e a descolonização global também pode beneficiar da inclusão do caso português, dada a sua trajetória particular enquanto Estado-império. A relativa durabilidade do colonialismo português pode ser útil para qualificar e enriquecer as disputas intelectuais dentro da historiografia sobre os direitos humanos, por exemplo, no que se refere aos debates sobre as suas fundações, cronologias ou *altos e baixos*.[78] Como um descolonizador tardio que se recusou a discutir a auto-determinação até ao fim, como um severo resistente ao estabelecimento de um enquadramento jurídico e político comum abrangente, o império português representa um caso de estudo profícuo. As inúmeras *décalages* entre o caso português e os outros colocam novos desafios ao estudo da relação histórica entre direitos humanos e descolonização. Essa temporalidade excecional teve consequências nos discursos tanto daqueles que eram favoráveis à preservação do império como dos anticolonialistas; também teve impacto na formulação de instâncias institucionais inovadoras que fundiram os direitos humanos e os argumentos anticolonialistas; e nas ações e táticas dos grupos inspirados pelos direitos humanos. Por exemplo, a natureza e intuitos da Anti-Slavery Society, uma denunciante das práticas ilícitas do colonialismo português com uma longa tradição, eram substancialmente diferentes das dos grupos, mais politicamente empenhados e menos institucionalizados, que, mais tarde, mobilizaram a opinião pública europeia e norte-americana contra as violações dos direitos humanos no império português. As denúncias do massacre de Wiriyamu, em Moçambique, em 1972, ou o boicote do café angolano pelo *Angola Comité*, sediado nos Países Baixos, com vínculos internacionais significativos, no início da década de 1970, são dois exemplos.[79] Todos fazem parte de uma longa genealogia de mobilização das questões relativas aos

[78] Ver Jan Eckel e Samuel Moyn, eds., *The Breakthrough: Human Rights in the 1970s*; Roland Burke, «"How time flies": Celebrating the Universal Declaration of Human Rights in the 1960s», *The International History Review*, vol. 38, n.º 3 (2016), pp. 394-420; Ibhawoh, «Testing the Atlantic Charter»; Jensen, *The Making of International Human Rights*.

[79] Para o papel da Anti-Slavery Society ver Miguel Bandeira Jerónimo, *The «Civilizing Mission» of Portuguese Colonialism, 1870-1930*, e José Pedro Monteiro, *Portugal e a Questão do Trabalho Forçado*. Em relação a Wiriyamu e ao comité holandês ver, respectivamente, Mustafa Dhada, *The Portuguese Massacre of Wiriyamu in Colonial Mozambique, 1964-2013* (Londres: Bloomsbury, 2015); Miguel Bandeira Jerónimo e José Pedro Monteiro, «Internationalism and empire: the question of native labor in the Portuguese empire (1929-1962)», em Simon Jackson and Alanna O'Malley, eds., *From the League of Nations to the United Nations: The Institution of International Order* (Londres: Routledge, 2018), pp. 206-233.

direitos humanos para contestar o colonialismo português. E, não obstante a natureza autoritária do Estado-império português, ou talvez devido a essa mesma natureza, a *official mind* não foi menos sensível ou reativa a essas acções internacionais e transnacionais, como mostra este artigo.

Estas são apenas algumas das razões pelas quais o escrutínio das interseções entre o colonialismo tardio e a descolonização portugueses e a progressiva institucionalização internacional e mobilização política e cultural de um discurso de direitos humanos podem contribuir para o desenvolvimento de ambas as historiografias. O caso português apresenta novos desafios, qualifica perspetivas rígidas e distinções simples na história da relação entre direitos humanos e os fins dos impérios coloniais europeus. Além disso, a rica e vibrante literatura sobre os direitos humanos, os seus diversos temas, problemas e contribuições, permite novas formas de investigar a dinâmica e a trajetória da dissolução imperial portuguesa.

5. DIREITOS LEGAIS OU DIREITOS HUMANOS? ATIVISMO JUDICIAL, PRISIONEIROS POLÍTICOS E REFUGIADOS DURANTE A TRANSIÇÃO DOS CAMARÕES FRANCESES DE PROTETORADO A ESTADO*

MEREDITH TERRETTA**
Universidade de Ottawa

A formulação de reivindicações em matéria de direitos, emanadas da África colonial do século XX, estão, hoje, no centro da ressurgência da história feita a partir de uma perspetiva internacionalista; dos direitos humanos como área de investigação em história; e da atual tendência para estudar a história do direito internacional. Os arquivos referentes a tais reivindicações, produzidas em África nos meados do século XX, esclarecem questões cruciais acerca da genealogia dos direitos humanos no continente africano: primeiro, como é que ativistas e juristas/advogados se associaram de forma trans-regional a fim de influenciar o debate dentro de organizações internacionais como a Organização Internacional do

* Tradução de Mariana Mendes.

** Fundos para este capítulo foram providenciados por Social Science and Humanities Research Council of Canada e John Steffens Founders' Circle, Institute for Advanced Study, Princeton, NJ. A autora gostaria de agradecer a Miguel Bandeira Jerónimo e José Pedro Monteiro por organizarem a conferência *Internationalism and Empire: Rethinking the Politics of Twentieth Century*, em Lisboa a 29-30 de maio de 2015, assim como a Susan Pedersen, Sandrine Kott, e outros participantes na conferência pelos comentários elucidativos feitos à versão inicial deste capítulo.

Trabalho ou a Organização das Nações Unidas?[1] Em segundo lugar, como é que ativistas de territórios não-autónomos – fossem eles mandatos, colónias, territórios sob tutela ou protetorados – combinaram múltiplas ordens jurídicas para reclamar os seus direitos – quer coletivos, quer individuais – ou para apresentar argumentos contra a administração externa? Este capítulo aborda estas questões analisando a emergência da designação de presos políticos em dois territórios sob tutela das Nações Unidas, os Camarões Franceses e os Camarões Britânicos, durante a década de 1950. O objetivo é compreender não os debates que ocorreram nas Nações Unidas acerca dos direitos dos sujeitos coloniais em África, mas sim as formas através das quais os africanos que residiam longe dos palcos de Genebra e Nova Iorque fizeram uso das ordens jurídicas metropolitanas, coloniais e internacionais em evolução, de forma a articular as suas reivindicações em termos especificamente jurídicos e difundi-las num palco mundial. O movimento transfronteiriço de exilados políticos dos Camarões Franceses para território britânico, iniciado em meados de 1955, permitiu aos ativistas pró-independentistas tirar partido da sua experiência como prisioneiros políticos para reivindicar, para si, a designação de refugiados políticos. Este capítulo revela também os esforços colaborativos que os advogados anticolonialistas britânicos e franceses empreenderam a fim de facilitar a identificação dos seus clientes como refugiados políticos, assim como os meios pelos quais os administradores britânicos garantiram a inaplicabilidade legal desta designação àqueles que a reclamavam.

Padraic Kenney argumenta que, na segunda metade do século XIX, quando «a política se tornou parte familiar da cela prisional, nasceu o prisioneiro político».[2] De 1860 a 1910 – a metade de século que também deu origem aos primeiros campos de concentração, genocídios, e refugiados civis – o encarceramento passou de um obstáculo ao trabalho político para se tornar

[1] Historiadores têm abordado este tópico a partir de uma perspetiva internacionalista «top-down» nos últimos anos. Ver, por exemplo, Susan Pedersen, *The Guardians: The League of Nations and the Crisis of Empire* (Nova Iorque: Oxford University Press, 2015); Sandrine Kott, «Organizing world peace. The International Labour Organization from the Second to the Cold War», em Stefan-Ludwig Hoffmann et al., eds., *Seeking Peace in the Wake of War: Europe, 1943-1947* (Amesterdão: Amsterdam University Press, 2015), pp. 299-316; Steven L. B. Jensen, *The Making of International Human Rights: The 1960s, Decolonization, and the Reconstruction of Global Values* (Nova Iorque: Cambridge University Press, 2016).

[2] Padraic Kenney, «"I felt a kind of pleasure in seeing them treat us brutally." The emergence of the political prisoner», *Comparative Studies in Society and History*, vol. 54, n.º 4 (2012), pp. 863-889, p. 864.

um veículo de fazer política.[3] A definição conceptual de prisioneiro político dada por Kenney é útil, embora a categoria não tenha emergido ao mesmo tempo em todo o mundo. As prisões da África francesa e inglesa não foram ocupadas por presos políticos até ao final dos anos 1940. Naquela época, a autoidentificação de ativistas encarcerados como presos políticos sinalizou o apogeu da expressão das reivindicações de direitos enquanto direitos legais *e* enquanto direitos humanos, protegidos pelo direito internacional. Foi nos Camarões Franceses, quando o partido pró-independentista União dos Povos dos Camarões (UPC) foi banido, em 1955, e um elevado número de nacionalistas camaroneses encarcerados pelos franceses, que os ativistas detidos começaram a referir-se a si como prisioneiros políticos de forma colectiva.[4] Através do direito internacional, do quarto comité da Assembleia Geral da ONU, e do sistema de justiça da União Francesa (IV República), os prisioneiros políticos camaroneses exigiram que os direitos humanos fossem considerados direitos legais. Os arquivos dos processos referentes à defesa judicial dos ativistas pelos seus advogados permitem uma compreensão matizada, baseada em evidência empírica derivada de casos distintos, da articulação entre direitos legais, direitos humanos e direito internacional gerada pelo processo de descolonização.[5]

[3] *Ibid*, p. 867.

[4] Este capítulo não vai relatar a história da UPC nos Camarões. Estudos aprofundados incluem Richard Joseph, *Radical Nationalism in Cameroun: The Social Origins of the UPC Rebellion* (Oxford: Clarendon Press, 1977); Achille Mbembe, *La naissance du maquis au Sud Cameroun (1920-1960)* (Paris: Éditions Karthala 1996); E. Tchumtchoua, *De la Jeucafra à l'UPC: L'éclosion du nationalisme camerounais* (Yaoundé: Éditions CLÉ, 2006); Thomas Deltombe, Manuel Domergue e Jacob Tatsitsa, *Kamerun! Une guerre cachée aux origines de la Françafrique, 1948-1971* (Paris: La Découverte 2011); Meredith Terretta, *Nation of Outlaws, State of Violence: Nationalism, Grassfields Tradition, and State Building in Cameroon* (Athens, OH: Ohio University Press, 2014). Para uma perspetiva que discute a UPC como parte da indigenização dos processos políticos do pós-guerra, ver Janvier Onana, *Le sacre des indigènes évolués: essai sur la professionnalisation politique (l'exemple du Cameroun)* (Paris: Dianoïa, 2004).

[5] A autora consultou os documentos dos seguintes advogados ativistas anticoloniais que trabalharam com prisioneiros políticos camaroneses e refugiados durante esses anos: Pierre Kaldor nos Archives Départementales, Seine-Saint-Denis, Ralph Millner, no Institute of Commonwealth Studies (ICS), Senate House Library, e Denis Nowell Pritt, na London School of Economics.

Praticando a reivindicação em matéria de direitos – mudanças no pós-guerra

Após a Segunda Guerra Mundial, as Nações Unidas, com o seu Conselho de Tutela, tornaram-se o organismo supranacional que substituiu os guardiões da autoridade imperial na Sociedade das Nações, oficialmente agrupados na Comissão Permanente de Mandatos (CPM).[6] No entanto, em parte graças aos esforços do estadista norte-americano Ralph Bunche, ocorreram mudanças que permitiram criar mecanismos de supervisão no sistema de Tutela que tinham estado ausentes na CPM.[7] As populações dos territórios sob tutela obtiveram o direito de petição direta à ONU ao invés de terem de fazê-lo por intermédio das respetivas autoridades administrativas, como sucedia na época da Sociedade das Nações; e missões de visita periódicas, compostas por representantes de Estados-membros no Conselho de Tutela, eram responsáveis por avaliar o progresso relativamente ao cumprimento dos Acordos de Tutela, juridicamente vinculativos.

Os habitantes dos territórios sob tutela tornaram-se os primeiros no mundo a ver reconhecido o direito de petição à ONU, e a poder esperar obter uma resposta (enquanto o resto da humanidade teve de aguardar até à década 1960). As reivindicações ao direito de petição tiveram o apoio de ativistas como Roger Baldwin, presidente da Liga Internacional dos Direitos Humanos (LIDH), a primeira organização não-governamental (ONG) dedicada à questão dos direitos humanos a quem foi atribuído o estatuto consultivo na ONU; o reverendo Michael Scott, um sacerdote anglicano de esquerda e ativista contra o *apartheid*, residente no Sudoeste Africano (Namibia); e Tobias Channing, da norte-americana *National Association for the Advancement of Colored People* (NAACP).[8] Em 1947, os peticionários ao

[6] Para este assunto, ver Pedersen, *The Guardians*.

[7] Neta C. Crawford, «Decolonization through trusteeship: the legacy of Ralph Bunche,», em Robert A. Hill e Edmond J. Keller, eds., *Trustee for the Human Community: Ralph J. Bunche, the United Nations, and the Decolonization of Africa*, (Athens, OH: Ohio University Press, 2010), pp. 93-115.

[8] Tobias Channing da NAACP e o Reverendo Michael Scott, um sacerdote anglicano residente no Sudoeste Africano, trabalharam com Baldwin para facilitar o direito dos africanos à petição oral na ONU, tanto no Conselho de Tutela como na Assembleia Geral. Ver Meredith Terretta, «"We had been fooled into thinking that the UN watches over the entire world": human rights, UN trust territories, and Africa's decolonization», *Human Rights Quarterly*, vol. 34, n.º 2 (2012), pp. 329-60; Carol Anderson, «International conscience, the Cold War, and apartheid: the NAACP's alliance with the reverend Michael Scott for South West Africa's

Conselho de Tutela conquistaram o direito viajar até à sede da ONU para assim intervirem oralmente no quarto comité e na Assembleia Geral. Esta prática gerou uma familiaridade e uma crença otimista na ONU entre os ativistas políticos dos territórios sob tutela, resultando na integração de vários elementos da Carta das Nações Unidas, nomeadamente, o Artigo 76.º[9], nas plataformas políticas dos partidos anticolonialistas, nacionalistas e pró-independência. O estatuto jurisdicional internacional dos Camarões Franceses, enquanto território sob a supervisão da ONU, tornou-se uma pedra angular da UPC, formada em 1948. A reunificação com os Camarões Britânicos e total independência da administração francesa, com data estimada para 1956, constituíam os outros elementos-chave da plataforma do partido.

Embora as redes de advocacia e o ativismo anticolonial de longa distância tivessem emergido durante o período entre-guerras, foi no pós-guerra que se formaram solidariedades e alianças mais duradoras.[10] Uma das razões por detrás da solidariedade excecionalmente duradoura entre ativistas da UPC, nos Camarões Franceses, e a esquerda francesa anticolonial adveio da formação de um coletivo de juristas e advogados anticolonialistas em territórios ultramarinos franceses. Este coletivo tinha dois objetivos concretos: primeiro, apoiar o acesso à participação dos políticos africanos na União

Liberation, 1946-1951», *Journal of World History*, vol. 19, n.º 3, 19.3 (2008), pp. 297-326. Roland Burke explica porque todos os outros tiveram de esperar até aos anos 1960 pelo direito de petição à ONU. Ver Roland Burke, *Decolonization and the Evolution of International Human Rights* (Filadélfia: University of Pennsylvania Press, 2010), pp. 59-91. Burke não tem em consideração o direito de petição atribuído aos habitantes dos territórios sob tutela em 1946.

[9] O Artigo 76.º da Carta das Nações Unidas, que define as finalidades do regime de tutela, diz o seguinte: «As finalidades básicas do regime de tutela, de acordo com os objetivos das Nações Unidas enumerados no Artigo 1.º da presente Carta, serão: a) Consolidar a paz e a segurança internacionais; b) Fomentar o programa político, económico, social e educacional dos habitantes dos territórios sob tutela e o seu desenvolvimento progressivo para alcançar governo próprio ou independência, como mais convenha às circunstâncias particulares de cada território e dos seus habitantes e aos desejos livremente expressos dos povos interessados e como for previsto nos termos de cada acordo de tutela; c) Encorajar o respeito pelos direitos do homem e pelas liberdades fundamentais para todos, sem distinção de raça, sexo, língua ou religião, e favorecer o reconhecimento da interdependência de todos os povos; d) Assegurar igualdade de tratamento nos domínios social, económico e comercial a todos os membros das Nações Unidas e seus nacionais e, a estes últimos, igual tratamento na administração da justiça, sem prejuízo dos objetivos acima expostos e sob reserva das disposições do Artigo 80.º»

[10] O trabalho de Gregory Mann moldou o meu pensamento no tema da solidariedade. Ver Gregory Mann, *Empires to NGOs in the West African Sahel: The Road to Nongovernmentality* (Cambridge: Cambridge University Press, 2015).

Francesa e nas assembleias nacionais da IV República francesa na esperança de formarem uma coligação dominante de esquerda a nível legislativo; em segundo lugar, lutar pela implementação dos padrões metropolitanos de justiça em toda a França ultramarina.[11] Membros do coletivo de advogados anticolonialistas defenderam ativistas políticos em tribunal em países como Madagáscar, Costa do Marfim, Togo Francês, Camarões Franceses e Argélia no final dos anos 1940 e início dos anos 1950.[12] Esse ativismo judicial foi particularmente persistente e influente na Argélia e nos Camarões Franceses, locais de prolongadas e assimétricas guerras de descolonização. O estatuto jurisdicional de cada um dos territórios teve importância na forma como os advogados anticoloniais lidaram com os movimentos de libertação. Na Argélia, que incluía cinco dos departamentos de França em 1955, os juristas ativistas denunciaram o regime de exceção que autorizaria práticas de tortura, detenção sem julgamento, execuções sumárias e a aplicação da pena capital. Nos Camarões Franceses, os juristas anticoloniais mobilizaram o estatuto jurisdicional de «território associado» sob tutela da ONU aquando

[11] Nos últimos anos, surgiu em França uma historiografia vibrante sobre a advocacia pela causa anticolonial por parte de juristas e advogados ativos durante a Resistência, começando com o trabalho de Liora Israël, que demonstra que «juristas (incluindo professores de Direito, juízes, e altos funcionários públicos) tiveram um papel a desempenhar na construção da legitimidade da Resistência como alternativa ao regime de Vichy. Os juristas usaram o seu conhecimento especializado, a sua competência no ramo do Direito, para demonstrar que, embora parecesse, o regime de Vichy não era legal». Liora Israël, «From cause lawyering to resistance: French communist lawyers in the shadow of history», em A. Sarat e S. Scheingold, eds., *The Worlds Cause Lawyers Make: Structure and Agency in Legal Practice* (Stanford: Stanford University Press, 2005), pp. 147-170, p. 162. Ver também Liora Israël, *Robes noires, annés sombres. Advocats et magistrats en résistance pendant la Seconde Guerre Mondiale* (Paris: Fayard, 2005). Sobre as atividades destes juristas em França no pós-guerra, ver V. Codaccioni, *Punir les opposants: PCF et procès politiques 1947-1962* (Paris: CNRS Éditions, 2012). Em relação às atividades destes advogados da Resistência na Argélia e na África francesa, ver S. Thénault, «Défendre les nationalistes algériens en lutte pour l'indépendance. La "défense de rupture" en question», *Le Mouvement Social*, n.º 240 (3/2012), pp. 121-135; S. Elbaz, «L'avocat et sa cause em milieu colonial: la defense politique dans le procès de l'organisation spéciale du mouvement pour le triomphe des libertés em Algérie (1950-1952)», *Politix*, vol. 16, n.º 62 (2003), pp. 65-91; e Meredith Terretta, «Anticolonial cause lawyering, political activism and the rule of law in French Africa, 1946-1960», *Politique africaine*, em processo de publicação. Sobre o plano do Partido Comunista Francês de construir uma coligação política na assembleia da União Francesa, ver A. Ruscio, «Le monde politique métropolitain et l'Union Française, 1944-1947», em F. Arzalier et J. Suret-Canale, eds., *Madagascar 1947: la tragédie oubliée* (Paris: Le Temps des Cerises, 1999), pp. 99-100.

[12] Meredith Terretta, «Cause lawyering et anticolonialisme: activisme politique et état de droit dans l'Afrique française, 1946-1960», *Politique africaine*, n.º 138 (2015/2), pp. 25-48.

da invocação do direito internacional na produção dos seus argumentos de natureza legal.[13]

Marcel Willard iniciou a estratégia jurídica leninista – a defesa através da contestação ao próprio sistema jurídico – na França de entre-guerras por meio da escola política da *Association Juridique Internationale*, e juristas defensores da causa anticolonial integraram causa política e profissão, colocando as suas redes profissionais e ativistas ao serviço dos seus clientes.[14] Os juristas anticoloniais eram guiados, no final dos anos 1940, por princípios definidos nos primeiros congressos da Associação Internacional de Juristas Democratas (IADL), realizados em Paris, em outubro de 1946, em Bruxelas, em julho de 1947, e em Praga, em setembro de 1948. Em Bruxelas em 1947, a IADL – presidida até 1949, quando saiu da associação, pelo jurista francês René Cassin, um dos redatores da Declaração Universal dos Direitos Humanos – enfatizou o papel dos juristas em «chamar a atenção para a necessidade de uma luta incessante contra os resquícios do fascismo e o perigo que as violações dos direitos humanos representam para a paz».[15] No ano seguinte, a IADL declarou que o imperialismo «estava a ser usado contra certos povos coloniais e "semi-coloniais" e que tal violava os princípios da Carta das Nações Unidas». Reivindicou que «todos os prisioneiros democratas sejam julgados por tribunais comuns e defendidos por advogados da sua escolha» e que os seus membros usassem a lei ao serviço da «salvaguarda e garantia dos direitos humanos».[16] Através de Pierre Kaldor, que era nos anos 1950 o líder do coletivo de juristas anticoloniais ativo na África francesa Subsaariana, os ativistas políticos africanos beneficiaram do apoio de organizações de

[13] René Colombé a Pierre Kaldor, 15 março 1956, Archives Départementales, Seine-Saint-Denis [ADSSD], Documentos de Kaldor. Os territórios sob tutela da ONU que se encontravam sob administração francesa foram incorporados na União Francesa em 1946 como «territórios associados» ao invés de colónias, devido ao seu estatuto internacional.

[14] Marcel Willard instruiu jovens advogados sobre as estratégias legais a utilizar na defesa de oposicionistas comunistas e sindicalistas e na advocacia dos direitos dos trabalhadores nos anos 1930, através da escola política da *Association Juridique Internationale*. Willard atribuiu a Lenin o crédito pela estratégia político-jurídica por ele promovida. Ver Thénault, «Défendre les nationalistes algériens en lutte pour l'indépendance», pp. 121-35; Marcel Willard, *La défense accuse* (Paris: Editions sociales, 1951 [1938]); e Israël, «From cause lawyering to resistance», pp. 147-170.

[15] Tradução de A. N. Trainin, «The Second International Congress of Democratic Lawyers», em *Sovietskoye Gosudarstvo i Pravo*, n.º 9 (Set. 1947), tradução encontrada nos Arquivos Nacionais Britânicos/The National Archives, Kew (Londres) [TNA], Foreign Office, FO 371/72722.

[16] Relatório da sessão final do Congresso de Praga da Federação Internacional de Juristas Democratas, TNA, FO 1110/114.

ajuda comunistas, como a Ajuda Popular Francesa[17], a Confederação Geral do Trabalho (CGT), e o Comité de Defesa das Liberdades Democráticas na África Negra (CDLDAN) – organizações nas quais Kaldor desempenhou um papel fundamental.[18]

Os juristas anticoloniais, juntamente com os arguidos, fizeram uso da lei como forma de ação política à medida que contestavam as irregularidades da justiça ultramarina em salas de tribunal em Antananarivo, Argel, Abidjan, Lomé, e Douala, e através de oportunos comunicados de imprensa e artigos de opinião. Ao tirar partido de todas as oportunidades possíveis para contestar os abusos da justiça por parte da administração francesa, os ativistas africanos reclamaram pela via legal os direitos civis e políticos que a constituição da IV República e a Carta das Nações Unidas lhes atribuíam.[19] A título de exemplo, buscas ilegais conduzidas na sede da UPC, em novembro de 1954, proporcionaram uma ocasião para denunciar irregularidades judiciais, dando aos advogados anticolonialistas provas adicionais para argumentar que um regime de exceção operava no lugar da justiça nos Camarões Franceses.[20] Os advogados anticoloniais britânicos associados à IADL empregaram estratégias de contestação semelhantes na África britânica. Os militantes de partidos anticolonialistas participaram de bom grado no uso da contestação jurídica como estratégia política, reconhecendo que poderia dar maior visibilidade à sua causa mesmo que forçasse sentenças favoráveis nos tribunais superiores. Por exemplo, quando Julius K. Nyerere, líder da *Tanganyikan African National Union* (TANU), foi processado por difamação criminosa no Tanganhica, em 1958, um memorando tendo por fim a angariação de fundos circulou entre todos os secretários provinciais da TANU com as palavras «A acusação de sua excelência o Presidente J. K. Nyerere: A oportunidade que se procurava apresenta-se agora. Que todos os homens dancem de

[17] Codaccioni, *Punir les opposants: PCF et procès politiques 1947-1962*, p. 347; e A. Brodiez, *Le secours populaire français, 1945-2000: du communisme à l'humanitaire* (Paris: Les Presses Sciences-Po, 2006), pp. 53-56. Ver também ADSSD, Partido Comunista Francês (PCF), Afrique subsaharienne, Caixa 22, Mayoa Beck, Gabinete Central da União de Sindicatos confederados dos Camarões, a Pierre Kaldor, 2 de junho de 1955.

[18] Até à data há pouco trabalho publicado conhecido sobre as ligações entre a Ajuda Popular, a Confederação Geral do Trabalho e o Comité de Defesa das Liberdades Democráticas na África Negra. Estas ligações aparecem claramente nos arquivos Kaldor alojados nos ADSSD, Fonds Kaldor, que ainda não estavam classificados quando aí trabalhei em dezembro de 2014.

[19] Félix Moumié a Pierre Kaldor, 12 de agosto de 1954, ADSSD, Fonds Kaldor, Caixa 22.

[20] René Colombé a Pierre Kaldor, 21 de fevereiro de 1956, ADSSD, Fonds Kaldor.

contentamento abertamente».[21] Denis Nowell Pritt, Conselheiro da Rainha, ex-deputado pelo Partido Trabalhista até à sua expulsão em 1940 – devido às suas manifestas e públicas simpatias comunistas – representou Nyerere neste caso, cujo resultado redundou na sua absolvição.[22]

Nos Camarões Franceses, Ruben Um Nyobé, secretário-geral da UPC, e outros líderes trouxeram para a sua prática política os conselhos jurídicos providenciados por juristas e advogados anticolonialistas.[23] A partir de 1950, quando Pierre Braun visitou pela primeira vez o território a pedido de Um Nyobé, os líderes da UPC mantiveram contacto com Braun e outros juristas anticolonialistas baseados em Paris. Os líderes da UPC entenderam que o acordo de tutela da ONU obrigava o governo francês a seguir a Carta das Nações Unidas e que o estatuto jurisdicional internacional dos Camarões Franceses oferecia um terreno excecionalmente fértil para uma contestação jurídica que promovesse os seus objetivos políticos. Moumié, o presidente da UPC, pediu a Braun e Kaldor que enviassem mais cópias de *La Défense Accuse*, de Marcel Willard, em 1954 e novamente em 1956, indicando que Moumié as distribuía entre os membros do partido.[24] O livro foi indicado nos jornais da UPC como leitura recomendada.[25]

Os anos 1950 viriam a permitir novas alianças, solidariedades e circuitos de mobilização para além das fronteiras dos Camarões Franceses, quer através da ONU e das suas organizações consultivas como a LIDH, quer ao longo do eixo Sul-Sul formalmente inaugurado em Bandung, em 1955.[26] Embora não

[21] I. M. Bhoke Munanka, secretário-geral organizador, TANU a todos os secretários provinciais, 14 de junho de 1958, TNA, FCO 141/17830.

[22] Caso Criminal n.º 2207 de 1958, Regina vs. Julius Kambarage Nyerere, 9-18 de julho de 1958, TNA, FCO 141/17913.

[23] Ver, por exemplo, Ruben Um Nyobé a Pierre Kaldor, a/s Recours en annulation des élections territoriales du 30 mars 1952 dans la région de la Sanaga-Maritime, ADSSD, Fonds Kaldor, não classificado.

[24] Moumié a Kaldor, 12 de agosto de 1954, ADSSD, Kaldor Papers, Caixa 22; Félix Moumié a Pierre Braun, 2 de fevereiro de 1956, ADSSD, PCF, ASP, Afrique subsaharienne, Caixa 32.

[25] *Lumière: Organe de la section Nord de l'Union des populations du Cameroun*, n.º 5, maio de 1956.

[26] Uma breve análise aos obstáculos políticos, legais e económicos que se colocaram a tudo o que estivesse para além da solidariedade simbólica e retórica pode ser encontrada em Umut Özsu, «"Let us first of all have unity among us": Bandung, International Law and the empty politics of solidarity», em Luis Eslava, Michael Fakhri e Vasuki Nesiah, eds., *Bandung, the Global South, and International Law: Critical Pasts and Pending Futures* (Cambridge: Cambridge University Press, 2015). Özsu, no entanto, destaca a importância da ideia de solidariedade afro-asiática nos anos 1950, assim como faz o trabalho de Christopher J. Lee, «Between a moment and an era: the origins and afterlives of Bandung», em Christopher J. Lee, ed., *Making a World After*

tenham participado em Bandung, os líderes da UPC apareceram em destaque tanto na Conferência Afro-Asiática de Solidariedade como na Conferência de Todos os Povos Africanos, no final dos anos 1950, e encontraram, particularmente em Acra e Conacri, anfitriões dispostos a receber os membros seu *Bureau directivo,* após terem sido deportados dos territórios dos Camarões Franceses e Britânicos, em 1955 e 1957, respetivamente.[27] Enquanto partido e movimento, a partir de 1956, a UPC viria moldar-se à imagem da Frente de Libertação Nacional (FLN) da Argélia.[28] Neste pano de fundo internacional, os nacionalistas camaroneses tornaram-se presos políticos à medida que a administração francesa tentava, por todos os meios possíveis – inclusive militares –, suprimir o seu movimento nos Camarões Franceses e Britânicos.

A emergência da categoria de preso político

O encarceramento tornou-se um veículo, mais do que um obstáculo, para o movimento da UPC, em 1955, à medida que prisioneiros começaram a impor a sua «política na prisão» e a usar «a instituição como instrumento de atividade política», aspirando a «uma política dentro e da prisão».[29] Os nacionalistas camaroneses enfrentaram vigilância e outras formas de repressão intrusiva que resultaram em várias detenções durante o início dos anos 1950. No entanto, as detenções deviam-se maioritariamente a infrações civis, como a falta de obtenção de licenças adequadas para atividades específicas (comércio, transporte, reuniões públicas) ou por várias contraordenações ou acusações criminais. Em maio de 1955, tumultos e ataques a pessoas e propriedades irromperam em centros urbanos no sul do território, resultando em inúmeras acusações penais e na intensificação das tensões políticas. Vários advogados metropolitanos viajaram para os Camarões Franceses a fim de representar, nas audiências de investigação e no julgamento, aqueles acusados de orquestrar ou de estarem de alguma forma

Empire: The Bandung Moment and Its Political Afterlives (Athens, OH: Ohio University Press, 2010).

[27] Meredith Terretta, «Cameroonian nationalists go global: from forest maquis to a pan-African Accra», *Journal of African History*, vol.52, n.º 2 (2010), pp. 189-212.

[28] Jeffrey Byrne, *Mecca of Revolution: Algeria, Decolonization, and the Third World Order* (Oxford: Oxford University Press, 2016).

[29] Kenney, «I felt a kind of pleasure in seeing them treat us brutally», p. 867.

envolvidos nas revoltas de maio.[30] A maioria daqueles presos devido a estes acontecimentos foi acusada de crimes de violência, rebelião, participação em bandos armados, assassinato ou cumplicidade em assassinato: três europeus morreram em Douala durante as revoltas. Alguns dos detidos foram acusados de violar a segurança interna do Estado.[31] A 13 de julho, através de um decreto oficial baseado na Lei de 10 de janeiro de 1936 que proibia qualquer movimento que promovesse manifestações armadas ou a formação de grupos de milícias privadas, o governo francês interditou a UPC e as suas organizações de juventude, de mulheres, de cooperativas, e sindicais. A UPC e as suas organizações associadas foram os primeiros partidos políticos a serem banidos num território sob tutela da ONU, contrariando o acordo de tutela e a Carta das Nações Unidas. A proibição levou a inúmeras detenções, a maioria sob acusação de «constituição de uma liga dissoluta».

Ao defender aqueles que foram presos devido aos acontecimentos de maio de 1955, os advogados anticolonialistas franceses basearam muitos dos seus argumentos no estatuto jurisdicional do território sob tutela. O estatuto internacional dos Camarões Franceses tornava a Lei de 10 de janeiro de 1936 inaplicável e, portanto, a proscrição da UPC ilegal.[32] Hyancithe Mpaye, presidente da Juventude Democrática dos Camarões, Jacques Ngom, secretário do sindicato ligado à UPC, o USCC, e o presidente da UPC, Moumié, apelaram ao Conselho de Estado francês para revogar o decreto, argumentando que não só era inaplicável num território sob tutela como a administração francesa tinha começado a planear a interdição em 1953 e que, ao apresentar acusações, tinha-se baseado nas provocações de aliados pró-colonialistas e falsas alegações contra membros e simpatizantes da UPC.[33] O recurso foi negado.

30 Um relato oficial das atividades desses advogados aparece nos autos da Assembleia Nacional da França. *Proposition de résolution tendant à nomination d'une commission spéciale dans les conditions par l'article 14 du règlement et chargée d'enquêter sur les événements qui se sont déroulés au Cameroun au cours du mois de mai 1955*, Assemblée Nationale, Session de 1955, Anexo ao processo-verbal da reunião de 6 de julho de 1955.

31 Répression 1955, Documentação UPC, Douala, 24 de junho de 1955, ADSSD, PCF, ASP, Afrique subsaharienne, Carton 32.

32 René Colombé a Pierre Kaldor, 15 de março de 1956, ADSSD, Fonds Kaldor.

33 René Colombé a Pierre Kaldor, 15 de março de 1956, ADSSD, Fonds Kaldor. Ver também Conseil d'Etat, Section du Contentieux, pour demandeurs Mm. Hyacinthe, Mpaye, Jacques Ngom, Félix Moumié contre le Ministre de la France d'Outre-Mer, défendeur, s.d, ADSSD, Fonds Kaldor.

A categoria de prisioneiro político consolidou-se durante o período de intensificação da adjudicação dos crimes e delitos de maio de 1955. Assim que Léo Matarasso, Roger Cevear e Marie-Louise Cachin (filha de um dos principais fundadores do PCF, Marcel Cachin) chegaram ao território, administradores, procuradores, e até guardas prisionais tentaram impedi-los de se reunir com os detidos.[34] Face a estes obstáculos, os advogados parisienses protestaram veementemente junto do procurador-geral e do procurador de Douala, o que ajudou a melhorar a situação.[35] Daí em diante, a estratégia dos advogados de defesa passou a consistir na exposição das provocações deliberadas que provocaram as insurreições. Tentaram ainda estabelecer álibis para libertar muitos dos prisioneiros e alertar a opinião pública em França para a deportação de vários prisioneiros para uma prisão onde vigoravam práticas de trabalho forçado, Mokolo, no extremo norte do país, longe das suas famílias e advogados.[36] A estratégia da defesa envolveu a contestação sistemática de irregularidades e injustiças, seguindo a tradição que Willard havia estabelecido na França do entre-guerras. Os advogados activistas consideraram que as irregularidades processuais nos dossiers dos réus eram a regra em vez da exceção e, portanto, optaram mais frequentemente pela defesa processual em detrimento da defesa política.[37]

As frequentes reuniões dos advogados com os detidos transformaram as prisões dos Camarões Franceses em locais de treino político-legal *ad hoc*. A transição veio num momento oportuno, uma vez que a escola de formação política da UPC, a *École des Cadres*, estabelecida em Douala em março, havia sido encerrada e a sede da UPC incendiada – não poupando a biblioteca, máquinas de escrever, impressoras e documentos organizacionais – durante os eventos do final de maio.[38] Os advogados de defesa vindos de Paris sabiam que o tempo com os seus clientes era tão limitado quanto os fundos dos últimos para lhes pagar. Como tal, davam prioridade, durante as reuniões, a questões legais urgentes mas também usavam estes momentos para ensinar aos prisioneiros formas de se defenderem legalmente, incluindo

[34] Répression 1955, Documentação UPC, Duala, 24 de junho de 1955, ADSSD, PCF, ASP, Afrique subsaharienne, Carton 32.

[35] S. a., «La vérité sur les événements du Cameroun», *Frères d'Afrique: bulletin d'information du Comité de défense des libertés démocratiques en Afrique noire*, n.º18, setembro de 1952, pp. 1-4.

[36] Répression 1955, Documentation UPC, Douala, 24 de junho de 1955, ADSSD, PCF, Afrique subsaharienne, Carton 32.

[37] Entrevista da autora a Pierre Braun, Paris, abril 2014. Os registos arquivísticos confirmam isto.

[38] Sobre a École des Cadres, ver Terretta, *Nation of Outlaws State of Violence*, pp. 107-11.

a memorização de todos os detalhes da detenção, desde os interrogatórios a que eram submetidos, até ao que comiam, passando pelos procedimentos judiciais: audiências investigativas, acusações, denúncias, julgamentos, sentenças e recursos.

Ativistas letrados da UPC, como o Dr. Mathieu Tagny, escreveram relatos detalhados das provocações que precederam os «motins» no mercado de Yaoundé, fornecendo nomes e postos de oficiais administrativos e funcionários públicos que tinham agido como instigadores.[39] Muitos guardaram relatos do seu tratamento durante a detenção, como fez Chrétien Dzukam, que registrou a frequência e horas em que os guardas submeteram os prisioneiros a várias formas de assédio, privações, espancamentos e provocações, anotando também os nomes e postos dos perpetradores.[40] Outros documentaram a privação de alimentos, água e tratamento médico a que os prisioneiros em cidades mais pequenas foram sujeitos.[41] Os prisioneiros também tomaram nota das violações de procedimento cometidas por guardas, magistrados e policiais que testemunharam.[42] Inventariaram os detidos e estabeleceram circuitos de informação entre prisões urbanas, centros de detenção isolados e campos de trabalho longínquos.[43] Continuaram a enviar petições à ONU, com múltiplas cópias, escritas à mão, de cartas endereçadas ao administrador regional, ao prefeito e ao subprefeito, ao procurador regional, ao procurador-geral, aos magistrados e juízes nomeados, aos juízes de instrução nos tribunais de recurso e ao alto-comissário dos Camarões.

Maître Yves Henry Louisia, nascido na Martinica, em 1921, havia chegado aos Camarões Franceses em 1953 e estabelecera-se localmente como *avocat-défenseur* em Nkongsamba, onde prestou assessoria jurídica a líderes da

[39] «De manhã, às 10h, o Sr. Tayou Pierre, ex-delegado do Sindicato dos Retalhistas Africanos, o capanga da administração, veio ao mercado e provocou uma briga. Queria dinheiro para a sua missão a França. Foi buscar o exército em vez da polícia. Os oficiais do exército realizaram detenções, entre outros, dos líderes do sindicato de vendedores retalhistas africanos.» Relato escrito por Docteur Matthieu Tagny, Prisão de Yaoundé, 22 de junho de 1955, ADSSD, Arquivos do Partido Comunista Francês, Caixa 32.

[40] Chrétien Dzukam, prisão de Douala, ao Procurador-Geral, Chefe do Serviço Judiciário dos Camarões[sic], Yaoundé, c/o Diretor da Prisão de New-Bell (Douala), novembro de 1957, ADSSD, Arquivos do Partido Comunista Francês, Caixa 32.

[41] Direção da UPC, Nota sobre o Tema da Repressão nos Camarões, 23 de outubro de 1954, ADSSD, Arquivos do Partido Comunista Francês, Caixa 32.

[42] *Ibid.*

[43] «Solidarité avec les détenus politiques,», *Liberté: Organe Populaire d'Information*, n.º 1, 25 de fevereiro de 1956, pp. 2-3.

UPC, tal como Braun havia feito durante os seus quatro meses no território.[44] Durante e após os eventos de maio de 1955, Louisia atuou como intermediário para os seus colegas metropolitanos. Ele e outro membro do coletivo, René Colombé, que entrava e saía dos Camarões Franceses frequentemente, percorreram regularmente as prisões do território, onde se encontraram com clientes acusados de atividades criminosas tais como propagação de notícias falsas, saque, pilhagem, assalto e a genérica «afronta» à oficialidade administrativa (polícia, magistrado, administrador, etc.).[45] Louisia e Colombé, em constante revezamento com Kaldor, o elemento central do coletivo de advogados anticolonialistas, eram quem representava os *upécistes* em tribunal, acompanhavam os seus recursos, mantinham contacto com os presos políticos e facilitavam o contacto entre estes e destes com organizações, instituições e jornalistas no exterior. Em suma, facilitavam a prática do aprisionamento político.[46]

Após os eventos de maio, foram detidos entre 500 e 800 camaronenses. Muitos dos detidos foram libertados quando as acusações foram retiradas em resultado do trabalho legal efectuado pelos advogados parisienses em junho e julho. Continuando a representar presos políticos em Yaoundé, Douala, Mbanga, Nkongsamba e Edéa após a partida dos advogados baseados em Paris, Louisia e Colombé priorizaram a tarefa de requerer, às vezes com sucesso, a libertação de presos com base em irregularidades processuais e interpondo recursos e pedidos de clemência nos tribunais superiores.[47] Em fevereiro de 1956, Colombé, que permaneceu nos Camarões até o seu visto expirar em 26 de abril de 1956, informou Kaldor que sobravam menos de 20 prisioneiros em Yaoundé e menos de 60 em Douala. Louisia escreveu a Kaldor em setembro de 1956 dizendo que os últimos casos relacionados com os eventos de maio de 1955 seriam ouvidos nos tribunais correcionais – e não nos tribunais penais – de Yaoundé. «Eles são, sem dúvida, os casos

[44] Alto-comissário da República Francesa nos Camarões ao ministro da France d'Outre-Mer, 25 de outubro de 1957, Archives Nationales d'Outre-Mer [ANOM], Fonds Ministeriels [FM], Affaires Politiques 3283/2.

[45] René Colombé a Pierre Kaldor, 15 de março de 1956; Hyacinthe Mpaye, Prisão de New-Bell, Douala, a Georges Cau, juiz de instrução, Douala, 24 de janeiro de 1956, ADSSD, Fonds Kaldor.

[46] René Colombé a Pierre Kaldor, 21 de fevereiro, 15 de março, 12 de abril de 1956, ADSSD, Fonds Kaldor.

[47] Nota de informações, a/s de l'UPC, Douala, 9 de abril de 1956; e alto-comissário ao ministro da France d'Outre-Mer, Direção dos Assuntos Políticos, Serviços Judiciários, a/s processos judiciais contra os membros da UPC, 28 de maio de 1957, ANOM, Délégation de Paris Cameroun-Togo (DPCT), Caixa 20.

mais importantes porque dizem respeito aos líderes», Louisia escreveu: «Poderá o nosso amigo Colombé regressar para defender estes casos?»[48] Embora nem Colombé nem Louisia tenham visto o seu de pedido de regresso autorizado, Kaldor angariou fundos por meio das federações operárias e sindicatos em França para continuar a apoiar a defesa dos prisioneiros políticos camaroneses.[49]

Em agosto do ano seguinte, o julgamento dos *upécistes* por crimes puníveis com a pena de morte trouxe Kaldor de novo aos Camarões. Kaldor chegou a Nkongsamba depois de ter tido início o julgamento de quinze pessoas por um duplo assassinato em Mantem. Seis dos acusados enfrentavam a pena de morte mas, após o julgamento, apenas um, Maurice Kouam, foi sentenciado à morte.[50] Embora o ministro do Interior tenha ordenado a expulsão de Kaldor do território no dia seguinte ao julgamento, o advogado conseguiu esquivar-se dos funcionários públicos que procuravam acompanhá-lo ao aeroporto e passou outros cinco dias a visitar presos políticos em prisões em Yaoundé, Eséka, Edéa, e Douala.[51] Durante o horário de visita à prisão, reunia-se com os presos, dando prioridade aos que estavam no corredor da morte, dando--lhes instruções de como constituir os seus recursos, e deixando-lhes os seus contactos. Depois da sua partida, continuou a corresponder-se com todos os prisioneiros políticos que lhe escreviam e a enviar cópias das publicações por estes pedidas, incluindo a Declaração Universal de Direitos Humanos, a Carta das Nações Unidas, o acordo de tutela da ONU, o *l'Humanité*, e «livros sobre a guerra da Argélia».[52] Kaldor prometeu acompanhar os recursos interpostos junto do Tribunal de Cassação em Paris por aqueles que tinha conhecido durante a sua visita. À maioria dos advogados metropolitanos foi negada a necessária autorização para defender prisioneiros políticos nos Camarões na sequência da visita de Kaldor ao país, com a exceção de Charles Lederman e Marc Henry, em 1959. Os recursos no Tribunal de Cassação, que André Mayer arguiu, em consulta com Kaldor, permaneceram como a única saída possível para os prisioneiros políticos que ocupavam as prisões dos Camarões.

[48] Yves Louisia a Pierre Kaldor, 4 de setembro de 1956, ADSSD, Fonds Kaldor.

[49] Ver, por exemplo, Kaldor a Union Générale des Fonctionnaires, 3 de outubro de 1956, ADSSD, Fonds Kaldor.

[50] Pierre Kaldor a Charlotte Kaldor, 12 de agosto de 1958, ADSSD, Fonds Kaldor, não classificado.

[51] *Ibid.*

[52] Jean-Marie Manga, preso político na Prisão Yoko a Pierre Kaldor, 3 de setembro de 1958, ADSSD, não classificado.

Advocacia transfronteiriça: asilo político e o princípio de não-devolução (*non-refoulement*)

Em outubro de 1957, o alto-comissário Pierre Messmer expulsou Louisia dos Camarões e negou autorização de entrada de Colombé no território. Haviam-se passado apenas cinco meses desde que os Camarões Franceses se tinham tornado oficialmente um Estado Sob Tutela, isto é, um Estado híbrido sob jurisdição da ONU, governado pelo alto-comissário Francês (Pierre Messmer), um primeiro-ministro Camaronês (André-Marie Mbida), e uma assembleia territorial eleita por sufrágio universal em dezembro de 1956, transformada em assembleia legislativa em abril de 1957. Kaldor rapidamente comunicou aos «amigos» franceses da UPC que a decisão de afastar os advogados de defesa dos *upécistes* e dos sindicalistas «privou um grande número de prisioneiros políticos do direito elementar a uma defesa legal pelo advogado de sua escolha».[53]

A decisão de expulsar Louisia foi da única responsabilidade do alto--comissário Messmer, uma vez que este tinha sido encarregado de nomear o primeiro-ministro, presidir o Conselho de Ministros, e supervisionar as forças armadas, os serviços de inteligência e os serviços judiciais. No entanto, essa decisão foi tomada a pedido do primeiro-ministro camaronês Mbida, com a aprovação do ministro da France d'Outre-Mer.[54] Nos meses que antecederam a expulsão de Louisia, Messmer escreveu repetidamente ao ministro da France d'Outre-Mer e ao Presidente da República a fim de explicar que o governo camaronês considerava as autoridades judiciárias particularmente indulgentes com os líderes da UPC e que isso os levaria a procurar a revisão dos estatutos judiciais.[55] No entanto, a vontade, ou até mesmo a urgência, do ministro da France d'Outre-Mer de afastar Louisia da função de representante legal da UPC pode ter tido menos que ver com as preocupações imediatas de *nation building* de Mbida, e mais com o desejo do governo francês de manter a colaboração transfronteiriça com as forças de

[53] Declaração Kaldor, n. d., aparentemente depois de outubro de 1957, ADSSD, Fonds Kaldor.

[54] Pierre Messmer a M. Meignie, Presidente da Association Nationale des Avocats, Paris, 28 de janeiro de 1958, ANOM, FM, Affaires Politiques 3283/2.

[55] Ministro da France d'Outre-Mer ao alto-comissário da República nos Camarões, 5 de julho de 1957; Telegrama do primeiro-ministro, André-Marie Mbida, AFCOUR DELECAMER PARIS, 7 de julho de 1957, ANOM, DPCT, Caixa 20; e primeiro-ministro, Estado tutela dos Camarões, ao Presidente da República, Paris, 19 de setembro de 1957, ANOM, DPCT Caixa 20.

informação e contrainsurreição britânicas fora da agenda do quarto comité e da Assembleia Geral da ONU.

À medida que os líderes da UPC se reagrupavam nos Camarões Britânicos e se associavam aos líderes pró-independência e pró-unificação desse território, em 1956 e 1957, Louisia ocupava-se da questão legal referente ao policiamento e vigilância extraterritorial que os administradores franceses e pessoal de segurança e *intelligence* tinham começado a realizar rotineiramente em território britânico.[56] Em dezembro de 1956, um oficial do *Special Branch* encontrava-se estacionado no sul dos Camarões Britânicos, a pedido de J. O. Field, o comissário em Buéa, e sob a recomendação de C. S. K. Bovell, Inspetor Geral de Polícia.[57] A 18 de dezembro de 1956, no mesmo dia em que a milícia da UPC na região Sanaga-Maritime, nos Camarões Franceses, assassinou dois candidatos às eleições seguintes para as assembleias territoriais – provocando o início da luta armada contra o domínio francês –, James Robertson, governador-geral da Nigéria, escreveu a Field pedindo-lhe que recolhesse as provas que «nos permitiriam deportar os líderes». Na mesma carta fez referência a uma «ação mais forçável e menos legal» que «pode ter repercussões na ONU e é uma medida de último recurso».[58] Esta deliberadamente vaga segunda opção não foi explicitada na correspondência Field-Robertson arquivada num ficheiro marcado como Correspondência Secreta Camarões/Nigéria (Não para Registro Oficial). No entanto, a «ação mais forável e menos legal», referida como alternativa à deportação da liderança da UPC, deixa claro que os administradores britânicos procuraram livrar-se dos exilados políticos provenientes do território francês, aumentar a vigilância militar e a recolha de informações, e colaborar com as autoridades francesas para suprimir a UPC por todos os meios. Como passo legal preliminar que lhes permitiria deportar *upécistes*, as autoridades britânicas, alegadamente sob orientação dos assessores jurídicos do governador-geral da Nigéria, alteraram o Decreto de Imigração de 1956 a fim de incluir uma ordem de deportação pela qual «um indivíduo não nativo da Nigéria que tenha sido condenado por violações deste Decreto» poderia ser deportado, mesmo que em possessão de um passe de trânsito

[56] Pierre Messmer a M. Meignie, Presidente da Association Nationale des Avocats, Paris, 28 de janeiro de 1958, ANOM, FM, Affaires Politiques 3283/2.

[57] J. O. Field a Sir James Robertson, governador-geral da Federação da Nigéria, Lagos, 3 de outubro de 1956, TNA, FCO 141/1660.

[58] Sir James Robertson a J. O. Field, 18 de dezembro de 1956, TNA, FCO 141/1660.

válido.[59] Na sequência desta alteração, a administração britânica poderia designar como «imigrantes proibidos» todos aqueles que desejasse expulsar dos Camarões Britânicos. Por outras palavras, a emenda estabeleceu as bases legais para criminalizar os refugiados que fugiam da violência política nos Camarões Franceses.

A questão transfronteiriça tornou-se particularmente sensível após os britânicos, com o acordo do Conselho de Ministros da Nigéria e do Conselho Executivo dos Camarões do Sul, declararem oficialmente a UPC e as suas organizações como «sociedades ilegais» ao abrigo da Secção 62 do Código Penal, a 30 de maio de 1957, designaram os membros e simpatizantes como «imigrantes proibidos» e, a 3 de junho, aprovaram ordens de deportação para treze membros da liderança do partido, ao abrigo da Secção 7 do Decreto de (Deportação de) Estrangeiros.[60] Contudo, o Conselho de Ministros estipulou que aos *upécistes* no território britânico «deve ser dada toda a oportunidade e assistência para encontrar um destino diferente do país de origem, já que a maioria foi condenada *in absentia* por delitos relacionados com a UPC nos Camarões Franceses (...) Os deportados não devem voltar aos Camarões Franceses se puderem ir para qualquer outro lugar».[61] Na realidade, a liderança da UPC optou por ser deportada para a nação independente do Sudão depois de o governo sudanês indicar a sua disponibilidade para aceitá-los.[62]

As autoridades britânicas decidiram catalogar os líderes da UPC exilados no território britânico como «imigrantes proibidos» em vez de «refugiados políticos» quase um mês antes da proibição da organização. Foi um meio deliberado de «minimizar as possibilidades de viagem dos líderes da UPC».[63] Se designados como refugiados, argumentou o Ministério dos Negócios Estrangeiros, «não se pode esperar que obtenham passaportes das autoridades francesas. Neste caso, seria muito mais difícil para o Sr. [secretário de Estado das Colónias] Lennox-Boyd e para as autoridades nigerianas rejeitar a

59 Ralph Millner, notas do caso de Mayoa Beck perante o Tribunal de Magistrados de Buéa, ICS, Documentos de Ralph Millner.

60 Governador-geral da Nigéria ao secretário de Estado das Colónias, Londres, 1 de junho de 1957, TNA, Foreign Office (FO) 371/125305.

61 *Ibid.*

62 Secretário de Estado das Colónias junto da Federação da Nigéria, 25 de junho de 1957, TNA, FO 371/125305. O Sudão concordou em aceitar os deportados camaroneses a pedido do parlamentar britânico trabalhista e pacifista, Fenner Brockway. Fenner Brockway a Sr. Keith Irvine, 1 de julho de 1957, Biblioteca Pública de Nova Iorque/New York Public Library [NYPL], ILRM, Caixa 1.

63 M.G. Smith a Maxwell, Colonial Office, 24 de abril de 1957, TNA, FO 371/125305.

emissão de passaportes ou certificados de identidade para os que desejassem viajar para Nova Iorque».[64] Esperava-se que a recusa em conceder o estatuto de refugiado aos *upécistes* no exílio, após a proibição da UPC em território britânico, os impedisse de viajar para Nova Iorque e assim dirigir-se à ONU como peticionários.

A decisão dos britânicos de banir a UPC três meses antes da discussão já agendada na Assembleia Geral da ONU sobre os territórios sob tutela dos Camarões não deixou de ser notada por Roger Baldwin, o presidente da LIDH. Baldwin soube da proibição através de Pierra Tchapon, que lhe escreveu de Bamenda (Camarões Britânicos) informando que a proibição administrativa, assim como as prisões, interrogatórios, e detenções de nacionalistas transgrediam o Artigo 20.º da Declaração Universal de Direitos Humanos que estabeleceu a liberdade de reunião pacífica e associação como um direito humano; o Artigo 3.º, que salvaguardava o direito à vida, à liberdade, à segurança pessoal; o Artigo 5.º que proibia a tortura ou o tratamento desumano ou castigos; o Artigo 9.º que proibia a detenção arbitrária e o exílio; e o Artigo 19.º que assegurou o direito à liberdade de opinião e de expressão.[65] Ao saber que os britânicos haviam declarado a UPC como sociedade ilegal, Baldwin escreveu de imediato ao Conselho de Tutela da ONU recomendando «que nenhuma proibição seja imposta aos representantes [da UPC], uma vez que o direito de petição pode ser destruído por uma autoridade administrante ao tornar uma organização ilegal».[66]

A liderança da UPC no exílio acabou eventualmente por contornar as restrições à sua mobilidade ao fortalecer a sua rede internacional de apoio. De Cartum, onde permaneceram apenas alguns meses, os líderes da UPC mudaram-se para o Cairo e, mais tarde, para Acra, onde obtiveram passaportes guineenses na respetiva embaixada, depois de estabelecer um governo provisório em Conacri e, assim, reclamaram, com o apoio de dois regimes africanos pró-liberação, um estatuto de cidadania que lhes permitia uma contínua mobilidade e presença na ONU (após a adesão da Guiné, em 12 de dezembro de 1959).[67] Porém, a irregularidade associada ao estatuto dos exilados políticos que permaneceram nos Camarões Britânicos

[64] *Ibid.*

[65] Pierre Tchapon a Roger Baldwin, 19 de junho de 1957, NYPL, ILRM, Caixa 1, Ficheiro 1.

[66] Roger Baldwin a Keith Irvine, 5 de julho de 1957, NYPL, ILRM, Caixa 1.

[67] Terretta, «Cameroonian nationalists go global».

ofereceu-lhes, a eles e aos seus advogados activistas, outra oportunidade para contestação legal, baseada nos princípios do direito internacional sobre refugiados. Da mesma forma que tinham exigido para si a designação de presos políticos nos Camarões Franceses, aqueles exilados nos Camarões Britânicos reivindicaram, aqui, a designação de refugiado político, após a proibição da UPC nos Camarões Britânicos em meados de 1957.

Embora os administradores britânicos usassem a designação «imigrante proibido» em referência aos *upécistes* em território britânico após a proibição do movimento, relatórios secretos de *intelligence* do *Special Branch*, abertos ao público somente a 27 de julho de 2012 como parte do Arquivo Migrado[68], referem-se sistematicamente aos «refugiados da República dos Camarões» que entravam nos Camarões do Sul.[69] Ativistas anticolonialistas organizaram ações legais e políticas para expor a dissonância – revelada no registo oficial apenas graças à recente recuperação do Arquivo Migrado – nas descrições simultâneas que eram feitas daqueles que fugiam dos Camarões Franceses.

Após a proscrição da UPC nos Camarões Britânicos a 30 de maio de 1957, os apoiantes camaroneses do movimento formaram um Comité de Defesa dos Direitos dos Refugiados Políticos Camaroneses (*Defence Committee for the Rights of Kamerunian Political Refugees*[70] – DCRKPR), bem como vários comités locais de refugiados em todo o território britânico.[71] No início de 1959, a *intelligence* britânica referia-se ao DCRKPR no sul dos Camarões Britânicos como uma fonte de recrutamento para o Exército de Libertação Nacional dos Camaronês (*Armée de Libération National du Kamerun* – ALNK) que operava nos Camarões Franceses. Em colaboração com as autoridades

[68] Sobre a história do Arquivo Migrado – compreendendo 15 milhas dos arquivos mais politicamente sensíveis do Império Britânico, a maioria referente ao período de descolonização –, e que foi mantido longe do conhecimento público até os quenianos sobreviventes a práticas de tortura processarem a Coroa britânica. Os documentos foram então revelados. Ver David M. Anderson «Mau Mau in the High Court and the "lost" British Empire Archives: colonial conspiracy or bureaucratic bungle?», *The Journal of Imperial and Commonwealth History*, vol. 39, n.º 5 (2011), pp. 699-716. Lançado em parcelas após a redação de 2011-2015, esta volumosa coleção detém o potencial para provocar uma revisão maciça da história da descolonização. Significativamente, contém registos de colaboração colonialista internacional, como os aqui mencionados.

[69] Relatório de Inteligência Conjunta dos Camarões do Sul, 1-31 de agosto de 1960, TNA, FCO 141/1683.

[70] Os nacionalistas adotaram a ortografia alemã logo após a proibição do partido para sinalizar o seu objectivo de reunificação dos territórios franceses e britânicos.

[71] Camarões do Sul, Relatório do Comité de Inteligência dos Camarões do Sul para o período de 1 de fevereiro a 15 de março de 1959, TNA, FO, n.º 1 de 1959.

francesas do outro lado da fronteira, o *Special Branch* britânico no território começou a deter e a escoltar sistematicamente os imigrantes proibidos para a fronteira, onde eram prontamente detidos.[72] A potencial consequência dessas operações ficou mais evidente quando, após a prisão de Pierre Simo em Kumba (Camarões Britânicos), a 3 de outubro de 1958, este foi condenado pelo assassinato do deputado Samuel Wanko, a 6 de novembro de 1958. Simo foi condenado à morte e executado publicamente, juntamente com quatro dos seus cúmplices, em Bafoussam (Camarões Franceses), a 10 de julho de 1959.[73] Quinze dias após a prisão de Simo e dos seus cúmplices e a respetiva deportação para os Camarões Franceses, o deputado trabalhista e anticolonialista Fenner Brockway alertou Roger Baldwin, da LIDH, para as «alegações vindas dos Camarões do Sul relativas à detenção e entrega de refugiados políticos aos franceses. Diz-se que quatro deles foram executados pelos franceses».[74] Estas alegações eram meramente proféticas, uma vez que os quatro ainda não haviam sido submetidos a julgamento, mas revelam que a liderança da UPC tinha a profunda consciência de que as violações dos acordos vinculativos da ONU e dos protocolos referentes a refugiados – violações que, em última instância, resultariam em execução – não poderiam ser ignoradas, nem na ONU, pelos anticolonialistas e defensores dos direitos humanos, nem entre a esquerda anticolonialista francesa.

À medida que os líderes da UPC interagiam com os nacionalistas argelinos e com os advogados que os defendiam, começaram a aperceber-se da urgência e visibilidade associadas aos casos de pena de morte, especialmente aqueles, como os que eram conduzidos por Jacques Vergès – figura pública francesa e advogado pró-FLN de origem vietnamita-reunionense –, que se tornaram o foco das campanhas junto à opinião pública francesa.[75] Os

[72] Camarões do Sul, Relatório do Comité de Inteligência dos Camarões do Sul para o período de 1 de fevereiro a 15 de março de 1959, TNA, FO, n.º 1 de 1959.

[73] Para a discussão da administração francesa em relação às sentenças de morte, ver Nota sobre a situação política nos Camarões, 1-28 de fevereiro de 1959, Haut-Commissaire, Bureau de documentation, ANOM, Affaires politiques 3327/2.

[74] Fenner Brockway a Roger Baldwin, 18 de outubro de 1958, NYPL, IRLM Caixa 1, Ficheiro: Camarões, Pasta 2.

[75] Jacques Vergès tornou-se uma figura pública conhecida em França com a defesa de Djamila Bouhired, uma jovem que plantou uma bomba num café francês e foi condenada à morte em Argel, em 1957, e, mais tarde, amnistiada e libertada devido, em grande parte, à campanha de relações públicas que Vergès orquestrou em seu nome. Para uma análise histórica das estratégias de defesa de Vergès, tendo como pano de fundo os processos judiciais durante a Guerra da

líderes pró-UPC nos Camarões Britânicos, bem como a liderança no exílio, continuaram a chamar a atenção para a colusão franco-britânica nas buscas e devolução de refugiados políticos a fim de serem duramente julgados e sentenciados nos Camarões Franceses. Em agosto de 1959, J. T. Lawong, o secretário nacional da filial da UPC nos Camarões Britânicos, *One Kamerun*, escreveu:

> «O mundo necessita de estar bem informado... os Artigos 9.º e 14.º da Declaração Universal dos Direitos Humanos foram violados por grupos opressores franco-britânicos nos *Kamerun*. A liberdade face a prisões arbitrárias, detenção e exílio, o direito de procurar e usufruir do asilo noutros países por perseguição política, sob cujos princípios o General de Gaulle se refugiou em Inglaterra, em 1939, aquando da subjugação da França pela Alemanha..., têm sido negados sem justa causa ao povo *Kameruniano*».[76]

No mesmo mês, o presidente da UPC, Moumié, enviou um telegrama à LIDH a partir do Cairo para alertar a organização de direitos humanos para as «leis fascistas» votadas pela Assembleia Legislativa Camaronesa, permitindo que tribunais penais especiais condenassem «patriotas» à morte «sem julgamento, recurso, ou causa... Pedimos-lhe que mobilizem a opinião mundial contra estas violações dos direitos humanos».[77]

A questão dos direitos humanos dos refugiados nos Camarões Britânicos trouxe advogados anticolonialistas britânicos até ao território. Em novembro de 1959, Ralph Millner, comunista britânico, conselheiro da Rainha e membro da Sociedade Haldane, afiliada à Associação Internacional de Juristas Democratas, viajou para os Camarões Britânicos com o intuito de defender os presos que corriam perigo de serem reenviados aos Camarões

Argélia, ver Sylvie Thenault, «Défendre les nationalistes algériens en lutte pour l'indépendance. La "défense de rupture" en question», *Le Mouvement Social*, vol. 240, n.º 3 (2012/3), pp. 121-35. Para o relato de Vergès sobre sua própria experiência como advogado anticolonialista, ver, entre outros, Jacques Vergès e Philippe Karim Felissi, *Jacques Vergès, L'anticolonialiste: entretiens avec Philippe Karim Felissi* (Paris: Le Félin, 2005); Jacques Vergès, *Journal: La passion de défendre* (Paris: Éditions du Rocher 2008); e Jacques Vergès e Bernard Debré, *De la mauvaise conscience en général et de l'Afrique en particulier* (Paris: J. C. Lattès, 2003).

[76] Ralph Millner, J. T. Lawong (secretário nacional, One Kamerun), Kamerun Murderous and Suicidal Acts, Comités Franco-Britânicos, Kumba, agosto de 1959, ICS, Documentos de Ralph Milner.

[77] Telegrama de Afroasiaco para ILRM, 25 de agosto de 1959, NYPL, ILRM, Caixa 1, Ficheiro: Camarões, Pasta 2.

Franceses.[78] Tendo sido declarado «imigrante proibido» no Quénia, em 1953, onde defendia os chamados «Mau Mau» (uma proibição ainda em vigor em julho de 1961), Millner estava pessoalmente familiarizado com as táticas legais de *gatekeeping* usadas pela administração colonial britânica.[79] A sua viagem foi patrocinada pela liderança da UPC-*One Kamerun* através do *Committee of African Organization*, sediado em Londres.[80] Na véspera da sua viagem aos Camarões Britânicos, o vice-presidente da UPC, Ernest Ouandié, um dos líderes do partido deportado em julho de 1957, escreveu a Millner pedindo que protegesse o direito de asilo político dos *upécistes*, que impedisse a sua deportação para os Camarões Franceses por meras infrações de regras, que garantisse que eles fossem julgados como «outros cidadãos pacíficos», e «que em nenhuma circunstância sejam entregues, sem investigação ou formalidades prévias, às autoridades francesas para serem executados como "rebeldes"».[81]

Após a sua chegada aos Camarões, Millner observou que os camaroneses francófonos capturados por alegadas infrações eram julgados em tribunais locais em território britânico e, depois de libertados, escoltados até à custódia das forças de segurança franco-camaronesas na fronteira. Trabalhando com uma lista de pessoas detidas em 1958 e 1959 como resultado de operações conjuntas de segurança franco-britânicas – que lhe fora enviada por Beck Mayoa, secretário-geral do sindicato CGT-Kamerun –, Millner reuniu-se, entrevistou, e abriu os ficheiros dos processos de dezenas de pessoas com quem se encontrou nos Camarões Britânicos, a maioria das quais haviam chegado aos Camarões Franceses após os eventos de maio de 1955, e que haviam sido detidos, injustamente acusados, duramente interrogados, e ameaçados de repatriação. Entre eles estava Alysius Nkamdum, que havia chegado aos Camarões do Sul em criança, em 1924 (apenas três anos após a delimitação da fronteira anglo-francesa que dividia a região de Grassfields). Nkamdum era membro da organização *One Kamerun*, fora preso em 19 de novembro de 1959 e ameaçado, durante a sua detenção, de deportação para o território francês.[82] Como residente de longo prazo em território britânico,

[78] Ernest Ouandié a Ralph Millner, QC, 29 de novembro de 1959, ICS, Documentos de Ralph Millner.

[79] Comissário da África Oriental a Ralph Millner, 11 de maio de 1953; Millner aos Serviços de Imigração, Nairobi, 11 de julho de 1961, ICS, Documentos de Ralph Millner.

[80] TNA, FCO 141/1683.

[81] *Ibid.*

[82] Notas manuscritas, ICS, Documentos de Millner.

Nkamdum deveria ter sido designado como Pessoa Protegida pelo Reino Unido (ou BPP – *British Protected Person*) – uma forma de nacionalidade (não equivalente nem à condição cidadania nem ao estatuto de súbdito) atribuída a habitantes de protetorados e territórios sob mandato ou tutela. Os BPP não podiam ser designados como estrangeiros, de acordo com o Decreto de (Deportação de) Estrangeiros de 1943 e com a Lei de Nacionalidade Britânica de 1948.[83]

Após a primeira visita de Millner aos Camarões Britânicos, o caso de Nkamdum viria a dar origem a uma inquirição ao Colonial Office, através da Câmara dos Comuns, para saber se Pessoas Protegidas pelo Reino Unido estavam a ser detidas para «repatriação para os Camarões Franceses».[84] A 5 de fevereiro de 1960, Ian Macleod, secretário de Estado das Colónias, respondeu a Robert Edwards, o parlamentar que havia solicitado informações, dizendo que «nenhuma Pessoa Protegida pelo Reino Unido foi presa para "repatriação" para os Camarões Franceses». O que Macleod não explicou foi que o Decreto de Imigração da Nigéria havia sido novamente alterado em 1958 a fim de permitir aos administradores britânicos deportar legalmente pessoas como Nkamdum, apesar de terem residido em território britânico durante décadas. Os ficheiros de Millner contêm notas sobre as emendas feitas ao Decreto de Imigração da Nigéria no pós-guerra. Em 1958, a definição de «nativo estrangeiro» foi alterada para incidir sobre qualquer pessoa cujos pais fossem «membros de uma tribo ou tribos indígenas do Gana, Serra Leoa, Sudão, República da Gâmbia, África Ocidental Francesa, Camarões Franceses, França Equatorial ou Togolândia *e os descendentes destas pessoas*, devendo incluir qualquer pessoa que tenha *um progenitor membro de tal tribo*». A emenda concedeu às autoridades britânicas os meios legais para revogar o estatuto de Pessoa Protegida pelo Reino Unido a qualquer residente dos Camarões Britânicos que tivesse um pai nascido do outro lado da delimitação anglo-francesa, desenhada em 1921, ou que tivesse, essa mesma pessoa, nascida aí, independentemente do tempo que tivesse vivido nos Camarões

[83] Charles Mwalimu, *The Nigerian Legal System: Public Law*, vol. 1 (Nova Iorque: Peter Lang Publications, 2005), p. 252.

[84] Cópias dos inquéritos aparecem nos documentos de Millner como «Resposta: 2 de Fevereiro de 1960, o Sr. Stonehouse pergunta ao secretário de Estado das Colónias se conduzirá uma investigação acerca das circunstâncias em que Sr. Aloysius Nkamdun foi deportado dos Camarões Britânicos para os Kamerun em novembro e dezembro de 1959». Ver também John Stonehouse a Alec Bashorun, 3 de fevereiro de 1960, Ian Macleod a Robert Edwards, Esq., MP, 5 de fevereiro de 1960; e Edwards para Bashorun, 9 de fevereiro de 1960, ICS.

Britânicos. Por outras palavras, as proteções que o sistema de tutela da ONU oferecia foram revogadas, em teoria e na prática, ao mesmo tempo que o estatuto de tutela estava prestes a ser ultrapassado nos Camarões Franceses.

Em agosto de 1960, depois de a tutela da ONU sobre os antigos Camarões Franceses ter sido revogada, mas ainda em vigor nos Camarões Britânicos, Millner chegou ao território para representar Beck Mayoa e Louis Yopa no Tribunal de Primeira Instância de Buéa. Os arguidos eram líderes sindicais simpatizantes da UPC, presos em Tiko, a 31 de março, enquanto se deslocavam para a República dos Camarões a partir de Tunes. Foram acusados de exceder o período autorizado pelos seus vistos de trânsito, tendo sido condenados a 9 de abril, declarados imigrantes proibidos, e sentenciados a um mês de prisão.[85] Após a sua libertação, a 7 de maio, foram novamente detidos e acusados de posse de publicações, cuja importação era uma ofensa punível pelo Código Penal, e filiação ilícita numa sociedade ilegal, a saber, a UPC. No julgamento em agosto, Millner encontrou falhas nos procedimentos de detenção e acusação, durante os quais os seus clientes francófonos não tiveram acesso a um intérprete. Em termos substantivos, todavia, a defesa legal de Miller assentou no facto de a UPC nunca ter existido em território britânico desde a sua proscrição e deportação da sua liderança, em 1957, e de ter sido legalizada na República dos Camarões, em fevereiro de 1960, pouco depois da independência. A única infração que Yopa e Mayoa tinham cometido havia sido a de exceder o período de trânsito permitido, em menos de vinte e quatro horas, uma vez que não tinham conseguido transporte para Douala. A 20 de Agosto, o magistrado-chefe Bakare decidiu a favor de Mayoa e Yopa, ordenando a retirada da acusação. Ao dar-se conta de que o julgamento «afetaria seriamente futuros processos judiciais relacionados com a afiliação em sociedades ilegais», o Procurador-Geral dos Camarões do Sul interpôs um recurso no Tribunal Superior de Buéa. O recurso foi ouvido pelo juiz Sainsbury, que determinou que o magistrado-chefe deveria condenar Mayoa e Yopa. Estes foram novamente presos[86], julgados mais uma vez e sentenciados a seis meses de prisão.[87] Millner, que havia ficado

[85] Beck Mayoa, secretário-geral da CGT-Kamerun e Louis-Fernand Yopa, secretário da União Departamental da CGT-Kamerun no Mungo, *Lettre-circulaire aux organisations syndicales et démocratiques africaines et internationales*, 25 de maio de 1960.

[86] No Supremo Tribunal dos Camarões do Sul, Holden em Buéa, inspetor geral de Polícia v. Mayoa Beck, 29 de agosto de 1960, ICS, Documentos de Millner.

[87] Guillaume Nkeng Lapee, secretário-geral adjunto da CGT-Kamerun a Ralph Millner, 4 de novembro de 1960, ICS, Documentos de Millner.

doente durante os julgamentos de agosto, aconselhou as partes a recorrer das condenações e sentença. Antes de partir dos Camarões, Millner dirigiu-se ao chefe da Polícia Britânica, K. L. Harvey, e ao procurador-geral, J. Harvey Robson, solicitando que em caso de deportação de Mayoa e Yopa, estes deveriam ser enviados para o Gana e não para a República dos Camarões ou, em caso de recusa, que lhes fosse concedido «asilo político nos Camarões do Sul, sem restrição de movimentos».[88] Millner também conseguiu que o Sr. Alakija, advogado praticante em Vitória, nos Camarões do Sul, fosse o representante dos requerentes no Supremo Tribunal Federal.[89]

Embora o procurador-geral dos Camarões do Sul tenha intercedido pessoalmente para anular a defesa bem-sucedida dos sindicalistas camaroneses francófonos por Millner, este último documentou as contingências legais enfrentadas pelos refugiados políticos nos territórios sob tutela da ONU ainda sob administração britânica. O advogado manteve contacto com vários ativistas políticos, incluindo Winston Ndeh Ntumazah, o líder de *One Kamerun*, o partido filiado à UPC em território britânico, e com Samuel Mekou, pai de Félix Moumié, responsável pela logística dos fluxos de jovens exilados para ocidente, mais particularmente, para Acra. Para além de fazer sugestões quanto às estratégias legais a usar nos iminentes julgamentos de ativistas políticos presos em território britânico, Millner também liderou um debate sobre «interferência com os direitos humanos».[90]

O conjunto de documentos deixado pelos prisioneiros e refugiados políticos da fase tardia de tutela dos Camarões poderia permitir a historiadores, advogados ou sobreviventes que o desejassem apresentar uma ação judicial contra os governos francês e britânico em nome dos que foram detidos nos anos que precederam a independência oficial e a revogação da tutela da ONU – 1 de janeiro de 1960 para os Camarões Franceses, e 1 de outubro de 1961 para os Camarões Britânicos.[91] Ao longo da década de 1950, os escritos políticos dos nacionalistas camaroneses, quer fossem cartas pessoais, petições,

[88] Millner a Sr. K. L. Harvey, Quartel Geral da Polícia, Buéa, 22 de agosto de 1960. Ver, também, Millner a J. Harvey Robson, Esq., procurador-geral, 22 de agosto de 1960, ICS, Documentos de Millner.

[89] Millner a Alakija, 23 de setembro de 1960, ICS, Documentos de Millner.

[90] TNA, FCO 141/1683.

[91] Para detalhes sobre a responsabilização do governo britânico em relação à tortura praticada contra os detidos Mau Mau no Quénia, no final dos anos 1950, ver «Mau Mau judgement» (publicação especial), *Journal of Imperial and Commonwealth History*, vol. 39, n.º 5 (2011), pp. 695-748.

comunicados de imprensa, panfletos políticos ou declarações à «opinião mundial», expressavam a interpretação que os nacionalistas camaroneses faziam do direito internacional, da Carta da ONU e do acordo de tutela e citavam com regularidade a Declaração Universal dos Direitos Humanos. Contudo, as práticas de escrita de maior utilidade para os prisioneiros políticos nos Camarões Franceses no final dos anos 1950 foram aquelas lhes permitiram apresentar recursos no Tribunal de Cassação, a mais alta instância de ordem jurídica em França, presidida pelo Conselho de Estado. Foi o único tribunal no qual os julgamentos contra as populações da França ultramarina foram proferidos de acordo com um sistema judicial metropolitano, e não colonial. A partir de meados de 1955, quando aqueles que foram presos por atividades políticas pró-UPC começaram a transformar o seu encarceramento num veículo para a sua causa política, a prática de interpor recursos legais no Tribunal de Cassação espalhou-se de prisão em prisão. Em termos gerais, os prisioneiros políticos aprenderam a extrair benefícios das suas experiências de aprisionamento para a sua causa política; em específico, os advogados ativistas incitaram à prática de recorrer ao Tribunal de Cassação. Deste modo, mesmo quando os advogados metropolitanos eram expulsos ou a entrada no território lhes era negada, como seria o caso a partir do final de 1957, os presos políticos continuaram com o trabalho legal de interposição de recurso.

O Tribunal de Cassação em Paris podia revogar veredictos com base na invalidade do procedimento, algo que ocorreu regularmente em casos originários dos Camarões Franceses, onde as autoridades policiais e os procuradores frequentemente não emitiam mandados de busca ou detenção e onde os juízes emitiam sentenças baseadas em provas circunstanciais, testemunhos orais duvidosos e declarações de peritos que não prestavam juramento antes de depor em tribunal. Porém, os passos a seguir, necessários para preparar, apresentar e defender um recurso, eram numerosos e minuciosos. O procedimento de recurso exigia que os arguidos preparassem um memorando de defesa e o registassem junto da autoridade judiciária local. O dossier deveria, então, ser enviado a um advogado autorizado a pleitear perante o Tribunal de Cassação. Kaldor, que acompanhava os recursos interpostos na África francesa, trabalhou com André Mayer, que defendeu os casos perante o tribunal parisiense. As fontes apontam para um esforço conjunto por parte da burocracia francesa e africana para evitar os recursos dos prisioneiros políticos, fosse não registando a intenção de interpor recurso ou omitindo o registo dos memorandos de defesa nos arquivos do caso.

«Com a permissão do Tribunal»: o memorando de defesa como *género* do prisioneiro político

Os memorandos de defesa que os presos políticos camaroneses escreveram desde o final dos anos 1950 até à década de 1960 reciclaram e reformularam os argumentos históricos e jurídicos sobre os quais o movimento nacionalista camaronês se baseou desde o seu início. Como tal, podem ser lidos como uma comemoração político-legal de eventos passados, bem como um recurso legal imediato. Um exemplo entre as dúzias de memorandos presentes nos arquivos de Kaldor é o de Jean-Marie Manga, encarcerado na prisão de Yoko (Camarões do Norte) em 1958, autor de um memorando que preencheu todo um caderno intitulado «Com a permissão do Tribunal: uma Análise Político-Legal da Sistema Francês de Justiça nos Kamerun».[92] O memorando de Manga contém as assinaturas de setenta e nove dos seus companheiros de prisão que haviam sido detidos por atividades políticas desde dezembro de 1956. Na sua forma, formulação e conteúdo, o documento é ilustrativo de um estilo de *memoir* na defesa dos presos políticos. Emergindo na ausência da liderança mais elevada da UPC, exilada do território, o *género* do memorando de defesa – assim como as petições e outra correspondência trocada depois de meados de 1957 – provém dos líderes de segundo escalão ou dos militantes de base do movimento. Estes textos, no seu conjunto, lançam luz sobre o pensamento político, histórico e jurídico dos ativistas políticos comprometidos que não ocupavam necessariamente cargos de alto nível dentro da UPC.

Manga começa por representar os «Kamerun»[93] como um país sob tutela da ONU sobre o qual a França, «a mãe da liberdade, antes do "Concerto das Nações Livres", assumiu a responsabilidade de guiar até ao autogoverno ou independência de acordo com a Carta da ONU e os Acordos de Tutela. Referir-se aos Kamerun, enquanto território administrado, como parte integrante do território francês é contra a linguagem da Carta da ONU e dos acordos internacionais nos quais a França depôs a sua assinatura». Na página nove, Manga analisa a história camaronesa em profundidade, escrevendo que todos sabiam que «após o primeiro conflito militar mundial de 1914-1918, a Sociedade das Nações, situada em Genebra, colocou os

[92] Jean Manga, «Plaise à la Cour», ADSSD, Fonds Kaldor.

[93] Os nacionalistas adotaram a ortografia alemã logo após a proibição do partido para sinalizar o objectivo de reunificar os territórios franceses e britânicos.

Kamerun, divididos entre a França e a Grã-Bretanha, sob legislação francesa e britânica como dois Estados associados a duas potências ocidentais». Antes de o fazer, continuou Manga, a SDN observou que os Kamerun «eram um Estado porque o tratado de Nachtigal, assinado em nome da Alemanha a 14 de julho de 1884, os reconheceu como tal. Portanto os Kamerun são um Estado e nunca foram e nunca serão uma colónia de qualquer potência».

Na página seguinte, Manga escreve que «a ONU proclama os direitos dos homens e mulheres, assim como os direitos das Nações, grandes e pequenas, a criar as condições necessárias para a manutenção da justiça e do direito internacional, a desenvolver relações amistosas entre nações fundadas no respeito do princípio da igualdade de direito à autodeterminação dos povos». Em relação à proscrição da UPC, Manga escreveu que a Lei de 10 de janeiro de 1936, sob a qual se decretou a proibição do partido, «não é aplicável nos Kamerun porque, de acordo com os termos da Constituição Francesa de 27 de outubro de 1946, confirmados no preâmbulo da Constituição de 28 de setembro de 1958, é proclamado o primado do direito internacional sobre o direito doméstico». Manga cita ainda o discurso que o ministro da France d'Outre-Mer fez perante a Assembleia Nacional, a 30 de janeiro de 1957, no qual se debruçou sobre as diferenças entre os territórios ultramarinos franceses e os territórios sob tutela da ONU administrados por França.

Assentando o seu argumento jurídico no tempo e no espaço, Manga aborda a acusação de «violação da segurança interna do Estado», sob a qual ele e os seus companheiros haviam sido condenados: «Uma vez que, em 1956, os Kamerun não eram ainda um Estado e não tinham um governo, a acusação de violação da segurança interna do Estado carece de base jurídica... A que Estado se refere a acusação?» Depois de delinear o contexto histórico e político do caso, Manga volta-se para questões para as quais ele sabia seguramente haver maior probabilidade de serem consideradas pelo Tribunal de Cassação como estando sob a sua jurisdição. Escrutina as peculiaridades da «justiça colonial» nos Camarões Franceses: «a cumplicidade da justiça colonial neste caso não escapa à atenção de ninguém. A justiça colonial nomeia testemunhas, orienta-as, ensina-as a testemunhar, tudo ao contrário do estabelecido no processo criminal da *Cour d'assises* no Código Penal». Cita o número de detenções feitas com base exclusiva em acusações, sem qualquer evidência substancial. Detalha ainda as acusações contra cada prisioneiro, a sentença imposta a cada um, as irregularidades processuais para cada caso, e a versão do acusado relativamente aos acontecimentos. Em conclusão, afirma que «[a] justiça francesa nos Kamerun tornou-se, desde 1955, uma verdadeira arma de guerra colonial».

Mas que relação existia, para os prisioneiros políticos, se alguma, entre injustiça colonial, direito internacional e direitos humanos? As conclusões de Manga revelam que os prisioneiros políticos posicionaram os direitos humanos face à história dos Camarões Franceses, a «justiça colonial» e o direito internacional. Este ponto merece uma citação extensiva:

> «Ao passo que uma minoria de colonialistas, egoístas e sedentos de prosseguirem os seus interesses pessoais, permanece contrária à Declaração Universal de Direitos Humanos, esta reconhece que a desconsideração e o desprezo pelos direitos humanos levaram a atos de barbárie revoltantes para a consciência da humanidade e que o advento de um mundo onde os seres humanos sejam livres para se expressar e acreditar, livres de terror e de miséria, foi proclamado como a mais alta aspiração da humanidade.
>
> Considerando que, para mais, é dito na mesma Declaração que os direitos do homem devem ser protegidos pelo Estado de direito para que a humanidade não seja forçada, em último recurso, a revoltar-se contra a tirania e opressão.».

Ainda na conclusão, Manga faz novamente referência ao Artigo 76.º da Carta da ONU, afirmando, em seguida, que a natureza das acusações feitas contra os imputados – embora infundadas – demonstram que não se trata de um caso de direito civil, mas pura e simplesmente de um assunto político. Mais uma vez, afirma que os Camarões não são uma colónia francesa porque a Constituição francesa não é aplicável, mas, sim, um território sob tutela da ONU e que, portanto, o primado do direito reside no direito internacional. De acordo com a Declaração Universal dos Direitos Humanos, a Carta da ONU, e os acordos internacionais nos quais a França apôs a sua assinatura, os arguidos têm todo o direito e dever de reivindicar a unificação e independência imediata como legítimas aspirações do povo camaronês».

Manga conclui pedindo ao Tribunal que revogue sem demora todas as sentenças proferidas contra os réus abaixo-assinados dado que estas não têm base legal e aqueles não fizeram mais do que reivindicar os seus legítimos direitos. Não há registo do resultado do recurso de Manga nos arquivos de Kaldor, possivelmente porque ele foi libertado em março de 1959, depois de uma amnistia parcial ter sido concedida aos que foram detidos por crimes de natureza política. Manga escreveu novamente a Kaldor, a 19 de outubro de 1959, a partir da prisão de Douala, dizendo que havia sido preso imediatamente após a sua libertação. Depois disso, desaparece dos registos.

Conclusão

Os presos políticos afetaram a relação do governo francês com o Estado camaronês em gestação e com a ONU. Os seus textos e campanhas mediáticas pressionaram a administração francesa a desenvolver novas estratégias, incluindo repressão extrajudicial, legislação excecional, e o cultivo de relações com informadores que poderiam ser usados para testemunhar contra ativistas políticos em tribunal. Embora a administração francesa tenha considerado essas medidas necessárias para excluir a UPC do jogo político, o governo francês transferiu a responsabilidade por todas as medidas repressivas que contrariavam o ideal republicano de um sistema judiciário independente – incluindo a deportação de advogados engajados com a causa anticolonialista – para a recém-criada administração camaronesa. Nos Camarões Britânicos, as leis de imigração foram alteradas para garantir que os administradores britânicos pudessem deportar qualquer um que tivesse pelo menos um progenitor nascido fora do território, excluindo-o das categorias de «Pessoa Protegida pelo Reino Unido» ou refugiado. Tanto no território francês como britânico, os advogados comprometidos com a causa contestaram essas emendas legais e irregularidades judiciais por canais ativistas e legalistas. Estas batalhas legais, ao penetrarem os processos de descolonização nos territórios sob tutela da ONU, precipitaram mudanças no estatuto jurisdicional dos Camarões desde 1957 até à independência oficial, em 1960 (para os Camarões Franceses) e 1961 (para os Camarões Britânicos). As petições enviadas pelos presos políticos à ONU forçaram a França e a Grã-Bretanha a fazer um inventário dos presos políticos e a prestar contas pelas suas sentenças, a pedido da Assembleia Geral, antes que a tutela pudesse ser revogada.

À medida que os militantes procuravam tirar partido das categorias de presos políticos e refugiados políticos nos Camarões Franceses e Britânicos, durante os anos 1950, os ideais de direitos humanos, a busca política pela autodeterminação, e o direito internacional tornaram-se parte integrante da sua luta de libertação. Durante o processo de descolonização dos Camarões, os prisioneiros e os refugiados políticos reivindicaram os seus direitos humanos em termos legais. Ao fazê-lo, foram auxiliados por advogados ativistas e anticolonialistas que, ao mesmo tempo, pensavam a autodeterminação coletiva como um pré-requisito necessário para os direitos humanos. As décadas de 1950 e 1960, que coincidiram com a descolonização de África e com a era de administração fiduciária da ONU, marcam a fase legal do ativismo pelos direitos humanos e a sua intersecção significativa com a política da descolonização. Apresentando-se como prisioneiros políticos e refugiados políticos perante a ONU e organizações internacionais de direitos humanos, e colaborando com advogados anticolonialistas que serviam como consultores e defensores jurídicos, os nacionalistas camaroneses e os seus apologistas reclamaram direitos legais, políticos e civis para aqueles impedidos de participar no processo político devido às suas convicções; aqueles que viram as garantias de um processo justo violadas pelas irregularidades da «justiça colonial»; os que foram criminalizados pela sua atividade política; e, particularmente no caso dos territórios sob tutela da ONU, aqueles esquecidos pelas mesmas leis internacionais que deveriam garantir-lhes proteção.

Os administradores coloniais, que procuravam reforçar o controlo imperial sobre os territórios governados, viram a difusão de leis de direitos humanos implementáveis como diretamente opostas aos seus objetivos. Nas conversações quadripartidas sobre «as Questões Africanas na ONU», realizadas em Lisboa de 28 a 30 de julho de 1958, Martins de Carvalho expôs a correlação entre descolonização e direitos humanos quando sugeriu que «o sucesso dos anticolonialistas, no ano passado, no IV Comité levariam a ataques adicionais no III Comité e na Comissão de Direitos Humanos. Deve ser feita uma tentativa para dividir e enfraquecer os ataques dos anticolonialistas. Qualquer manobra para atrasar a conclusão dos pactos de Direitos Humanos seria vantajosa». O representante francês, Bourdillon, respondeu que, uma vez que os debates do terceiro comité diziam respeito a direitos humanos *universais* e não estavam «como no IV Comité, concentrados nos Territórios sob Tutela e Não Autónomos», não havia grande motivo para preocupação. Estas observações, quando justapostas à prática legal dos advogados anticolonialistas, às petições de presos políticos e líderes exilados da UPC, e às discussões sobre as violações dos direitos humanos cometidas pela polícia (que Millner provocou entre os ativistas políticos nos Camarões Britânicos), demonstram claramente que os direitos humanos e a sua implementação legal foram uma importante frente de batalha no processo de descolonização.

6. OS DESAFIOS DO COLONIAL: PRIMEIRAS ABORDAGENS DO CICV E DO ACNUR AO PROBLEMA DOS REFUGIADOS NAS GUERRAS DE INDEPENDÊNCIA DO QUÉNIA, ARGÉLIA E ANGOLA*

ANA FILIPA GUARDIÃO
Instituto de Ciências Sociais da Universidade de Lisboa

Introdução

As movimentações de refugiados como problemática constituem um objecto privilegiado para compreensão das configurações das dinâmicas internacionais que pautam a percepção do humanismo e dos direitos humanos. Estas movimentações, percepcionadas como um problema em múltiplas vertentes para a comunidade internacional, pela diversidade nas suas origens, escopos, volumes e geografias, mas também pela convergência em determinadas temporalidades, sobrepõem camadas de análise tanto para o investigador como para os actores visados cujas respostas se vêem cronometradas pela necessidade de uma ação imediata em situações que levam os indivíduos aos limites da luta pela sobrevivência.

* Este trabalho foi co-financiado pelo FEDER – Fundo Europeu de Desenvolvimento Regional através do COMPETE 2020 – Programa Operacional Competitividade e Internacionalização (POCI) e por fundos nacionais através da FCT – Fundação para a Ciência e a Tecnologia, no âmbito do projeto «Os mundos do (sub)desenvolvimento: processos e legados do império colonial português em perspectiva comparada (1945-1975)» (PTDC/HAR-HIS/31906/2017 | POCI-01-0145-FEDER-031906).

Se a condição do refugiado foi durante séculos aliada à do migrante pela comum qualidade de estrangeiro no país de acolhimento – considerados mais como utilitários do que como desvantajosos, os refugiados eram geridos pelos Estados de acordo com os seus interesses políticos pelo que o controlo de populações era tido como um indicador de poder tão válido como o controlo de recursos ou território[1] –, durante o século XX surgiram várias tentativas de concertação internacional e transnacional para responder a estas dinâmicas devido ao seu aumento sem precedente em número e em cadência.[2]

O final da Segunda Guerra Mundial constitui um dos momentos críticos para a análise da afirmação dos direitos humanos como projecto global. Por um lado, o conflito demonstrou uma capacidade de coerção violenta por parte dos Estados envolvendo populações civis[3] com o intúito do extermínio do *outro* sem olhar a meios; por outro, provou a incapacidade do regime de mediação internacional concertado no período entre-guerras para resolver questões relacionadas com movimentos populacionais, e ainda quanto à relação entre a acção e interesses das elites e o desenvolvimento de formas de luta e protesto sociais que espelhavam a crescente consciência social e política dos indivíduos como sujeitos de direito; finalmente, revelou a importância da ação humanitária em períodos bélicos tanto em benefício dos combatentes como da população civil deslocada. Estas questões foram determinantes para o surgimento de novos debates sobre o indivíduo como sujeito de direitos e da capacidade dos Estados, individualmente, e da comunidade internacional, em conjunto, para garantir esses direitos dentro de um quadro cujo objectivo seria a paz e segurança internacionais.

Os processos de reconstrução social interna e internacional não deixaram, no entanto, de revelar a permanência de tendências contrárias à universalização dos direitos humanos, nomeadamente no respeitante à proteção de comunidades deslocadas nas quais os refugiados tomam um lugar singular. Questões como a afirmação do nacionalismo de Estado caracterizado por estratégias de homogeneização etno-cultural, aliadas a crises económicas e securitárias sucessivas provocadas pelos conflitos,

[1] Michale Marrus, *The Unwanted: European Refugees in the Twentieth Century* (Nova Iorque: Oxford University Press, 1985).

[2] Peter Gatrell, *The Making of the Modern Refugee* (Oxford: Oxford University Press, 2013), p. 2; Marrus, *The Unwanted.*

[3] Denominado de guerra total aliada à formação de sociedades extremamente violentas. Christian Gerlach, *Sociedades extremadamente violentas. La violencia en masa en el mundo del siglo XX* (Cidade do México: Fondo de Cultura Económica, 2015).

definiram um conjunto de estratégias protecionistas que colocavam os interesses dos Estados acima dos direitos dos indivíduos e comunidades deslocadas, intrinsecamente relacionadas com perspectivas de alteridade que diminuíam a condição humana dos refugiados. No presente capítulo, pretendemos analisar estas tendências e a forma como confluíram com novos desafios surgidos no pós-Segunda Guerra, nomeadamente, no respeitante às tentativas de manutenção dos impérios coloniais, cujas retóricas e repertórios de governança, ainda que transformados, contrariavam a atribuição de direitos fundamentais a todos os seres humanos, sem distinção. Analisando os debates que surgiram no Comité Internacional da Cruz Vermelha e no Alto-Comissariado das Nações Unidas para os Refugiados, pretendemos compreender quais os debates suscitados por estas dinâmicas contraditórias e quais as soluções apresentadas por estes organismos para intervirem em territórios sob dominação colonial.

O refugiado como um problema: tendências limitadoras da ação das agências de assistência e proteção internacional

É necessário primeiramente começar por compreender a forma como o *refugiado* foi, e continua a ser, percepcionado como um problema a partir da perspectiva estadual. O surgimento de movimentações de massas de indivíduos que atravessam as fronteiras estatais, sem proteção por parte do país de origem, caem sob a égide de novos Estados cujas comunidades têm de suportar a sua subsistência. Para além da carga económica acrescentada para os Estados, os refugiados, não fazendo parte da sociedade onde procuram proteção, foram, ao longo das décadas, vistos com desconfiança tanto por parte dos organismos estatais como das comunidades mais afetadas pela sua presença. Este *outro* que traz instabilidade, especialmente em conjunturas críticas económicas ou de conflito, foi, e continua a ser, um problema a ser resolvido rapidamente por forma a mitigar o mais possível os esforços dos Estados de acolhimento, levando a estratégias muitas vezes contrárias à proteção destes indivíduos e que privilegiam a estabilidade das comunidades onde chegam. Exemplos são o repatriamento célere, assistência limitada ou confinamento em campos. As tendências protecionistas dos Estados de recepção face aos refugiados fomentaram, por isso, uma série de debates sobre a necessidade de identificação destes grupos como especialmente vulneráveis, mas também quanto à formalização e proteção dos seus direitos face aos interesses estatais.

Uma das tendências que pautaram a primeira metade do século XX, a afirmação do nacionalismo estatal, foi fulcral para o desenvolvimento do sistema internacional de proteção dos refugiados. A afirmação do Estado-Nação enquanto unidade política por excelência, ligada a conflitos de transformação violenta, traduziu-se na adopção de medidas protecionistas tanto em termos económicos, como de homogeneização étno-cultural que resultaram em engenharias populacionais de mobilização forçada de milhões de refugiados e outros deslocados. As práticas de controlo populacional desenvolvidas no período entre-guerras e no pós-Segunda Guerra espelharam tanto o aproveitamento de novos recursos tecnológicos e burocráticos – a implementação de censos ou de nova documentação de identificação –, como o recurso à violência – expulsão, confinamento e tentativas de extinção do *outro*. A percepção do *outro* como ameaça gerou, em nome da segurança, medidas de coerção abusivas e em escalas desproporcionais, reflectindo processos cíclicos de violência em massa num crescendo crítico para a população.[4]

A tendência dos Estados para recorrerem ao monopólio da violência para a resolução de problemas populacionais despertou um olhar concomitante para a brecha existente entre os Estados e os indivíduos como sujeitos de Direito Internacional. Mais do que olhar para a crise europeia na óptica estatal, era imperioso encontrar espaços de proteção dos indivíduos deslocados e em busca de refúgio. Surgiram, desta forma, novos actores internacionais – não governamentais e intergovernamentais – de carácter humanitário com o propósito de criação e manutenção da estabilidade e da paz, e que tentavam, pela primeira vez, colocar a proteção do indivíduo a par dos interesses estatais. O aparecimento de organizações como a Sociedade das Nações, a Organização Internacional do Trabalho e mais tarde do sistema das Nações Unidas, aliadas à crescente importância do Movimento Internacional da Cruz Vermelha colocaram ao longo do tempo, um conjunto de pressões internacionais cada vez mais efetivas para fazer face ao monopólio estatal de controle populacional nas suas variadas formas. A acção das agências de assistência e protecção aos refugiados via-se, porém, limitada pela falta da concepção concertada da necessidade de formalização de direitos dos refugiados[5], alargada a todos os indivíduos, como pela ratificação de tratados

[4] Gerlach, *Sociedades extremadamente violentas.*

[5] Em 1928 e 1933 foram estabelecidos dois tratados importantes para a proteção internacional dos refugiados. O Estatuto Legal dos Refugiados Russos e Arménios de 1928 enquadrava um conjunto de recomendações – ainda que não vinculativas –, estabelecia standards para o reconhecimento do estatuto pessoal e enfatizava a inadequação de condicionar os direitos

contraditórios à proteção dos seus direitos.[6] Os avanços na proteção destas comunidades associadas à ideia de alteridade e à insegurança, foram por isso precários pela sua limitação tanto em escopo como pela diminuta adesão por parte dos Estados.

No pós-Segunda Guerra Mundial, o repatriamento dos refugiados impôs-se como pedra angular para o norteamento da proteção internacional. A estratégia de repatriamento forçado adoptada para resolver o problema dos refugiados na Europa no período entre-guerras e durante a Segunda Guerra[7], levou ao protesto de cerca de um milhão de refugiados que recusavam retornar à área de influência soviética mesmo com a promessa de assistência para sessenta dias nos territórios de origem.[8] Surgida já dentro

dos refugiados arménios ao respeito pela reciprocidade do Estado a que pertenciam, como anteriormente era a regra. Para além disso, o tratado debruçava-se sobre uma série de preocupações específicas como o acesso aos tribunais, o direito ao trabalho, a proteção contra a expulsão, igualdade de taxação e a natureza das responsabilidades nacionais para honrar os documentos emitidos pela Sociedade das Nações. A Convenção do Estatuto Internacional dos Refugiados (1933) foi um dos primeiros esforços do acordo voluntário de Estados para proceder à codificação de direitos humanos enquanto normas internacionais vinculativas (o primeiro tinha sido com a Convenção de 1926 sobre a Escravatura). O documento firmava a explícita obrigação dos Estados à não expulsão destes indivíduos. O repatriamento devia ser igualmente evitado. Garantia ainda alguns direitos socioeconómicos, de acordo com a situação dos refugiados, nomeadamente nas áreas do trabalho, impostos, segurança social e educação. Apesar dos avanços concretos da Convenção de 1933, apenas oito Estados ratificaram este documento, limitando definitivamente a sua eficácia. Para uma leitura mais detalhada ver: James C. Hathaway, *The Rights of Refugees under International Law* (Cambridge: Cambridge University Press, 2005).

[6] Em 1923 foi assinado o Tratado de Lausanne, que reconhecia a Turquia como Estado e pretendia resolver o problema dos refugiados gregos e turcos. O documento baseava a resolução do problema das populações deslocadas no recurso a movimentações forçadas entre os dois Estados, legitimando a ideia de que as trocas populacionais seriam a solução a adoptar para os problemas das minorias nas décadas seguintes. Renée Hirschon, «Consequences of the Lausanne Convention: an overview», em Renée Hirschon, ed., *Crossing the Aegean: An Appraisal of the 1923 Compulsory Population Exchange Between Greece and Turkey* (Oxford: Oxford University Press, 2003), pp. 14-15; e Matthew Frank, *Expelling the Germans: British Opinion and Post-1945 Population Transfer in Context* (Oxford: Oxford University Press, 2007), pp. 13-38.

[7] Durante o conflito, os Aliados colocaram duas organizações no terreno para lidar com a questão das populações deslocadas. Tanto o Quartel General Supremo das Forças Expedicionárias Aliadas, como a organização que o substituiu, a Agência das Nações Unidas para o Auxílio e Reabilitação, foram responsáveis pelo repatriamento forçado de milhões de refugiados para territórios sob influência soviética. Laura Barnett, «Global governance and the evolution of the international refugee regime», *International Journal of Refugee Law*, vol. 14, n.º 2/3 (2002), pp. 238-262.

[8] Guinness, P., ed., *This Age of Crisis – Forty Momentous Years. Dramatic Story of the World's Uprooted Peoples*, Special Refugee Publication Planned by the United Nations and Voluntary Agencies, 1957, p. 11, Arquivo do Comité Internacional da Cruz Vermelha [ACICR], BAG 234.000.012.

das dinâmicas que iniciaram a Guerra Fria, esta situação suscitou uma série de debates concernentes aos direitos dos refugiados ou deslocados (como eram aliás designados durante o conflito), nomeadamente sobre a necessidade atribuir a estes indivíduos o direito de escolha no referente ao repatriamento. Demarcando-se da posição soviética que insistia no retorno dos seus cidadãos[9], os Estados que formavam o bloco ocidental enveredaram por uma via de crescente preocupação com a formalização do reconhecimento dos refugiados e a instituição dos direitos destes grupos.

As dinâmicas da Guerra Fria, que moldaram em grande parte as estratégias e acções políticas internacionais nas décadas seguintes, não deixaram de incidir, ainda que com abordagens e interesses diferentes e por vezes divergentes dentro das redes de tomada de decisão, no trabalho de construção de um regime de direitos humanos como mediador das relações inter-estaduais que, consequentemente, resultou na aplicação de uma série de mecanismos em benefício dos grupos mais vulneráveis, nomeadamente dos refugiados.

Mecanismos contra-tendência e limitações: intervenção e «universalização» da proteção internacionais

Ainda antes do término do mandato da OIR[10], foram aprovados pela Assembleia Geral das Nações Unidas dois documentos fundamentais para a formalização da proteção e do estatuto dos refugiados: a Declaração Universal dos Direitos Humanos (DUDH) em 1948 e a Convenção relativa ao Estatuto dos Refugiados (CER) de 1951.[11] A DUDH instaurava os direitos e liberdades fundamentais da pessoa humana, compreendidos universalmente. No preâmbulo do documento fica explícito o seu carácter universal, alargado aos povos de todo o mundo, incluindo aqueles subjugados à dominação

[9] A União das Repúblicas Socialistas Soviéticas (URSS) boicotou, a partir deste momento a acção tanto da Agência das Nações Unidas para o Auxílio e Reabilitação, como da Organização Internacional para os Refugiados (OIR), que a substituiu, defendendo que ambas se inseriam numa política de captação do bloco ocidental.

[10] A OIR foi constituída em 1946 com um mandato limitado, tendo cessado as suas operações em 1952.

[11] Adotada em 28 de Julho de 1951 pela Conferência das Nações Unidas de Plenipotenciários sobre o Estatuto dos Refugiados e Apátridas, convocada pela Resolução 429 (V) da Assembleia Geral das Nações Unidas, de 14 de Dezembro de 1950. Entrou em vigor em 22 de Abril de 1954, de acordo com o Artigo 43.º, Série Tratados da ONU, n.º 2545, vol. 189, p. 137.

externa.[12] No caso específico dos refugiados, a DUDH estabeleceu o direito de procurar e beneficiar de asilo a «qualquer pessoa sujeita a perseguição» independentemente «de raça, de cor, de sexo, de língua, de religião, de opinião política ou outra, de origem nacional ou social, de fortuna, de nascimento ou de qualquer outra situação». Mormente, não seria feita qualquer «distinção fundada no estatuto político, jurídico ou internacional do país ou do território da naturalidade da pessoa, seja esse país ou território independente, sob tutela, autónomo ou sujeito a alguma limitação de soberania».[13] Desta forma, para além de considerar que o indivíduo tem direito a asilo, colocando-o no centro da questão jurídica, o Artigo 14.º da Declaração universaliza esse direito, considerando a sua implementação em qualquer território, independentemente da sua forma jurídica, e para todos os indivíduos sem excepção.

Ao contrário da DUDH, a CER, específica à condição dos refugiados, mantinha a lógica imediatista e limitada das estratégias de proteção.[14] O Artigo 1.º 2) da Convenção, apesar de reconhecer formalmente o refugiado como tendo um estatuto próprio, limitava o escopo do Estatuto aos indivíduos refugiados devido aos acontecimentos antes da data de aprovação da Convenção, não permitindo, assim, qualquer preparação para futuras movimentações de refugiados.

Apesar desta limitação fulcral, a CER estabelecia um precedente importante no respeitante ao direito de escolha dos refugiados relativamente ao repatriamento, nomeadamente a partir do princípio de *non-refoulement*[15]

[12] Segundo o preâmbulo da DUDH, «A Assembleia Geral proclama a presente Declaração Universal dos Direitos Humanos como o ideal comum a ser atingido por todos os povos e todas as nações, com o objetivo de que cada indivíduo e cada órgão da sociedade, tendo sempre em mente esta Declaração, se esforce, através do ensino e da educação, por promover o respeito a esses direitos e liberdades, e, pela adoção de medidas progressivas de caráter nacional e internacional, por assegurar o seu reconhecimento e a sua observância universal e efetiva, tanto entre os povos dos próprios Estados-membros, quanto entre os povos dos territórios sob sua jurisdição». Preâmbulo da *Declaração Universal dos Direitos Humanos*, http://www.ohchr.org/EN/UDHR/Documents/UDHR_Translations/por.pdf, acedido a 13 de Junho de 2015.

[13] Artigo 14.º da *Declaração Universal dos Direitos Humanos*, http://www.ohchr.org/EN/UDHR/Documents/UDHR_Translations/por.pdf, acedido a 13 de Junho de 2015.

[14] Apesar de reconhecida como o documento fundador do reconhecimento de um estatuto específico para os refugiados, a CER é hoje acionada conjuntamente com o Protocolo Relativo ao Estatuto dos Refugiados, aprovado em 1967 e que formalizou a universalidade do Estatuto.

[15] A palavra *refoulement* deriva do francês *refouler*, que significa repelir ou forçar o retorno. A ideia de que os Estados não deveriam forçar o retorno de pessoas deslocadas para outros Estados estava presente já na Convenção relativa ao Estatuto Internacional dos Refugiados de

que procurava responder às soluções de repatriamento forçado aplicadas anteriormente.[16] Nas décadas seguintes, o enfoque na resolução do problema dos refugiados não deixou de estar no repatriamento, mas desta vez, de cariz voluntário, cabendo às agências de proteção internacional, nomeadamente o ACNUR, a responsabilidade de verificação e proteção da escolha do refugiado, bem como a orientação do processo de repatriamento, fazendo a mediação entre os interesses estatais e os do indivíduo.

Não obstante os avanços em matéria de direitos humanos, tanto a DUDH como a CER não previam sistemas de intervenção humanitária de organizações internacionais em situações de conflito. Neste âmbito mostrou-se fulcral o desenvolvimento do Direito Internacional Humanitário (DIH) patrocinado pelo Movimento Internacional da Cruz Vermelha[17], e mais especificamente pelo Comité Internacional.[18]

1933, Artigo 3.º. Guy S. Goodwin-Gill, «The international law of refugee protection», em Elena Fiddian-Qasmiyeh, *et al.*, *The Oxford Handbook of Refugees and Forced Migration Studies* (Oxford: Oxford University Press, 2016), pp. 36-47.

[16] O Artigo 33.º da CER estipula: «Nenhum dos Estados Contratantes expulsará ou rechaçará, de maneira alguma, um refugiado para as fronteiras dos territórios em que a sua vida ou a sua liberdade seja ameaçada em virtude da sua raça, da sua religião, da sua nacionalidade, do grupo social a que pertence ou das suas opiniões políticas». em http://www.acnur.org/fileadmin/Documentos/portugues/BDL/Convencao_relativa_ao_Estatuto_dos_Refugiados.pdf, acedido a 17 de Junho de 2015.

[17] Segundo o CICV, o DIH «é um direito "realista" que tem em conta não só os requisitos decorrentes do princípio de *humanidade*, sob o qual o direito humanitário se baseia, mas também considerações de *necessidade militar*». Em Jean-Philippe Lavoyer, «Refugees and internally displaced persons: International Humanitarian Law and the Role of the ICRC», *International Review of the Red Cross*, n.º 305, (1995), https://www.icrc.org/en/doc/resources/documents/article/other/57jmf3.htm. Destaque em itálico no texto original.

[18] A ação supervisora e de garante do DIH estava a cargo do CICV, organização internacional de cariz não-governamental com carácter público reconhecido pelo Direito Internacional. Actuando sob os princípios fundamentais de humanidade, imparcialidade, neutralidade e independência, o CICV preocupou-se, desde a sua fundação, com a proteção dos indivíduos participantes em situações de guerra, tendo o seu principal impacto em dois campos: na feitura do DIH e na garantia do respeito deste código no terreno. Com o desenvolvimento dos modelos de guerra, o CICV acabava frequentemente por aplicar novas políticas no terreno e só depois integrá-las no DIH contribuindo, assim, para o desenvolvimento dos instrumentos legais necessários por forma a fazer face a novas problemáticas. Para mais informações sobre o papel do CICV durante o século XX ver Miriam Bradley, *Protecting Civilians at War: The ICRC, UNHCR, and their Limitations in Internal Armed Conflicts* (Oxford: Oxford University Press, 2016); David P. Forsythe, *The Humanitarians: The International Committee of the Red Cross* (Cambridge: Cambridge University Press, 2005); e François Bugnion, *Le Comité International de la Croix Rouge et la protection des victimes de la guerre* (Genebra: CICR, 1994).

Um dos mecanismos mais importantes para a intervenção de organizações internacionais em cenários de conflito internacional e interno, o Artigo 3.º comum às Convenções, foi estabelecido aquando da revisão das Convenções de Genebra em 1949 e assinada uma nova Convenção que outorga a proteção a civis[19], inclusive em território ocupado.[20] A Quarta Convenção de Genebra prevê, ainda que indirectamente, a assistência do CICV em benefício de refugiados vítimas de guerra. Segundo a Convenção, as partes do conflito devem concordar com a realização de operações de assistência de cariz humanitário, imparciais e de natureza não-discriminatória, e salvaguardar o respeito e proteção das agências de assistência. Assim, se os refugiados entrassem na categoria de vítimas civis de guerra, em conflitos internacionais ou internos, o Comité tinha o dever de procurar intervir, negociando a assistência a estes grupos com as partes beligerantes.[21] Desta forma, o CICV conseguia alargar a sua ação na proteção de civis em conflitos internos, estando capacitado, pelo menos em princípio, para a intervenção nos conflitos coloniais que surgiram nas décadas de 1950 e 1960.

A acrescentar à decisiva revisão do DIH no pós-guerra, o CICV teve um papel directo na protecção aos refugiados.[22] A 1 de Maio de 1950 o Comité enviou mesmo um apelo universal a favor de todos os refugiados e apátridas, procurando uma solução o mais abrangente possível para as necessidades destes indivíduos. A mensagem enfatizava a importância de se dar aos refugiados uma proteção lata e universal e da criação, para esse efeito, de um organismo internacional, permanente, imparcial e independente que pudesse exercer as suas actividades sem qualquer discriminação,

19 A Primeira Convenção de Genebra que protege os soldados e enfermos durante a guerra terrestre foi assinada em 1864 e revista em 1906 e 1929, e depois em 1949; a Segunda Convenção de Genebra que protege os militares feridos, enfermos e náufragos durante a guerra marítima substituiu a Convenção de Haia de 1907 para a Adaptação à Guerra Marítima dos Princípios da Convenção de Genebra; e a Terceira Convenção de Genebra veio substituir a Convenção Relativa aos Prisioneiros de Guerra de 1929.

20 Estava ainda proclamada pelo Artigo 3.º – comum às quatro Convenções –, a capacidade de intervenção do CICV em situações de conflitos não internacionais, estipulando normas fundamentais irrevogáveis que determinavam o tratamento humano para todos os indivíduos em poder do inimigo, sem nenhuma distinção adversa.

21 Ver, Jean-Philippe Lavoyer, «Refugees and internally displaced persons».

22 Durante a primeira metade do século XX, o CICV teve um papel proeminente na assistência aos refugiados, tanto na assistência direta como na implementação do alto-comissário da Sociedade das Nações para os Refugiados. Para uma análise mais detalhada destas questões ver, Bugnion, *Le Comité International de la Croix Rouge et la protection des victimes de la guerre*, pp. 88-185; e Forsythe, *The Humanitarians*, pp. 13-50.

numa linha divergente à do sistema de mandatos temporários em vigor na ONU.

Substituindo a OIR em Janeiro de 1951, o ACNUR iniciou o seu mandato com a responsabilidade de fazer cumprir as convenções relativas aos refugiados, nomeadamente a CER. Não obstante, o Estatuto do Alto--Comissariado[23], previa o alargamento do seu escopo de ação pela cláusula B do Artigo 6.º, onde a obrigação de assistência da organização se estendia a «[q]ualquer pessoa» que se encontrasse na condição de refugiado, prevendo uma acção para além dos limites impostos pela CER.[24] Assim, o ACNUR, sob a liderança do alto-comissário Gerrit Jan van Heuven Goedhart, constituía uma nova resposta ao problema dos refugiados sob a percepção de que «pela primeira vez na história, um mandato geral, e não limitado a certas categorias» lhe era conferido.[25]

Ora se a questão da limitação a «certas categorias» estava legalmente ultrapassada, não era notória, à partida, a capacidade da organização para operar nos termos universalistas e permanentes almejados. Por um lado, e apesar de ter os seus próprios estatutos, ACNUR via-se obrigado à responsabilidade de responder apenas aos refugiados identificados até ao início do seu mandato, seguindo a definição de refugiado estabelecida na CER; por outro, ficava sujeito a uma série de limitações temporais, pela continuação do sistema de mandatos temporários, e financeiras, já que não tinha acesso a fundos diretos para a operacionalização das suas funções, estando sujeito a donativos de Estados ou organizações privadas. Estabelecidos dentro da lógica de conflito Este-Oeste, tanto o mandato do ACNUR como a Convenção de 1951, procuravam responder às preocupações e interesses das potências ocidentais. Do documento foram excluídos os deslocados internos ou grupos de refugiados em regiões consideradas de importância geoestratégica menor como o Indostão.[26] A prioridade passava por resolver o problema de deslocados no continente europeu por forma a

[23] Resolução 428 (V) da Assembleia Geral das Nações Unidas, aprovada a de 14 de Dezembro de 1950.

[24] Artigo 6.º B do *Estatuto do Alto-Comissariado das Nações Unidas para os Refugiados*, em https://www.acnur.org/fileadmin/Documentos/portugues/BD_Legal/Instrumentos_Internacionais/Estatuto_ACNUR.pdf?file=fileadmin/Documentos/portugues/BD_Legal/Instrumentos_Internacionais/Estatuto_ACNUR, acedido em 15 de Junho de 2015.

[25] Gustave Kullmann, «Le Problème des Réfugiés», de 8 de Março de 1952, ACICR, BAG 234.000.001.

[26] Gill Loescher, *The UNHCR and World Politics: A Perilous Path* (Oxford: Oxford University Press, 2001), pp. 43-46.

aliviar os esforços de um conjunto de Estados que procuravam ultrapassar as dificuldades de reconstrução de um sistema político-económico capaz de proporcionar a estabilidade e paz regionais.

Assim, simultaneamente ao estabelecimento de mecanismos de cooperação internacional baseados na máxima dos direitos humanos, caracterizados pela percepção de necessidade de proteção dos indivíduos face aos modelos políticos estatais, o *mementum* de instabilidade do pós-guerra revelou novamente tendências protecionistas por parte dos Estados tanto ao nível securitário como económico. A partir da década de 1950, surgiram novos focos de instabilidade fora do continente europeu que demonstrariam falhas quanto à capacidade do sistema de proteção internacional para atuar em geografias onde a intervenção de organismos internacionais humanitários não estava prevista. O universalismo promovido pelos documentos fundadores da acção humanitária seria desafiado em larga escala, questionando o papel dos agentes humanitários e promovendo debates sobre a universalização dos direitos humanos em geral e da proteção e assistência aos refugiados em particular.

Desafios coloniais: percepções, ideários e respostas

Se até aos anos 1950 a história dos refugiados foi centrada nas dinâmicas europeias, a partir de meados da década, o problema destes movimentos populacionais foi alargado a outros continentes. Abordar a questão dos refugiados nas guerras de descolonização em África significava ir além dos limites legais e institucionais – temporais, espaciais e conceptuais – que giravam em torno da percepção do ser humano como sujeito de direitos.

A necessidade de legitimação do poder foi constante durante os diferentes períodos coloniais, sofrendo mutações que derivaram tanto do contexto internacional como da ação de colonos e colonizados face às ideologias e medidas implementadas pelas metrópoles e autoridades locais. No século XX, as noções de desenvolvimento e humanitarismo contribuiram para a reformulação dos discursos coloniais pela exploração de conceitos como progresso, mudança, caridade ou filantropia[27], que justificavam a continuação

[27] Para uma análise destas reformulações ver Charlotte Riley, «"The winds of change are blowing economically": the Labour Party and British overseas development, 1940s-1960s», em Andrew Smith, e Chris Jeppesen, eds., *Britain, France and Decolonization in Africa. Future Imperfect?*,

da missão civilizadora nos impérios ultramarinos e que alimentavam a percepção do *outro* africano como atrasado e necessitado de assistência externa – neste caso a partir do poder colonial – para a sua modernização e evolução económica e social.

No pós-Segunda Guerra Mundial, a justificação da hegemonia colonial foi confrontada com a pressão de contestações múltiplas, dissidentes das formas de prorrogação do poder das metrópoles europeias sobre as comunidades africanas e asiáticas. Por um lado, nos *fora* internacionais – que estabeleciam um novo regime de conduta universalista criado em parte pelas potências coloniais – eram discutidas e apropriadas ideias ocidentais dos valores democráticos e de direitos humanos para a concepção do direito de autodeterminação dos povos subjugados a quadros normativos e formadores sociais externos.[28] Por outro lado, actores locais sob o jugo imperial em África, adotavam e adaptavam discursos e conceptualizações ocidentais universalistas para advogar perspectivas autóctones sociais, económicas e políticas concorrentes, com recurso à negociação ou à coerção.[29]

Pressionados pelas dinâmicas do pós-guerra, os governos metropolitanos adaptaram discursos imperiais, capacitando os autóctones e transformando retóricas associadas à superioridade racial. Segundo Frederick Cooper, a «diferença residia no facto de a mudança cultural parecer uma opção do indivíduo»[30], assegurando, simultaneamente, alguma margem de manobra

(Londres: UCL Press, 2017), p. 45, acedido em http://www.jstor.org/stable/j.ctt1mtz521.7 a 3 de Maio de 2018. Para um olhar sobre a filantropia cristã ligada às dinâmicas imperiais de modelos de diferenciação civilizacional no início do século XX ver, Katharina Stornig, «Promoting distant children in need. Christian imagery in late nineteenth and early twentieth centuries», em Johannes Paulmann, ed., *Humanitarianism & Media. 1900 to the Present*, (Nova Iorque: Berghahn, 2019), pp. 41-66.

[28] Para dois exemplos de estudos sobre os debates internacionais relativos ao impacto da descolonização na formulação dos direitos humanos ver, Roland Burke, *Decolonization and the Evolution of International Human Rights* (Filadélfia: University of Pennsylvania Press, 2010); e Steven Jensen, *The Making of International Human Rights: The 1960s, Decolonization and the Reconstruction of Global Values* (Cambridge: Cambridge University Press, 2016).

[29] De relevo foi a apropriação dos argumentos defendidos na Carta do Atlântico de 1941, nomeadamente a interpretação americana do documento que defendia a universalização do direito à autodeterminação dos povos. Para uma análise mais detalhada sobre as divergências de interpretação da Carta do Atlântico, ver, Alfred Brian Simpson, *Human Rights and the End of Empire. Britain and the Genesis of the European Convention* (Oxford: Oxford University Press, 2010), pp. 235-238.

[30] Frederik Cooper, «Burocratas modernizadores, africanos atrasados e o conceito de desenvolvimento» em Frederik Cooper, *Histórias de África. Capitalismo, Modernidade e Globalização* (Lisboa: Edições 70, 2016), pp. 129-171.

diplomática aos governos metropolitanos nos *fora* internacionais e a manutenção de modelos de diferenciação baseados em políticas coercivas. Esta reconfiguração das leituras hegemónicas, mesmo que retoricamente e numa tentativa deliberada de descentralização do ónus do investimento, permitiram espaço para o surgimento de formas de protesto autóctone, por vezes através da apropriação de modelos ocidentais emergentes no final do século XIX e princípio do século XX. Exemplos foram a criação e participação em associações, sindicatos e partidos políticos para reivindicarem direitos de cidadania e participação política, contestarem políticas de exploração e diferenciação e defenderem o direito à autodeterminação.

Nos três casos aqui explorados, os protestos resultaram em processos de descolonização violenta que suscitaram a intervenção humanitária em África. Como foi anteriormente exposto, as agências internacionais de proteção e assistência humanitária, tinham, à partida, sérias limitações a uma actuação universalista que, no caso da intervenção em conflitos de descolonização, concorreram com uma série de novos desafios à intervenção formal e operacional destas organizações em benefício dos refugiados surgidos das guerras de independência no Quénia, na Argélia e em Angola. Despoletados durante a década de 1950 e no início da década seguinte[31], os três conflitos permitem demonstrar, pela conjunção de temporalidades, os desenvolvimentos no respeitante à concepção da universalidade da proteção e assistência aos refugiados a partir dos debates que suscitaram. Estes foram simultaneamente traduzindo estratégias de adaptabilidade, cooperação e entendimento que, revelando múltiplas divergências ao nível da responsabilidade e operacionalidade, são elucidativos dos processos de construção de redes transnacionais de assistência humanitária de escopo global.

Desafios legais

No decorrer da primeira metade do século XX, e à medida que foram desenvolvidos mecanismos de mediação e responsabilização internacional, os Estados-império foram confrontados com a afirmação de nacionalismos estatais que colocavam em causa a sua coesão enquanto unidades de poder

[31] As guerras de independência no Quénia, Argélia e Angola tiveram início em 1952, 1954 e 1961, respectivamente.

legítimas, primeiro na Europa e, mais tarde, nos continentes asiático e africano. Beneficiando da escalada dos diferendos resultantes das dinâmicas da Guerra Fria, as potências imperiais europeias, escudando-se na necessidade de prevalência dos interesses ocidentais, conseguiram sucessivamente proteger as suas possessões ultramarinas. Para tal, recorreram à reformulação da retórica imperial, e à definição de mecanismos inscritos nos instrumentos internacionais que permitiram prorrogar a dissolução dos impérios.

Uma das questões mais problemáticas seria a intervenção destas organizações em territórios sob domínio imperial, cuja jurisdição era exercida exclusivamente pelo poder metropolitano. Nos três casos, as organizações internacionais conceberam esta questão como a primeira barreira a ser ultrapassada. A proteção da legitimidade da unidade imperial firmava-se a partir da premissa do Estado como único sujeito de Direito Internacional, com o ónus de decisão sobre as esferas de actuação de outros actores, nomeadamente de organizações inter-governamentais e não-governamentais, cujas competências eram parte integrante dos instrumentos e mecanismos de mediação internacional adoptados. Por um lado, as potências imperiais negaram a legitimidade de organismos externos para intervirem em assuntos de jurisdição interna em territórios sob o seu domínio devido à discrepância existente entre a defesa de políticas de interesse e benefício comum – para colonizadores e autóctones – nos *fora* internacionais e a sua aplicação no terreno. Questões como o desrespeito pelo direito à propriedade, trabalho condigno, ascensão socioeconómica ou participação política e cívica dos autóctones desvirtuavam seriamente a imagem de cooperação para o bem comum advogado nos meios diplomáticos. Por outro lado, tanto a Grã-Bretanha como a França e Portugal peroravam pelo não reconhecimento dos movimentos de libertação como actores beligerantes legítimos, reduzindo, durante demasiado tempo, os conflitos no Quénia, na Argélia e em Angola a sublevações sem grande impacto ao mesmo tempo que empregavam meios militares que, em defesa do império, contribuíram para a destruição de tecidos sociais e dizimação em massa de civis.

Enquanto primeira instância a ser abordada para a mediação de conflitos, o CICV tinha o desafio de ultrapassar a retórica imperialista por forma a aplicar as Convenções de Genebra. Nos três casos, denota-se uma capacidade crescente de adaptação e de utilização de precedentes para possibilitar a intervenção internacional.

O caso queniano começou por ser debatido no CICV dez dias após a declaração de estado de emergência no Quénia. Os tumultos causados pelo denominado movimento Mau Mau[32] face à expropriação de terras dos Kikuyu no território aumentavam desde 1950, mas foi em resposta ao atentado a um dos principais chefes Kikuyu em Outubro de 1952[33] que a administração britânica adotou meios repressivos para conter os ataques. Apesar do estado de emergência ter sido declarado pelo governo local, de terem sido convocados três batalhões e duas companhias da King's African Rifles e enviado um batalhão de fuzileiros da metrópole[34], e de serem implementadas medidas que visavam toda a população Kikuyu, o governo britânico desconsiderou a relevância do conflito e os Mau Mau como actor beligerante *de facto*. Na óptica do CICV, situação era vista como uma oportunidade de enveredar por um trabalho inovador e «particularmente interessante» no domínio da sua ação em África, mas a possibilidade de se estar perante um conflito colonial de cariz interno, dificultou uma tomada de decisão imediata. Neste caso, Comité deveria agir com a maior «prudência», debruçando-se estrita e claramente sobre o campo humanitário.[35] A análise do caso queniano foi morosa e delicada. O primeiro relatório, que defendia a intervenção do Comité Internacional surgiu apenas em 1954, após a recepção de um apelo para assistência por parte do *Kenya Committee for Democratic Rights for Kenya Africans*, a 24 de Março de 1954, que instava o Comité a juntar-se ao protesto contra a repressão contínua na colónia que tinha vitimado, até à data, 4 mil autóctones[36], através do envio de um comunicado ao Colonial Office, ao governador do Quénia e às Nações Unidas na data de celebração do *Empire Day*. O relatório de Pierre Gaillard caracterizava a situação no território como semi-militar e esboçava preocupações com a degradação do estado da população civil.[37] Apontava ainda as possíveis obstruções

[32] Apesar de reconhecido como Mau Mau, a denominação adoptada pelo movimento seria Kenya Land and Freedom Army.

[33] Para um maior detalhe sobre as medidas implementadas pelo Governo do Quénia ver, David Anderson, *Histories of the Hanged. Britain's Dirty War in Kenya and the End of the Empire* (Londres: Phoenix, 2005); Caroline Elkins, *Britain's Gulag – The Brutal End of Empire in Kenya* (Londres: Bodley Head, 2014); e Fabian Klose, *Human Rights in the Shadow of Colonial Violence. The Wars of Independence in Kenya and Algeria* (Filadélfia: Pennsylvania University Press, 2009).

[34] *Kenya (Mau Mau Activities)*, Debate na Câmara dos Comuns de 21 de Outubro de 1952, em Hansard Archives: http://hansard.millbancksystems.com/lords/1952/oct/kenya-mau-mau-activities, acedido em 16 de Julho de 2017.

[35] *Reunião de quinta-feira 30 de Outubro*, 1952, ACICR, BAG 209-003.001.

[36] Segundo dados da Câmara dos Comuns. Carta recebida pelo CICV a 29 de Março de 1954, ACICR, BAG 200-108.001.

[37] Pierre Gaillard, *Note pour le Comité concerne: conflit du Kenya*, de 24 de Abril de 1952, ACICR, BAG 200-108.001.

a uma eventual acção do Comité: primeiro, a já conhecida oposição das autoridades britânicas à intervenção do CICV em processos de descolonização semelhantes[38]; segundo, a percepção de que não existia, entre os africanos, a concepção de caridade; e, terceiro, a consideração de que os eventuais representantes do CICV, sendo brancos como os britânicos, poderiam perder a posição de imparcialidade e neutralidade necessárias à acção do Comité. Para Pierre Gaillard, autor do relatório, «seria triste se o CICV fosse conotado como uma instituição branca, esquecendo os seus princípios fundamentais, quando os povos de cor e primitivos estão em causa». No decorrer do mês de Abril, o Grupo de Actividades Externas do CICV decidiu em reunião: que o caso do Quénia se enquadrava nos casos justificativos de intervenção dentro dos conflitos internos ou guerra civil; que era necessária uma primeira sondagem às autoridades britânicas em Londres antes de qualquer acção em Nairobi; mas que o apelo feito pelo *Kenya Committee for Democratic Rights for Kenya Africans* deveria ser arquivado[39], impedindo que o caso queniano fosse denunciado nas Nações Unidas com o apoio de uma organização independente da importância do CICV. Apesar do alerta de Gaillard ter sido ouvido pelo Comité, que considerou o caso queniano como estando dentro do seu escopo de intervenção, tanto as autoridades britânicas como a Cruz Vermelha Britânica (CVB) conseguiram adiar a primeira missão do CICV até 1957, quando a maior parte das medidas de coerção já tinham sido implementadas e os refugiados Kikuyu no Tanganhica deportados e processados em campos de concentração civil em território queniano.

Nos casos argelino e angolano, o CICV adotou uma estratégia de intervenção mais célere. Apesar do governo francês insistir no não reconhecimento dos movimentos de libertação, o Comité fez-se valer do precedente da actuação na Tunísia e em Marrocos para acelerar as negociações no caso argelino e, mais tarde, intervir em benefício dos refugiados nos territórios vizinhos onde existiam delegações da organização. No caso angolano, ao contrário dos anteriores, o primeiro apelo ao CICV tinha como objectivo a intervenção imediata em benefício dos refugiados angolanos no Congo Leopoldville. O Comité Internacional acionou mecanismos de cooperação com a Liga das Sociedades da Cruz Vermelha que, presente em território congolês, iniciou

[38] Referia-se ao conflito na Malásia.

[39] Pierre Gaillard, Note au C.I.C.R, de 19 de Novembro de 1954, ACICR, BAG 200-108.001.

um programa de assistência em cooperação com agências das Nações Unidas em benefício dos refugiados angolanos no Baixo Congo.[40]

Se o CICV dispunha de poder de iniciativa para a intervenção nos conflitos coloniais a partir do estipulado pelas Convenções de Genebra, o ACNUR tinha um conjunto de limitações mais alargado. Por um lado, tinha como missão principal fazer respeitar e implementar a CER, que, aliada à limitação temporal do seu mandato, colocava em causa, em grande medida, a sua acção em benefício dos refugiados em África. Depois, o Alto-Comissariado poderia agir apenas sob apelo feito pelo Estado de recepção, anulando a capacidade de iniciativa da agência no respeitante à proteção legal dos indivíduos que se enquadravam no Artigo 6.º B dos seus estatutos. No caso queniano, o Alto-Comissariado, a par de outras instituições internacionais, não foi chamado a intervir em benefício dos refugiados Kikuyu no Tanganhica que ficaram desprovidos de protecção e sujeitos às políticas de coerção colonial aplicadas durante o conflito.

Em 1957, a assistência do ACNUR aos refugiados argelinos foi acionada por apelo do governo tunisino. A resposta do alto-comissário August Lindt ao Chefe de Estado informava sobre o «procedimento habitual» nos casos fora do mandato original do ACNUR.[41] O apelo tunisino constituía uma oportunidade determinante para a sobrevivência da agência das Nações Unidas num momento em que as estratégias de resposta aos problemas dos refugiados no continente europeu estavam consolidadas. Lindt beneficiou, por um lado, de dois precedentes: as iniciativas de proteção legal aos refugiados húngaros na Áustria e Jugoslávia, e aos refugiados chineses em Hong Kong, que, apesar de não estarem abrangidos pela CER, tinham despoletado a utilização do mecanismo de *bons-ofícios*, que permitia ao ACNUR agir em benefício de refugiados fora do seu mandato original. Por outro lado, August Lindt fez-se valer do apoio do secretário-geral das Nações Unidas, Dag Hammasksjöld, e da Administração norte-americana que considerava a atuação humanitária no Norte de África como uma forma de combater a influência comunista no Médio Oriente e no Magrebe.[42]

[40] Referimo-nos ao ACNUR, à Operação das Nações Unidas no Congo (ONUC) e ao Fundo das Nações Unidas para a Infância (UNICEF).

[41] Carta de August Lindt a Habib Bourguiba de 12 de Junho de 1957, doc. B, em Arquivos do Alto-Comissariado das Nações Unidas para os Refugiados [UNHCRA], Assistance to Algerian Refugees in Tunisia, vol. 1, fundo 11, série 1, caixa 247.

[42] Anton Tarradellas, «La Guerre d'Algérie et l'expansion du système de protection internationale des réfugiés (1957-1962)», *Revue Relations Internationales*, vol. 4, n.º 176 (2018), pp. 105-118, 110-112

Ainda antes da aprovação da Resolução 1166(xii) pela Assembleia Geral em novembro de 1957, August Lindt informou o presidente tunisino do envio de um delegado do ACNUR em missão de exploração à Tunísia[43], comprometendo-se ainda com a obtenção dos meios financeiros para assegurar a assistência material às populações argelinas refugiadas no território.[44] No ano seguinte, o ACNUR alargaria a assistência aos refugiados argelinos em Marrocos.

Se o processo de intervenção em benefício dos refugiados argelinos foi relativamente célere devido à escalada da Guerra Fria, a movimentação de refugiados angolanos para Congo-Léopoldville em 1961 suscitou problemas do foro legal, nomeadamente em termos de elegibilidade. A questão girava em torno do facto de os refugiados angolanos pertencerem à mesma etnia dos habitantes do Baixo Congo e terem sido rapidamente integrados nas comunidades fronteiriças. A permeabilidade de uma fronteira artificial colocou dúvidas quanto à ação imediata do ACNUR. Ainda antes da recepção do pedido oficial de assistência por parte das autoridades congolesas, o secretário-geral das Nações Unidas informou o alto-comissário de que, apesar dos refugiados angolanos não serem etnicamente distintos dos habitantes no Baixo Congo e de sempre ter havido livre circulação de pessoas na região fronteiriça, estes indivíduos tinham nacionalidade portuguesa e estavam fora do seu país de origem. Ao contrário dos refugiados Baluba no sul de Kasai e dos Balubakat no sul de Kivu, os refugiados angolanos poderiam ser considerados elegíveis para o mandato do ACNUR pois via como «fundamentado» o seu receio perseguição em Angola.[45] No entanto, e mesmo após a formulação do pedido formal de assistência, a posição do Alto-Comissariado e da ONU sobre como responder à situação dos refugiados angolanos no Congo não era clara. O debate dividia posições dentro da organização entre a utilização da fórmula dos *bons ofícios* ou a inserção deste grupo no mandato regular da agência. Os *bons ofícios* pareciam ser a solução mais discreta ao nível político, mas a possível necessidade de se recorrer ao Fundo de Emergência do ACNUR para a assistência a estes

[43] Carta de August Lindt a Habib Bourguiba de 12 de Junho de 1957, doc. B, UNHCRA, Assistance to Algerian Refugees in Tunisia, vol. 1, fundo 11, série 1, caixa 247.

[44] Carta de August Lindt a Habib Bourguiba de 11 de Setembro de 1957, doc. F, UNHCRA, Assistance to Algerian Refugees in Tunisia, vol. 1, fundo 11, série 1, caixa 247.

[45] Telegrama de Dag Hammarskjöld para Felix Schnyder de 20 de Maio de 1961, doc. s.n., UNHCRA, Angolan Refugees – General 1961-1966, vol. 1, fundo 11, série 1, caixa 250.

refugiados implicava um alargamento do seu mandato regular, o que poderia ser prejudicial tanto em termos diplomáticos como operacionais.[46]

A decisão estava dependente do relatório de John. D. R. Kelly, representante da ONUC que servia de *liaison* com o ACNUR. No documento, Kelly indicava a existência de mais de cem mil refugiados na região, um número muito superior ao estimado em Maio anterior e que continuava a aumentar diariamente. Segundo o delegado, os refugiados preenchiam os requisitos básicos do Artigo 6.º B do Estatuto já que tinham sido alvos de «medidas de pacificação severas» por parte das autoridades portuguesas e de ataques por parte da população europeia. Mormente, as condições a que estavam sujeitos eram tão rigorosas como as que existiam na Argélia aquando da movimentação de refugiados para os territórios vizinhos da Tunísia e de Marrocos. Por outro lado, Kelly mantinha a premissa de que os refugiados angolanos poderiam «estar sujeitos a cláusulas de exclusão do Estatuto» pelo que, ainda que nacionais portugueses, tinham sido «recebidos nas suas próprias tribos étnicas» e reconhecidos pelo governo congolês. Para além disso, surgiam problemas de natureza operacional devido ao facto de a ONUC estar já a prestar assistência a estes e outros grupos no terreno.[47] Assim, apesar de não terem a intenção de voltar ao seu país de origem, era notável, na opinião de John Kelly, que os refugiados angolanos podiam ser facilmente assimilados na estrutura económica e social no Congo. Finalmente, o delegado sugeriu que a assistência a ser providenciada pelo ACNUR poderia ser dirigida à integração sócio-económica dos refugiados recorrendo a programas de autossuficiência.[48]

A partir do relatório, Felix Schnyder comunicou ao secretário-geral da ONU que o ACNUR não se pronunciaria naquele momento sobre a elegibilidade dos refugiados para uma extensão do mandato aos refugiados angolanos e consequente utilização do Fundo de Emergência. O alto-comissário chegava a esta conclusão por determinar que não existiam problemas relativos à protecção legal dos refugiados no Congo-Léopoldville e pelo facto de estar implementada no terreno uma operação de assistência

[46] Circular de 25 de Maio de 1961, doc. s.n., UNHCRA, Angolan Refugees – General 1961-1966, vol. 1, fundo 11, série 1, caixa 250.

[47] Carta de J. R. D. Kelly para alto-comissário das Nações Unidas para os refugiados de 1 de Junho de 1961, doc. 30, UNHCRA, Angolan Refugees – General 1961-1966, vol. 1, fundo 11, série 1, caixa 250.

[48] Relatório de J. D. R. Kelly de 27 de Junho de 1961, doc. 46A, UNHCRA, Angolan Refugees – General 1961-1966, vol. 1, fundo 11, série 1, caixa 250.

material «suficiente». A questão voltaria a ser considerada se, e quando, a operação de assistência estivesse ameaçada devido à escassez de recursos. Seguindo as indicações de John Kelly, Schnyder indicava que a contribuição do ACNUR poderia estar ligada com a promoção de soluções de longo prazo, com o objectivo de tornar os refugiados autossuficientes. Propôs por isso o envio de um delegado para o Congo[49] com o objectivo de avaliar as necessidades dos refugiados e fazer sugestões a esse respeito, e efectuar estudos sobre programas de auto-suficiência em estreita cooperação com a operação coordenada pelas organizações no terreno.[50] A acção do ACNUR em benefício destes refugiados surgiria apenas no segundo semestre de 1962, quando a situação de integração dos refugiados em áreas urbanas, com especial incidência em Matadi, colocava sérios problemas para a população e autoridades locais congolesas.

Desafios políticos

A intervenção das organizações internacionais em conflitos armados nas colónias foi também dificultada por questões de natureza política. Uma das principais preocupações das agências de proteção e assistência humanitária foi a tentativa de assegurar que qualquer intervenção externa ligada aos refugiados seria desprovida de conotações políticas, permanecendo fiel e defendendo os princípios de humanidade, neutralidade e imparcialidade. Em contextos de conflito interno nos quais as potências coloniais procuravam proteger os seus interesses, permeando a não divulgação dos casos, por um lado, e os movimentos de libertação tentavam internacionalizar a todo o custo as suas reivindicações de autonomia num ambiente internacional que lhes era cada vez mais favorável, por outro, a acção das organizações internacionais foi diversas vezes influenciada por questões de ordem política.

Nos três casos aqui explorados, a posição das autoridades metropolitanas constituiu uma resistência à intervenção das agências humanitárias que se pode sumarizar em duas questões relevantes. Por um lado, as potências coloniais

[49] Carta de Felix Schnyder a Sture Linner de 22 de Agosto de 1961, doc. 78, UNHCRA, Angolan Refugees – General 1961-1966, vol. 1, fundo 11, série 1, caixa 250.

[50] Carta de Felix Schnyder a Dag Hammarskjöld de 27 de Julho de 1961, doc. 68, UNHCRA, Angolan Refugees – General 1961-1966, vol. 1, fundo 11, série 1, caixa 250.

viam-se pressionadas pela comunidade internacional que, defendendo uma posição crescente em defesa dos direitos humanos, procurava averiguar a aplicação de um conjunto de normas internacionalmente estabelecidas nas políticas internas dos Estados.[51] No caso dos territórios sob administração britânica, francesa e portuguesa, o facto de a maioria dos autóctones não serem cidadãos de direito, previa a implementação de um conjunto de medidas exploratórias de expropriação, trabalho forçado e impossibilidade de participação política nos meios administrativos locais e metropolitanos, muitas vezes dissimulados por reformas cosméticas e retóricas convincentes nos meios internacionais. Localmente, a prática política, alheia ou com aprovação central, demonstrava a permanência de medidas contrárias às correntes internacionais de defesa de direitos sociais universais[52], e da autodeterminação dos povos. Enredados na contradição entre retórica e prática, os governos metropolitanos mostravam ainda resistência à intervenção internacional nos seus territórios, pelo não reconhecimento desses direitos e, consequentemente, pela recusa da legitimidade da contestação político-social mesmo quando colocando em causa a segurança dos seus próprios cidadãos e o bem-estar da população em geral. As autoridades metropolitanas procuravam assim construir uma nebulosidade dissuasora quanto à gravidade dos conflitos por forma a evitar a dissolução dos impérios ultramarinos.

Ao contrário do caso queniano, em que a estratégia britânica de atraso da intervenção e de silenciamento de associações políticas como a Kenyan Central Association e a Kenyan African Union foram bem-sucedidas, nos casos argelino e angolano, as organizações internacionais viram-se também confrontadas com a manipulação política da questão humanitária por parte dos movimentos de libertação. Tanto a Front de Libération Nationale (FLN) como a União dos Povos de Angola (UPA) enveredaram desde cedo numa campanha externa de divulgação da situação dos refugiados em territórios vizinhos, apoiada pelo Grupo Afro-Asiático – incluindo os Estados de

[51] No entre-guerras, tanto a Sociedade das Nações como a Organização Internacional do Trabalho procederam a várias tentativas de intervenção com vista à alteração de políticas coloniais, mas foi com a implementação do Artigo 73.º da Carta das Nações Unidas que a obrigatoriedade de divulgação de informação sobre as políticas implementadas para o desenvolvimento das sociedades sob domínio colonial colocou sérios desafios às administrações coloniais.

[52] Questões como o trabalho forçado, a alienação dos autóctones ao sistema de ensino ou à participação política seriam dissimuladas ou escondidas pelas administrações nos *fora* internacionais, nomeadamente pela utilização do mecanismo de jurisdição interna presente no Artigo 2.º, alínea 7, da Carta das Nações Unidas, na tentativa de contraposição ao Artigo 73.º do mesmo documento.

acolhimento – e de organizações não-governamentais, que exerciam uma pressão crescente nas Nações Unidas e noutros *fora* internacionais para a descolonização e defesa da autodeterminação dos povos.

No caso argelino, os agentes do CICV ponderavam a necessidade de estabelecer negociações não só com o governo francês e a FLN, mas ainda com outros actores políticos – caso da Liga Árabe – identificados como determinantes para o desenvolvimento do conflito pela forma como tendiam a dirigir as operações políticas e militares no Norte de África e o debate nas Nações Unidas.[53] Já Roberto Holden, líder da UPA, optou por uma estratégia internacional forte ainda antes do início do conflito armado em Angola, colocando pressão sobre o CICV para actuar tanto no terreno como em benefício dos refugiados angolanos. Em Novembro de 1960, três meses antes do início dos distúrbios em Angola[54], o secretário-geral e o presidente da UPA apelaram à assistência do Comité Internacional em benefício dos refugiados angolanos no Congo, afirmando que a fuga destes indivíduos se devia a «perseguições e tratamentos cruéis e inumanos» por parte das autoridades portuguesas.[55] Em Janeiro de 1961, na ocasião de uma visita a Genebra, Roberto Holden voltou a levantar a questão dos refugiados, lembrando o apelo feito ao CICV em novembro anterior. Os refugiados, cerca de um milhar e a aumentar «regularmente», tinham procurado o Congo independente em busca de proteção junto de aliados políticos ou de habitantes da região. Argumentavam que, até ao momento, a UPA tinha assistido às necessidades destes indivíduos, mas a falta de recursos ameaçava a continuação do esforço de assistência.[56] Em resposta, o Comité Internacional informou a UPA de que não estava na sua competência a assistência a refugiados e que os dirigentes do movimento deveriam levar a questão ao

[53] Uma notícia de 5 de Novembro repercutida na imprensa francesa, confirmava que o dirigente da «acção terrorista» argelina era o antigo dirigente do antigo Partido Popular Argelino, Mohamed Khides, ex-deputado à Assembleia Nacional e, à altura, refugiado o Cairo junto do Comité para o Magrebe Livre. Pierre Gaillard, Nota para o C.I.C.V. de 8 de Novembro de 1954, ACICR, BAG 200-008.001.

[54] Para uma análise mais detalhada sobre o início do conflito em Angola ver Diogo Curto, dir., Bernardo Cruz, e Teresa Furtado, *Política Coloniais em Tempos de Revoltas – Angola* circa *1961* (Porto: Edições Afrontamento, 2016).

[55] Carta de Jean Pierre Bala e M. Barsos Nenaca para o presidente da Cruz Vermelha Internacional de 15 de Novembro de 1960, ACICR, BAG 200.013-001.

[56] Relato verbal de reunião entre Roberto Holden, Maurice Thudichum e J. P. Schoenholzer de 13 de Janeiro de 1961, ACICR, BAG 200.013-002.

ACNUR. Não obstante, o CICV ficaria atento à situação.[57] A pressão sobre o CICV aumentou com a eclosão do conflito: no dia 21 de Março a delegação do Comité em Léopoldville recebeu pedidos de assistência médica por parte da UPA; o governo português, por meio do seu representante permanente na ONU, indagou o Comité sobre as suas intenções relativamente ao conflito[58]; no Congo, a LSCV tinha concordado em iniciar uma acção de assistência em benefício dos refugiados angolanos, mas não havia ainda a certeza do número de refugiados na região que provinham tanto do norte de Angola como do Enclave de Cabinda. Depois de avaliar estas questões o Comité decidiu contactar a CVP para prestar auxílio no conflito, e na assistência aos refugiados.[59]

Politicamente, o CICV enfrentava ainda um outro desafio que colocaria em questão a sua intervenção nos vários terrenos de acção. Segundo as premissas do Movimento Internacional da Cruz Vermelha, as Sociedades Nacionais têm, ao mesmo tempo, a obrigação de defender os valores do Movimento e de responder perante os Estados que representam. Ora, se em teoria estas premissas podem não constituir um problema, na prática revelam um conflito de interesses preocupante. Na apreciação dos vários casos, os agentes do CICV mostravam claras preocupações com a parcialidade das Sociedades Nacionais Britânica, Francesa e Portuguesa que pareciam estar a prestar auxílio somente às vítimas dos movimentos de libertação, descurando a restante população afetada que, sob suspeita de apoio aos movimentos, não beneficiava de assistência humanitária.[60] No caso queniano, a Cruz Vermelha Britânica (CVB) teve um papel decisivo no adiamento da intervenção do CICV pela prorrogação dos contactos com as autoridades metropolitanas e locais. Nos três conflitos, as Sociedades Nacionais alinharam-se com os governos metropolitanos no respeitante às estratégias políticas face ao problema dos refugiados, adjuvando nas tentativas de repatriamento ainda durante o conflito.[61] Os debates que surgiram desta questão, revelam três premissas

[57] *Ibid.*

[58] Relato verbal de reunião entre Pierre Gaillard e Fernando de Alcambar Pereira de 7 de Abril de 1961, ACICR, BAG 200.013-002.

[59] Presidência, 27 de Abril de 1961, ACICR, BAG 200.013-002.

[60] Carta de G. C. Senn para Pierre Gaillard de 14 de Fevereiro de 1955, ACICR, BAG 200-108.001.

[61] Para além da assistência ao repatriamento, a CVP e a Cáritas Portuguesa enviaram donativos para o Congo logo após o primeiro fluxo de refugiados ter chegado ao país. Enquanto que da CVP não havia informação nem dos géneros nem das quantidades enviadas, o embaixador português em Léopoldville reportou à Liga o envio de seis toneladas de géneros de primeira necessidade e alimentícios via Cáritas: milho, feijão leite, farinha, vestuário, medicamentos, marmitas,

determinantes: primeiramente, era necessário reformar as Sociedades Nacionais que, não tendo na sua estrutura elementos autóctones, eram associadas ao poder colonial e tentavam bloquear um assistência imparcial[62]; segundo, o próprio CICV deveria considerar uma reforma nos seus quadros por forma a não alimentar a parcialidade da actuação da Cruz Vermelha em territórios sob domínio colonial[63]; e, terceiro, a ambiguidade da situação nos cenários de conflito devido à falta de informação imparcial deveria ser ultrapassada pela intervenção de organizações internacionais neutrais.

Se o CICV enfrentou desafios que demonstravam a necessidade de reforma das instituições do Movimento Internacional da Cruz Vermelha, o ACNUR viu a sua ação condicionada pelas estratégias bipolares da Guerra Fria, nomeadamente no respeitante ao financiamento de programas de assistência. Pensada para providenciar apoio legal, a agência da ONU para os refugiados foi a princípio dissuadida de utilizar o Fundo de Emergência para prover assistência material aos refugiados argelinos[64] e angolanos[65] que não se enquadravam no seu mandato original, ficando dependente de donativos de outras organizações e de Estados, muitas vezes subjugados a interesses económicos particulares que adivinhavam formas de neo-colonialismo em África. No caso argelino, a politização da ação humanitária agravar-se-ia a partir da instauração da V República, quando a França, sob a liderança do General Charles de Gaulle, conseguiu monopolizar a assistência internacional aos refugiados utilizando o ACNUR como canal de assistência humanitária numa derradeira tentativa de refrear a divulgação internacional da situação dos refugiados e da questão argelina, e de negociar o repatriamento dos refugiados, ainda que com resultados diversos.[66]

panelas e tigelas. Telex entre Ray Schaeffer e Gösta Streijffert de 29 de Abril de 1961, Arquivos da Federação Internacional das Sociedades da Cruz Vermelha e Crescente Vermelho [IFRCA], Congo 22/1/2 M. Streijffert, Délégué au Congo 1961, A1023, caixa 1.

[62] Pierre Gaillard, *Nota ao C.I.C.V.* de 8 de Novembro de 1954, ACICR, BAG 200-008.001.

[63] Pierre Gaillard, *Nota de informação* de 14 de Julho de 1954, ACICR, BAG 200-108.001.

[64] Alexander Betts, Gill Loescher e Jamnes Milner, *UNHCR: The Politics and Practice of Refugee Protection* (Londres e Nova Iorque: Routledge, 2012), p. 26.

[65] Circular de 25 de Maio de 1961, doc. s.n., UNHCRA, Angolan Refugees – General 1961-1966, vol. 1, fundo 11, série 1, caixa 250.

[66] Para uma análise das tentativas de manipulação política da questão humanitária ver: Ana Filipa Guardião, «Desafios coloniais na construção do sistema internacional de protecção dos refugiados: os processos de descolonização no Quénia, Argélia e Angola (1950-1975)», (Tese de doutoramento, Lisboa: Instituto de Ciências Sociais, 2019).

Desafios Sociais

As guerras de independência no Quénia, na Argélia e em Angola colocavam ainda um conjunto de desafios sociais à intervenção das agências de assistência humanitária. As ideias desenvolvimentistas para África propagadas durante a primeira metade do século enquanto componente basilar da legitimação e manutenção do poder colonial ultramarino criaram, nos três casos, imaginários das colónias como sociedades promissoras e polos de investimento, promovendo noções de estabilidade e prosperidade dissuasoras tanto ao nível internacional como para os próprios governos metropolitanos. Medidas de investimento e inclusão sociopolítica como os *Colonial Development Acts* de 1940 e 1945 no Quénia, a abolição dos Códigos de Indigenato e do trabalho forçado e revisões constitucionais pela França[67] e por Portugal[68], adotadas a partir da década de 1930 e sem resultado prático

[67] O *code de l'indigenat* foi formalmente abolido a 20 de Fevereiro de 1946 (na Argélia a abolição do código foi decretada a 17 de Março de 1944), seguindo-se a proibição do trabalho forçado e a aprovação dos fonds d'investissement pour le développement économique et social des territoires d'outre-mér em Abril, e a aprovação da Lei Lamine-Guèye a 7 de Maio que alterava o estatuto formal dos sujeitos colonizados para cidadãos franceses. Em 1944, na Conferência de Brazzaville, foram debatidas as soluções possíveis para solidificação e unificação do império. Era necessário que o império fosse eficiente e que a sua legitimidade estivesse assegurada. Segundo Frederick Cooper, apesar das suas limitações percepcionais do africano enquanto atrasado, Brazzaville abriu a porta para a discussão sobre reformulação do império dando às questões sociais de inclusão e democratização um novo fôlego, pela sua integração nas acepções de universalidade do império francês. A nova Constituição de 1946 acabava com a visão disseminada a partir da década de 1920 sediada na concepção do império francês como conjunto de culturas e nacionalidades diferentes debaixo de uma instância imperial que tinha como função a manutenção da ordem e a preservação das várias tradições culturais. A partir de 1946, Paris tentou difundir a ideia de uma França una e democrática, cujos cidadãos, dentro e fora da metrópole, beneficiavam dos mesmos direitos. Em setembro do ano seguinte, as autoridades francesas proclamaram ainda um outro estatuto para a Argélia que anunciava um novo conjunto de mudanças: foi garantida codeterminação política à população árabe; estabeleceu-se a Assembleia Argelina que tinha funções legislativas no que dizia respeito a questões de cariz sócio-económico e financeiro local; e o árabe passou a constar como segunda língua oficial no território. Para um estudo mais aprofundado destas questões ver, Frederik Cooper, *Decolonization and African Society: The Labour Question in French and British Africa* (Cambridge: Cambridge University Press, 1996), pp. 180-183; do mesmo autor «Burocratas modernizadores»; Klose, *Human Rights in the Shadow of Colonial Violence*, p. 83; e Planchais, J., *L'empire embrasé 1946/1962* (Paris: Éditions Denoël, 1990), p. 226.

[68] Ainda em 1928, o governo português estabeleceu o *Código de Trabalho dos Indígenas* que previa a abolição da obrigação legal do trabalho nas colónias. Mais tarde o *Acto Colonial* de 1930, a Constituição de 1933 e a revisão constitucional de 1951 estabeleciam uma integração de facto

para a maioria da população, descuravam a contestação emergente nas sociedades sob seu domínio derivadas de séculos de opressão e exploração.

Nos territórios, as medidas desenvolvimentistas traduziam-se na manutenção de tendências abusivas de exploração da precaridade económica e social das populações autóctones. O recurso à expropriação, ao trabalho compelido e ao controle da movimentação das populações – pela migração forçada ou modelos de confinamento[69] – aliado à manutenção da pobreza económica, educacional e cívica da maioria da população, continuaram a ser determinantes para a imposição da superioridade europeia pela fragmentação dos tecidos sociais das comunidades locais. A questão da miséria social, económica e psicológica das sociedades surgiu como um ponto importante de debate entre os atores internacionais por refletir uma ameaça deliberada à defesa dos direitos humanos e, por isso, às abordagens das potências aos conflitos e à assistência aos refugiados.

No Quénia, a expropriação de terras na exploração das quais se baseava parte da interação sociocultural das comunidades africanas, a subida das suas espectativas relativamente ao aumento do nível de vida no pós-guerra e o aumento dos preços dos produtos consumíveis confluíam em êxodos em massa de trabalhadores rurais para as cidades. Nos aglomerados urbanos e principalmente em Nairobi, enfrentavam a miséria socioeconómica e psicológica, fruto do desemprego e de medidas de segregação racial impostas pelas autoridades locais. Métodos de incrementação do desenvolvimento

das colónias na nação portuguesa. Tal como no caso francês, as mudanças legais serviam somente os interesses de manutenção e unificação do império. Tanto na Argélia como em Angola, as práticas locais de exclusão política e trabalho abusivo contrapunham a ideia de desenvolvimento social e político nos territórios. Para uma apreciação dos debates e correntes que participaram na formulação da revisão constitucional ver, Valentim Alexandre, *Contra o Vento: Portugal, o Império e a Maré Anticolonial (1945-1960)* (Lisboa: Temas e Debates – Círculo de Leitores, 2017), pp. 201-210. Para a questão do trabalho indígena, ver, Miguel Bandeira Jerónimo, *Livros Brancos, Almas Negras. A «Missão Civilizadora» do Colonialismo Português, c. 1870-1930* (Lisboa: Imprensa de Ciências Sociais, 2010); e José Pedro Monteiro, *Portugal e a Questão do Trabalho Forçado: Um Império sob Escrutínio (1944-1962)* (Lisboa: Edições 70, 2018).

[69] Para o caso queniano ver: Anderson, *Histories of the Hanged.*; e Elkins, *Britain's Gulag.* Para o caso argelino ver, Michel Rocard, *Rapport sur les camps de regroupement et autres textes sur la guerre d'Algérie* (Paris: Éditions Mille et Une Nuits/Fayard, 2003); Para o caso angolano ver, Diogo Curto, e Bernardo Cruz, «Terror e Saberes Coloniais: os incidentes na Baixa de Cassange», em Curto, dir., Cruz e Furtado, *Política coloniais em tempos de revoltas*; e Bernardo Cruz e Diogo Curto, «The good and the bad concentration: regedorias in Angola», *Portuguese Studies Review*, número especial *Historical trajectories of the Third Portuguese Empire: Re-examining the Dynamics of Imperial Rule and Colonial Societies (1900-1975)* (2017).

económico que passavam pelo aumento da produtividade agrícola sob a égide de latifundiários britânicos, tinham tido como consequência a movimentação forçada das populações Kikuyu das terras aráveis do Quénia para áreas sobrepopuladas onde a subsistência da população era colocada em causa. Durante o estudo sobre a possibilidade de intervenção do CICV no Quénia, Pierre Gaillard baseou-se em duas análises da realidade queniana que vinham desafiar o grau de perceção do ocidente face a estas comunidades.[70] A destruição sistema tribal foi apontada como causa da miséria social e económica dos Kikuyu e demais africanos no Quénia, devido à substituição da autoridade dos anciãos por administradores regionais que ignoravam as reivindicações dos Kikuyu. Esta questão, aliada às dinâmicas de expropriação e segregação racial, e às formas de escravatura implementadas nas herdades administradas por colonos europeus, tinham criado uma realidade de «miséria psicológica» e de impotência perante as autoridades, levando ao aparecimento do movimento Mau-Mau.

A agência de protesto argelina foi formada em parte na metrópole durante as primeiras décadas do século XX[71] e participou em redes transnacionais no entre-guerras, permitindo aos movimentos de protesto preparar e consolidar ideais que rapidamente se adaptaram ao *mementum* do pós-guerra. As dinâmicas locais contribuíram também para o desenvolvimento da agência de protesto. Caracterizado pelo dinamismo e espírito empreendedor fomentados pelo desenvolvimentismo económico, um grupo de proprietários de terras europeus monopolizava o poder político[72] e económico, constituindo uma oligarquia que dominava as reformas no território. Enquanto isso, 80% da população autóctone estava empregada em pequenas produções

[70] Jean Rusillon, «L'Afrique noire devant notre civilization», *Globe: Revue Genevoise de Géographie*, vol. 91, 1952, p.3, encontrado em ACICR, BAG 209-003.001; e Fenner Brockway, «Les origines du mouvement Mau-Mau», *Revue de la Politique Mondiale*, n.ºs 5 e 6, Março de 1953, encontrado em ACICR, BAG 200-108.001. Fenner Brockway era à época deputado trabalhista e, segundo o editorial da revista, um «especialista com reputação para as questões africanas». Jean Rusillon foi missionário em África.

[71] Os primeiros movimentos surgiram no seio do movimento operário argelino ou nas universidades em França e não no território. Benjamin Stora justifica esta questão pelas condições que caracterizaram a presença colonial francesa na Argélia – políticas de povoamento europeu, expropriação massiva de terras e a divisão do território em departamentos – diferente dos sistemas de protectorado em Marrocos e na Tunísia. Benjamin Stora, *Histoire de l'Algérie coloniale 1830-1954* (Paris: La Découverte, 2004).

[72] Na Assembleia Argelina, os deputados autóctones eram, em grande parte, «fabricados pela máquina administrativa e votam como os conservadores europeus». Planchais, *L'empire embrasé 1946/1962*, p. 224.

e essencialmente em solos pobres[73], somente 15% dos homens e 6% das mulheres sabiam falar francês, e menos de 13% das crianças muçulmanas eram escolarizadas.[74] Este fosso que atravessava todos os aspetos do quotidiano dos argelinos traduzia a incapacidade de engajamento entre as duas comunidades, perpetuando conceções paternalistas redutoras. As tentativas governativas para o atenuar fracassavam na prática.[75]

Em Angola, a falta de pessoal administrativo e de mão-de-obra agrícola perpetuavam práticas abusadoras no regime de trabalho indígena, e a insuficiência de estruturas de ensino, saúde e assistência social agravavam situações de precariedade social e psicológica para a maioria dos africanos. A partir da segunda metade da década de 1940, foram implementadas várias políticas de fomentação do povoamento da colónia[76], cuja intensificação[77] resultou numa alteração de dinâmicas que se assemelhava aos casos britânico e francês no pós-guerra pela incrementação da concorrência económica e social entre a população autóctone e os novos colonos.[78] Apesar da introdução de algumas reformas laborais e da concessão de direitos de propriedade aos africanos, a expropriação de terras e os modelos de trabalho forçado eram visíveis no norte de Angola pela avidez de crescimento económico de colonos muitas vezes despreparados para a realidade que iam encontrar.[79] A intensificação do trabalho nas culturas de algodão e café, aliada à estagnação social e económica dos africanos – 80% da população vivia ainda em meios rurais e praticava agricultura de subsistência, e mais de 90% não tinha acesso

[73] O investimento previsto nos sectores de «avanço rural» (que beneficiariam 300 mil famílias) e de defesa e restauração dos solos (30 mil hectares por ano) não avançava desde o início do século. *Ibid.*, p. 222.

[74] 18% se contempladas as escolas corânicas. Estes dados são de 1948. *Ibid.*, p. 222.

[75] Por exemplo, a tentativa do governador geral Yves Chantaineu de substituir na terminologia oficial o termo «indígenas» por «muçulmanos» sofreu uma feroz oposição por parte dos oligarcas. *Ibid.*, 1990, p. 225.

[76] A migração para as colónias foi incentivada por via dos decretos-lei n.º 34 464 de 1945 e n.º 38 200 de 1951 que alocavam verbas anuais destinadas à intensificação do povoamento do ultramar, e liberalizada pelo Decreto-Lei n.º 40 610 de 25 de Maio de 1956.

[77] Segundo os dados compilados por Douglas Wheeler, a população de europeus em Angola teve um crescimento de 400% de 1940 a 1960: 1940 – 44 083 europeus; 1950 – 78 000 europeus; 1955 – 110 000 europeus; 1960 – 172 000 europeus. Ver, Douglas Wheeler e Renée Pélissier, *História de Angola* (Lisboa: Tinta da China, 2009), p. 205.

[78] *Ibid.*, p. 203.

[79] As práticas de trabalho forçado eram particularmente incidentes nas áreas central e oriental do distrito do Congo, no norte de Angola, região de onde surgiu a maior parte dos refugiados angolanos durante o conflito.

à educação, condicionando as a empregabilidade em meios urbanos – gerou uma situação de rutura entre colonos e autóctones. Durante a década de 1950 cerca de 30 mil trabalhadores deixavam todos os anos os distritos do norte de Angola para territórios vizinhos onde o nível de vida dos africanos era mais elevado[80], devido à imposição do trabalho forçado, a condições de trabalho primitivas e ao recurso a castigos corporais, baixos salários, precarização dos níveis de saúde no local de trabalho, desemprego significativo e falta de condições habitacionais nos meios urbanos e à estagnação das medidas de assimilação.[81] Esta situação criou sérios problemas de falta de mão-de--obra que eram respondidos pela acentuação das medidas de trabalho forçado. Assim, o recurso a práticas abusivas no respeitante ao trabalho indígena e a falta de mão-de-obra geravam um ciclo de perpetuação da precaridade económica e social na colónia.

A complexidade das dinâmicas das sociedades africanas colocava nos agentes das organizações internacionais de assistência sérias dificuldades de engajamento com a população. Por um lado, os debates refletiam desconhecimento da realidade nestas geografias. A estratégia de não divulgação dos tumultos por parte das autoridades locais e metropolitanas foi bem-sucedida. No caso britânico, foram necessários cinco anos para que a primeira missão do Comité Internacional tivesse lugar. Nos casos angolano e argelino, foi determinante a presença de delegados nos territórios vizinhos para que o CICV pudesse esboçar a necessidade de intervenção e para que o ACNUR pudesse avaliar a necessidade de proteção legal e assistência aos refugiados. Por outro lado, a perceção das tendências que, a longo prazo, tinham levado à situação de conflito era igualmente deficitária e causaria problemas de discernimento quanto à elegibilidade da população refugiada. Questões como a transposição quotidiana de fronteiras artificiais, voluntária ou forçadamente, que dissipavam noções de identidade ou de pertença a um determinado território, comprometeram critérios de elegibilidade e

[80] Alexandre, *Contra o Vento*, p. 225.

[81] As condições de trabalho dos africanos tinham sido já objecto de várias denúncias por parte de organizações como a Liga Nacional Africana, e de vozes dissidentes em Lisboa como por exemplo o *Relatório Detalhado dos Problemas dos Nativos nas Colónias Portuguesas, especialmente em Angola e Moçambique* apresentado por Henrique Galvão em 1947 numa reunião da Assembleia Nacional. O relatório seria rejeitado e capitão posteriormente acusado de traição e preso pelas autoridades. Também Augusto Casimiro, antigo Governador do Distrito do Congo, apresentou em 1958 uma crítica geral às condições de trabalho dos africanos, afirmando que a prosperidade de Angola estava alicerçada em fundações efémeras. Wheeler e Pélissier, *História de Angola*, pp. 206-209.

assistência aos refugiados, o que colocava em causa a celeridade de intervenção e eficiência da resposta de assistência. Mormente, o desconhecimento sobre as comunidades locais aliado à propaganda metropolitana e ao pensamento eurocentrista patente dentro das organizações internacionais, geravam debates sobre a própria conceção de humanidade dos autóctones[82], e sobre a forma como a retórica desenvolvimentista tinha transfigurado as sociedades africanas.

Refugiados africanos: um problema de múltiplas camadas

O problema dos refugiados em contextos de violência colonial trouxe para as organizações de assistência e proteção internacional um conjunto de desafios que se traduziram na necessidade de reforma do sistema de proteção e assistência internacional por forma a universalizar de facto os direitos destas populações. Apesar dos organismos internacionais terem de certa forma conseguido, na primeira metade do século XX, construir mecanismos de mediação interestadual e de intervenção em casos de crises humanitárias, tendências como o nacionalismo de Estado homogeneizador e o recurso à violência e ao controle populacional, permaneceram como parte do *modus operandi* estatal.

Vários mecanismos surgidos no pós-Segunda Guerra, como a revisão das Convenções de Genebra e a instauração do sistema das Nações Unidas, tentaram ultrapassar algumas das tendências existentes. No entanto, quando confrontados com conflitos de independência colonial em África, os agentes das organizações de assistência humanitária viram o seu papel enquanto garante da paz e da implementação dos direitos humanos limitados e desafiados por uma série de novas questões.

Nos três conflitos, as limitações legais que permaneciam, nomeadamente no que diz respeito à resistência à intervenção, constituíram o primeiro grande foco das organizações internacionais. O facto de os Estados permanecerem como únicos sujeitos de Direito Internacional protegia as reivindicações imperiais nos *fora* internacionais de mediação que defendiam que os tumultos nas colónias se enquadravam na sua jurisdição interna. Esta questão dificultou, em grande parte, a intervenção das organizações de proteção

[82] Pierre Gaillard, Nota ao C.I.C.V. de 19 de Novembro de 1954; e Carta de Geoffrey C. Senn para Pierre Gaillard de 14 de Fevereiro de 1955, ACICR, BAG 200-108.001.

e assistência a civis. No caso queniano, o CICV lidou com sérios entraves para ultrapassar a retórica protecionista britânica, o que levou a sucessivos atrasos na sua intervenção, determinantes para o destino dos cerca de 15 mil Kikuyu refugiados no Tanganhica, protetorado das Nações Unidas. No conflito argelino, o Comité Internacional conseguiu atuar de forma mais célere devido, em grande parte, à presença prévia de representantes nos territórios de destino dos refugiados. Ao contrário do CICV, o ACNUR teve de ultrapassar as limitações do seu mandato original que instituía a obrigação de fazer respeitar a CER, documento que excluía a proteção aos refugiados africanos. Para a atuação nos casos argelino e angolano, foi determinante a utilização do mecanismo dos *bons ofícios*, possível pela cláusula B do Artigo 6.º dos Estatutos da organização. Não obstante, a valência de mecanismos *ad hoc* colocava em questão uma estratégia a longo prazo para a organização que, aliada à dubiedade de critérios de elegibilidade no caso angolano – devido à falta de informação no terreno sobre a flutuação das populações ao longo de uma fronteira artificial –, acabou por adiar a acção do Alto-Comissariado em benefício dos refugiados.

Outra questão relevante para os debates seria a da necessidade de manter os ideais de imparcialidade e neutralidade na atuação das organizações de proteção e assistência, nomeadamente quando os refugiados eram utilizados como arma política tanto pelas potências coloniais, como pelos movimentos de libertação. Se as administrações locais e centrais procuravam diminuir o impacto das revoltas nos seus territórios incitando ao repatriamento, os movimentos de libertação reclamavam a si o ónus da assistência e apelavam à intervenção externa por forma a internacionalizar as suas reivindicações de autonomia. Para além desta situação comum, cada uma das organizações teria de enfrentar dificuldades de natureza política específicas. No referente ao ACNUR, as dinâmicas político-estratégicas da Guerra Fria, condicionariam o financiamento da assistência aos refugiados. Já nos debates entre agentes do CICV, denota-se a crescente preocupação com a reforma das instituições do Movimento Internacional, tanto dentro do Comité, como das Sociedades Nacionais que, pelos dados recolhidos, prestavam assistência parcial às populações, mantendo-se fiéis às administrações locais e centrais e, por isso, desrespeitando os princípios fundamentais de imparcialidade, humanidade e neutralidade advogados.

Finalmente, várias foram as demonstrações de desconhecimento da realidade africana, deturpada por manobras que colocavam, a partir de retóricas de desenvolvimentismo e civilidade, o africano como atrasado e incapaz de se elevar a noções maiores de humanidade. As aceções de agentes do CICV a este respeito, espelham uma visão paternalista do outro, superada apenas pela confrontação com a realidade no terreno. Mormente, o desconhecimento das dinâmicas locais de controlo e fomento de movimentações populacionais dentro e para fora dos territórios sob administração colonial, trariam acesos debates acerca da própria condição de refugiado, da elegibilidade destes indivíduos para proteção internacional e para assistência no terreno.

A acção de assistência e proteção que seria administrada por este conjunto de organizações, mesmo que com o ímpeto de fazer valer a universalidade dos direitos humanos, ver-se-ia condicionada nos anos seguintes devido tanto a limitações inerentes a estes atores, como aos desafios que as novas geografias africanas e coloniais colocavam.[83]

[83] Para uma análise sobre a assistência humanitária em benefício dos refugiados autóctones nestes contextos ver, Guardião, «Desafios coloniais na construção do sistema internacional de protecção dos refugiados».

7. EM BUSCA DE LEGITIMIDADE: O COMITÉ INTERNACIONAL DA CRUZ VERMELHA E ÁFRICA DURANTE OS ANOS 1960

MARIE-LUCE DESGRANDCHAMPS*
Universidade de Genebra

Um número significativo de estudos e de perspetivas históricas recentes, que questionam a globalização, insiste nas *success stories*[1] dos processos transnacionais, realçando a solidariedade internacional ou ainda o funcionamento das redes que permitem ultrapassar os espaços nacionais.[2] Por muito fecundos que sejam esses trabalhos, que privilegiam as trocas e as situações de contacto, têm sido por vezes criticados pelo seu excesso de otimismo. Como escreve Heinz-Gerhard Haupt, «ao aceitar esta perspetiva, é mais apelativo escrever uma história das conexões que aconteceram e foram produtivas. A investigação sobre aquelas que fracassaram, que se depararam com obstáculos, que provocaram resistências é menos atraente e frequente».[3]

* Tradução de Pedro Cerdeira.

1 Em inglês no original. (N. do T.)

2 Sobre estas correntes historiográficas, ver, por exemplo, Akira Iriye, *Global and Transnational History: Its Past, Present, and Future* (Nova Iorque: Palgrave Macmillan, 2013); Patricia Clavin, «Defining transnationalism», *Contemporary European History*, vol. 14, n.º 4 (2005), pp. 421-429; Pierre-Yves Saunier, «Circulations, connexions et espaces transnationaux», *Genèses*, n.º 57 (2007), pp. 110-126.

3 Heinz-Gerhard Haupt, «Une nouvelle sensibilité: la perspective transnationale. Une note critique», *Cahiers Jaurès*, vol. 2, n.º 200 (2011), p. 178.

A história do humanitarismo, que beneficiou largamente do desenvolvimento de tais correntes historiográficas, tende também, pelo seu próprio objeto, a destacar os fenómenos de solidariedade transnacional e de emoções globalizadas.[4] Consequentemente, o estudo das circulações e das conexões que levam trabalhadores ou organizações humanitárias a deslocar-se aos diversos espaços imperiais e nacionais é normalmente abordado a partir de um pressuposto positivo. Ou seja, considera-se que esses cruzamentos de fronteiras, essas interações entre atores sociais provenientes de horizontes diversos, são necessariamente enriquecedores e frequentemente uma experiência onde todas as partes saem a ganhar.[5] No entanto, esta perspetiva tende a esconder pontos de vista que poderiam levar a uma leitura alternativa dessas trocas e dessas circulações. As experiências das populações a quem as ações humanitárias internacionais se destinam ou a vivência dos dirigentes locais são, assim, particularmente difíceis de reconstituir, dado que as fontes não estão sistematicamente acessíveis. Para além disso, quando essas narrativas se revelam possíveis, nem sempre estão de acordo com a imagem positiva geralmente associada à assistência humanitária. A historiografia privilegiou com frequência os relatos que mostram como os princípios e as práticas se difundiram progressivamente da Europa/Ocidente para o mundo inteiro, em nome de valores considerados universais[6], sem que as resistências, as relações de força e as tensões relativas a esta dinâmica sejam necessariamente exploradas.[7]

Reabilitando algumas das críticas que emanavam das elites africanas relativamente ao Comité Internacional da Cruz Vermelha (CICV) durante os anos 1960, e procurando reconstituir a forma como elas emergiram a partir das independências, este capítulo interpela esses pontos de vista «alternativos» que deixam entrever uma história do humanitarismo menos

[4] Sobre a história do humanitarismo, ver, por exemplo, Philippe Ryfman, *Une histoire de l'humanitaire* (Paris: La Découverte, 2008); Michael Barnett, *Empire of Humanity: A History of Humanitarianism* (Ithaca: Cornell University Press, 2011); Matthew Hilton, *et al.*, «History of humanitarianism: a conversation», *Past & Present*, vol. 241, n.º 1, (2018), pp. 1-38. Rob Skinner e Alan Lester, «Humanitarianism and empire: new research agendas», *The Journal of Imperial and Commonwealth History*, vol. 40, n.º 5 (2012), pp. 729-747.

[5] Irène Hermann, «Décrypter la concurrence humanitaire: le conflit entre Croix-Rouge(s) après 1918», *Relations internationales*, n.º 151 (2012), p. 92.

[6] Ver, por exemplo, a definição que Philippe Ryfmann dá de ação humanitária. Philippe Ryfmann, *La question humanitaire* (Paris: Ellipses, 1999), p. 17.

[7] Sobre as relações assimétricas e de dominação no seio do humanitarismo, ver, Didier Fassin, *La raison humanitaire. Une histoire morale du temps présent* (Paris: Gallimard/Seuil, 2010).

linear, no centro da qual se encontra a questão da construção de uma legitimidade dos seus atores. Investigações recentes têm sublinhados os desafios que a descolonização e a Guerra Fria representaram para o CICV. O pós-Segunda Guerra Mundial ilustra claramente a insuficiência das bases jurídicas ao seu dispor para poder agir em situações que, na maioria das vezes, não se assemelham a conflitos internacionais no sentido clássico do termo. Por outro lado, tornou-se particularmente difícil fazer valer e respeitar os princípios da Cruz Vermelha num tal contexto.[8]

A partir do caso da África Subsariana[9], este capítulo mostra que o conjunto de problemas encontrados pelo CICV durante este período advém igualmente da inadequação entre os princípios que defende e procura promover e a forma que utiliza (ou não) para os aplicar no terreno. Ao levantar as contradições que dizem respeito ao seu estatuto e às suas práticas, este texto pretende nomeadamente questionar a capacidade desta organização em se fazer conhecer e em intervir em territórios com os quais o CICV estava pouco familiarizado e num momento em que os impérios britânico, francês e belga se desagregavam. Deste modo, trata-se de dar um contributo original para os debates sobre as raízes coloniais do humanitarismo e sobre a perceção e a receção das políticas das organizações internacionais ou das grandes organizações não-governamentais nos países do Sul. Como demonstrou Caroline Abu Saada, a partir do exemplo dos Médicos Sem Fronteiras, existe frequentemente um desfasamento entre a imagem que os humanitários tentam promover de si mesmos e a forma como são percecionados pelas populações locais, mesmo após vários anos de presença no terreno.[10] Constatação semelhante pode ser feita a respeito do CICV para o período em análise, e é nessa tensão que residem chaves de leitura interessantes que permitam compreender as dificuldades que este encontrou na aceitação da sua legitimidade como ator humanitário neutro na África colonial e pós-colonial.

[8] Fabian Klose, «The colonial testing ground: the International Committee of the Red Cross and the violent end of empire», *Humanity*, n.º 1 (2011), pp. 107-126; Andrew Thompson, «Humanitarian principles put to the test: challenges to humanitarian action during decolonization», *International Review of the Red Cross*, vol. 97, n.º 897-898 (2016), pp. 45-76.

[9] Sobre o lugar do humanitarismo nas relações entre África e o Ocidente, a partir do período colonial, ver, Bronwen Everill e Josiah Kaplan, *The History of Practice of Humanitarian Intervention and Aid in Africa* (Basingstoke: Palgrave Macmillan, 2013).

[10] Caroline Abu-Sada, dir., *Dans l'œil des autres. Perception de l'aide humanitaire et de MSF* (Lausanne: Antipodes, 2011).

Cruz Vermelha e colonialismo na África Subsariana

Até ao momento em que se apresentou aos governos independentes ou às elites africanas no início dos anos 1960, o CICV tinha-se interessado pouco pela África Subsariana. Nascido na segunda metade do século XIX, paralelamente à empresa de conquista colonial que animava a Europa, o movimento humanitário, que se traduz na criação da Cruz Vermelha, não tocou os territórios dos impérios em formação. Pelo contrário, contribuiu para justificar a vontade europeia de «policiar o mundo selvagem»[11], construindo uma imagem da civilização ocidental como particularmente evoluída, porque capaz de se defrontar militarmente de forma mais humana. Longe dos movimentos anticoloniais, os promotores dos princípios que presidiram à fundação da Cruz Vermelha participaram antes na retórica civilizacional que prosperava neste período. Nesse contexto, o CICV e as Sociedades Nacionais da Cruz Vermelha, acabadas de criar, interessam-se pouco pelo destino das populações autóctones e pelas atrocidades cometidas durante as conquistas imperiais, exceto quando as vítimas eram outros colonos.[12]

Se as Sociedades Nacionais metropolitanas estabeleceram progressivamente secções coloniais, na maior parte dos casos será necessário esperar pela Segunda Guerra Mundial para que desenvolvessem as suas atividades nos territórios da África Subsariana. Quanto ao CICV, cujo mandato é antes de mais adaptado aos conflitos inter-estatais, foi apenas com a deflagração da Guerra Ítalo-Etíope (1935-1937) – na qual a Itália invadiu um Estado reconhecidamente independente – que passou a preocupar-se com o que ocorria a sul do Mediterrâneo.[13] Os combates que se desenrolam no continente africano durante a Segunda Guerra Mundial incitam-no, por outro lado, a recrutar aí delegados a fim de se informar sobre o destino dos prisioneiros de guerra. Após o conflito, dois deles, Henri-Philippe Junod e Geoffrey Cassian Senn, continuaram em funções a título voluntário. Cidadãos suíços, estabelecidos respetivamente na África do Sul e na Rodésia

[11] Irène Herrmann, *L'humanitaire en question* (Paris: Editions du Cerf, 2018), pp. 54-58.

[12] Sobre a Cruz Vermelha, ver, Rebecca Gill, *Calculating Compassion: Humanity and Relief in War. Britain 1870-1914* (Manchester: Manchester University Press, 2013); Irène Herrmann e Daniel Palmieri, «Humanitaires et massacres, l'exemple du CICR, 1904-1994», em Jacques Sémelin, Claire Andrieu, Sarah Gensburger, dir., *La résistance aux génocides. De la pluralité des actes de sauvetage* (Paris: Presses de Sciences-Po, 2008), pp. 235-245.

[13] Rainer Baudendistel, *Between Bombs and Good Intentions, The Red Cross and the Italo-Ethiopian War, 1935-1936* (Nova Iorque: Berghahn, 2006).

do Sul, foi principalmente através dos seus olhos que o Comité observou o que se passava na parte meridional do continente. O desenvolvimento das atividades da organização resultou sobretudo das suas iniciativas pessoais. Se Senn parecia particularmente empreendedor e estava convencido de que era necessário que a Cruz Vermelha se empenhasse mais junto das populações africanas, Junod aparecia mais timorato quando se tratava de tomar uma posição concreta.[14]

É certo que as bases jurídicas sobre as quais o CICV poderia apoiar-se eram fracas, dado que as lutas de descolonização muito raramente se revestiram da forma de guerras inter-estatais para as quais as Convenções de Genebra de 1949 foram pensadas. O seu Artigo 3.º, assim como o direito de iniciativa de que dispõe o CICV, fornecem-lhe, todavia, um quadro legal no qual se possa apoiar para propor os seus serviços em numerosas situações.[15] Ora, é forçoso constatar que o CICV praticamente não aproveita essas ocasiões quando está em causa a África Subsariana. Como sublinhou Yolanna Pringle, a propósito do caso da revolta dos Mau-Mau no Quénia (1952-1960), a sua conceção da população local, marcada por preconceitos racistas, contribui para explicar a sua fraca mobilização e implicação na crise.[16]

Esta análise revela-se igualmente válida para outros conflitos que poderiam levá-lo a empenhar-se na viragem dos anos 1950-1960. Assim, o CICV não só hesitou em propor os seus serviços como declinou as solicitações que diziam respeito à repressão das revoltas na União Sul-Africana em 1960, ou ainda a guerra que deflagrou em Angola em 1961.[17] Aliás, conscientes

[14] Sobre Henri-Philippe Junod, ver, Eric Morier-Genoud, «Missions and Institutions: Henri-Philippe Junod, anthropology, human rights and academia between Africa and Switzerland, 1921–1966», *Schweizerische Zeitschrift für Religions und Kulturgeschichte* (2011), pp. 193-219. Sobre Senn, ver, Andrew Thompson, «"Restoring hope where all hope was lost": Nelson Mandela, the ICRC and the protection of political detainees in apartheid South Africa», *International Review of the Red Cross*, vol. 98, n.º 3 (2016), pp. 804–806. Se estas duas personagens permanecem carregadas de ambiguidades na sua relação com África, a sua diferença de posicionamento é nomeadamente percetível aquando da revolta dos Mau-Mau e do levantamento que se seguiu ao massacre de Sharpeville na África do Sul. Sobre este último ponto, ver, ACICR, *Séances du Conseil de Présidence et Plénières Consacrées à l'Afrique du Sud*, 1960.

[15] Sobre as bases jurídicas da ação do CICV a partir de 1949, ver, Françoise Perret e François Bugnion, *De Budapest à Saigon. Histoire du Comité International de la Croix-Rouge* (Genebra: CICR/Georg, 2009), pp. 15-26.

[16] Yolana Pringle, «Humanitarianism, race and denial: the International Committee of the Red Cross and Kenya's Mau Mau rebellion, 1952–60», *History Workshop Journal*, n.º 84, (2017), pp. 89-107.

[17] Sessão do Conselho de Presidência, 27 de abril de 1961, ACICR.

dos limites de uma tal política, certos membros do Conselho de Presidência questionavam-se, a propósito da situação na África do Sul, sobre qual teria sido a reação do CICV se os acontecimentos tivessem tido lugar em «uma região unicamente povoada por brancos».[18] No seu seio, alguns questionavam-se efetivamente sobre a própria possibilidade de fazer compreender e de difundir os princípios da Cruz Vermelha na África Subsariana.[19] Para além do mais, os processos de independência eram por vezes abordados com alguma circunspeção. Temia-se o caos que poderiam gerar, com o espetro da expansão do comunismo como pano de fundo. Se as tergiversações internas no CICV não passavam necessariamente para o exterior, é ainda assim claro que, no dealbar dos anos 1960, a sua posição em favor das populações africanas permaneceu particularmente escassa.

Por outro lado, o CICV não pôde verdadeiramente impor as atividades das seções locais da Cruz Vermelha para garantir a reputação desta. Na maior parte dos casos, aquelas são embrionárias e estão ligadas às Sociedades Nacionais metropolitanas (principalmente francesa, britânica, portuguesa e belga). Estreitamente associadas ao poder colonial instalado, as secções não incluíam autóctones ou incluíam pouco, confiando-lhes apenas algumas tarefas subalternas. Quanto às suas escassas atividades, geralmente também não refletiam os ideais de humanidade, de imparcialidade e de neutralidade da Cruz Vermelha.[20] Como escreveu um delegado do CICV encarregado de fazer um estudo da situação em África, em 1952: «à exceção do Egito e da União Sul-Africana, as secções locais das Sociedades Nacionais europeias exercem apenas uma atividade muito restrita e exclusivamente em favor da população branca».[21] No momento das revoltas que se desenrolaram na Niassalândia, em 1959, correu o rumor de que a secção local apenas teria tratado os feridos brancos, sem socorrer a população negra, o que manchou a reputação da Cruz Vermelha na região.[22]

Neste contexto, a aceleração do processo de independência assim como os conflitos que o acompanham constituíram um desafio relevante para o CICV. Com efeito, a partir dos anos 1950, o Comité estava plenamente consciente da dificuldade de fazer compreender às populações negras a sua condição

[18] Sessão do Conselho de Presidência, 21 de abril de 1960, ACICR.

[19] Nota de Jean Pictet, 5 de dezembro de 1961, ACICR, BAG 251 003-002.

[20] Thompson, «Humanitarian principles put to the test», pp. 73-74.

[21] Nota de Melchior Borsinger, 29 de outubro de 1952, ACICR, BAG 209 003.001.

[22] Relatório de missão de S. Gonard e G. Hoffmann na África equatorial e central de 5 de fevereiro de 1962 a 4 de abril de 1962, ACICR, BAG 209 003.003.

de organização internacional humanitária, neutra e imparcial, uma vez que era composto apenas por cidadãos suíços e brancos.[23] Tratava-se assim de implementar uma política mais ativa destinada ao continente, de modo a comprovar a idoneidade da sua missão, em particular, e da Cruz Vermelha, em geral, lembrando que esta se dirigia ao conjunto da humanidade. Como escreveu Jean Pictet, era isso que permitiria demostrar aos africanos o interesse do Movimento Internacional da Cruz Vermelha:

> «Mas o que poderemos facilmente demonstrar aos Negros – por tanto tempo tratados como uma espécie inferior – é o princípio da indiscriminação, fundamental para a Cruz Vermelha, que consiste em tratar os seres humanos de acordo com o seu sofrimento e sem fazer distinção de raça, de cor, de língua, de crenças. Em todas as raças, encontramos a mesma essência humana. E é quando os homens sofrem que essa fraternidade, essa igualdade é mais notável. Talvez assim se possa mostrar aos povos, que estiveram muito tempo sob tutela, e que acedem hoje à independência que não devem rejeitar a Cruz Vermelha e os princípios do direito humanitário com tudo o que receberam dos seus antigos senhores, como um qualquer produto de exportação europeia. Mas que esses factos e essas ideias fazem parte do património comum».[24]

Uma organização suíça ou internacional?

Se a intenção poderia parecer louvável, na prática encontrou diversas dificuldades. No momento dos seus primeiros contactos com os governos africanos independentes, o CICV apoiou-se no mandato que lhe era conferido pelo direito internacional humanitário, para fazer passar a sua mensagem. Mas as particularidades do seu estatuto e da sua composição atrapalharam a sua imagem, nomeadamente no contexto da descolonização. Com efeito, o CICV não era nem uma organização internacional no sentido intergovernamental do termo, nem uma simples organização não-governamental.[25] Associação privada de direito suíço, as suas funções e atividades são baseadas nos textos de direito internacional, nomeadamente as Convenções de Genebra de

[23] Pringle, «Humanitarianism, race and denial», p. 94.

[24] Nota de Jean Pictet, 5 de dezembro de 1961, ACICR, BAG 251 003-002.

[25] Sobre as particularidades do CICV e sobre os debates que suscitaram, ver, François Bugnion, *Le Comité International de la Croix-Rouge et la protection des victimes de la guerre* (Genebra: Comité International de la Croix-Rouge, 2000), pp. 1113-1156.

1949. É-lhe assim reconhecida uma personalidade jurídica internacional. Em contrapartida, contrariamente às organizações intergovernamentais, as suas instâncias dirigentes não são compostas por representantes dos Estados--membros, mas por cidadãos suíços recrutados por cooptação. Este critério de nacionalidade aplicou-se igualmente por muito tempo aos delegados que o representaram no terreno. Com efeito, após a Segunda Guerra Mundial, no momento em que o estatuto dos delegados se cristalizou, essa característica tornou-se incontornável, mantendo-se assim até ao início dos anos 1990.[26]

A composição estritamente nacional do CICV contrastava com a natureza de outro ator internacional do Movimento, a Liga das Sociedades Nacionais da Cruz Vermelha (atual Federação Internacional da Cruz Vermelha e do Crescente Vermelho). Criada em 1919, a Liga, ocupando-se principalmente da coordenação das atividades do Movimento em tempo de paz, congregava as sociedades nacionais, tendo, portanto, uma identidade mais multicultural. No momento das independências e no contexto da afirmação dos nacionalismos africanos na cena internacional, esta diferença contava e nem sempre jogava a favor do Comité. De facto, este era tendencialmente considerado como um organismo puramente europeu, ao passo que a Liga era percecionada como um organismo efetivamente internacional onde «[...] África, graças às suas Sociedades Nacionais, tem uma palavra a dizer[27]».[28]

Nestas circunstâncias, o CICV invocou dois argumentos para estabelecer a sua legitimidade. O primeiro residia na neutralidade que a sua composição nacional supostamente lhe conferia, em virtude da neutralidade da Suíça.[29] Com o deflagrar da crise que se seguiu à independência do Congo Belga em 1960, o CICV recorreu a este argumento para se distinguir das organizações do sistema das Nações Unidas que, por seu lado, estavam politicamente implicadas no conflito. O segundo apoiava-se no mandato internacional que o direito internacional lhe conferia, permitindo apresentar-se como uma instituição supranacional. Se, aos olhos do Comité, estes dois argumentos não se contradiziam, para a maioria dos seus interlocutores, criavam uma certa confusão em torno da identidade e do estatuto da organização. O relatório

[26] Brigitte Troyon e Daniel Palmieri, «Délégué du CICR: un acteur exemplaire?», *Revue Internationale de la Croix-Rouge*, seleção francesa, vol. 89 (2007), pp. 67-88.

[27] «A voix au chapitre», no original (N. do T.).

[28] Observação semelhante é feita nomeadamente pelo representante do CICV aquando da guerra do Biafra. Telegrama de Lindt para Gallopin, 2 de outubro de 1968, ACICR, BAG 200 147--003.01.

[29] Bugnion, *Le Comité International de la Croix-Rouge*, pp. 1153-1154.

redigido pelo vice-presidente, Dr. Ernest Gloor, enviado para representar o CICV nas cerimónias da independência dos Camarões a 1 de janeiro de 1960, ilustrava bem essas ambiguidades. Como sublinha o autor, o convite endereçado ao CICV, assim como a forma como ele próprio foi recebido em Yaoundé, «com todas as considerações devidas a um chefe de Estado soberano»[30], eram já um testemunho do lugar alcançado pela organização na cena internacional. Contudo, o estatuto de Gloor nem sempre era perfeitamente claro aos olhos dos organizadores, como ilustra este episódio a propósito de um detalhe protocolar:

> «Durante esse primeiro dia, um outro problema surgiu a meu propósito, tratou-se do letreiro do CICV que o automóvel colocado à minha disposição deveria levar. [...] Funcionários da receção, irritados com a falta desse sinal distintivo, quiseram terminantemente colocar-lhe um letreiro suíço, ao que me opus energicamente. Este incidente não é o único que me tenha obrigado a explicar – explicações tão instrutivas como difíceis – que nessa ocasião eu nada tinha a ver com a Confederação suíça. A distinção, tão clara para nós, parecia àqueles, que não têm a mesma formação, o mesmo conhecimento do assunto, ser de uma subtileza pouco compreensível».[31]

A ambiguidade era igualmente mantida pela atitude dos representantes diplomáticos suíços que, para desagrado do vice-presidente do CICV, tinham a tendência para lhe dar um apoio demasiado forte. Gloor deplorava que aqueles tivessem atribuído a si mesmos um papel de «protetor», de «mentor» em relação a ele. Na realidade, Gloor mostrava-se incomodado e aborrecido pela sua solicitude, que contribuiu, por um lado, para semear a dúvida quanto à independência do CICV face ao governo suíço e, por outro lado, para desvirtuar a identidade de instituição supranacional que o CICV procurava forjar.[32] Ainda assim, Gloor fazia um balanço positivo da sua estada nos Camarões, que a seu ver criara um precedente:

> «Assim, não obstante obstáculos e contratempos, a minha representação do Comité nestas Celebrações não ficou aquém do que estava previsto, antes pelo

[30] Sessão plenária de 7 de abril de 1960, ACICR.

[31] Sessão plenária do Comité, 7 de abril de 1960, Relatório de E. Gloor sobre a sua missão nos Camarões 1960, ACICR.

[32] *Ibid.*

contrário, pois que eu saiba criou-se realmente um precedente com a posição que nelas me foi atribuída. Qualquer progresso nesse sentido, parece-me, reveste-se de uma grande importância nas circunstâncias atuais e indica uma linha a seguir».[33]

Segundo Françoise Perret e François Bugnion, durante a Segunda Guerra Mundial e os anos do pós-guerra, o CICV considerava-se ainda como uma instituição suíça ao serviço da comunidade internacional; muito mais do que como uma instituição supranacional.[34] Como demonstra a citação anterior, a necessidade de a organização estabelecer a sua legitimidade junto dos Estados que alcançavam a independência na decorrência dos processos de descolonização fez evoluir esta perceção.

No entanto, esta vontade de se posicionar como um ator supranacional, independente da Confederação, esbarrava com contingências materiais e práticas no terreno. Com efeito, ao passo que a relação complexa entre o CICV e a Suíça ficou antes de mais evidente a propósito das suas instâncias dirigentes e do seu financiamento[35], o seu funcionamento no estrangeiro revelou-se igualmente produtor de confusão.

Este problema colocava-se nomeadamente aquando das atividades de tomada de contacto do CICV com as autoridades coloniais ou independentes, cujo arranque aconteceu com a missão de informação levada a cabo em 1962 por Samuel Gonard.[36] Com efeito, enquanto as perturbações e as solicitações se multiplicavam, o CICV decidiu enviar à África Central e Austral um dos seus membros acompanhado por um delegado a fim de se informar sobre o papel que o Comité poderia desempenhar na região. Esta viagem, pensada igualmente como uma ocasião para estabelecer contactos com as autoridades locais, originou a criação da primeira delegação geral (sem estar ligada a um conflito) do CICV na África Subsariana. Instalada em Salisbury em 1963, a delegação deveria dar a conhecer e desenvolver as atividades da organização.[37]

[33] *Ibid.*

[34] Perret e Bugnion, *De Budapest à Saigon*, p. 35.

[35] David P. Forsythe, *The Humanitarians: The International Committee of the Red Cross* (Cambridge: Cambridge University Press, 2005), pp. 183-192. Sobre a complexidade desta questão durante a Segunda Guerra Mundial, ver, Isabelle Vonèche-Cardia, *Neutralité et engagement. Les relations entre le CICR et le gouvernement suisse* (Lausanne: SHRS, 2012).

[36] Sobre esta missão e as suas implicações, ver, Marie-Luce Desgrandchamps, «Entre ambitions universalistes et préjugés racistes. La mission du Comité International de la Croix-Rouge en Afrique méridionale et centrale au début des années 1960», *Histoire@politique* (no prelo 2019).

[37] Perret e Bugnion, *De Budapest à Saigon*, pp. 321-329.

O posto de delegado geral foi confiado a Georges Hoffmann, um delegado ao serviço do CICV desde a Segunda Guerra Mundial, que efetuou missões no Congo e que acompanhou e assistiu Gonard durante a sua estadia. Durante todas estas diligências, quer a missão quer as atividades empreendidas por Hoffmann no quadro da delegação, o corpo diplomático suíço em exercício no continente foi frequentemente solicitado. Muitas vezes, foi através dele ou de concidadãos suíços estabelecidos no local que os enviados do CICV entraram em contacto com estas regiões.[38]

Recorrer aos postos diplomáticos suíços era uma prática recorrente no seio do CICV, algo que se revelou tão mais natural e funcional no caso da África Subsariana por se tratar de um território longínquo com o qual o Comité estava muito pouco familiarizado. No entanto, foi uma prática geradora de confusão entre os seus interlocutores. Se tal não é verdadeiramente significativo quando se tratava simplesmente de estabelecer ligações e de tomar contacto, a questão tornava-se mais complexa quando o CICV era levado a intervir numa situação de conflito em que a sua legitimidade era mais diretamente questionada, como aquando da guerra Nigéria-Biafra (1967-1970).[39] Durante a primeira parte do conflito, os representantes diplomáticos suíços em Lagos agiram muitas vezes como mensageiros do CICV nas suas negociações com o governo federal nigeriano.[40] Isto contribuiu para enfraquecer a legitimidade de uma organização que então deixava de ser considerada como uma organização humanitária supranacional mas que era associada «aos suíços», «que fazem apelos humanitários e que em paralelo prolongam a guerra ao permitir aos biafrenses fazerem transações ilícitas de divisas na Suíça».[41] Assim, e apesar das declarações de independência em relação à Confederação[42], as práticas no terreno geraram uma perceção muito diferente nos interlocutores diretos do CICV e contribuíram para suscitar a dúvida quanto ao estatuto da organização.

[38] ACICR, delegação do CICV em Salisbury.

[39] Sobre as operações do CICV e os debates que suscitaram no momento desse conflito, ver, Marie-Luce Desgrandchamps, *L'humanitaire en guerre civile. La crise du Biafra (1967-1970)* (Rennes: PUR, 2018).

[40] Nota de informação da Direção, 22 de fevereiro de 1968, ACICR.

[41] As afirmações do Alto-Comissário nigeriano nesse sentido são reportadas pelo Commonwealth Office aos representantes britânicos na Nigéria. The National Archives, Kew (Londres) [TNA], FCO 38/300, Message from Commonwealth Office to Lagos, 1 de abril de 1968.

[42] Sessão plenária do Comité, 2 de maio de 1963, ACICR.

Para além da rede diplomática suíça, o CICV recorria habitualmente a correspondentes que aceitavam voluntariamente representá-lo junto das autoridades em casos de necessidade. Encontrar e recrutar correspondentes nos Estados africanos independentes era parte integrante das funções de Georges Hoffmann assim que foi designado para implementar uma delegação regional na África Subsariana. Esses correspondentes eram frequentemente cidadãos suíços estabelecidos na região, que, na maioria dos casos, não tinham ligações ou conhecimentos do mundo do humanitarismo. A maior parte deles trabalhavam para as grandes empresas suíças presentes a nível internacional, tais como a Nestlé, a Union Trading Company, a Diethelm & Co, ou ainda a Swiss Aluminium Ltd.[43] Neste processo, o representante do CICV virou-se igualmente para os representantes diplomáticos suíços pedindo-lhe sugestões, e até mesmo recomendações.[44] Mais do que eventuais competências, o critério determinante de recrutamento era o da nacionalidade helvética.

Esta lógica, aplicada igualmente, em caso de necessidade, ao recrutamento dos trabalhadores humanitários, abriu caminho para um segundo tipo de crítica que também emergiu aquando do conflito do Biafra. Trabalhadores humanitários nigerianos criticaram o CICV por este se mostrar mais preocupado com a nacionalidade suíça do pessoal que recrutava para trabalhar no terreno do que com a sua qualidade.[45] Aos olhos de muitos, uma tal prática era tanto menos justificada ao não permitir a garantia da neutralidade da sua ação. O mesmo se passava no que dizia respeito à composição do próprio Comité, como manifestam o alto-comissário das Nações Unidas para os Refugiados e os seus colaboradores durante uma reunião com os representantes do Alto Comissariado das Nações Unidas (ACNUR) em 1969: «É [...] claramente indicado que na opinião do ACNUR, a noção de neutralidade suíça não é imediatamente aceite em África e que essa imagem de neutralidade tem sofrido nos últimos anos. A justaposição da bandeira do CICV e a da Suíça nem sempre joga em nosso favor».[46]

[43] Sobre estes processos, ver, por exemplo, os arquivos da delegação regional no Senegal, D AF SENEG 1.

[44] Sessão do Conselho de Presidência, 14 de abril de 1965, ACICR.

[45] Emmanuel Urhobo, *Relief Operations in the Nigerian Civil War* (Ibadan: Daystar Press,1978), p. 54.

[46] *Procès-verbal* do encontro entre De Heller e Gaillard com o príncipe Sadruddin Aga Khan, J. Colmar e G. Jaeger do ACNUR, 5 de fevereiro de 1969, ACICR, BAG 209 003-005.

Uma organização de brancos para brancos?

É tanto mais delicado ligar a legitimidade do CICV à sua composição essencialmente suíça, quando esta era também sinónimo de «branca» e ocidental, o que na África colonial e pós-colonial não era anódino. De facto, certas decisões tomadas pelo CICV em relação ao desenvolvimento das suas atividades no continente contribuíram provavelmente para lançar a dúvida sobre a constância do seu compromisso, conforme se tratava de vítimas negras ou de vítimas brancas, e sobre a sua real ou suposta proximidade com os interesses ocidentais. Em relação ao segundo ponto, a decisão de estabelecer a primeira delegação regional permanente do CICV no continente em Salisbury não pareceu muito judiciosa. Ao passo que as cidades de Brazzaville e Nairobi foram igualmente consideradas[47], a escolha recaiu finalmente sobre a capital da Rodésia do Sul. Se esta decisão respondia provavelmente a imperativos geográficos e práticos, estava carregada de sentido no plano simbólico, pois o local representava, muito particularmente, a perpetuação da dominação branca em África. Esta permanência durou, contudo, apenas alguns anos, já que, em 1965, o CICV decidiu transferir a delegação para Dacar a fim de alargar o seu campo de ação e de conhecimento à África Ocidental.

Nas situações conflituais, anteriormente referidas, em que o Comité foi chamado a intervir, as suas hesitações e a sua fraca mobilização em relação à situação na África do Sul em 1960, assim como em Angola em 1961, ainda que seja fortemente incitado a agir no primeiro caso e solicitado pela União das Populações de Angola no segundo, não o beneficiaram particularmente. Ainda que tenha progressivamente empreendido diligências para aceder a estes territórios, aquelas são lentas e, quando têm êxito, viraram-se por vezes contra si. Por exemplo, o caso das primeiras visitas aos prisioneiros políticos nas prisões sul-africanas que Hoffmann conseguiu realizar em 1964. Foram instrumentalizadas pelo governo sul-africano, que publicou excertos do relatório redigido por Hoffmann, a fim de promover uma imagem positiva do seu sistema carcerário. Este episódio deu lugar a vivas críticas contra o CICV dois anos mais tarde, acusado de não ter avaliado bem o problema e de ter sido um agente da dominação branca no continente.[48]

A sua mobilização foi, no entanto, rápida quando se tratou de intervir à margem dos distúrbios que acompanharam a independência do Congo Belga,

[47] Sessão plenária do Comité, 5 de julho de 1962, ACICR.

[48] Thompson, «Restoring hope where all hope was lost», pp. 815-818.

em junho de 1960.[49] Se este conflito realmente constituiu a sua primeira verdadeira experiência na África Subsariana, foi, no entanto, às solicitações do governo e da Cruz Vermelha belgas que responderam em primeiro lugar.[50] De facto, estes temiam pela segurança e a vida dos seus cidadãos, cercados em certas localidades. O CICV estabeleceu então uma delegação em Léopoldville, composta por Senn e por dois delegados vindos de Genebra. Estes últimos concentraram-se na libertação de reféns, desenvolveram um serviço de busca e lançaram as bases de um sistema de visita para os prisioneiros de guerra, e em seguida para os prisioneiros políticos. Num primeiro momento, esses serviços estavam mais especificamente destinados aos cidadãos e soldados belgas e europeus, mas seriam depois estendidos aos congoleses. Isto aconteceu de forma progressiva e não sem dificuldades, num contexto em que Genebra nem sempre pareceu avaliar bem as questões, como se revelou ser o caso aquando da morte de Patrice Lumumba.[51]

Algumas atividades foram igualmente destinadas especificamente à população congolesa. A pedido da Organização Mundial de Saúde, encarregue, no quadro da assistência técnica implementada pelas Nações Unidas, de fornecer um apoio ao sistema de saúde, o CICV participou com a Liga na implementação de uma operação de ajuda médica destinada especialmente à população civil. Ambos solicitaram às Sociedades Nacionais da Cruz Vermelha do mundo inteiro que fornecessem equipas médicas com o objetivo de fazer funcionar os hospitais do país e atenuar assim a desagregação dos serviços de saúde originada pela partida do pessoal belga num território onde muito poucos médicos haviam sido formados. O CICV tinha nomeadamente como tarefa coordenar a implementação desta operação, zelar pela segurança do pessoal no local e repartir as equipas pelo território. Verdadeiro sucesso em virtude sobretudo da mobilização que a situação congolesa gerou no seio do Movimento, a operação ilustrava a solidariedade do mundo da Cruz Vermelha para com África.

[49] Sobre a crise do Congo, ver, Alanna O'Malley, *The Diplomacy of Decolonisation: America, Britain and the United Nations during the Congo Crisis 1960-1964* (Manchester: Manchester University Press, 2018); Lise Namikas, *Battleground Africa: Cold War in the Congo, 1960–1965* (Stanford: Stanford University Press, 2013).

[50] Para uma análise conjunta sobre as diferentes atividades do CICV no Congo, ver, Perret e Bugnion, *De Budapest à Saigon*, pp. 283-310.

[51] Esta evolução permanece, no entanto, muito progressiva, sendo disso testemunho as dificuldades que o CICV encontra na gestão do caso Lumumba, por exemplo.

Permanecendo, contudo, pouco numerosas, as atividades destinadas aos congoleses não foram suficientes para estabelecer a reputação do CICV na região. Este não se mostrou, com efeito, particularmente entusiasta em relação à ideia de coordenar ações de socorro material, quando a oportunidade surgiu no final do ano de 1960. Ainda que fizessem parte do seu domínio de competência e que as experiências húngaras e argelinas tivessem demonstrado a sua importância em termos de visibilidade, este tipo de operações não fazia parte das suas atividades prediletas.[52] Assim, quando as Nações Unidas lhe solicitaram que coordenasse o encaminhamento e a distribuição de víveres e de medicamentos destinados aos refugiados Baluba no Kasai Sul, o CICV recusou encarregar-se da tarefa, apesar da energia e dos esforços aí desenvolvidos pelo seu delegado G. Senn, desde do início da crise.

Ora, como o notavam aliás alguns dos seus dirigentes, foi também ao surgir como prestador de socorros que o CICV poderia em seguida criar laços com as autoridades, dar-se a conhecer e conseguir o respeito pelo direito humanitário: «com efeito, as dificuldades encontradas na ação específica do CICV podem ver-se agravadas se se apresenta apenas como reclamante, e deixa à Liga o cuidado de levar e de distribuir sozinha os donativos das sociedades nacionais».[53] A consciência deste desafio não foi, no entanto, suficiente para fazer evoluir as opiniões em Genebra no que toca à operação no Kasai. Diversas razões foram invocadas para explicar esta recusa, indo da necessidade de não se tornar um organismo de coordenação a soldo das Nações Unidas, ao facto de não se tratar de uma tarefa para a qual um ator neutro fosse especificamente requerido, passando pelas discussões sobre o caráter conflitual ou não da situação na região em causa. Qualquer que fosse a validade das razões invocadas pelo CICV para justificar a debilidade do seu empenho, este tipo de recurso constituiu um exemplo suplementar de ausência de entusiasmo da organização quando se tratava de intervir em favor das populações civis africanas. Seria preciso esperar pela guerra do Biafra para que o Comité se lançasse numa operação de socorro material de envergadura destinada a um país da África Subsariana.

Mas, por ora, os seus inícios tímidos contrastavam com a pressa de que a organização e os seus representantes demonstraram no socorro às populações europeias ainda no local. Pelo menos, foi assim que certos líderes africanos

[52] Nota sobre as operações de socorro material, 1954. Sobre a evolução da questão ver os debates da sessão plenária do Comité de 12 e 13 de setembro de 1962, ACICR.

[53] Sessão do Conselho de Presidência, de 19 de janeiro de 1961, ACICR.

interpretaram a sua ação aquando dos acontecimentos de Stanleyville em 1964. Em 1963, os opositores ao regime de Léopoldville reuniram-se num Conselho Nacional de Libertação dirigido por Christophe Gbenye. De seguida, desencadearam diferentes insurreições e rebeliões que atingiram o auge no momento da tomada de Stanleyville em agosto de 1964, onde Gbenye estabeleceu a capital da «República Popular do Congo». Este conflito provocou uma violência em massa com pelo menos 20 mil vítimas[54]. Em setembro, Léopoldville enviou o Exército Nacional Congolês (ENC) apoiado por mercenários (antigos polícias catangueses), pela CIA e oficiais e suboficiais belgas para reconquistar esses territórios. Esta contraofensiva também se desenrolou de forma particularmente sangrenta e, face à sua progressão, em outubro de 1964, Gbenye anunciou a tomada de estrangeiros residentes na região de Stanleyville como reféns, ameaçando executá-los se os governos norte-americano e belga não cortassem o seu apoio ao ENC. Apesar das tentativas de negociação, não houve nenhum acordo entre as diferentes partes. Os governos belga e norte-americano decidiram então intervir diretamente e lançaram uma ofensiva sobre a cidade a 24 de novembro de 1964 para libertar 2000 pessoas e dominar a rebelião.

Neste contexto, o CICV, alertado por Senn, preocupou-se, a partir do mês de agosto, com o destino reservado à população estrangeira nas regiões controladas pelos rebeldes e questionou sobre o papel que poderia desempenhar, na qualidade de intermediário neutro.[55] Enviou então para o local vários delegados a fim de tentar negociar a libertação dos reféns e fretou um avião com socorros e medicamentos destinados a Stanleyville. Esta tentativa de mediação era resultado de um pedido feito pelos governos belga e norte-americano, o último tomando nomeadamente a seu cargo as despesas das ligações aéreas do CICV.[56] Durante as tentativas de negociações que empreendeu, a organização rapidamente compreendeu que a sua ação estava sujeita a críticas. Estas emanavam nomeadamente dos «meios africanos», «que veem na obra do CICV uma atividade que apenas beneficia

[54] Sobre estes acontecimentos e a violência que geram, ver, Olivier Lanotte, «Chronologie de la république démocratique du Congo / Zaïre (1960-1997)», em *Violence de masse et résistance – Réseau de recherche*, [em linha], publicado a 24 de fevereiro de 2010, acedido em 8 de fevereiro de 2019, https://www.sciencespo.fr/mass-violence-war-massacre-resistance/fr/document/chronologie-de-la-republique-democratique-du-congo-zaire-1960-1997.

[55] Sessão do Conselho de Presidência, 27 de agosto de 1964, ACICR.

[56] Sessão do Conselho de Presidência, 7 de outubro de 1964, ACICR.

os brancos e os asiáticos»[57], sendo que as suas iniciativas diplomáticas se podiam confundir com as dos principais governos afetados pela tomada de reféns (Estados Unidos, Bélgica, Canadá, etc.). Membros da organização apontavam igualmente a ambiguidade da situação em que se encontravam o CICV relativamente a este conflito. O facto de os governos que lhe pediam para agir para libertar os reféns serem igualmente aqueles que apoiavam a ofensiva contra Stanleyville não favorecia os seus contactos com os rebeldes e suscitava dúvidas quanto à sua neutralidade e à sua imparcialidade.[58] Se a organização tinha realmente por objetivo demonstrar que, uma vez lançado o assalto à cidade pelos comandos belgas, agia prestando socorro indiscriminadamente a todas as vítimas, a sua intervenção, restrita sobretudo à evacuação de pouco menos de uma centena de reféns, não lhe permitiu restaurar a sua imagem. Pelo contrário, o CICV, apesar de insistir no facto de ter evacuado pessoas de «todas as raças», continuou associado, aos olhos de certos dirigentes africanos, nomeadamente no seio da Organização da Unidade Africana, às operações militares levadas a cabo pelos ocidentais. Algumas semanas após estes acontecimentos, o delegado geral do CICV para África, Georges Hoffmann, referiu «[...] somos mais do que nunca considerados como imperialistas. A evacuação aos olhos de África foi um assunto de homens brancos».[59] O contexto da Guerra Fria no qual se desenrolou esta crise não lhe facilitou a tarefa, uma vez que o mundo socialista não demonstrava grande estima pela organização.[60]

Por várias vezes, nos meses seguintes, o CICV mostrou-se preocupado com a acusação de parcialidade, em favor dos brancos, de que era alvo, o que lhe recordou a necessidade imperiosa de melhor dar a conhecer a organização no continente[61] e de se mostrar mais empenhado para com as vítimas africanas. Tratou-se, com efeito, de restaurar a sua imagem de organização que agia sem discriminação em relação a África, mas também de forma mais geral em relação ao Movimento que se deveria reunir em 1965 para a XX Conferência Internacional da Cruz Vermelha.[62]

[57] Sessão do Conselho de Presidência, 19 de novembro de 1964, ACICR.

[58] Sessão plenária do Comité, 5 de novembro de 1964, ACICR.

[59] Sessão plenária do Comité, 6 e 7 de janeiro de 1965, ACICR.

[60] Perret e Bugnion, *De Budapest à Saigon*, pp. 587-590. As relações com a União Soviética e os seus aliados, muito difíceis a partir do fim da Segunda Guerra Mundial, conheceram uma melhoria durante o período em causa, ainda que tenham permanecido tensas.

[61] Sessão plenária do Comité, 6 e 7 de janeiro de 1965, ACICR.

[62] Sessão plenária do Comité, 1 de abril de 1965, ACICR.

Infelizmente, em 1967 um caso semelhante manchou novamente a imagem do CICV. Em 1967, o CICV foi solicitado para se ocupar do destino dos polícias catangueses e dos mercenários europeus que serviram no Congo e que estavam entrincheirados em Bukavu após a sua rutura com o coronel Mobutu.[63] Ao passo que os primeiros foram repatriados para o Congo, a pedido do último, os mercenários brancos foram internados no Ruanda onde receberam visitas e cuidados médicos organizados pelo CICV antes de serem evacuados para Paris e Bruxelas, sem terem sido julgados. De novo, a energia despendida pela organização para com esse pequeno grupo deu a impressão de que o empenho do CICV era maior quando se tratava de socorrer e de proteger brancos.[64] Por outro lado, alguns não hesitaram em ir mais longe, à semelhança do secretário-geral da OUA, o diplomata guineense Diallo Telli, que descreveu, alguns meses mais tarde, o CICV como uma organização que conduzia uma política neocolonial.[65] Se a exatidão destas palavras permanece dificilmente verificável, ilustram ainda assim o clima de desconfiança existente no seio de determinadas elites africanas no que diz respeito ao Comité no final dos anos 1960. Um clima que, como referido anteriormente, foi novamente reforçado pelo empenho do CICV no Biafra. Ainda que dessa vez se tratasse de uma operação de envergadura destinada às populações africanas, as modalidades da sua implementação tornaram-na, aos olhos de numerosos dirigentes africanos, num símbolo da ingerência branca nos assuntos dos Estados independentes.

Conclusão

Recordar as críticas que acompanharam o desenvolvimento das atividades do CICV ao longo dos anos 1960 na África Subsariana, não deve disfarçar o facto de que aquelas foram na sua maioria das vezes formuladas em situações muito precisas. Não é raro que tenham então simplesmente vocação para descredibilizar uma organização que, ao procurar socorrer e proteger militares e civis de forma indiscriminada, apareceu por vezes como demasiado intrusiva. Contudo, mantendo esse limite em conta, procurar compreender

[63] Sobre a revolta dos mercenários, ver Walter Bruyère-Ostells, «La révolte des mercenaires contre Mobutu en 1967», *Guerres mondiales et conflits contemporains*, vol. 247, n.º 3 (2012), pp. 91-104.

[64] Jean-Luc Blondel, *De Saigon à Ho Chi Minh Ville* (Genebra: CICR, 2016), pp. 22-23.

[65] Desgrandchamps, *L'humanitaire en guerre civile*, p. 193.

o que, na atitude do CICV, contribuiu para as gerar, lembra o interesse de reintegrar as vozes dissidentes – neste caso as dos dirigentes e das elites africanos – na história do humanitarismo. Ao passo que a organização procurava demonstrar um envolvimento refletido, coerente e importante no continente a partir dos anos 1960, estas vozes dissidentes recordavam que a imagem que adquiriu no continente era outra e que a sua legitimidade não estava garantida.

Com efeito, o CICV teve particularmente dificuldade em fazer compreender aos seus interlocutores a sua identidade específica de organização suíça, mas cujas atividades derivavam do direito internacional e se desenvolviam no quadro dos princípios de humanidade, de imparcialidade e de neutralidade. Aos olhos da maior parte dos dirigentes da organização que mantinham ainda importantes preconceitos relativamente às populações da África Subsariana, a incompreensão de que os seus interlocutores davam provas resultava tanto da sua má fé, como da «mentalidade africana» apresentada num primeiro momento como totalmente estranha aos princípios humanitários.

Ora, tanto o passado do Movimento Internacional da Cruz Vermelha, como as escolhas feitas pelo CICV aquando das suas primeiras atividades no continente, entrando por vezes em contradição com o estatuto e os princípios que reivindicava, contribuem para explicar as dificuldades que encontrou. Por um lado, é herdeiro, nas suas relações com as elites africanas, da história colonial da Cruz Vermelha, uma história da qual as populações africanas estão fundamentalmente ausentes. Por outro lado, enquanto a aceleração das independências constituiu um clima propício ao desenvolvimento das atividades a elas associadas, na sede, em Genebra, tergiversava-se, sendo-se particularmente prudente e não procurando fornecer meios a delegados que especificamente se mostravam, na opinião de alguns, muito pró-ativos no terreno. Ao privilegiar as atividades de mediação ou de evacuação em virtude da sua qualidade de intermediário neutro, o CICV nem sempre pareceu avaliar a imagem que as suas escolhas implicaram, que nesse contexto foram sobretudo benéficas para os Ocidentais. Tanto mais que a composição essencialmente suíça – e, portanto, branca – não surgia como prova de neutralidade e de imparcialidade aos olhos dos seus interlocutores africanos. O seu recurso frequente a pessoal diplomático suíço gerava, por outro lado, confusão quanto à sua relação com a Confederação, ao passo que o CICV procurava apresentar-se como uma organização supranacional, a fim de beneficiar de um suplemento de legitimidade junto dos governos independentes.

As críticas que se elevaram a propósito do CICV durante este período não constituíram, no entanto, um freio ao desenvolvimento da Cruz Vermelha em África. Ao longo dos anos 1960, numerosas Sociedades Nacionais foram criadas nos Estados independentes. A política ativa da Liga na matéria e o seu caráter mais inclusivo não foram provavelmente estranhos a esta evolução. Quanto ao CICV, consciente da ilegibilidade da imagem que passava, procurou explicitar mais claramente a sua missão e a sua identidade, ao mesmo tempo que continuava a desenvolver as suas atividades. A guerra do Biafra marcou assim o início de um envolvimento mais sustentado no continente. As tensões e os mal-entendidos que acompanharam os seus primeiros passos na África Subsariana e, mais geralmente, durante o processo de descolonização, deixaram, no entanto, vestígios. Como lembra Andrew Thompson, esta época revela-se rica em elementos para compreender sobre que bases se forjaram progressivamente as acusações de neocolonialismo que visam ainda hoje o sistema humanitário contemporâneo.[66]

66 Thompson, «Humanitarian principles put to the test», pp. 74-76.

Parte III

Políticas sociais, desigualdades e internacionalismos

8. EM NOME DE UMA «MISSÃO SAGRADA»: A UNESCO E A QUESTÃO COLONIAL EM ÁFRICA*

HUGO GONÇALVES DORES
Centro de Estudos Sociais – Universidade de Coimbra

> *«Os membros das Nações Unidas que assumiram ou assumam responsabilidades pela administração de territórios cujos povos ainda não se governem completamente a si mesmos reconhecem o princípio do primado dos interesses dos habitantes desses territórios e aceitam, como* ***missão sagrada****, a obrigação de promover no mais alto grau, dentro do sistema de paz e segurança internacionais estabelecido na presente Carta, o bem estar dos habitantes desses territórios [...]».*[1]
>
> Artigo 73.º, Cap. XI, *Carta das Nações Unidas*

* Este trabalho é financiado pelo FEDER – Fundo Europeu de Desenvolvimento Regional através do COMPETE 2020 – Programa Operacional Competitividade e Internacionalização (POCI) e por fundos nacionais através da FCT – Fundação para a Ciência e a Tecnologia, no âmbito do projeto «Os mundos do (sub)desenvolvimento: processos e legados do império colonial português em perspectiva comparada (1945-1975)» (PTDC/HAR-HIS/31906/2017 | POCI-01-0145-FEDER-031906) e insere-se no âmbito do projecto de pós-doutoramento: «Educating empires: international organizations, interimperial cooperation, and educational policies in late colonialism», financiado pela Fundação para a Ciência e Tecnologia (FCT) (SFRH/BPD/115773/2016).

[1] Sublinhado nosso.

Em 1948, o português Armando Cortesão, responsável pelos assuntos dos territórios não-autónomos da Organização das Nações Unidas para a Educação, a Ciência e a Cultura (UNESCO), parafraseava o Artigo 73.º da Carta das Nações Unidas (CNU) para explicar o papel da agência especializada na implementação desses princípios nos campos da educação, ciência e cultura nos chamados territórios dependentes, ou seja, nos diversos territórios sob domínio imperial. O trabalho da UNESCO deveria, nesse sentido, fomentar a ideia de «international understanding», uma cooperação internacional que deveria pontuar as relações entre os estados no novo contexto político do pós-guerra.[2] Educar para a cooperação internacional deveria ajudar os alunos a «tornarem-se conscientes dos laços que unem os povos do mundo e a prepará-los para aceitar as obrigações que um mundo interdependente exige».[3]

No artigo «Education in colonies poses Unesco problem», publicado no *UNESCO Courier*, órgão oficial da agência, em Setembro de 1948, Cortesão afirmava que os territórios não-autónomos se caracterizavam por uma «debilidade política», resultado da sua «submissão económica e inferioridade cultural». Assim sendo, a UNESCO reconhecia que a educação, a cultura e a ciência eram indispensáveis para o seu bem-estar e para o «progresso» em direção ao autogoverno. Se no passado o caminho para o autogoverno se fizera frequentemente com recurso ao conflito armado, outras vezes houve em que as autoridades metropolitanas, reconhecendo o «avanço cultural, o progresso social e o desenvolvimento económico» de uma determinada colónia, haviam concedido determinados mecanismos de autogovernação às populações coloniais. E o principal exemplo que o funcionário da UNESCO dava era o dos Domínios Britânicos. A experiência histórica destes territórios, assim como outros aspectos do colonialismo britânico, deveria ser futuramente aplicada como regra em contextos coloniais. Não havia, nas palavras de Cortesão, motivo para que a evolução política em direcção ao autogoverno não fosse pacífica e de mútuo acordo, entre colonizadores e colonizados. Mas para se alcançar esse objectivo, a educação e a cultura

[2] Armando Cortesão, «Education in colonies poses Unesco problem», *UNESCO Courier*, vol. I, n.º 8 (1948), p. 7.

[3] Memorandum submetido por Jaime Torres Bodet (director-geral da UNESCO entre 1948 e 1952) ao Comité Especial de Informações sob o Artigo 73.º da ONU, com a *List of some activities of the United Nations Educational, Scientific, and Cultural Organization which are or may be of interest to Non-Self-Governing Territories*, 15 de Julho de 1949, Arquivo da UNESCO [AUNESCO], 62 A 81/01 (6-13) CTCASS Part I.

das populações coloniais teriam de atingir um «nível adequado». Aliás, as potências administradoras haviam-se comprometido a promover o bem-estar geral dos povos dependentes que governavam, assegurando o seu progresso político, económico, social e educacional. Como lembrava Cortesão, pelo Artigo 73.º da Carta das Nações Unidas, as potências coloniais assumiam este dever como «missão sagrada».[4]

O texto do *Courier* sublinhava ainda a importância que os territórios não-autónomos tinham dentro da UNESCO e no sistema das Nações Unidas, do Conselho de Tutela ao Comité Especial de Informações sob o Artigo 73.º e) e ao Departamento de Tutela e de Informações sobre Territórios Não-Autónomos. Porém, notava Cortesão, era evidente que as discussões sobre os territórios não-autónomos, ocorridas nas reuniões de diversos órgãos das Nações Unidas, estavam pontuadas de «mal-entendidos e desconfiança internacionais», e ainda que o papel da UNESCO não fosse resolver problemas políticos, ela poderia, «neste caso e em muitos outros», ajudar a resolvê-los. A preocupação com o cumprimento dos objectivos expressos no capítulo XI da CNU tinham levado a UNESCO e a ONU a estabelecerem um acordo de cooperação, no qual a primeira deveria dar o seu auxílio técnico à segunda. À data da publicação do artigo no *UNESCO Courier*, a agência participava activamente nos projectos-piloto da Niassalândia e do Tanganhica, que envolviam as administrações coloniais britânicas de ambos os territórios. Contudo, as palavras de Cortesão não deixavam vislumbrar as sérias dificuldades que as experiências em África estavam a atravessar.[5] Ainda assim, no seio do sistema das Nações Unidas, nomeadamente dentro da própria UNESCO, esperava-se que a agência se empenhasse cada vez mais na prossecução dessas estratégias de alargar o espírito da CNU às populações dependentes.

[4] Cortesão, «Education in colonies poses Unesco problem», p. 7.

[5] «F.E. – Nyasaland. Pilot Project»; AUNESCO, Pasta 375 (689.7) A61; «F.E. – Tanganyika Ass. Project – Groundnuts Scheme», AUNESCO, Pasta 375 (689.2) A 63 GS. Sobre o Groundnut Scheme, ver, entre outros, Cyril Ehrlich, «Some antecedents of Development Planning in Tanganyika», *Journal of Development Studies*, 2, n.º 3 (1966), pp. 254-267; Michelle Bourbonniere, «Ripple effects: the groundnut scheme failure and railway planning for colonial development in Tanganyika, 1947-1952», *Canadian Journal of African Studies/Revue canadienne des études africaines*, vol. 47, 3 (2013), pp. 365-383; Matteo Rizzo, «What was left of the Groundnut Scheme? Development Disaster and Labour Market in Southern Tanganyika, 1946-1952», *Journal of Agrarian Change*, vol. 6, no. 2 (2006), pp. 205-238. Para o projecto-piloto da Niassalândia, ver o capítulo de Damiano Matasci neste volume.

Se o artigo ilustrava uma certa boa-vontade e o empenho diligenciados pela agência e por outras organizações das Nações Unidas, não demonstrava, de todo, os desafios que a busca por uma colaboração em prol do futuro das populações dependentes e a defesa dos princípios expressos na CNU estavam a levantar. Um dos principais «problemas» que a educação colonial começava a colocar à UNESCO – que o título enunciava, mas que o texto não parecia efectivamente tocar – era a dificuldade em estabelecer esses meios de cooperação com as potências administradoras, sem o aval das quais, dificilmente a agência conseguiria levar por diante os seus planos para África. O Artigo 73.º da CNU referia que os poderes administradores deveriam favorecer «medidas construtivas de desenvolvimento», entre as quais, realizar pesquisas e cooperar entre si e, «quando e onde for o caso», com as organizações internacionais especializadas. Nesse sentido, a UNESCO disponibilizara-se, desde cedo, a oferecer a sua ajuda e auxiliar os impérios na sua «missão sagrada» de promoção do bem-estar dos seus habitantes, do seu progresso político, socioeconómico e educacional. Mas nem a referência aos projetos-piloto na África oriental, a desenvolverem-se em territórios sob administração britânica, nem a elogiosa observação sob as capacidades coloniais da Grã-Bretanha na concessão de autonomia, descortinavam a complexa e ambígua relação que os governos imperiais haviam estabelecido com a UNESCO a respeito da «questão colonial», desde o seu surgimento. Alguns desses governos recusavam aceitar a existência de uma «questão colonial», insistindo que os problemas que as colónias enfrentavam não eram diferentes daqueles existentes noutras regiões subdesenvolvidas do globo. Mais tarde, iriam insistir na falta de experiência colonial por parte de diversas organizações internacionais, a começar pela UNESCO, para contestar as suas propostas de colaboração.[6]

Este texto acompanha as tentativas encetadas pela UNESCO, desde os seus primórdios, com vista a estabelecer mecanismos e linhas de colaboração com as potências coloniais nos diversos domínios que compunham a sua esfera de acção, nomeadamente no campo da educação. Através de três momentos essenciais, esta análise procura compreender de que modo a UNESCO lidou com a questão colonial e com as potências coloniais nos últimos anos da década de 1940, quando o questionamento das soluções imperiais começou a ocupar progressivamente um lugar mais amplo nos

[6] Hugo Gonçalves Dores, «Interimperial or international cooperation?: questioning the role of CCTA and UNESCO in Africa (1948-1960), *Paedagogica Historica* (no prelo).

fóruns internacionais. Em primeiro lugar, exploramos as movimentações iniciais da UNESCO para definir um plano para o espaço colonial, logo em 1947, poucos meses após a sua formal constituição. Por um lado, analisa-se o encontro ocorrido entre Cortesão e funcionários do Colonial Office britânico, e de que modo no decurso da reunião ficaram evidentes as reticências levantadas pelos anfitriões perante os planos da UNESCO para actuar no campo colonial; por outro, a aproximação entre a UNESCO e a ONU para estabelecerem uma cooperação com vista a promover os princípios da CNU nos então designados territórios não-autónomos. Em segundo lugar, abordamos a discussão ocorrida no interior da agência especializada para a estruturação de um programa geral de educação para aquelas regiões, em 1948, para perceber as diferentes posições existentes entre os altos quadros da UNESCO perante uma possível cooperação com as potências coloniais, mas, principalmente, perante as restrições impostas por estas. Por fim, o terceiro momento centra-se no contexto de uma reunião realizada no Ministério da France d'Outre-Mer, entre funcionários imperiais da Bélgica, França e Grã-Bretanha e um representante da UNESCO, onde os primeiros apresentaram os aspectos com que eles estavam dispostos a contar com a cooperação da agência. Esta frente tripartida anunciava já uma nova etapa nas relações entre a UNESCO e os impérios que se iniciaria em 1950, com a constituição da Comissão de Cooperação Técnica em África a sul do Saara (CCTA)[7], uma organização interimperial cujo prenúncio parecia ter sido levantado na reunião no Colonial Office, em 1947, quando o subsecretário permanente das Colónias britânico, George Gater, disse a Cortesão que se as potências coloniais quisessem um organismo para lidar com os assuntos coloniais poderiam fazê-lo sem a UNESCO ou a ONU.[8]

O «problema colonial»

A ideia de se constituir uma nova organização internacional para lidar com assuntos coloniais, que Armando Cortesão apresentou no Colonial Office, em Janeiro de 1947, já tinha sido apresentada anos antes, durante a Conferência de São Francisco (1945). Nessa ocasião, aquele que viria a ser

[7] Sobre a CCTA, ver: John Kent, *The Internationalisation of Colonialism* (Oxford: Clarendon Press, 1992).

[8] Dores, «Interimperial or international cooperation?».

o primeiro director-geral da UNESCO, o biólogo britânico Julian Huxley, apelou à aprovação de uma convenção colonial internacional e à constituição de um *International Colonial Office*, de certo modo reestruturando o sistema de mandatos e tutela que tinha sido definido no rescaldo da Primeira Guerra Mundial e da Conferência de Paz de Paris (1919). Após a sua nomeação como director-geral, Huxley trabalhou para «a adaptação», e não pelo abandono, das formações imperiais, no «interesse do futuro cosmopolita internacional do mundo».[9] Huxley entendia que o trabalho da organização a que presidia poderia auxiliar os poderes coloniais na sua «nobre missão civilizadora», ao mesmo tempo que promoveria uma «cultura mundial enraizada num humanismo científico».[10]

Ainda que Huxley não tivesse sido escolhido para ocupar o cargo de director-geral por causa dos seus créditos coloniais, desde cedo procurou trabalhar aspectos relacionados com a questão colonial. Esta teria sido, aliás, a principal motivação para a contratação do agrónomo português, Armando Cortesão. Convidado por Huxley para consultor da Comissão Preparatória da UNESCO (Outubro de 1946), Cortesão viria a ser integrado no Departamento de Ciências Naturais, em virtude da sua formação no campo da Agronomia. Contudo, era a sua experiência no mundo colonial que definiu o seu lugar no quadro de funcionários da nascente UNESCO. Antigo responsável no departamento de Agricultura de S. Tomé e chefe de repartição de Agricultura do Ministério das Colónias português, Cortesão veio a ser o primeiro Agente-Geral das Colónias, entre 1924 e 1932, e o primeiro director da revista deste organismo, o *Boletim da Agência Geral das Colónias* (1925), o que revela o seu interesse pela discussão e divulgação de tópicos coloniais que procuraria promover depois de entrar para a UNESCO.[11] Joseph Needham, chefe do Departamento de Ciências Naturais, referiu que o conhecimento colonial de Cortesão teria um «grande valor para a UNESCO em todas as matérias relativas à ciência». Aliás, Needham congratulava-se

9 Glenda Sluga, «UNESCO and the (one) world of Julian Huxley», *Journal of World History*, vol. 21, n.º 3 (2010), pp. 408-409.

10 Perrin Selcer, «Patterns of science: Developing knowledge for a world community at Unesco» (Filadélfia: Tese de Doutoramento, Universidade da Pensilvânia, 2011), pp. 6-7.

11 Teixeira da Mota, *Armando Cortesão (1891-1977), Imago Mundi*, 30 (1978), pp. 92-95. José Luís Lima Garcia, «Ideologia e propaganda colonial no Estado Novo: da Agência Geral das Colónias à Agência Geral do Ultramar. 1924-1974» (Coimbra: Tese de Doutoramento, Faculdade de Letras da Universidade de Coimbra, 2011).

que Cortesão havia recusado um convite para integrar o Conselho de Tutela da ONU, optando por aceitar integrar a UNESCO.[12]

Desde o início, Cortesão lidou com diversos aspectos do problema colonial dentro da agência, nomeadamente a relação a estabelecer com os impérios, essencial para que a UNESCO pudesse intervir no contexto imperial. A importância da actuação de Cortesão nesse campo era evidente e, a partir de 1947, estava no centro de uma unidade dedicada aos territórios dependentes que daria origem à chamada Divisão dos Territórios Não-Autónomos, em 1948 (em parte, inspirada pela sua homónima existente na ONU). Inicialmente, a unidade estava sob alçada do departamento liderado por Needham, mas não tinha praticamente qualquer dimensão técnica relacionada com as ciências naturais. O seu elo de ligação ao departamento eram os vínculos contratuais de Cortesão. Aquando da constituição da divisão, em 1948, decidiu-se que deveria passar para a dependência do Departamento das Relações Externas da UNESCO, o que é revelador da importância burocrática e diplomática que a questão das relações com os governos imperiais ocupava no seu funcionamento e actividade.[13]

De certo modo, Huxley e Cortesão davam continuidade às recomendações feitas durante os trabalhos da Comissão Preparatória da UNESCO, que ao longo de 1946 estruturou a nova organização. Por exemplo, o Comité de Educação propôs que a futura entidade viesse a estudar as culturas e as necessidades sociais dos «povos atrasados», a desenvolver os seus fins educacionais, a recomendar programas e instituições educativas apropriados e a trabalhar métodos educacionais aplicáveis à realidade dessas populações. Por outro lado, sugeria o útil apoio da Divisão dos Territórios Não-Autónomos da ONU para reunir e preparar relatórios sobre políticas governativas que afectassem a educação «nas colónias e mandatos», incluindo um estudo sobre «objectivos políticos, controlo administrativo, relação da educação com programas de bem-estar total e de desenvolvimento». Como método de trabalho sugeria-se que se estudassem dois ou três desses territórios. Esse estudo deveria elaborar uma declaração preliminar sobre as práticas e os problemas de estruturação de políticas educativas nos territórios dependentes e, por fim, formular uma política geral sobre educação nessas áreas. O Departamento de Tutela da ONU (ao qual pertencia a Divisão acima

[12] Relatório de Needham, 28 de Setembro de 1946, AUNESCO, PEC.PEC.1.94 COO3/B/44.

[13] Chloé Maurel, «L'UNESCO de 1945 à 1974» (Tese de Doutoramento, Paris: Universidade Paris I – Panthéon-Sorbonne, 2013), p. 72.

referida) sugeria que o estudo poderia ser realizado em dois territórios africanos: a Nigéria britânica e os Camarões sob mandato francês. E, de evidente importância, repetia a ideia de se elaborar uma política geral sobre educação, sendo necessário associá-la aos pressupostos existentes na CNU relativos ao desenvolvimento educativo nos territórios não-autónomos e de tutela.[14]

Durante a primeira Conferência Geral da UNESCO (20 de Novembro a 10 de Dezembro de 1946), quando a sua constituição foi aprovada, surgiram os primeiros contactos entre Cortesão e o subsecretário das Colónias britânico, Gater, e outros funcionários coloniais, levantando-se o plano de se criar um novo organismo para os territórios não-autónomos. A ideia, ainda embrionária, seria a de se constituir um instituto que pudesse estudar os problemas coloniais e promover formas de os resolver, dentro do novo contexto internacional. Esta primeira abordagem viria a motivar Huxley a enviar Cortesão a Londres para sondar o Colonial Office e a sua disposição face ao projecto. Aqui, além de Gater, Cortesão encontrou-se também com Lord William Malcolm Hailey e W. E. Frank Ward. O primeiro era presidente do British Colonial Research Committee, criado em 1942, com o objetivo de aconselhar o Colonial Office em matérias de financiamento para pesquisa no seguimento do Colonial Development Welfare Act (1940). Foi autor, em 1938, de um estudo onde afirmava que a educação era um dos muitos problemas que atraiam maior discussão e controvérsia em África.[15] O segundo era assessor de Christopher Cox, conselheiro principal para a educação do Colonial Office. Sendo uma presença constante nas conferências da UNESCO, Ward defendia a política educativa colonial britânica, tornando-se o relator principal dos resultados da Conferência de Cambridge sobre educação em África, realizada em 1952.[16]

[14] *Draft Memorandum. Proposed Plan for the Study of Education in Non-Self-Governing Territories*, 3 de outubro de 1946; A. J. Lucas (Departamento de Tutela) a E. F. Sheffield (UNESCO), 10 de Outubro de 1946; AUNESCO, 325.35 Non-Self-Governing Territories. Part I – up to end 1953 [325.35, Part I].

[15] Em 1948, o British Colonial Research Committee passou a designar-se British Colonial Research Council e, em 1959, tornou-se o British Overseas Research Council. Lord Hailey, *An African Survey: A Study of Problems Arising in Africa South of the Sahara* (Oxford: Oxford University Press, 1938). Ver: Suke Wolton, *Lord Hailey, the Colonial Office and the Politics of Race and Empire in the Second World War: the Loss of White Prestige* (Londres: Palgrave Macmillan, 2000).

[16] Ver Alan Peshkin, «Educational Reform in Colonial and Independent Africa», *African Affairs*, vol. 64, n.º 256 (1965), pp. 210-216. Sobre Cox e Ward, ver, ainda: Clive Whitehead, *Colonial Educators: The British Indian and Colonial Education Service. 1858-1983* (Londres: I. B. Tauris,

A ideia apresentada por Cortesão pressupunha, por um lado, a criação de uma nova organização vocacionada para os assuntos dos territórios não-autónomos, e por outro, a de um departamento especializado dentro da UNESCO, que serviria de unidade de ligação com o Conselho de Tutela da ONU, trataria das questões relativas à instituição a criar, e, eventualmente, a estabelecer contactos entre a agência e os governos coloniais. O objectivo principal era possibilitar uma dinâmica de cooperação entre as três partes interessadas: a ONU, a UNESCO e as administrações imperiais. Por seu turno, o novo instituto viria a congregar os melhores especialistas em matérias coloniais, fomentando a sua reunião periódica, o intercâmbio de ideias e projectos, os contactos com o Conselho de Tutela e a publicação de uma «muito necessária» revista internacional especializada onde se discutissem diversos assuntos relativos aos territórios não-autónomos. Uma das propostas seria, por exemplo, debater a «educação de base»[17], que se assumia como «nova tendência» em política colonial internacional.[18]

A proposta da UNESCO colocava dúvidas aos interlocutores de Cortesão, principalmente por causa da possibilidade de se admitir no futuro instituto países sem territórios coloniais, o que não agradava de todo ao Colonial Office. Gater relembrou que durante as suas conversações em Paris, falara-se que o instituto apenas contaria com potências coloniais. Cortesão explicou que, não obstante essa ser a intenção inicial, o seu superior, Joseph Needham, sugeriu-lhe que poderia ser útil ao novo organismo associar países como a China, a Índia ou a URSS. Assumindo-se como «um antigo obreiro colonial», Cortesão admitiu que teria preferido incluir apenas as potências coloniais, mas o novo «espírito internacional» considerava esta nova sugestão mais conveniente. Os britânicos não estavam satisfeitos com essa viragem na UNESCO, do mesmo modo que não estavam animados com a forma como as questões coloniais tinham sido abordadas na última Assembleia Geral da ONU. Nada disso encorajava o governo de Londres a colaborar com

2003), pp. 188-205 e 206-225, respectivamente. Sobre a Conferência sobre Educação Africana de Cambridge, em 1952, ver W. E. Frank Ward, *African Education* (Londres: Oxford University Press, 1953); L. B. Greaves, «African Education: a commentary on the Cambridge Conference, September 1952», *International Review of Mission*, vol. 42, n.º 3 (Julho 1953), pp. 318-331.

[17] Em inglês, o termo usado para definir o seu correspondente francês «*éducation de base*» é «*fundamental education*». Neste texto, usa-se a expressão «educação de base» que é a correspondente usada na documentação portuguesa do período. Mesmo que a expressão «educação fundamental» possa ser usada, a sua utilização é residual.

[18] «Report on a meeting at the Colonial Office», Cortesão a Huxley, confidencial, 1 de Fevereiro de 1947, AUNESCO, 325.35 Part I.

a UNESCO, assumiam os funcionários do Colonial Office. Lord Hailey defendia que nenhuma potência colonial, incluindo a Grã-Bretanha, desejaria qualquer forma de interferência internacional nos seus assuntos coloniais. Por exemplo, questionava até que ponto a Bélgica estaria disponível a aceitar qualquer tipo de colaboração no campo da educação de base no Congo. Nesse sentido, criar um novo instituto nos moldes apresentados não seria equacionável, e a ideia de um departamento para questões coloniais dentro da UNESCO era despropositada.[19]

Além do mais, continuava Hailey, as questões coloniais não podiam ser dissociadas de questões mais gerais relativas a outros territórios dependentes ou subdesenvolvidos. E se Cortesão ainda tentou sublinhar as particularidades do contexto colonial e que elas se tornariam cada vez mais uma preocupação internacional, Ward objectou, afirmando que não havia nenhuma «questão colonial», referindo que: «não há diferença entre as colónias africanas e, digamos, a Libéria, a Abissínia ou o Brasil tropical». As colónias deveriam ser tratadas como qualquer outro território nas mesmas condições de desenvolvimento. Assim, os britânicos procuravam secundarizar as diferenças políticas entre esses territórios e sublinhar as suas semelhanças socioeconómicas. Não era necessária outra instituição colonial, concluíam. De momento, o melhor a fazer era «deixar viver» aquelas que já existiam, fossem nacionais ou internacionais (como o Instituto Colonial Internacional – ICI, de Bruxelas), mas sem qualquer ligação a órgãos tão abrangentes como a ONU ou a UNESCO. Nesse sentido, e como já foi mencionado, Gater explicou que, caso as potências coloniais entendessem criar um organismo internacional, poderiam fazê-lo sem a UNESCO ou o Conselho de Tutela.

A postura defensiva e pouco colaborativa dos interlocutores britânicos deixou Cortesão admirado. As expectativas face à colaboração com o governo de Londres eram elevadas, até porque algumas das políticas coloniais britânicas eram bastante consideradas dentro da UNESCO. Cortesão elogiava a forma como os britânicos lidavam com os processos internos de alguns dos seus territórios coloniais e, como vimos acima, os seus Domínios deveriam ser um modelo a seguir no contexto imperial (todavia, este revés não mudou a opinião de Cortesão sobre a política colonial britânica). Além disso, Huxley mostrava-se empenhado numa cooperação com o império britânico que pudesse avançar os objectivos e a acção da UNESCO na procura de uma nova interacção mundial. A presença de antigos funcionários britânicos e a

[19] «Report on a meeting at the Colonial Office», AUNESCO, 325.35 Part I.

influência de concepções educativas advindas do contexto colonial britânico alimentavam a ideia de uma colaboração frutífera entre ambas as partes. Por exemplo, o conceito de educação de base, um dos principais planos educativos promovidos pela UNESCO, fora fortemente influenciado por debates ocorridos no contexto imperial britânico no período entre-guerras. O relatório *Mass Education in African Society* (1944) serviria de base ao texto *Illiteracy in British Colonial Territories*, remetido pela delegação britânica à Comissão Preparatória da UNESCO.[20] Por sua vez, este constituiria um dos principais elementos de inspiração da política e metodologia da UNESCO em matéria de educação de base, expressas no relatório *Fundamental Education: Common Ground for All Peoples* (1946).[21]

Mas o ambiente no Colonial Office parecia pouco auspicioso. A oposição era tal que Cortesão não evitou confidenciar a Huxley que, em certos momentos, era como se ele próprio e a UNESCO representassem «todas as forças do mal de alguma conspiração internacional contra os impérios coloniais». Cortesão acreditava que os funcionários britânicos suspeitavam, ou mesmo temiam, que países não coloniais interferissem nos seus assuntos internos ultramarinos. A possibilidade de incluir no proposto instituto, supostamente dedicado a matérias coloniais, delegados chineses, indianos

[20] O Comité de Educação da Comissão Preparatória da UNESCO, que coordenou os trabalhos sobre o relatório da educação de base, era presidido pelo britânico Fred Clarke, director do Institute of Education de Londres e um dos participantes do comité consultivo do Colonial Office que elaborara o relatório *Mass Education*. No relatório *Fundamental Education* colaboraram especialistas que já tinham contribuído para o documento de 1944: Margaret Read (chefe do departamento colonial do Institute of Education, de Londres) e o belga Joseph Lauwerys (professor no mesmo Institute of Education). O relatório contou ainda com a participação de, entre outros, Albert Charton e Henri Labouret (etnólogo francês e director do Instituto Internacional Africano). AUNESCO, *Preparatory Commission. London-Paris. 1945-1946*, vol. IV – *Programme Committees*. Damiano Matasci, «Assessing needs, fostering development: UNESCO, illiteracy, and the global politics of education (1945-1960)», *Comparative Education*, vol. 53, 1 (2017), pp. 41-43. Ver, igualmente, o capítulo de Matasci neste volume.

[21] Joseph Watras, «UNESCO's Programme of Fundamental Education, 1946–1959», *History of Education* 39, n.º 2 (2010), pp. 219-237; Jens Boel, «UNESCO's Fundamental Education Program, 1946-1958: Vision, Actions and Impact», em Poul Duedahl, ed., *A History of UNESCO: Global Actions and Impacts* (Londres: Palgrave, 2016), pp. 153-167. Vários dos especialistas que participaram na elaboração do relatório da UNESCO tinham uma vasta experiência em matéria colonial, como Albert Charton, Margaret Read, Henri Labouret e Thomas Jesse Jones. Tanto Read, como o belga Joseph Lauwerys também haviam participado na elaboração do relatório *Mass Education*. David Coleman e Philip Jones, *The United Nations and Education. Multilateralism, Development and Globalization* (Londres: Routledge, 2005), p. 58.

ou soviéticos era «perigosa», ainda que, notava Cortesão, eles não o tivessem referido explicitamente. Era evidente que não havia estima pelo Conselho de Tutela e, menos ainda, pela Divisão de Territórios Não-Autónomos da ONU. Também não apreciavam a ideia de se criar na UNESCO uma secção para tratar separadamente assuntos coloniais. Duas horas depois do início da reunião, as expectativas de Cortesão e da UNESCO em estabelecer um contacto cooperante com a Grã-Bretanha ficavam num limbo, ainda que os projectos-piloto da Niassalândia e da Tanganhica estivessem a avançar paralelamente. Os funcionários britânicos não apoiavam nenhuma das propostas apresentadas por Cortesão. Nem novo instituto colonial, nem divisão especializada.[22]

As propostas de Cortesão, certamente debatidas e coordenadas com Huxley, interessado em lidar com a questão colonial, foram explicadas num longo relatório interno apropriadamente intitulado «The Colonial Problem and UNESCO».[23] Aí, o seu autor deixou uma crítica evidente àqueles governos que recusavam aceitar as particularidades da «questão colonial». Como Cortesão comprovará, mais tarde, esta perspectiva era igualmente partilhada por outros membros do staff da UNESCO. O relatório explicava que a história da política colonial moderna tinha entrado numa nova fase, marcada pela declaração do «princípio da responsabilidade internacional» para os territórios não-autónomos contida no capítulo XI da CNU. Sucedendo ao «princípio de tutela», que advinha de 1919, este novo modelo era o «eixo central» do problema colonial da época. Aliás, recordava o lugar que ele ocupava na CNU, com três capítulos inteiramente dedicados aos territórios dependentes, mas apontava a alteração da palavra «colónia» para a «estranha designação de territórios não-autónomos». A expressão «colónia» estava invariavelmente relacionada com a velha concepção colonial, «caída em descrédito», levando mesmo alguns governos imperiais a renomear os seus ministérios coloniais.[24] E, segundo dizia o relatório, era por esse motivo que algumas pessoas, «apesar de não mudarem nomes de ministérios, negam que há um "problema colonial"». Era uma clara indirecta aos funcionários do

[22] «Report on a meeting at the Colonial Office», AUNESCO, 325.35 Part I.

[23] «The Colonial Problem and UNESCO», 19 de Maio de 1947, AUNESCO, 325.35 Part I.

[24] A França passou a ter o *Ministère de la France d'Outre-Mer* e os Países Baixos, o *Ministerie van Overzeese Gebiedsdelen* (ministério dos territórios ultramarinos). À data, a Bélgica mantinha a designação de Ministério das Colónias (que em 1958 passou a ser o Ministério do Congo Belga e do Ruanda-Urundi), assim como Portugal (em 1951, passou a designar-se Ministério do Ultramar). No caso britânico, o Colonial Office passou a Commonwealth Office, em 1966.

Colonial Office. Os britânicos até podiam estabelecer experiências conjuntas com a UNESCO, mas uma discussão mais geral sobre o «problema colonial», com outros intervenientes, implicava outro tipo de reacção. Um aspecto importante que o relatório sublinhava, e que fora igualmente rejeitado na reunião em Londres, era o da necessidade de se constituir uma secção específica para os assuntos coloniais dentro da UNESCO, para reunir, examinar, classificar e disponibilizar o infindável conjunto de documentos e informações sobre essas matérias. Dava-se como exemplo, a OIT, que tinha uma «secção de territórios não-autónomos» que lidava exclusivamente com os aspectos coloniais da sua actividade.[25] A UNESCO precisava dela tanto quanto a OIT.[26]

Na sequência deste relatório, foi explicitamente definido o «campo de trabalho» de Cortesão em relação a matérias coloniais, embrião da futura Divisão dos Territórios Não-Autónomos da UNESCO, cuja constituição formal só ocorreria em 1948. Como dissera em Londres, era um gabinete com poucas pessoas. Acima de tudo, centrava-se em Cortesão. As suas actividades eram várias, mas eram sobretudo com vista a manter contactos e linhas de colaboração com diversas entidades igualmente ligadas às questões coloniais. Devia manter ligação com o Departamento de Tutela da ONU (Conselho de Tutela e a Divisão de Territórios Não-Autónomos), com os ministérios coloniais e as organizações não-governamentais regionais e internacionais interessadas nessas matérias, como o Institut Français d'Afrique Noire (IFAN) ou o Instituto Colonial Internacional (Bruxelas). Além disso, ficava responsável por receber e reenviar informação sobre assuntos coloniais de modo a evitar uma sobreposição entre o trabalho da UNESCO e o de outras agências especializadas. Seria, assim, o «canal» entre a UNESCO e o Departamento de Tutela.[27] Nas conversações com os funcionários das Nações Unidas, Cortesão insistia frequentemente que a ONU deveria liderar a defesa e promoção da educação nos territórios dependentes, enquanto a UNESCO, no papel de agência especializada, deveria trabalhar em estreita colaboração com outras entidades da ONU dedicadas aos territórios não-autónomos

[25] Tratava-se do Departamento de Territórios Não-Metropolitanos da OIT.

[26] «The Colonial Problem and UNESCO», AUNESCO, 325.35 Part I. Sobre a OIT e a questão colonial, ver: Daniel Maul, *Human Rights, Development and Decolonization. The International Labour Organization, 1940-1970* (Londres: Palgrave Macmillan, 2012); José Pedro Monteiro, *Portugal e a Questão do Trabalho Forçado. Um Império sob Escrutínio (1944-1962)* (Lisboa: Edições 70, 2018).

[27] «Suggested field of work for Dr. Cortesão in Relation to Non-Self-Governing Territories», 20 de maio de 1947; AUNESCO, 325.35 Part I.

(Conselho de Tutela, Comité de Informações de Tutela e Territórios Não--Autónomos e o Comité de Informações sob o Artigo 73.º e)).[28]

Outro tópico que a secção deveria trabalhar era o de conseguir organizar uma das propostas que Huxley já levantara na conferência de São Francisco: uma convenção sobre questões coloniais com especialistas nessas temáticas. Deste encontro, esperava Cortesão, poderia resultar a constituição da tal nova organização internacional não-governamental – ou semigovernamental – dedicada à educação, cultura e ciência dos territórios dependentes; uma espécie de UNESCO para as colónias. Era chegar a um novo instituto colonial internacional por outra via, ainda que na reunião do Colonial Office, os funcionários britânicos tivessem sido claros a respeito da desnecessidade de uma nova organização colonial, principalmente se associada a organismos como a UNESCO. Respaldado pelas ideias de Huxley, Cortesão defendia que uma colaboração internacional extra-governamental em assuntos coloniais era «essencial».[29] O Comité de Programa da UNESCO discutiu a ideia e encarregou Cortesão de a levar ao conhecimento da ONU. A preparação e a convocação da conferência deveriam ser da responsabilidade desta. A UNESCO, que não tomaria a dianteira do projecto sem o seu aval, disponibilizava-se para o auxílio técnico e humano necessário para a concretização do plano.

Aproveitando os trabalhos do Comité *ad hoc* da ONU, reunido em Lake Sucess (Nova Iorque) no final do Verão de 1947, Cortesão procurou difundir a ideia da conferência e do organismo daí a constituir-se. A ideia de uma conferência sobre matérias educativas, científicas e culturais para os territórios não-autónomos suscitou diferentes reacções na ONU. Wilfrid Benson (director da Divisão dos Territórios Não-Autónomos do Departamento de Tutela), agradado com a ideia, antecipou desde logo dificuldades e resistências. Pouco tempo antes, quando a UNESCO e a ONU afinavam os termos da sua cooperação, Benson já tinha confessado que seria prematuro organizar o encontro para 1948, tendo inclusive sugerido que não se publicitasse demasiado a ideia até o projecto africano estar «seguramente a decorrer».[30] Victor Hoo, secretário-geral adjunto da ONU para as questões

[28] «Non-Self-Governing Territories. Cooperation between United Nations and Unesco», 27 de Março de 1947; AUNESCO, 325-35 Part I.

[29] Cortesão, *Fourth Report on Mission to New York. Creation of an International Scientific Institute for the Advancemente of Underdeveloped Areas*, 22 de Setembro de 1947; AUNESCO, 325.35 Part I.

[30] Benson a Cortesão, 24 de Junho de 1947; AUNESCO, 325.35 Part I.

da Tutela e Informação sobre os territórios não-autónomos, entendia que parte dessas dificuldades adviriam do exclusivo carácter colonial do evento, mas concordava que se constituísse essa nova organização internacional extra-governamental. Do lado americano, Cortesão também recebeu apoio, mas com as mesmas ressalvas já levantadas por Benson e Hoo. Benjamin Gerig (chefe da divisão de Áreas dependentes do Departamento de Estado norte-americano, representante-adjunto dos Estados Unidos no Conselho de Tutela e delegado ao Comité *ad hoc*) explicou que deveria ser encontrada uma fórmula que acalmasse a «possível resistência» de algumas potências coloniais. Além disso, sugeriu a Cortesão que se encontrasse com o sociólogo americano, John Collier[31], presidente do Institute of Ethnic Affairs, sediado em Washington, DC, que tinha algumas ideias sobre o assunto.[32] Collier repetiu que seria difícil restringir essa nova organização aos territórios não-autónomos. Sugeria-lhe que fosse alargada a todas as áreas designadas como subdesenvolvidas. Isto não só alargava o âmbito do novo órgão, como poderia matizar as resistências e desconfianças das potências coloniais, que Cortesão bem percebera aquando da sua visita ao Colonial Office. Emil J. Sady, adjunto de Gerig, que o substituiu no encontro, propôs que o órgão se denominasse International Scientific Institute for the Advancement of Underdevelop Areas, podendo eventualmente garantir o apoio do ECOSOC e do Departamento de Tutela, mesmo que a UNESCO ficasse como seu principal «animador». De certo modo, centrar a problemática no âmbito das regiões subdesenvolvidas não estava longe das observações levantadas no Colonial Office sobre as poucas diferenças entre estas, ainda que politicamente independentes, e os territórios sob administração de potências coloniais. Mas, os apoios e as ressalvas não fizeram avançar significativamente o plano.[33]

[31] John Collier foi comissário do Bureau of Indian Affairs durante a Administração Roosevelt (1933-1945) e um dos principais responsáveis pelo «Indian New Deal», através do Indian Reorganization Act de 1934, com o objectivo de travar as políticas de assimilação das populações ameríndias pelos governos americanos.

[32] Ainda antes da partida para os Estados Unidos, Walter Laves (director-adjunto da UNESCO) já havia sugerido a Cortesão encontrar-se com Collier, uma vez que este havia manifestado interesse em conhecer o português, para discutirem questões sobre os territórios não-autónomos. Laves aconselhou-o igualmente a contactar funcionários do Departamento de Estado norte-americano que lidavam com assuntos referentes a essas regiões.

[33] Cortesão, *Fourth Report on Mission to New York*. AUNESCO, 325.35 Part I.

Delinear um programa geral de educação para os territórios não--autónomos

Em Março de 1948, Cortesão voltou a insistir na importância e vantagem de se criar um novo instituto colonial, inserindo-o na proposta de programa de trabalho para os territórios não-autónomos que apresentou no Comité de Programa da UNESCO. Sublinhando a importância a dar ao «avanço dos povos atrasados», o funcionário pretendia demonstrar que as possíveis actividades a desenvolver pela UNESCO, abrangendo um vasto campo de acção, tinham de considerar os problemas sociais e económicos desse «avanço». Além disso, não se podia minimizar as implicações políticas de qualquer plano proposto pela UNESCO. Cortesão percebia, pela sua própria interacção com os ministérios coloniais e os órgãos da ONU, que as discussões em torno dos territórios não-autónomos deixavam transparecer evidentes desentendimentos e desconfianças no meio internacional que poderiam ter «sérias implicações políticas». Admitia que a questão política obrigava a uma actuação ponderada por parte da UNESCO, mas mesmo que o seu papel não fosse o de «resolver problemas políticos no imediato», poderia «ajudar consideravelmente à sua resolução». Não se podia esquecer que um dos objectivos expressos na CNU e com os quais as potências administradoras se haviam comprometido, previa o autogoverno das colónias, ou seja, uma alteração do seu estatuto político. A acção da UNESCO, qualquer que ela fosse, implicava, invariavelmente, uma dimensão política.[34]

Para elaborar qualquer plano ou estratégia, a UNESCO precisava de ter as informações necessárias, daí insistir frequentemente na constituição de um instituto científico onde os problemas dos territórios dependentes fossem estudados e debatidos, e na cooperação entre diferentes organizações extragovernamentais que lidassem com essas questões. Preocupado com as acusações da falta de experiência e conhecimento da UNESCO em matéria colonial, frequentemente apontadas pelos governos imperiais para declinar uma colaboração mais proactiva com a agência, e que se prolongaria até ao ocaso do sistema colonial, Cortesão persistia na ideia de recolher dados, experiências e desenvolver métodos e abordagens científicas para estruturar as actividades educativas da UNESCO. Além disso, defendia que a ONU esperava da UNESCO um plano de acção exequível e promissor e que correspondesse

[34] Cortesão, «UNESCO Programme of Work for Non-Self-Governing Territories», 18 de Março de 1948; AUNESCO, 325.35 Part I, pp. 3-4.

aos objectivos mais vastos do próprio sistema das organizações.[35] Aliás, esta insistência na recolha de dados – desde estatísticas a estudos específicos – fazia parte da natureza da UNESCO desde o seu início, como se percebe pelas recomendações do Comité de Educação da Comissão Preparatória da UNESCO para a recolha de informações indispensáveis ao estudo sobre educação nos territórios não-autónomos.[36]

Cortesão insistia que a acção da UNESCO estava associada aos objectivos expressos na CNU. Se o contributo da UNESCO se faria através da educação, da ciência e da cultura, um programa educativo teria que ir para lá dos propósitos de uma educação de base, cuja definição era muitas vezes restringida ao combate ao analfabetismo ou a uma formação técnica elementar, ainda que não fosse esse o pensamento presente nas concepções da UNESCO.[37]Recentemente, em Fevereiro de 1948, o chefe do Departamento de Educação de Base da UNESCO, John Bowers (um antigo administrador colonial no Sudão e também trazido para a UNESCO pela mão de Huxley), tinha defendido que o conceito de educação de base já tinha superado a «simples ideia» de erradicação da iliteracia. Para ele, o objectivo da educação de base era «ajudar homens e mulheres a viver vidas melhores e mais felizes adaptadas ao seu meio em mudança, desenvolver os melhores elementos da sua própria cultura, e atingir o progresso económico e social que lhes permitirá assumir o seu lugar no mundo moderno». Assim, a educação de base deveria dedicar-se a resolver os principais problemas dessas comunidades: doenças, pobreza, subsistência, entre outros aspectos.[38]

De qualquer forma, defendia Cortesão, a educação de base, mesmo que essencial para estruturar a estratégia da UNESCO, deveria ser apenas um dos muitos aspectos a considerar nesse programa de trabalho. Na discussão do programa, havia que considerar diversos tópicos, desde os relativos a outros graus de ensino (secundário e superior) à formação profissional e de

[35] «Summary minutes of meeting of heads of programme sections», 26 de Abril de 1948, AUNESCO, 325-35 Part I.

[36] E. E. Sheffield a A. J. Lucas, «Draft memorandum – Proposed plan for the study of education in Non-Self-Governing Territories», 3 de Outubro de 1946; AUNESCO, 325.35 Part I.

[37] Cortesão, «UNESCO programme of work for Non-Self-Governing Territories», AUNESCO, 325.35 Part I. Ver: *Fundamental Education: Common Ground for All People* (Paris: UNESCO, 1946); Boel, «UNESCO's fundamental education program», pp. 153-167; Coleman e Jones, *The United Nations and Education*, pp. 57-58.

[38] John Bowers, «Fundamental education», UNESCO Courier, I (Fevereiro 1948), p. 5. UNESCO, *Fundamental Education. Common Ground for All People*; Philip Jones, *International Policies for the Third World: UNESCO, Literacy and Development* (Londres: Routledge, 1988).

professores, ou mesmo a educação colonial ministrada nas metrópoles. Um ponto a ser devidamente considerado era o do ensino superior, por ser de «importância primordial» para o desenvolvimento político e social desses territórios.[39]

Para a proposta apresentada por Cortesão, a UNESCO poderia, desde logo, aproveitar os trabalhos que os seus departamentos estavam já a realizar, assim como usar os recursos materiais de que dispunha. O Departamento de Educação, sozinho ou com a colaboração dos departamentos de Ciências Sociais e de Humanidades, deveria, por exemplo, considerar de que modo a educação poderia contribuir para alcançar os objectivos previstos no capítulo XI da CNU. Esse estudo deveria abordar questões como a relação entre educação e desenvolvimento político e socioeconómico e as suas implicações locais, ou o intricado problema da língua a ministrar no ensino. De modo a conciliar e integrar esses trabalhos, o plano sugeria organizar regularmente reuniões entre membros dos vários departamentos interessados para se elencar quais as contribuições úteis para elaborar uma estratégia de acção que pudesse ser apresentada à ONU e conseguir o seu apoio. Também a experiência e os resultados adquiridos nos projectos-piloto que decorriam no Tanganhica e na Niassalândia, os primeiros passos dados pela UNESCO em matéria educativa na África subsariana, poderiam ser um importante ponto de partida. Ambos os projectos, «Fundamental Education: Pilot Project in Nyasaland (Malawi) 1948» e «Tanganyika Agricultural Development Scheme» (ou «Tanganyika Groundnut Scheme»), eram vistos pela UNESCO como determinantes na afirmação da agência no campo da educação fundamental.[40] Apesar das diferenças, no essencial conferiam centralidade a um ensino técnico e à formação profissional (*vocational training*).

Cortesão continuava a sublinhar as exigências específicas dos territórios não-autónomos face aos argumentos que os equiparavam a outras regiões subdesenvolvidas. Mas esta ideia não era partilhada por todos os seus colegas. Charles Ascher, do gabinete do Director-Geral, questionava se era possível delinear um programa específico para os territórios não-autónomos, cujos problemas eram partilhados por outras regiões. Besterman, do Departamento de Troca de Informações sugeria que a Unidade de Territórios

[39] Cortesão, «UNESCO programme of work for Non-Self-Governing Territories», AUNESCO, 325.35 Part I.

[40] Cortesão a Benson (diretor do Departamento dos Territórios Não-Autónomos da ONU), 4 de Agosto de 1948; e relatório «UNESCO and Non-Self-Governing Territories», AUNESCO, 325.35 NSGTs Part I.

Não-Autónomos, chefiada por Cortesão, deveria nomear-se Unidade de Territórios Não-Autónomos e Outros Povos Atrasados (NSGT and others Backward Peoples Unit), dando como exemplo o Instituto Internacional Africano, que não cobria apenas territórios não-autónomos. Por outro lado, o futuro director-geral da UNESCO, René Maheu, então funcionário do Departamento de Comunicação de Massas – Imprensa, admitia que de um ponto de vista geográfico, etnológico e económico poderia não haver distinção entre territórios dependentes e outras áreas subdesenvolvidas, mas o mesmo não poderia ser considerado de um ponto de vista político e psicológico. «O factor colonial é uma realidade que não pode ser ignorada», afirmava Maheu. Ora, os programas da UNESCO deveriam ser desenvolvidos tendo em conta a questão colonial. Mas, no caso de se ir por diante na proposta de se organizar uma reunião de especialistas para debater essas questões, Maheu antecipava, tal como outros funcionários na UNESCO e na ONU, as possíveis dificuldades que a agência viria a enfrentar caso não houvesse uma resolução favorável a esse plano aprovada pela sua Conferência Geral.[41]

A colaboração interdepartamental sugerida por Cortesão encontrou assim pouca receptividade nos seus colegas, o que poderia colocar em causa o plano de se estruturar uma acção concertada da UNESCO para os territórios não-autónomos. O Departamento de Comunicação de Massas – Filmes tinha pouca informação útil a transmitir, pois os seus programas eram elaborados «em termos de países mais civilizados». E, quando a secção referia programas «para todos os povos» tinha em mente «povos mais civilizados». Os seus planos poderiam eventualmente ser desenvolvidos no âmbito dos territórios não-autónomos, caso houvesse a definição de uma política que visse isso como desejável. O Departamento de Ciências Sociais esclarecia que não poderia fazer nada, uma vez que o seu programa não estava relacionado com os territórios não-autónomos, porque as populações que aí viviam «não se interessavam em conflitos mundiais», «não tinha meios de expressão», pelo que «não havia forma de estudar tensões internacionais entre esses povos». Esta posição contrastava com a de Mohamed Awad, conselheiro para as Ciências Sociais, que, em janeiro de 1947, afirmava que o trabalho do Departamento de Ciências Sociais se podia relacionar com quase todas

[41] «Summary minutes of meeting of heads of programme sections to discuss the question of "UNESCO programme of work for Non-Self-Governing Territories"», 28 de Abril de 1948; AUNESCO, 325.35 Part I.

as questões relativas aos territórios de tutela e não-autónomos. A este propósito enumerava uma série de tópicos e de que modo estes podiam interessar ao departamento: questões culturais (línguas, instituições e religiões nativas), questões económicas (agricultura, indústria, concessões estrangeiras em mineração), questões político-administrativas (instituições políticas, partilha da administração com os «nativos», medidas para o desenvolvimento de instituições de governo próprio; polícia e forças de defesa), questões sociais (protecção dos «nativos» contra abusos; sistema jurídico), o progresso do trabalho científico.[42]

Por seu lado, Emmanuel Gabriel, o pedagogo haitiano que tinha encabeçado um dos primeiros projectos-piloto de educação de base da UNESCO (no Vale de Marbial, Haiti[43]), funcionário do relevante Departamento de Educação de Base, tópico estruturante no futuro programa geral de educação, levantava um ponto crucial. O trabalho do departamento tinha como objectivo óbvio beneficiar os seus membros. Ora, se eles desejassem alargar esses benefícios aos seus territórios ultramarinos, seria fácil conseguir alguma forma de colaboração, porém, caso não o quisessem, «não podemos ser nós a tomar a iniciativa», ou seja, não havia como impor um programa num território sob domínio de uma potência administradora se esta não estivesse na disponibilidade de aceitar a intervenção, ou cooperação, da UNESCO.[44]

Na reunião do Conselho para a Política do Programa da UNESCO, em Junho de 1948, John Bowers, chefe do Departamento de Educação de Base, e Clarence Beeby, director-geral adjunto para a educação, admitiam que os problemas educativos nos territórios não-autónomos e noutras áreas subdesenvolvidas eram similares, repetindo uma opinião partilhada por outros sectores, nomeadamente imperiais. Contudo, concordavam que o seu estatuto, previsto na CNU (Artigos 73.º e 76.º), lhes dava um «significado especial», tal como Cortesão veio a frisar no seu artigo do *Courier*, em Outubro desse ano. Apesar desta posição, Bowers e Beeby alertavam para que os representantes da UNESCO evitassem esse «assunto perigoso», fosse no Conselho de Tutela ou em qualquer outro local fora da agência, «pelo

[42] Mohammed Awad a Huxley e Cortesão, 21 de Janeiro de 1947; AUNESCO, 325.25 Part I.

[43] Sobre o projecto Vale Marbial, ver: Chantalle F. Verna, «Haiti, the Rockfeller Foundation, and UNESCO's pilot project in fundamental education, 1948-1953», *Diplomatic History*, vol. 40, n.º 2 (2016), pp. 269-295; Jones, *International Policies*, pp. 65-71.

[44] «Summary minutes of meeting of heads of programme sections», 26 de Abril de 1948, AUNESCO, 325-35 NSGTs Part I.

menos por enquanto».[45] Esta observação acabaria por incidir directamente no trabalho de Cortesão, uma vez que ele era a ligação entre a UNESCO e os órgãos da ONU que lidavam com essas matérias. Ainda que não ficasse expresso nas palavras de ambos, a insistência de Cortesão na divulgação e defesa do «carácter especial» dos territórios não-autónomos poderia causar constrangimentos à actuação da UNESCO junto de outras entidades. Este alerta é demonstrativo do cuidado com que dentro da agência a questão colonial era tratada. Importa não esquecer que as potências coloniais com quem a UNESCO esperava colaborar, enquadrando essa colaboração numa estratégia que visava o cumprimento dos objectivos expressos na CNU e que nem sempre encontravam respaldo nos ministérios imperiais, eram também os países que tinham um importante peso dentro da organização. Os contributos financeiros da Bélgica, França e Grã-Bretanha contribuíam significativamente para o orçamento geral da UNESCO. E dentro da agência havia quem não estivesse disponível para colocar em risco os restantes programas, por causa de uma atitude que poderia indispor esses importantes e influentes membros.[46]

Contudo, Cortesão não parecia convencido. Num memorando sobre a «Política Geral de Educação nos Territórios Não-Autónomos», apresentado em Outubro de 1948, explicava que os países representados no Conselho de Tutela e no Comité Especial de Informações para os Territórios Não--Autónomos esperavam que a UNESCO direcionasse algumas actividades especificamente para essas regiões, pelo que qualquer acção da organização seria bem recebida. Defendia que um estudo «sério» sobre o problema, aplicando um método essencialmente científico e analisando as necessidades locais, ocuparia as atenções daqueles órgãos da ONU, desviando as discussões do «perigoso campo da política para o campo muito mais construtivo das questões técnicas e científicas».[47] Neste plano, Cortesão admitia que existiam diferenças entre os diversos sistemas de ensino em vigor nas colónias europeias, mas acreditava que seria possível delinear uma estratégia comum que «encarnasse os princípios estabelecidos pela Carta». Era preciso, antes de mais, repetia, estudar a realidade existente nos territórios coloniais, ou seja, procurar cumprir a recomendação feita pelo Comité de Educação da

[45] «Working paper for the program policy. council meeting», 3 de Junho de 1948, AUNESCO, 325.35 NSGTs Part I.

[46] Maurel, «L'UNESCO de 1945 à 1974», pp. 221-222.

[47] Cortesão, «Memorandum on "General policy on education in Non-Self-Governing Territories"», 8 de Outubro de 1948; AUNESCO, 325.35 Part I.

Comissão Preparatória, em 1946. Havia que contar com a colaboração de outras entidades, até porque alguns departamentos da UNESCO não viam que utilidade o seu trabalho poderia ter para esse projecto ou mesmo a necessidade de um programa específico para os territórios dependentes. E não esquecia os governos imperiais, não obstante as dificuldades levantadas. Mais uma vez, Cortesão virou-se para a Grã-Bretanha, vista como uma das potências coloniais mais progressistas, cuja experiência e métodos, cientificamente avançados, poderiam ser aproveitados e aplicados a todo o mundo colonial. A colaboração britânica na elaboração do relatório *Fundamental Education* – pedra de toque da concepção da UNESCO para um plano educativo mundial – e as colaborações nos projectos-piloto na África oriental ajudavam a alimentar a ideia de que se fosse possível conseguir o apoio dos britânicos, «um bom trabalho poderia ser feito». Para mais, essa cooperação, seria bem recebida pelo Secretariado da ONU, o Conselho de Tutela e o Comité Especial de Informações.[48]

A disponibilidade para uma colaboração limitada

Em Dezembro de 1948, Cortesão regressou ao Colonial Office, levando o plano para o estudo de uma «Política Geral de Educação» para os territórios dependentes e a possibilidade de relacioná-lo com um estudo sobre o problema da educação que o Instituto Internacional de Civilizações Diferentes (INCIDI, antigo Instituto Colonial Internacional, ICI) estava a planear fazer. Certamente que Cortesão não esquecera que no seu primeiro encontro no Colonial Office, o ICI havia sido referido como uma das instituições coloniais com cujos contributos as potências contavam. Desde essa altura que Cortesão, que era igualmente membro do ICI, pensava no instituto como um dos possíveis colaboradores da UNESCO, pelo seu passado como instituição de produção de saber colonial. Porém, dentro da UNESCO havia quem apontasse «falhas» ao trabalho e à orgânica do ICI. O instituto precisava de se renovar e alargar o seu campo de acção, pois, no momento, «não se podia esperar muito dele». Essas vozes críticas viam a sua composição e visão como demasiado colonialistas. Para ter o apoio e a assistência da UNESCO, o ICI tinha de se reestruturar e isso passava, inevitavelmente, pela admissão de novos membros, abrangendo outras nacionalidades e áreas de estudo. No fundo,

[48] *Ibid.*

pretendia-se que o ICI admitisse membros «não-coloniais».[49] No relatório interno de Maio de 1947, sobre o problema colonial, esse descrédito face ao ICI era evidente. Não só se referia que, à data, não havia uma «verdadeira organização internacional perita» em questões coloniais – recusando dar essa qualificação ao instituto de Bruxelas – como dizia que o ICI só era «internacional» porque tinha como membros cidadãos de diversos países coloniais. Além disso, resumia-se a actividade do instituto ao estudo do direito e da administração coloniais, e que, por vezes, se dedicava a questões de educação, saúde, agricultura ou protecção da natureza. Perante esse cenário, seria melhor esperar e contribuir para que o ICI se reestruturasse de acordo com as perspectivas do novo contexto internacional.[50]

Neste sentido, as alterações internas no ICI, que levaria à sua reformulação em INCIDI, trouxeram uma renovada esperança nas possíveis colaborações entre o instituto e a UNESCO.[51] Quando o INCIDI agendou a sua assembleia geral para Junho de 1949, de modo a discutir tópicos como «os actuais deveres da colonização – seu futuro» ou «o problema da educação nos novos países» (isto é, nos territórios não-autónomos), Cortesão voltou a insistir num estreitamento de relação entre as duas instituições, em especial por causa do segundo tópico, que deveria ser liderado pelo francês Albert Charton, director do Ensino e da Juventude no Ministério da France d'Outre-Mer.[52] Era uma «boa oportunidade» para a UNESCO colaborar com o antigo ICI. Aliás, a UNESCO poderia disponibilizar-se a financiar o estudo, desde que ele fosse conduzido em linhas gerais acordadas entre ambos os organismos. E poderia utilizá-lo para submeter ao Comité Especial da ONU sobre os territórios não-autónomos que deveria reunir-se em Setembro de 1949. O estudo deveria ser conduzido por um comité de peritos, mas Cortesão propunha que a UNESCO cuidasse para que estivessem presentes os «especialistas apropriados». Se, por qualquer razão, a UNESCO não chegasse a acordo com o INCIDI, então, sugeria Cortesão, a agência deveria levar por diante o seu

[49] Cortesão, *Forth Report on Mission to New York*, AUNESCO, 325-35, Part I.

[50] «The Colonial problem and UNESCO», AUNESCO, 325-35, Part I.

[51] Sobre o ICI/INCIDI, ver Ulrike Lindner, «New forms of knowledge exchange between imperial powers: the development of the Institut Colonial International (ICI) since the end of the nineteenth century», em Volker Barth e Roland Cvetkovski, eds., *Imperial Co-operation and Transfer, 1870-1930. Empires and Encounters*, (Londres: Bloomsbury Academic, 2015), pp. 57-78; Benoit Daviron, «Mobilizing labour in African agriculture: the role of the International Colonial Institute in the elaboration of a standard of colonial administration, 1895–1930», *Journal of Global History*, n.º 5 (2010), pp. 479-501.

[52] Albert Charton a Cortesão, 27 de Outubro de 1948, AUNESCO, 325.35, Part I.

próprio estudo – que vinha sendo previsto desde 1946 –, auxiliada por um comité de peritos *ad hoc*.[53]

Com a proposta de um estudo para uma política geral de educação, com a colaboração do INCIDI, e a possibilidade de um comité de peritos convocado pela UNESCO, Cortesão regressou ao Colonial Office para auscultar a reacção britânica. E, novamente, os seus interlocutores, ainda que não se tendo oposto expressamente à ideia, levantaram inúmeras objecções. Christopher Cox, conselheiro para a educação do Colonial Office, não via a utilidade de um tal comité especializado, porque não havia diferença entre as colónias e outros territórios subdesenvolvidos. A cartilha era repetida. As actividades da UNESCO já existentes poderiam ser alargadas e aplicadas nos territórios não-autónomos «exactamente como o são» noutras áreas. E a ideia de um estudo dedicado aos territórios dependentes não pareceu ser particularmente apreciado pelos britânicos. Cortesão insistiu numa resposta clara à hipótese de se convocar um comité de peritos para discutir o plano geral. «Tal matéria», diziam os britânicos, «deve ser devidamente considerada e só depois disso se poderia dar uma resposta definitiva». O subsecretário adjunto das Colónias, John M. Martin, admitiu que o melhor a fazer era «deixar cair» a ideia do estudo e da reunião, atitude semelhante à observação de Gater, em 1947. De qualquer forma, avançavam a Cortesão, eles iriam ponderar o assunto e, caso se verificasse necessário, convidá-lo-iam novamente para regressar a Londres e discutir a questão.[54]

Mas naquele momento, os britânicos estavam já alinhados com os governos belga e francês para definir uma estratégia comum, ou pelo menos cooperativa, para lidar com diversos aspectos do contexto colonial e com a acção da ONU e da UNESCO relativa às questões coloniais. Estes encontros ocorriam no âmbito das conversações tripartidas que desde o final da Segunda Guerra Mundial os três países vinham realizando com o objectivo de estreitarem as suas relações em matérias coloniais comuns. Cada vez mais empenhados no estabelecimento de mecanismos de cooperação capazes de se contraporem à crescente pressão de diversos organismos internacionais em matérias de educação tanto nos territórios de tutela, como nos restantes territórios

[53] Cortesão ao director-geral da UNESCO, 8 de Outubro de 1948; Cortesão ao director-geral, Beeby e Blonay, 2 de Novembro de 1947, AUNESCO, 325.35 Part I.

[54] Relatório sobre missão a Londres, Cortesão a Beeby e Blonay, 10 de Dezembro de 1948, AUNESCO, 325.35, Part I.

não-autónomos, os governos desejavam definir uma estratégia comum face a essas entidades.[55]

Em Janeiro de 1949, durante um encontro em Londres, belgas, britânicos e franceses decidiram convocar uma reunião com os chefes dos serviços de educação dos três países para discutirem a posição a tomar face a essa «intromissão» das organizações internacionais, nomeadamente a recém-aprovada Resolução A/RES/225(III) sobre «Educational Advancement in Trust Territories», aprovada na Assembleia Geral da ONU.[56]Apresentando um conjunto de recomendações aos governos administradores, o documento assumia que o desenvolvimento e a democratização da educação eram essenciais para o avanço progressivo dessas populações. O objectivo de promover o autogoverno nos territórios de tutela, formulado pelos princípios da CNU, impunha a criação de um sistema educativo universal «sem excepções ou discriminação». A resolução pedia às autoridades para «intensificarem» os seus esforços com vista ao aumento das instalações educativas, mesmo que isso implicasse aumentar as despesas orçamentais. Para que o crescimento desses estabelecimentos ocorresse de «maneira democrática» propunha-se às administrações que a educação primária se tornasse gratuita e que o acesso ao ensino superior não dependesse dos meios económicos e sociais dos candidatos.[57]

Uma sugestão bastante concreta da resolução era relativa à criação de uma universidade para os territórios de tutela em África, para responder às necessidades das suas populações. Considerando os estabelecimentos de ensino superior já existentes e planeados pelos poderes administradores, pedia-se que se estudasse, consultando-se tanto estes como a UNESCO, caso o Conselho de Tutela desejasse, as implicações financeiras e técnicas do alargamento do número desses estabelecimentos, e a possibilidade de se estabelecer, em 1952, uma universidade. O último ponto da resolução

[55] Ver: Kent, *The Internationalisation of Colonialism*; Hugo Gonçalves Dores e Miguel Bandeira Jerónimo, «Enlightened developments? Inter-imperial organizations and the issue of colonial education in Africa (1945-1957)», em Hugo Gonçalves Dores, Miguel Bandeira Jerónimo e Damiano Matasci, eds., *Education and Development in (Post)Colonial Africa. International and Imperial Policies, 1890s-1980s* (Londres: Palgrave, 2020).

[56] Ministério da France d'Outre-Mer ao Ministério das Colónias belga, 16 de Fevereiro de 1949, Archives Africaines, Bruxelas [AA, Bruxelas], AE(3105) Enseignment I. 2. Conférence Paris, mars 1949. Sobre os encontros tripartidos e a questão da educação colonial, ver: Dores e Jerónimo, «Enlightened developments?».

[57] Resolução A/RES/225 (III), de 18 de Novembro de 1948; disponível online: https://documents-dds-ny.un.org/doc/RESOLUTION/GEN/NR0/043/96/IMG/NR004396.pdf?OpenElement.

pedia às potências que fornecessem anualmente relatórios completos e detalhados sobre a realidade da educação nos territórios de tutela, dando a conhecer à ONU os progressos alcançados nesse campo, ou seja cumprir os pressupostos do Artigo 73.º e) da CNU.[58]

Reunidos no Ministério da France d'Outre-Mer, de 15 a 16 de Março de 1949, os chefes dos serviços coloniais de instrução tomaram um conjunto de decisões que deveriam permanecer confidenciais, sendo apenas usadas pelos representantes dos ministérios envolvidos. Depois de aprovadas por cada um dos governos, as conclusões seriam apresentadas num documento «adocicado» para ser enviado à UNESCO e ao Conselho de Tutela. A estratégia definida sugeria alguns pontos onde a UNESCO poderia auxiliar no campo da educação, que deixaria o seu representante animado com as possibilidades dessa futura cooperação.[59] Mas ao invés do que seria de esperar, o funcionário aí presente não era Cortesão, chefe da Divisão dos Territórios Não-Autónomos e o designado elo de ligação entre a UNESCO e os ministérios coloniais. Ainda antes do encontro, numa reunião preliminar no Quai d'Orsay, ficou decidido que seria endereçado um convite à UNESCO para se fazer representar, mas apenas no último dia, na sessão que teria um «carácter um pouco mais solene e um pouco mais geral». Mas os franceses iriam pedir que a agência enviasse Clarence Beeby, director-geral adjunto, «cujos sentimentos a nosso respeito são de uma natureza muito diferente daqueles que tem o sr. Cortesão». A atitude deste em relação à «questão colonial» não parecia ter granjeado simpatias junto dos governos imperiais.[60]

Ao contrário do que acontecera anteriormente com Cortesão nos encontros no Colonial Office, Beeby pareceu entusiasmado com o decurso da reunião, declarando que todos os presentes haviam demonstrado uma atitude amigável com a UNESCO, sugerindo em que pontos eles esperavam o auxílio da agência. A UNESCO deveria desenvolver o seu serviço de documentação, uma vez que os governos imperiais estavam satisfeitos com o trabalho do *Fundamental Education Bulletin*, que era um importante instrumento de divulgação dos resultados das experiências realizadas no campo da educação junto dos estados-membros e do seu pessoal docente.

[58] *Ibid.*

[59] Ministério da France d'Outre-mer ao Ministério das Colónias belga,18 de Março de 1949; AA – Bruxelas, AE(3105). Enseignment I. 2. Conférence Paris mars 1949.

[60] Ministério da France d'Outre-mer ao Ministério das Colónias belga, 7 de Março de 1949; AA – Bruxelas, AE(3105). Enseignment I. 2. Conférence Paris mars 1949.

Também estavam na disponibilidade de aceitar assistência financeira na criação de um instituto de pesquisa pedagógica em áreas coloniais, que estudasse questões como as línguas nativas, auxiliando a elaboração de gramáticas e a fixação de ortografias das línguas locais. A agência podia, inclusive, atribuir pequenos prémios para livros escolares. Em grande medida, os pontos nos quais os governos estavam dispostos a aceitar a colaboração da UNESCO resumiam-se a contribuições materiais, desde ajuda para estabelecer bibliotecas rurais e itinerantes (com livros e outros materiais didácticos) ao provimento de salas de aulas. Mesmo no âmbito da assistência para a educação de adultos, apenas se referiam pedidos de equipamento ou mesmo aconselhamento para o tipo de material e equipamento a utilizar. Nunca se referiam concepções, programas ou estratégias. Ainda assim, a UNESCO poderia dar assistência para a formação do pessoal docente no campo da educação de adultos. Contudo, os representantes dos governos imperiais deixaram claro que os pontos elencados não poderiam ser considerados sem o aval dos seus superiores. Eram apenas sugestões saídas daquele encontro em Paris. Não eram, pois, pedidos formais de cooperação.[61]

No entanto, existiam duas matérias sobre as quais os funcionários dos governos poderiam falar com total autoridade: a hipótese de se criar uma universidade especial para os territórios coloniais e de tutela e de se organizar um seminário sobre educação de base. Declarando que no continente existiam, já, cerca de uma dezena de instituições de ensino superior, não viam a necessidade de se criar uma nova universidade, fosse qual fosse o seu modelo. O relatório do Inter-University Council for Higher Education in the Colonies para o Colonial Office levantava reservas sobre a sugestão de se criar uma universidade nos territórios de tutela, afirmando que seria «totalmente impraticável e um grave desserviço para os interesses dos Africanos». No encontro em Paris, os três governos, assumindo que o projecto era «utópico e perigoso», decidiram elaborar um relatório comum a enviar à ONU e ao Conselho de Tutela. Os governos belga e francês comprometeram-se a indicar ao Colonial Office informações e dados estatísticos para a elaboração da nota comum sobre a «inoportunidade» de se criar essa universidade. Era uma clara oposição à sugestão da resolução da ONU em estudar essa possibilidade.[62]

[61] Ministério da France d'Outre-mer ao Ministério das Colónias belga, 18 de Março de 1949; AA – Bruxelas, AE(3105). Enseignment I. 2. Conférence Paris mars 1949.

[62] Ministério da France d'Outre-mer ao Ministério das Colónias belga, 18 de Março de 1949; AA – Bruxelas, AE(3105). Enseignment I. 2. Conférence Paris mars 1949.

Quanto ao seminário, em princípio não se opunham, mostrando-se mesmo favoráveis à sua realização, mas ainda não era chegado o momento, nomeando razões similares às indicadas a Cortesão no encontro no Colonial Office, em Dezembro último. Elaborados os primeiros planos para a educação de massas em África, era tempo de pô-los em prática, antes de reexaminá-los ou reconsiderá-los. Além disso, não dispunham de pessoal suficiente para estar, ao mesmo tempo, no terreno a aplicar os planos e num seminário que se poderia prolongar por cinco ou seis semanas. Explicaram a Beeby que tinham acordado entre si a realização de uma conferência regional sobre educação, numa base limitada. O encontro iria dedicar-se inteiramente aos problemas técnicos do plano definido por eles, para saber quais os progressos alcançados e as dificuldades levantadas. Por outro lado, cada país havia delineado, como parte do seu esquema de formação, planos para seminários a decorrer em cada território. Assim, entendiam que teria mais valor se um seminário internacional para todo o continente africano se baseasse no trabalho desses encontros locais ou mesmo cursos de formação. Concordavam que a ideia apresentada pela UNESCO era interessante, mas queriam controlar a situação. Se esse seminário internacional tivesse por base seminários locais, onde a presença da UNESCO, a existir, seria certamente residual e controlada, a agência teria diversas dificuldades em actuar activamente na organização do mesmo. Ainda assim, para Beeby, os representantes das potências mostraram-se genuínos na amizade que expressaram pela UNESCO e no desejo de cooperar com a agência.[63] Maheu indicou a Cortesão, dias mais tarde, que no estado actual da questão, a cooperação com o grupo anglo--franco-belga poderia levar a «resultados práticos».[64]

Todavia, as potências imperiais não se demonstraram mais empenhadas em alargar ou aprofundar qualquer forma de cooperação com a UNESCO. Os pontos referidos no encontro de Paris a Beeby eram limitados e faziam da agência mais um fornecedor de material pedagógico do que um verdadeiro parceiro na definição e desenvolvimento de um plano educativo para as populações sob domínio colonial. A estratégia imperial passava por um estreitamento de relações entre si e não necessariamente com a UNESCO. Os encontros tripartidos já previam a organização de uma conferência regional em África sobre educação, um dos projectos pelos quais a UNESCO se batia desde o início, mas com visíveis dificuldades. Era o prelúdio das

[63] Relatório de Beeby ao Director-Geral, 24 de Março de 1949, AUNESCO, 325.35 Part I.
[64] Maheu a Cortesão, 6 de Abril de 1949, AUNESCO, 325.35 Part I.

conferências regionais organizadas pelos poderes coloniais, que se realizariam em 1950 e 1951 (Acra e Nairobi, respectivamente), e que antecederam as Conferências Inter-Africanas de Educação de 1954, em Tananarivo, e de 1957, em Luanda, já sob a égide da CCTA.[65] O surgimento da CCTA em 1950 veio criar uma nova dinâmica nas relações entre a UNESCO e os governos coloniais, num momento em que as críticas ao sistema imperial ecoavam nos fóruns internacionais. Mas se as declarações iniciais renovavam, mais uma vez, auspícios de uma futura colaboração, a realidade mostrou que a relação entre a UNESCO e a CCTA reproduziria, em grande medida, as tensões e a complexidade que existiram entre aquela e os governos imperiais desde o nascimento da agência.[66]

Conclusão

A possibilidade da UNESCO em participar activamente na promoção dos princípios que regiam a sua Constituição e a Carta das Nações Unidas e expandir a sua «missão sagrada» em prol da educação, da ciência e da cultura nos territórios sob domínio colonial esteve indubitavelmente interligada com a sua (in)capacidade de convencer as potências administradoras a respeito dos benefícios do seu auxílio técnico e financeiro. As potências coloniais nem sempre estavam preocupadas com a acção *per se*, mas nos efeitos que isso poderia trazer e no argumentário que sustentava essa colaboração. Mesmo que as ligações coloniais dentro da organização fossem facilmente perceptíveis, ainda que não necessariamente facilitadoras dos planos imperiais, como demonstram os currículos de diversos funcionários da UNESCO, os centros de decisão imperial alimentaram uma postura de algum distanciamento. A UNESCO não deixava de ser uma organização internacional, inserida no sistema das Nações Unidas e sujeita a um escrutínio que os poderes coloniais não estavam interessados em aceitar de ânimo leve.[67] E, suspeitavam dos «constructores de impérios» dentro da UNESCO, cujas acções eram uma «preocupante imitação de prioridades culturais e económicas imperialistas».[68]

[65] Dores e Jerónimo, «Enlightened Developments?».

[66] A. Thompson (da British National Commission for UNESCO) ao director-geral da UNESCO, 25 de Setembro 1950, AUNESCO, 62 A81/01 (6-13) CTC ASS Commission for Technical Cooperation in Africa South of the Sahara, Part IIa – from 1/1/50 up to 30/12/55.

[67] Maurel, «L'UNESCO de 1945 à 1974», pp. 222-223.

[68] Sluga, «UNESCO and the (One) World of Julian Huxley», p. 414.

Nos primeiros anos, as tentativas de se estabelecer formas de cooperação – vistas sempre no interior da UNESCO, como um meio de auxiliar directamente o trabalho dos impérios, naquilo que, como dizia a CNU, era a sua «missão sagrada» – foram marcadas pela actuação de um grupo restrito de pessoas, onde se destacam Armando Cortesão e Julian Huxley. Uma análise rápida da história inicial da UNESCO e dos projectos delineados no campo da educação nos territórios não-autónomos leva a conclusões que minimizam ou desconsideram as tentativas e os desafios impostos à UNESCO e aos seus funcionários. Os limites da acção da Divisão dos Territórios Não-Autónomos deveu-se essencialmente a essa dificuldade em estabelecer pontos de convergências entre as diferentes partes interessadas e não apenas pela sua natureza interna institucional.[69] Desde início, a UNESCO queria pensar o problema colonial, daí querer patrocinar estudos e recolher dados – atitude que se prolongará pelas décadas seguintes – esperando que os governos imperiais, através dos termos da CNU (nomeadamente do Artigo 73.º), lhe fornecessem esses dados. O resultado desse trabalho beneficiaria, acreditavam Huxley e Cortesão, o projecto imperial e os seus objectivos, permitindo ir mais além. Por exemplo, no livro *The Future of the Colonies* (1944), Huxley acreditava que a expansão cultural dos povos desenvolvidos sobre os povos coloniais podia e devia continuar. Os poderes coloniais e a raça branca deveriam exportar «brains and skills» para as colónias; ajudar os povos coloniais a adquirir as ideias e as invenções dos brancos para contribuir para o seu avanço. Isso contribuiria para a prosperidade económica mundial, incluindo a dos poderes coloniais, além de, afirmava Huxley, ajudar os povos coloniais.[70]

Mas na UNESCO foi-se progressivamente percebendo que dos pressupostos expressos no Artigo 73.º, os governos imperiais só pareciam disponíveis para promover a cooperação entre si. A estratégia definida nas reuniões tripartidas entre belgas, britânicos e franceses visava consolidar uma alternativa à UNESCO e à ONU. E, a CCTA, surgiria, de certo modo, como uma força de bloqueio ou, então, como meio de instrumentalização da UNESCO em favor dos objectivos traçados pelos impérios. Com a constituição da CCTA, os governos imperiais, que tinham constantemente insistido que os problemas das colónias não tinham particularidades que exigissem uma intervenção especializada, defendiam que eles tinham a

[69] Maurel, «L'UNESCO de 1945 à 1974», p. 72.
[70] *Ibid.*, p. 723.

experiência e o conhecimento sobre a realidade colonial que a UNESCO e outras organizações não dispunham. O surgimento da CCTA e os esforços empregues pelas potências coloniais suas fundadoras correspondiam ao ensejo de uma cooperação internacional e transnacional, de feição inter-imperial, enquanto modalidade de um internacionalismo imperialista que visava fortalecer as soluções imperiais e coloniais, e, neste caso, de contrabalançar a capacidade, ou possibilidade, de intervenção da UNESCO. E como vários funcionários da UNESCO tinham afirmado, sem a concordância dos poderes coloniais nada poderia ser feito.

Na década seguinte, a agência continuou a procurar meios de cooperação com as potências, alimentando uma relação com a CCTA onde esperava alcançar aquilo que os contactos inaugurados com Cortesão não tinham conseguido. A educação colonial continuou, igualmente, a ser um «problema» para a UNESCO. E, na busca de um plano que alargasse a «missão sagrada» de promover o bem-estar e o progresso das populações sob domínio colonial, a UNESCO tentou sublinhar as particularidades e as necessidades da «questão colonial», nem sempre de forma linear ou respondendo às expectativas daqueles que olhavam para ela como um meio para superar as limitações do sistema colonial.

9. UM PARADIGMA PARA O DESENVOLVIMENTO. A «EDUCAÇÃO DE BASE» E OS LIMITES DA COOPERAÇÃO INTERNACIONAL NA ÁFRICA COLONIAL (1945-1949)*

DAMIANO MATASCI**
Université de Lausanne

Num artigo intitulado «A New Attitude to Education», publicado na revista *Overseas Education*, em 1949, o conselheiro do Colonial Office britânico W. E. F. (Frank) Ward analisava os desafios que se colocavam na África colonial após a Segunda Guerra Mundial. O autor observava nomeadamente a emergência de uma «recente pressão que se desenvolve na opinião mundial»[1] a favor da educação, em particular direcionada para a «massa» das populações rurais. A questão era de monta: segundo Ward, os observadores estrangeiros teriam cada vez mais a tendência de avaliar a política educativa nos territórios sob dominação colonial em função do «desenvolvimento das oportunidades educativas». Sugeria, assim, uma

* Tradução de Pedro Cerdeira.

** Este trabalho foi co-financiado pelo FEDER – Fundo Europeu de Desenvolvimento Regional através do COMPETE 2020 – Programa Operacional Competitividade e Internacionalização (POCI) e por fundos nacionais através da FCT – Fundação para a Ciência e a Tecnologia, no âmbito do projeto «Os mundos do (sub)desenvolvimento: processos e legados do império colonial português em perspectiva comparada (1945-1975)» (PTDC/HAR-HIS/31906/2017 | POCI-01-0145-FEDER-031906).

[1] No original, todas as citações estão em inglês ou em francês, conforme o documento de origem. Por questões de legibilidade do texto, foram aqui todas traduzidas para português. (*N. do T.*)

mudança de atitude das autoridades britânicas perante este problema e que se considerasse o alcance da escolarização universal «como o nosso objetivo imediato».[2]

A reflexão de Ward é particularmente representativa do novo discurso sobre a educação que se impôs na cena internacional após a Segunda Guerra Mundial. Estreitamente associada à questão do desenvolvimento económico e social, a luta contra as desigualdades educativas nos países do Sul foi efetivamente colocada entre as prioridades de um bom número de atores internacionais, imperiais e nacionais. A Organização das Nações Unidas para a Educação, a Ciência e a Cultura (UNESCO) desempenhou aqui um papel central.[3] A partir dos primeiros meses que se seguiram à sua fundação em 1946, um intenso trabalho é feito pelos seus responsáveis, em particular Julian Huxley e John Bowers, a fim de forjar um paradigma educativo capaz de responder às necessidades específicas de numerosos países da América Latina, da Ásia e de África. Várias reuniões de peritos foram organizadas entre 1946 e 1948, tendo em vista a definição de uma nova doutrina – a chamada educação de base (em inglês *fundamental education*) – que seria experimentada no terreno no decurso de diversos projetos-piloto a partir de 1947.[4]

Os territórios sob dominação colonial, incluindo a África Subsariana, faziam parte das regiões diretamente visadas pelo programa da UNESCO. *A priori*, o contexto seria então propício a uma colaboração com as administrações coloniais europeias. A partir de meados dos anos 1940, estas dedicavam efetivamente uma atenção renovada à elevação dos níveis educativos naquelas regiões, com frequência caracterizadas por uma forte taxa de analfabetismo e níveis de escolarização relativamente baixos.[5] A extensão da oferta educativa deveria acompanhar, como no caso francês, uma nova visão da cidadania e da organização política e administrativa dos impérios.[6]

[2] Archives nationales d'outre-mer [ANOM], Aix-en-Provence, FR ANOM 61COL1389 (bis). W.E.F. Ward, «A New Attitude to Education», *Overseas Education*, vol. 20, n.º 4 (1949).

[3] Phillip Worner Jones, *International Policies for Third World Education: UNESCO, Literacy, and Development* (Londres/Nova Iorque: Routledge, 1988).

[4] Joseph Watras, «UNESCO's Programme of Fundamental Education, 1946–1959», *History of Education*, vol. 39, n.º 2 (2010), pp. 219-237; Jens Boel, «UNESCO's Fundamental Education Program, 1946–1958: vision, actions and impact», em Poul Duedahl ed., *A History of UNESCO: Global Actions and Impacts* (Nova Iorque: Palgrave Macmillan, 2016), pp. 153-167.

[5] UNESCO, *World Illiteracy at Mid-Century. A Statistical Study* (Paris: UNESCO, 1957), p. 15.

[6] Ed Naylor, ed., *France's Modernising Mission: Citizenship, Welfare and the Ends of Empire* (Londres: Palgrave MacMillan, 2018); Frederick Cooper, *Citizenship between Empire and Nation. Remaking France and French Africa, 1945-1960* (Princeton: Princeton University Press, 2014).

O desenvolvimento da escolarização ocupou também um lugar importante nos programas voluntaristas de modernização económica e social implementados no seguimento da promulgação dos *Colonial Development and Welfare Acts* no Reino Unido (1940 e 1945) e da criação do *Fonds d'investissement pour le développement économique et social* (FIDES) em França, em 1946.[7] No entanto, a perspetiva de uma intervenção da UNESCO nas colónias africanas suscitou a hostilidade das administrações europeias, que preferiram manter uma autonomia estrita em matéria de educação. Essas administrações temiam nomeadamente que uma supervisão internacional pudesse não apenas colocar em causa as políticas das metrópoles, mas também alimentar a «propaganda» dos movimentos nacionalistas e anticoloniais.

Neste contexto, a questão da educação de base na África colonial tornou-se um verdadeiro problema político e técnico discutido no seio de várias instâncias internacionais e coloniais.[8] Este capítulo tem como objetivo analisar o sistema de circulações, de rivalidades e de colaborações que acompanha esses debates. Interessa-se mais precisamente por um tema ainda pouco explorado, a saber as relações ambíguas que se estabeleceram entre a UNESCO e as administrações coloniais europeias no fim dos anos 1940.[9] O estudo destas interações complexas apresenta um duplo interesse. Por um lado, permite compreender melhor o processo de «internacionalização» do colonialismo num momento de forte contestação da sua legitimidade.[10]

[7] Frederick Cooper, *Décolonisation et travail en Afrique. L'Afrique britannique et française, 1935-1960* (Paris: Karthala, 2004).

[8] Sobre a história da educação em África, ver Peter Kallaway e Rebecca Swartz, eds., *Empire and Education in Africa: The Shaping of a Comparative Perspective* (Nova Iorque: Peter Lang, 2016); Céline Labrune-Badiane, Marie-Albane de Suremain e Pascal Bianchini, dir., *L'école en situation postcoloniale* (Paris: L'Harmattan, 2012), pp. 5-30. Sobre a educação em contexto (pós)colonial, ver Barnita Bagchi, Eckhardt Fuchs e Kate Rousmaniere, eds., *Connecting Histories of Education. Transnational and Cross-Cultural Exchanges in (Post)Colonial Education* (Nova Iorque: Berghahn Books, 2014); Pascale Barthélémy, Emmanuelle Picard e Rebecca Rogers, dir., «L'enseignement dans l'empire colonial français (XIXe-XXe siècles)», *Histoire de l'éducation*, n.º 128 (2010); Joyce Goodman, Gary McCulloch e William Richardson, eds., «"Empires overseas" and "Empires at Home": postcolonial and transnational perspectives on social change in the History of Education», *Paedagogica Historica*, vol. 45, n.º 6 (2009).

[9] Para um estudo centrado sobre as questões sanitárias e o papel da OMS na África Francesa, ver Jessica Pearson, *The Colonial Politics of Global Health. France and the United Nations in Postwar Africa* (Cambridge: Harvard University Press, 2018).

[10] Susan Pedersen, *The Guardians: The League of Nations and the Crisis of Empire* (Oxford: Oxford University Press, 2015); John Kent, *The Internationalization of Colonialism. Britain, France, and*

Por outro lado, desvenda as dinâmicas de coprodução de saberes educativos e oferece um olhar original sobre os inícios, por vezes complicados, das políticas de «desenvolvimento» nos países do Sul Global.[11]

O capítulo começa por mostrar que o conceito de educação de base elaborado pela UNESCO é fruto de uma hibridação de saberes que repousa em boa parte sobre as experiências levadas a cabo no mundo colonial no período entre-guerras. Analisa em seguida a colaboração estabelecida entre a UNESCO e o Colonial Office britânico no quadro de um projeto-piloto de educação de base desenvolvido na Niassalândia, em 1948. Finalmente, examina a forma como os serviços educativos das potências coloniais tentaram promover uma cooperação técnica alternativa às Nações Unidas, a fim de manter o monopólio sobre o conteúdo e o desenvolvimento da educação na África Subsariana.

A educação de base: uma hibridação de saberes

Os debates sobre o lugar da educação nos países do Sul Global adquiriram uma atualidade bastante particular em 1947, quando a UNESCO publicou uma obra intitulada *Éducation de base. Fonds commun pour l'humanité*. Fruto do trabalho desenvolvido a partir dos primeiros meses da sua criação e mobilizando, a diferentes níveis, várias dezenas de peritos internacionais, o documento tem como objetivo estabelecer as bases teóricas e práticas para lançar um «ataque» mundial contra a ignorância.[12] A particularidade deste novo paradigma é a de estabelecer uma ligação direta entre a elevação dos níveis educativos e a melhoria das condições de vida das populações vivendo em regiões consideradas como subdesenvolvidas. De acordo com

Black Africa 1939-1956 (Oxford: Oxford University Press, 1992). Sobre as interconexões entre «imperialismo» e «internacionalismo», ver Miguel Bandeira Jerónimo e José Pedro Monteiro, eds., *Internationalism, Imperialism and the Formation of the Contemporary World* (Londres/Nova Iorque: Palgrave Macmillan, 2017).

[11] Corinna R. Unger, Marc Frey e Sonke Kunke, eds., *International Organizations and Development (1945-1990)* (Basingstoke: Palgrave MacMillan, 2014); Joseph M. Hodge, Gerald Hödl e Martina Kopf, eds., *Developing Africa: Concepts and Practices in Twentieth-Century Colonialism* (Manchester: Manchester University Press, 2014); Amy L. S. Staples, *The Birth of Development. How the World Bank, Food and Agriculture Organization, and World Health Organization changed the World, 1945- 1965* (Kent, OH: Kent State University Press, 2006).

[12] Secção de Educação, 20 de Novembro de 1946, Archives de l'Unesco [AUNESCO], FR PUNES AG 3, Commission préparatoire de l'Unesco.

John Bowers, antigo funcionário colonial britânico e responsável pela divisão de educação de base criada em 1947, a educação de base deveria permitir a cada homem «levar uma vida mais plena e mais feliz»[13], nomeadamente nas partes do mundo «onde a pobreza, a doença e a ignorância constituem um perigo para o progresso humano e a compreensão internacional».[14] Neste quadro, como lembrava o conselheiro educativo da comissão preparatória da UNESCO, Kuo-Yu-Shou, a função da UNESCO era agir enquanto «câmara de compensação, a saber como um lugar de centralização das informações e de coordenação dos esforços nacionais».[15] Várias reuniões de peritos foram assim organizadas entre 1946 e 1948. Reunindo de cada vez uma dezena de especialistas oriundos de diferentes países do mundo, essas reuniões tinham como objetivo definir melhor o conteúdo dessa doutrina e estabelecer uma agenda de ação à escala internacional.

Se conheceu um certo ressurgimento após a Segunda Guerra Mundial, o problema da educação de base e das suas ligações com a modernização dos países do Sul não era uma verdadeira novidade. De facto, o trabalho da UNESCO foi beber de um vasto repositório de experiências e paradigmas pensados e implementados no mundo colonial ao longo dos anos 1920 e 1930. Um número significativo de peritos solicitados por esta organização das Nações Unidas dispunha de uma longa experiência adquirida no seio das administrações coloniais europeias. Era o caso, por exemplo, do diretor do serviço do ensino e da juventude do Ministério da France d'Outre-Mer, Albert Charton, um dos editores da obra publicada pela UNESCO, em 1947. Antigo inspetor da instrução pública na África Ocidental Francesa e na Indochina, Charton contribuiu ao longo da década de 1930 para a implementação das «escolas rurais», um novo tipo de estabelecimento que deveria ministrar uma educação «prática» e supostamente melhor adaptada às condições dos territórios e das populações oeste-africanos[16]. Thomas Jesse Jones, diretor educativo da fundação filantrópica americana Phelps-Stokes, figura também entre os que contribuíram a pedido da UNESCO. Foi, nomeadamente, o autor dos dois relatórios sobre a educação em África

[13] John Bowers, «Qu'est-ce que l'éducation de base», 25 de julho de 1947, UNESCO/EDUC/43.

[14] UNESCO, *Rapport au Secrétariat sur la réunion d'experts, 17-19 avril 1947,* UNESCO/EDUC./28/1947.

[15] Apresentação de documento pelo Dr. Kuo-Yu-Shou, 24 de maio de 1946, AUNESCO, FR PUNES AG 3, Commission préparatoire de l'Unesco. Comité de l'éducation.

[16] Harry Gamble, «Peasants of the Empire. Rural Schools and the Colonial Imaginary in 1930s French West Africa», *Cahiers d'études africaines,* vol. 3, n.º 195 (2009), pp. 775-804.

publicados nos anos 1920 que contribuíram consideravelmente para a difusão da noção de «educação adaptada».[17] Criticando o saber literário e livresco, Jones concedeu importância à formação de atores económicos competentes capazes de participar na «valorização» dos territórios colonizados. A tónica é colocada em particular sobre o ensino técnico e profissional, assim como sobre a difusão de normas de higiene e de saúde pública. Esta noção foi largamente retomada pelas administrações coloniais, nomeadamente na África Britânica, bem como pelas redes missionárias e humanitárias que começaram a tomar mais em conta as dimensões económicas e sociais da educação.[18]

Os responsáveis da UNESCO podiam assim contar com os contributos de vários peritos britânicos, nomeadamente de um grupo de universitários reunidos no seio do Institute of Education de Londres (IOE). Frederick Clarke, diretor desta instituição entre 1936 e 1945, era o presidente do comité de educação criado no seio da comissão preparatória da UNESCO em 1946. Com o seu colega Joseph Albert Lauwerys, a responsável pelo Colonial Department do IOE, Margaret Read, também participou de forma regular nas reuniões de peritos que discutiram o conteúdo e os problemas técnicos levantados pela educação de base. Read pôde com efeito fazer valer a sua longa experiência de investigação e de ensino no domínio da «educação em casa da criança na sociedade tribal».[19] Como Clarke, Read era igualmente um dos membros do subcomité do Advisory Committee on Education in the Colonies (ACED) que em 1944 publicou um expressivo relatório intitulado *Mass Education in African Society*. Este documento, publicado três anos antes da obra da UNESCO, definia as novas linhas da política educativa colonial

[17] Thomas Jesse Jones, *Education in Africa: A Study of West, South, and Equatorial Africa by the African Education Commission* (Nova Iorque: Phelps-Stokes Fund, 1922) e *Education in East Africa* (Nova Iorque: Phelps-Stokes Fund, 1925). Sobre o impacto do *Phelps-Stokesismo*, ver Sybille Küster, «"Book Learning" *versus* "Adapted Education"?: The Impact of Phelps-Stokesism on Colonial Education Systems in Central Africa in the Interwar Period», *Paedagogica Historica*, vol. 43, n.º 1 (2007), pp. 79-97; Maud Seghers, «Phelps-Stokes in Congo: Transferring Educational Policy Discourse to Govern Metropole and Colony», *Paedagogica Historica*, vol. 40, n.º 4 (2004), pp. 455-477; Miguel Bandeira Jerónimo, *The "Civilizing Mission" of Portuguese Colonialism, 1870-1930* (Basingstoke: Palgrave MacMillan, 2015), pp. 109-133.

[18] Peter Kallaway, «Education, Health, and Social Welfare in the Late Colonial Context: the International Missionary Council and Educational Transition in the Interwar Years With Specific Reference to Colonial Africa», *History of Education*, vol. 38, n.º 2 (2009), pp. 217-246.

[19] Margaret Read, «An Introductory Study of Fundamental Education», 27 de julho de 1946, AUNESCO, FR PUNES AG 3, Commission préparatoire de l'Unesco.

britânica do pós-guerra. Os peritos sublinhavam nomeadamente que esta deveria ser doravante orientada para a preparação do *self-government*[20] e consideraram a alfabetização como um «pré-requisito inevitável para o avanço político, económico e social de todo o povo».[21]

Também o saber missionário foi igualmente chamado a contribuir. O americano Frank Laubach, célebre pela sua técnica de alfabetização «each one teach one»[22], experimentada junto das populações Moro nas Filipinas, reuniu várias vezes com os responsáveis da UNESCO. Laubach formulou uma dúzia de sugestões visando a implementação de um «Unesco literacy program» e propôs a publicação das suas obras.[23] Da mesma forma, Margaret Wrong, responsável do International Committee on Christian Literature for Africa e membro do ACED, participou na obra publicada em 1947, enviando um artigo intitulado «Fundamental Education at the Elementary Level».

Tendo em conta esta forte circulação de peritos, a noção de educação de base desenvolvida pela UNESCO foi, de facto, fruto de saberes e de experiências híbridos. A sua definição permaneceu relativamente lata, na medida em que deve ser posta em prática em regiões com estatutos políticos muito diferentes (países independentes, colónias) e caracterizadas por uma extrema heterogeneidade geográfica, económica e social. A escolha do adjetivo de «base» ou, na sua tradução inglesa «fundamental», explicava-se essencialmente pela necessidade de diferenciar o paradigma relativamente a noções já existentes, como educação de «adultos» ou «popular». Segundo Kuo-Yu-Shou, este rótulo distinguir-se-ia nomeadamente do conceito, desenvolvido pelo Colonial Office britânico, de «educação de massa», que evocaria «a desagradável conotação dos métodos massificados que prestam atenção insuficiente às diferenças individuais»[24]. Da mesma forma, refletiria melhor os objetivos visados pela UNESCO: supressão do analfabetismo entre os adultos, mas também a melhoria da oferta escolar para as gerações jovens, em particular ao nível do ensino primário. Através desta ação dupla, como sublinha de novo Kuo-Yu-Shou, trata-se de promover o «progresso social e

[20] Em inglês no original. (N. do T.)

[21] Kwa O. Hagan, *Mass Education and Community Development in Ghana – A Study in Retrospect 1943-1968* (Legon, Acra: Institute of Adult Education, University of Ghana, 1975), p. 4.

[22] «Cada um ensina um». Em inglês no original. (N. do T.)

[23] Frank C. Laubach, «Adult literacy as a means of social reorganization», 22 de julho de 1946, AUNESCO, FR PUNES AG 3, Commission préparatoire de l'Unesco.

[24] Minutas dos procedimentos perante o Comité de Educação, 24 de maio de 1946, AUNESCO, FR PUNES AG 3, Commission préparatoire de l'Unesco.

melhores padrões de vida numa liberdade mais alargada».[25] A importância da educação para a elevação dos níveis de vida foi várias vezes repetida ao longo das discussões. Fazendo referência à experiência britânica, Margaret Read sublinhava que a educação de base deveria acompanhar a entrada na modernidade das populações «atrasadas», ao mesmo tempo que evitava desestruturar a organização das sociedades rurais e tradicionais. Estas afirmações foram igualmente defendidas por Kuo-Yu-Shou, para quem este novo paradigma deveria contribuir para a recuperação económica dos países do Sul. Neste sentido, o papel da UNESCO foi fornecer assistência técnica aos «povos pobres e industrialmente subdesenvolvidos para que consigam alcançar em uma década ou duas o que levou a algumas nações da Europa e da América cem ou cinquenta anos».[26]

Em abril de 1947, um comité de peritos composto por Albert Charton, Ranjit Chetsingh, Marion Coulon, R.A.C. Oliver, P. Post e Margaret Read clarificou ainda mais o conteúdo e os objetivos da educação de base. Este paradigma englobava campos muito variados, indo do ensino primário à luta contra o analfabetismo, passando pela melhoria dos serviços de saúde e das técnicas agrícolas. As populações visadas eram as coletividades, industriais ou agrícolas, que se caracterizassem pela sua «pobreza material e intelectual».[27] Esta última noção era utilizada num sentido muito lato. Nenhuma discussão foi feita para definir de forma precisa o limiar «aceitável» de pobreza. Como reconhecia Margaret Read, o conceito de «nível de vida» era uma «expressão vaga e não científica».[28] Essa indefinição era explicada em grande parte pela necessidade de adaptar cada campanha aos contextos e às necessidades específicas das localidades. Read notava, por exemplo, que nos casos em que os níveis de desenvolvimento de uma população fossem demasiado baixos, «é mais importante ensinar às pessoas melhor agricultura e higiene das povoações do que tomar tempo para as ensinar a ler».[29] Da mesma forma, a escolha dos métodos pedagógicos deveria ser adaptada

[25] *Memorandum* sobre o programa de Educação da UNESCO, preparado pelos funcionários de Educação da Comissão Preparatória, 14 de maio 1946. AUNESCO, FR PUNES AG 3, Commission préparatoire de l'Unesco.

[26] *Ibid.*

[27] UNESCO, *Réunions d'experts en matière d'éducation de base,* 17 de abril de 1947, UNESCO/EDUC/S.R.2/1947.

[28] Read, «An introductory study of fundamental education», 27 de julho de 1946, AUNESCO, FR PUNES AG 3, Commision préparatoire de l'Unesco.

[29] *Ibid.*

em função da urgência e da dificuldade do trabalho a executar no terreno. Como preconizava o relatório *Mass Education in African Society*, uma grande importância era dada às técnicas audiovisuais, como os filmes, a rádio ou as projeções móveis. Estes meios eram considerados como os mais eficazes para alcançar resultados rápidos, sobretudo em regiões remotas que não dispõem de infraestruturas modernas (instalações escolares, eletricidade, etc.).

Os debates sobre o conteúdo e os problemas técnicos levantados pela educação de base prosseguiram até 1948. Alguns foram objeto de reuniões *ad hoc*. A questão das línguas a utilizar foi, por exemplo, discutida aquando de um encontro realizado entre junho e julho de 1947. O encontro reuniu linguistas de renome como Ivor Armstrong Richards (professor em Harvard), Aurélien Sauvageot (professor na École des Langues orientales de Paris e especialista em línguas fino-úgricas) e Antonio Carrera Goubaud (diretor do Instituto Indigenista Nacional de Guatemala), que se pronunciaram favoravelmente pelo recurso às línguas vernáculas. Conferências regionais foram também organizadas no México e na China no fim desse ano, contribuindo para internacionalizar ainda mais as discussões. Por esse viés, em alguns anos, a UNESCO conseguiu não somente inscrever a questão da educação de base na ordem do dia das discussões de numerosas administrações nacionais e coloniais por todo o mundo, mas impor-se de facto como um ator incontornável em matéria de competências e de produção de saber.

«Uma corrida ao desenvolvimento colonial»: o projeto de educação de base na Niassalândia

Neste contexto, o problema da intervenção no terreno colocou-se muito rapidamente. Paralelamente aos debates científicos sobre o conteúdo e os objetivos da educação de base, Julian Huxley e John Bowers visavam também conduzir experiências-piloto. O objetivo é duplo: por um lado, tratava-se de demonstrar a eficácia da noção em construção e, por outro lado, de certificar a capacidade da UNESCO em levar a cabo uma ação no terreno. A partir do início do ano de 1947, são estabelecidos contactos informais com vários países. As negociações avançaram assaz rapidamente e acordos de cooperação com vista a conduzir experiências-piloto foram concluídos com os governos do Haiti e da China. Estes previam nomeadamente o envio de um perito da UNESCO encarregado de fornecer «orientações e material»[30]

[30] UNESCO, *Conférence générale de l'Unesco. Première session* (Paris: UNESCO, 1946), p. 283.

às administrações e às equipas locais. Estes projetos começaram ao longo de 1947, uma vez resolvidos diversos problemas, como o recrutamento de peritos, a elaboração de inquéritos preliminares ou ainda a procura de financiamentos externos, em particular junto de fundações filantrópicas americanas como a Rockefeller.

Julian Huxley desejava também que uma experiência fosse igualmente levada a cabo numa colónia britânica, usando, para tal, os seus próprios contactos no Colonial Office. Facilitada por redes de interconhecimentos já existentes (Huxley e Bowers eram, com efeito, antigos funcionários coloniais)[31], a colaboração aconteceu num momento favorável devido à reorientação das políticas educativas britânicas anunciadas no relatório *Mass Education in African Society*. Numa carta dirigida a Julian Huxley a 11 de agosto de 1947, Armando Cortesão, responsável dos «assuntos coloniais» no seio da UNESCO, sublinhou que «este é realmente o momento psicológico para oferecer a ajuda dos peritos da UNESCO aos territórios não autónomos». A razão era simples: segundo este funcionário de origem portuguesa «existe hoje uma verdadeira corrida ao desenvolvimento colonial», pois os governos britânicos e franceses acabam de lançar uma ambiciosa política de modernização económica e social das colónias africanas. Neste contexto, continua Cortesão, «o papel que a UNESCO pode desempenhar (...) seria tremendo».[32]

Em 25 de agosto de 1947, a UNESCO foi formalmente convidada a participar num projeto previsto para África. A escolha recaiu sobre a colónia da Niassalândia, e mais particularmente sobre a região de Mponela. Tratava-se de um território de 100 milhas quadradas com uma população de cerca de 15 mil habitantes, agrupados em 90 aldeias e pertencendo maioritariamente à etnia Chewa. O projeto foi inteiramente financiado pelo governo local e gerido por um funcionário colonial (Mass Education Officer); encarregando-se a UNESCO unicamente dos honorários e das despesas de um consultor recrutado para a ocasião. No programa preliminar estabelecido pelas autoridades britânicas e o governo local, baseado num documento preliminar redigido por John Bowers, esta região foi apresentada como uma «comunidade rural africana típica». A população vivia em terras

[31] Huxley foi um antigo membro do ACED e autor de uma obra sobre a educação na África Oriental publicada em 1931. Ver Julian Huxley, *Africa View* (Nova Iorque: Harper & Brothers Publishers, 1931).

[32] Armando Cortesão ao Diretor-Geral, 11 de agosto de 1947, AUNESCO, 325.44 UN/A 02/55, Non-Self-Governing Territories.

relativamente férteis e necessitava «fazer um uso mais inteligente e eficaz dos recursos à sua disposição».[33] Visitada por Margaret Read no mês de agosto de 1947, Mponela pareceu assim fornecer as condições para uma experiência que poderia servir de modelo para todo o continente. A luta contra o analfabetismo, que atingiria 85% da população local, constituiu apenas um aspeto do programa de trabalho. Os objectivos eram efectivamente mais ambiciosos e consistiam, entre outros aspectos, em criar «necessidades específicas» no seio da população com vista ao seu «melhoramento social e padrão de vida mais elevado» e em mostrar-lhes, através do ensino e da demonstração prática, de que forma os próprios membros da comunidade poderiam satisfazer essas necessidades.[34]

Para Julian Huxley, este projeto constituiria uma «oportunidade providencial para ligar o trabalho da UNESCO ao desenvolvimento colonial».[35] Entre maio e junho de 1947, ocorreram reuniões entre John Bowers e os representantes do Colonial Office, em particular Arthur Creech Jones (secretário de Estado das Colónias), Christopher Cox (conselheiro educativo) e Andrew Benjamin Cohen (subsecretário da Divisão África). Um dos temas abordados dizia respeito ao papel da UNESCO e do futuro consultor internacional. A questão era saber se este assumiria ou não «responsabilidades executivas» que poderiam «derrogar a autoridade do governador e do diretor de educação no território escolhido».[36] O problema era delicado. Por várias vezes, Bowers tranquilizou os membros do Colonial Office declarando que o papel do perito «estaria confinado a observação e aconselhamento» e, sobretudo, que este não poderia implementar nada sem a «inteira aprovação do governo da Niassalândia».[37]

Estas instruções foram transmitidas ao perito recrutado para acompanhar o projeto, o economista e agrónomo dinamarquês Marius Gormsen, de 55 anos.[38]

[33] Plano submetido pelo Protectorado da Niassalândia. Appendix A, 31 de março de 1948, AUNESCO, 375 (689.7) A 61. Part 1. Malawi-Fundamental Education Project. Fundamental Education, Pilot Project in Nyasaland.

[34] *Ibid.*

[35] Citado em Daniel Kark, «Equivocal empire: British community development in Central Africa, 1945-1955» (Tese de Doutoramento, Sydney: University of New South Wales, 2008), p. 204.

[36] Registo de reunião na sala de Laves a 13 de junho 1947, AUNESCO, 375 (689.7) A 61. Part 1. Malawi-Fundamental Education Project.

[37] Minutas da reunião do subcomité de Educação de Massas, 24 de junho de 1947, AUNESCO, 375 (689.7) A 61. Part 1. Malawi-Fundamental Education Project.

[38] Reunião de peritos de 26 de abril a 1 de maio de 1948, AUNESCO, F.E. Panel of Experts – Meeting 26/4 – 1/5/48, Documentos 375 A 022/06 "48.04" 18. Éducation de base.

Após ter «impressionado favoravelmente»[39] John Bowers durante uma reunião, Gormsen é nomeado em janeiro de 1948. Entrou oficialmente em funções a 10 de março, após ter passado um mês em Londres para levar a cabo estudos prévios e proceder a consultas com as autoridades coloniais britânicas. O seu papel era limitado: dar a conhecer as atividades da UNESCO a todos os atores interessados (funcionários governamentais, missionários, etc.), fornecer aconselhamento técnico e redigir relatórios a fim de alimentar o trabalho de «*clearing house*» (centro de informação) da UNESCO.

As primeiras comunicações que Gormsen enviou à sede em Paris davam conta de vários problemas. Apesar do facto de o Mass Education Officer, M. MacLaren, estar no terreno desde Outubro de 1947, as atividades demoraram a começar. A campanha de alfabetização não só não foi lançada, como na realidade já não estaria sequer prevista. O furgão utilizado para os projetos móveis, avariado, encontrava-se completamente inutilizável. Revelou-se igualmente impossível verificar o trabalho das associações criadas sob a iniciativa das populações locais, como por exemplo a sociedade *Ukani* (em inglês «Rise up»), composta por 30 membros e que se deveria reunir semanalmente para discutir e elaborar planos para o progresso social e económico da comunidade.[40] Alguns meses mais tarde, Gormsen assinalava que a campanha de alfabetização, lançada no mês de setembro, «nunca será um êxito» e que após três meses e meio de trabalho não havia «um único novo alfabetizado».[41] O baixo nível dos professores, a falta de interesse e de energia dos alunos por causa da alimentação insuficiente, as longas distâncias e a insuficiência de meios financeiros são nomeadamente invocados entre as causas dessas grandes dificuldades. A isso juntavam-se as condições de vida bastante modestas. O pessoal encarregado do projeto foi inicialmente alojado em casas de tijolo pertencendo à Native Tobacco Board. Tendo de abandoná-las entre março e abril, seriam em seguida colocados em instalações abandonadas a oito milhas de Mponela, onde Marius Gormsen se encontrava a viver numa caravana de metal.[42]

[39] Bowers a Cohen, 8 de outubro de 1947, AUNESCO, 375 (689.7) A 61. Part 1. Malawi-Fundamental Education Project.

[40] Nota sobre o progresso até 31 de janeiro de 1948, AUNESCO, 375 (689.7) A 61. Part 1. Malawi-Fundamental Education Project. Mass Education Pilot Project. Mponela, Nyasaland.

[41] Gormsen a Bowers, 13 de dezembro de 1948, AUNESCO, Project 375 (689.7) A 61. Part 2. Malawi-Fundamental Education Project.

[42] Gormsen a John Bowers, 1 de maio de 1948, AUNESCO, Project 375 (689.7) A 61. Part 1. Malawi-Fundamental Education Project.

Segundo o perito da UNESCO, boa parte destes problemas resultavam da incompetência do funcionário britânico encarregado do projeto, com o qual mantém relações conflituosas. A colaboração revelou-se com efeito «pouco frutífera».[43] Numa reunião privada com o governo da Niassalândia, Gormsen declarou mesmo que MacLaren não era a «pessoa adequada» para esta experiência.[44] Em agosto de 1948, Bowers, informado desta «situação inquietante»[45], interpelou os seus interlocutores britânicos, em particular Margaret Read, Andrew Benjamin Cohen e Christopher Cox.[46] Estes admitiram que o projeto encalhara rapidamente devido à «nomeação infeliz do Sr. McLaren como Mass Education Officer», um indivíduo definido como um «lobo solitário»[47], com quem era difícil trabalhar.

A situação era tal que Gormsen julgou mesmo estar a «perder o seu tempo»[48]. Após ter considerado alternativas possíveis – por exemplo, deslocar o projeto para a Rodésia do Norte – John Bowers decidiu, em acordo com o Colonial Office, que o projeto deveria ser abandonado. O perito dinamarquês redigiu, ainda assim, um longo relatório no qual identificava os eixos de uma eventual ação no domínio da educação de base. Preconizava nomeadamente um vasto conjunto de reformas, compreendendo a melhoria dos sistemas de comunicação, através da macadamização das estradas nacionais, bem como a criação de hospitais e centros médicos. Recomendava também a gratuidade do ensino primário e a implementação de uma formação dos professores sob o controlo do governo.[49] Estas propostas foram, todavia, consideradas por John Bowers como demasiado ambiciosas tendo em conta o orçamento limitado de que dispõe o Colonial Office.[50] O projeto-piloto termina no mês

[43] *Ibid.*

[44] Gormsen a John Bowers, 18 de julho de 1948, AUNESCO, Project 375 (689.7) A 61. Part 1. Malawi-Fundamental Education Project.

[45] Bowers a Cohen, sem data, AUNESCO, Project 375 (689.7) A 61. Part 1. Malawi-Fundamental Education Project.

[46] Bowers a Beeby, 10 de junho de 1948, AUNESCO, Project 375 (689.7) A 61. Part 1. Malawi-Fundamental Education Project.

[47] Nota sobre o projecto da Niassalândia, 26 de agosto de 1948, AUNESCO, Project 375 (689.7) A 61. Part 2. Malawi-Fundamental Education Project.

[48] Bowers a Beeby, 11 de junho de 1948, AUNESCO, Project 375 (689.7) A 61. Part 1. Malawi-Fundamental Education Project.

[49] «Provisional synopsis of the determining factors for the character, the contents and the limits of the "Fundamental Education" which is practicable in Nyasaland», AUNESCO, Project 375 (689.7) A 61, Part 2. Malawi-Fundamental Education Project.

[50] Bowers a Gormsen, 26 de novembro de 1948, AUNESCO, Project 375 (689.7) A 61, Part 2. Malawi-Fundamental Education Project.

de outubro de 1948, mas Gormsen efetuou ainda uma missão de estudo à Rodésia do Norte, ao Quénia e ao Uganda a fim de visitar os projetos de educação de massa em curso e recolher documentação. Deixou finalmente a Niassalândia no mês de dezembro, dez meses depois da sua chegada.[51]

Esta primeira experiência fez emergir as numerosas dificuldades que a UNESCO enfrentaria no terreno, em particular a coordenação com os responsáveis locais. Estes problemas foram encontrados igualmente nos dois outros teatros de operações, a saber o Haiti e a China.[52] As complicações são tais que, em meados de 1948, John Bowers decidiu reorientar a política da UNESCO. A ideia de intervir diretamente no terreno por meio de projetos-piloto é abandonada em favor de um envolvimento mais substancial dos governos nacionais, em termos de pessoal, de material e de recursos financeiros.[53] Esta reorientação levou nomeadamente à implementação do sistema das «projetos associados». Adotado aquando da terceira Conferência Geral da UNESCO, realizada em Beirute no final de 1948, este programa previa o apoio indireto às experiências de educação de base e de adultos. A direção das operações foi com efeito deixada às autoridades nacionais, que podiam dispor dos serviços de consultoria de um perito. Esta descentralização permitiu aliviar o fardo financeiro e logístico da UNESCO, ao mesmo tempo que lhe permitiu manter o seu papel de plataforma destinada à recolha e difusão das informações.

A cooperação intercolonial: um internacionalismo alternativo?

Apesar dos seus numerosos limites, os debates sobre a educação de base e as primeiras experiências-piloto atestaram muito claramente que os países do Sul Global estavam, doravante, no centro da ação da UNESCO. Esse desdobramento em direção aos países «subdesenvolvidos», que toca o conjunto das organizações técnicas do sistema das Nações Unidas, suscitou uma reação ambivalente por parte das potências coloniais. Os territórios

[51] Bowers a Gormsen, 27 de janeiro de 1949, AUNESCO, Project 375 (689.7) A 61, Part 2. Malawi-Fundamental Education Project.

[52] Sobre a experiência do Haiti, ver Chantalle F. Verna, «Haiti, the Rockefeller Foundation, and Unesco's pilot project in fundamental education, 1948-1953», *Diplomatic History*, vol. 40, n.º 2 (2016), pp. 269-295.

[53] Bowers a Beeby, 11 de junho de 1948, AUNESCO, Project 375 (689.7) A 61, Part 1. Malawi--Fundamental Education Project.

não-autónomos figuravam entre os destinatários «naturais» da assistência técnica internacional. Como atesta o projeto levado a cabo na Niassalândia, o Colonial Office mostrara-se relativamente aberto às possibilidades de colaboração. Por exemplo, em novembro de 1949, Arthur Creech Jones declarou que seria «indesejável, tanto educativa como politicamente, que o trabalho nos territórios coloniais britânicos continuasse em isolamento».[54] No entanto, as Nações Unidas tornaram-se também uma arena onde se defrontam visões contrastantes e por vezes conflituosas da colonização. A criação de dispositivos como o Conselho de Tutela (1945) ou o Comité de Informações relativas aos Territórios Não-autónomos (1946) foi acompanhada de numerosas polémicas, já que as metrópoles temiam nomeadamente as «intrusões» e «ingerências» das organizações internacionais na África Subsariana.[55]

Neste contexto, as administrações coloniais europeias implementaram rapidamente um sistema de cooperação política e técnica.[56] Várias reuniões sobre problemas comuns a esses territórios – como a saúde, as epizootias ou a conservação dos solos –, têm lugar a partir de 1945. A educação faz igualmente parte dos temas que aí são abordados. Em junho de 1947, uma reunião é organizada em Londres. Peritos bem conhecidos estavam presentes: Christopher Cox e W. E. F. Ward, pelo Colonial Office, o administrador territorial do Congo Belga, Jean-Paul Quix, assim como uma delegação francesa, composta, entre outros, por Albert Chardon e Jean Debayle, chefe do serviço do ensino técnico no Ministério da France d'Outre-Mer. As conclusões do encontro são claras: os problemas educativos devem ser «revistos à luz da política geral da educação de base».[57] Os peritos definem nomeadamente o conteúdo desta doutrina, que a UNESCO ajudou doravante a tornar célebre. Três eixos prioritários são identificados. O primeiro é o desenvolvimento da

[54] The National Archives, Kew (Londres) [TNA], CO 859/171/4. UNESCO Fundamental Education Associated Projects, 1948-1950. Circular. Mass Education: Associated Projects, 1 de novembro de 1949, The National Archives, Kew (Londres) [TNA], CO 859/171/4.

[55] Jessica Pearson, «Defending empire at the United Nations: the politics of international colonial oversight in the era of decolonisation», *The Journal of Imperial and Commonwealth History*», vol. 45, n.º 3 (2017), pp. 525-549.

[56] Damiano Matasci, «Une "UNESCO africaine"? Le Ministère de la France d'Outre-Mer, la coopération éducative intercoloniale et la défense de l'empire, 1945-1957», *Monde(s)*, vol. 1, n.º 13 (2018), pp. 195-214.

[57] Conferência anglo-franco-belga sobre educação nos territórios ultramarinos, no Colonial Office, 10-14 de junho de 1947, Archives Diplomatiques de La Courneuve, Paris [ADLC], Affaires politiques. Afrique, 1946-1965. CCTA (42QO), Boîte 72.

frequentação das escolas com vista a atingir a escolarização total ao nível primário. O segundo prevê o lançamento de campanhas de luta contra o analfabetismo. O terceiro visa a implementação de medidas para elevar os níveis de vida das populações, em particular em matéria «de higiene, de habitat, de produção agrícola, de habilitação profissional [e] de atividades culturais».[58] Preconizava-se também a melhoria do ensino para as mulheres, a formação de operários qualificados, o aumento do número de professores, bem como a produção de manuais e de livros de leitura. Estes objetivos eram muito semelhantes àqueles formulados nas reuniões da UNESCO, nas quais Albert Chardon e W. E. F. Ward participaram ativamente. Retomando a agenda internacional, as discussões entre os peritos coloniais contribuíram assim para melhor definir a «mudança de atitude» em relação aos problemas educativos desejada por Ward no seu artigo publicado na *Overseas Education*. Elas respondem igualmente à necessidade de sistematizar a ação empreendida no terreno. Vários projetos de «educação de massas» (cujo conteúdo e objetivos são muitos semelhantes aos da educação de base) são com efeito levados a cabo na África Britânica a partir de 1945, nomeadamente na Nigéria, na Costa do Ouro e na Rodésia do Norte.[59] Em agosto de 1948, uma conferência organizada em Cambridge, à qual assiste Julian Huxley, permitiu precisar ainda mais os contornos e as técnicas deste paradigma.[60] Na África Francesa, as primeiras experiências seriam lançadas mais tardiamente, a partir de 1952.[61] Paralelamente, um esforço é igualmente levado a cabo tendo em vista definir uma doutrina francesa em matérias de educação de base, sem que a UNESCO lhe esteja diretamente associada.

A reunião de junho de 1947 terminou com um apelo à implementação da «mais íntima cooperação»[62] entre os serviços técnicos coloniais. Se era suposto acompanhar os projetos em curso, este trabalho em rede constituiu também uma resposta à pressão exercida pelas organizações do sistema

[58] *Ibid.*

[59] John Holford, «Mass education and community development in the British colonies, 1940-1960: a study in the politics of community education», *International Journal of Lifelong Education*, vol. 7, n.º 3 (1988), pp. 163-183.

[60] Ver o relatório *African Education. A Study of Educational Policy and Practice in British Tropical Africa* (Oxford: Nuffield Foundation and *Colonial Office*, 1953).

[61] UNESCO, *Expériences françaises d'éducation de base en Afrique noire. Étude préparée par les soins du Centre français d'information sur l'éducation de base* (Paris: UNESCO, 1954).

[62] Conferência anglo-franco-belga sobre educação nos territórios ultramarinos, no Colonial Office, 10-14 de junho de 1947, ADLC, Affaires politiques. Afrique, 1946-1965. CCTA (42QO), Boîte 72.

das Nações Unidas. No final dos anos 1940, com efeito, a Assembleia Geral das Nações Unidas formulou várias resoluções relativas aos territórios sob tutela e «não-autónomos». A 18 de novembro de 1948, por exemplo, uma resolução é adotada relativamente à difusão do ensino nos territórios sob tutela, dos quais uma parte significativa se situa na África Subsariana. O texto precisa que as autoridades administrativas devem «intensificar a sua ação em favor da difusão do ensino», estudar a possibilidade de criar uma universidade comum a esses territórios e, enfim, fornecer cada ano informações à ONU, em condições de «avaliar os progressos realizados».[63] Estas questões foram discutidas em Fevereiro de 1949 pelo Conselho de Tutela. Nessa ocasião, Armando Cortesão expôs o trabalho da UNESCO em matéria de educação de base. Sublinhou que a sua organização estava a «adquirir rapidamente uma experiência apreciável» e deseja vivamente colaborar com as potências administradoras «de forma a favorecer o desenvolvimento das populações dos territórios sob tutela no domínio social e no da instrução».[64] O funcionário também contactou pessoalmente vários responsáveis coloniais britânicos, belgas e franceses para os colocar ao corrente dos projetos previstos para esses territórios, nomeadamente a organização de dois seminários dedicados à educação de base.[65]

Face a estas diligências, a reação foi veemente. As correspondências internas no Ministério da France d'Outre-Mer dão conta da suposta incompetência de Cortesão, que não conheceria os problemas colocados pela educação em África. Denunciam nomeadamente a sua atitude «desdenhosa».[66] A UNESCO partiria efetivamente de uma «conceção errónea» segundo a qual o analfabetismo «é a regra nos territórios colocados sob a tutela da França e que as realizações (...) no domínio do ensino são aí praticamente nulas».[67] A fim de elaborar uma resposta comum a esta «ofensiva anticolonial», são organizadas reuniões ao longo do ano de 1949, a primeira em janeiro, em Londres, e a segunda em Paris, em março. A principal questão é a elaboração de uma estratégia concertada para contrariar as tentativas de ingerência das

[63] Resolução da Assembleia Geral (3.ª Sessão), *Educational Advancement in Trust Territories*, 18 de novembro de 1948.

[64] Relatório da 13.ª sessão do Conselho de Tutela, 11 de fevereiro de 1949, ANOM, FR ANOM 61COL1389 (bis).

[65] Nota para o Director do Ensino e da juventude, 5 de fevereiro de 1949, ANOM, FR ANOM 61COL1389 (bis).

[66] Nota para o Director dos Negócios Políticos, sem data, ADLC, CCTA (42QO), Boîte 72.

[67] *Ibid.*

organizações internacionais em questões consideradas apanágio da soberania imperial. Os debates entre os representantes da França, do Reino Unido e da Bélgica revelam uma atitude ambivalente. Por um lado, a colaboração com a UNESCO não é posta de parte. Os peritos reconhecem que esta organização pode ter um papel útil ao desenvolver um boletim de informação sobre a educação de base, favorecendo as investigações pedagógicas levadas a cabo pelos institutos de investigação coloniais e fornecendo uma ajuda financeira às bibliotecas coloniais.[68] Por outro lado, colocam-se de acordo para recusar qualquer intervenção direta nos territórios africanos sob tutela. Numa nota dirigida a Robert Delavignette, diretor dos negócios políticos do Ministério da France d'Outre-Mer, clarifica-se que esta colaboração deveria ser feita unicamente se implicasse técnicos franceses. Seriam estes quem deveria utilizar «os fundos que a UNESCO eventualmente colocará à disposição».[69] A possibilidade de implementar uma universidade para 1952 foi também secamente rejeitada. À saída da reunião, W. E. F. Ward foi encarregado de redigir um relatório detalhando os argumentos para refutar o que é considerado como um projeto «utópico e perigoso», para além de dificilmente financiável.[70] A proposta de Cortesão de organizar um ou vários seminários sobre a educação de base tem o mesmo fim. Os peritos desejavam antes optar por conferências «inter-africanas» organizadas pelas próprias administrações coloniais (incluindo igualmente Portugal), sem que aquelas emanassem da UNESCO.

Estas diligências ilustram bem as rivalidades que se tecem entre instâncias internacionais e imperiais. Antes de 1949, data em que foi lançado o Programa Alargado de Assistência Técnica das Nações Unidas (PAAT), a UNESCO não dispunha de recursos humanos e financeiros para levar a cabo projetos de envergadura no terreno. A sua atividade de «*clearing house*» e a organização de reuniões de peritos sobre a educação de base exerceram, ainda assim, um efeito indireto sobre as metrópoles, que se veem obrigadas a justificar melhor na cena internacional o seu empenho na elevação dos níveis educativos nas colónias africanas. Esta nova exigência emergiu muito particularmente aquando da reunião de março de 1949. Nas discussões que precederam o

[68] Conversações tripartidas sobre ensino. Declaração a respeito das conversações anglo-franco-belgas sobre o ensino, 15-16 de março de 1949, ANOM, FR ANOM 61COL1389 (bis).

[69] Nota para o Director dos Negócios Políticos, sem data, ADLC, Affaires politiques. Afrique, 1946-1965. CCTA (42QO), Boîte 72.

[70] Conversações tripartidas sobre ensino, 15-16 de março de 1949, ANOM, FR ANOM 61COL1389 (bis).

encontro, tornou-se claro que o desenvolvimento do ensino era doravante considerado como uma «urgência política». É então necessário não somente defender o balanço educativo colonial, mas igualmente mostrar os progressos realizados na extensão da oferta escolar, realçando por exemplo a criação de instituições de ensino superior.

A situação muda consideravelmente no fim de 1949, com o lançamento do PAAT. A perspetiva de um investimento massivo das organizações do sistema das Nações Unidas no domínio do desenvolvimento acelera o processo de institucionalização da cooperação técnica intercolonial. Uma reunião organizada em Londres no mês de setembro permitiu nomeadamente estabelecer as bases de uma organização permanente, a chamada Comissão de Cooperação Técnica na África ao Sul do Saara (CCTA).[71] As instruções dadas ao chefe da delegação francesa, Henri Laurentie, precisavam as funções políticas deste novo organismo. A CCTA seria efetivamente o «único meio (...) de impedir as indiscrições e as intrusões das Nações Unidas, das instituições especializadas e dos Estados Unidos»[72] em África. A cooperação intercolonial é por isso vista como uma «barreira» para proteger o império num contexto de fortes pressões externas e internas. Ao longo dos anos 1950, a CCTA alimentou uma intensa atividade de investigação científica em domínios muito variados, indo das questões sanitárias à agricultura, passando pela conservação dos solos, as ciências sociais e a educação. Ao ocupar os mesmos campos cobertos pelas instituições especializadas da ONU, a CCTA consegue com algum sucesso limitar as atividades da UNESCO na África Subsariana até ao fim dos anos 1950.

Conclusão

Após o fim da Segunda Guerra Mundial, a UNESCO surge como um ator maior nos debates relativos à luta contra as desigualdades educativas nos países do Sul Global. Colocado no centro do seu programa de ação, o paradigma da educação de base impõe-se com efeito como uma das principais marcas do mercado emergente do «desenvolvimento». Esta noção, discutida no seio de comunidades científicas de perfis variados, era fruto

[71] A primeira reunião da CCTA tem lugar em 1950. Os membros fundadores são os governos do Reino Unido, da França, da Bélgica, de Portugal, da Rodésia do Sul e da União Sul-Africana.

[72] Relatório para o ministro, 13 de setembro de 1949, ADLC, Affaires politiques. Afrique, 1946-1965. CCTA (42QO), Boîte 3.

de um trabalho conceptual que é testemunho das intensas circulações de indivíduos e de saberes entre as esferas internacionais e coloniais.[73] No terreno, no entanto, a ação é mais complicada. Em virtude da falta de recursos financeiros suficientes e confrontadas com problemas de coordenação com os responsáveis locais, as primeiras experiências-piloto, nomeadamente a da Niassalândia, fracassaram rapidamente. As dificuldades não se deveram a uma falta de cooperação da parte do Colonial Office, mas antes às relações conflituosas entre os peritos presentes no terreno.

Para além do mais, a intervenção das organizações internacionais na África Subsariana colocava igualmente problemas políticos. As reuniões entre os peritos coloniais que tiveram lugar entre 1947 e 1949 fornecem um exemplo esclarecedor de tal aspeto. Um dos objetivos é com efeito elaborar uma estratégia comum para contrariar as pretensas «intrusões» das instituições especializadas das Nações Unidas, e da UNESCO mais particularmente, nos territórios não-autónomos. As reuniões permitem também precisar as orientações de uma nova política em matéria de educação, estreitamente ligada à modernização das colónias africanas. Os programas implementados a partir de meados dos anos 1940 não diferem daqueles levados a cabo pela UNESCO em outras partes do mundo. São mesmo fortemente influenciados por eles. Contudo, existe uma preocupação constante de conservar uma autonomia estrita – conceptual e operacional – na matéria. A razão é simples: num contexto de forte contestação do colonialismo, as metrópoles encontram-se na necessidade de dever garantir cada vez mais o seu compromisso com a elevação dos níveis educativos e do «bem-estar» das populações locais, sem, no entanto, dar a impressão de ceder a uma pressão internacional.

Estas interações complexas prosseguem ao longo dos anos 1950 e necessitariam de estudos aprofundados. Por um lado, seria útil examinar as diferentes maneiras com que os atores coloniais e internacionais conceptualizaram a ligação entre educação e «desenvolvimento». A CCTA, por exemplo, organiza entre 1950 e 1957 várias conferências dedicadas ao

[73] Ver, a propósito deste tema, a literatura recente sobre a história «trans-imperial», Christoph Kamissek and Jonas Kreienbaum, «An imperial cloud? Conceptualising interimperial connections and transimperial knowledge», *Journal of Modern European History*, vol. 14, n.º 2 (2016), pp. 164-182; Volker Barth e Roland Cvetkovski, eds., *Imperial Co-Operation and Transfer, 1870-1930: Empires and Encounters* (Londres/Nova Iorque: Bloomsbury Academic, 2015); Sara Legrandjacques e Karim Mammasse, orgs., «Interconnexions (post)coloniales, XXe-XXIe siècles», dossier, *Les Cahiers Sirice*, vol. 1, n.º 20 (2018).

ensino primário e técnico, que reúnem várias dezenas de especialistas que discutem longamente essa questão.[74] Da mesma forma, aquando de uma conferência em Adis-Abeba em maio de 1961, a UNESCO estabelece um plano de expansão educativa nos países africanos baseado em teorias como as do «capital humano», então em vias de definição.[75] Por outro lado, as experiências de educação de base e de massas efetuadas em vários territórios da África colonial deveriam igualmente ser objeto de estudos de caso precisos e bem documentados. Investigações mais alargadas permitiriam com efeito compreender melhor o papel desempenhado pela educação no quadro de uma vasta gama de projetos implementados para «modernizar o colonialismo»[76] no momento em que este entra na sua crise final.[77]

[74] Hugo Gonçalves Dores e Miguel Bandeira Jerónimo, «Un "développement" éclairé? La question de l'éducation coloniale en Afrique et les organisations interimpériales (1945-1957)», em Damiano Matasci, Miguel Bandeira Jerónimo e Hugo Gonçalves Dores, dir., *Repenser la «mission civilisatrice». L'éducation dans le monde colonial et postcolonial au XXe siècle* (Rennes: Presses Universitaires de Rennes, no prelo).

[75] Damiano Matasci, «"Un rendez-vous africain". L'Unesco, l'aide au développement et la fin des empires coloniaux (1945-1961)», *Histoire@Poltitique* (no prelo, 2019).

[76] Frederick Cooper, «La modernisation du colonialisme et les limites de l'empire», *Labyrinthe*, n.º 35 (2010), pp. 69-86.

[77] Miguel Bandeira Jerónimo e António Costa Pinto, eds., *The Ends of European Colonial Empires: Cases and Comparisons* (Basingstoke: Palgrave Macmillan, 2015); Martin Shipway, *Decolonization and Its Impact: A Comparative Approach to the End of the Colonial Empires* (Malden: Blackwell, 2008).

10. REGIONALISMO(S) E COLONIALISMO TARDIO EM ÁFRICA: PROJECTOS INTER-TERRITORIAIS E DINÂMICAS DE COOPERAÇÃO EM SAÚDE*

PHILIP J. HAVIK
Instituto de Higiene e Medicina Tropical – Universidade Nova de Lisboa
JOSÉ PEDRO MONTEIRO
Centro de Estudos Sociais – Universidade de Coimbra

Introdução

As transformações políticas e normativas impulsionadas durante e após o segundo conflito global, em particular aquelas que desaguariam na consolidação, no plano internacional, de uma doutrina dos direitos humanos, assente no princípio da não-discriminação – por muito tortuoso que tenha sido o seu trajecto histórico – mudaram os termos do debate, um pouco por

* Este trabalho foi co-financiado pelo FEDER – Fundo Europeu de Desenvolvimento Regional através do COMPETE 2020 – Programa Operacional Competitividade e Internacionalização (POCI) e por fundos nacionais através da FCT – Fundação para a Ciência e a Tecnologia, no âmbito do projeto «Os mundos do (sub)desenvolvimento: processos e legados do império colonial português em perspectiva comparada (1945-1975)» (PTDC/HAR-HIS/31906/2017 | POCI-01-0145-FEDER-031906); do projecto «Tropical modernity, public health and endemic disease control: the combat against malaria, sleeping sickness and syphilis in former Portuguese Africa (1920-1975)» (FCT IF/01130/2013/CP1165/CT0002); e do projecto individual «Rights of Belonging, Rules of Exclusion: the politics and policies of citizenship in Portuguese late colonialism (1945-1975)», CEECIND/01714/2017/CP1402/CT0004.

todo o mundo, sobre a solução imperial.[1] Não só a internacionalização da questão colonial viu o seu alcance ampliado, como as justificações para a preservação dos impérios, tendo por base uma suposta «missão civilizadora», tornaram-se, progressivamente, mais frágeis. Longe de representarem a consumação do «império» como irrealizável, os anos posteriores a 1945 assistiram a uma transformação dos discursos de legitimação imperial, agora assentes no pressuposto da criação de novas comunidades multirraciais. Estes desenvolvimentos gerariam, por sua vez, novas dinâmicas integradoras, por muito frágeis que estas tenham sido. A única forma de justificar o domínio europeu sobre África passava por afirmar uma «especificidade» africana através da política e ciência coloniais, enquanto se fazia prova de que os esforços, antes «civilizadores», agora «desenvolvimentistas», estavam, de facto, a ultrapassar a barreira racial que sempre marcara o colonialismo europeu no continente.[2] Se a defesa da legitimidade colonial dependia do sucesso desta estratégia, foi também da sua aparente ambivalência que se alimentavam os movimentos que reivindicavam a auto-determinação dos povos africanos no seio das organizações internacionais. Nesse sentido, as instituições internacionais eram não só locais por excelência de demonstração das realizações em matéria de saúde, educação, segurança social ou trabalho, como espaços que poderiam caucionar a presença britânica, francesa, belga, espanhola ou portuguesa a sul do Mediterrâneo. Da mesma forma, e necessariamente, podiam também ser utilizados, de múltiplos modos, para contestar essa presença.

Mas se esta é uma história onde os desígnios políticos, frequentemente contraditórios, de reter ou libertar-se do império estão presentes, de forma mais ou menos visível, é também uma história mais vasta que envolveu recursos, circulação de técnicos e pessoas, devotados a formas de cooperação internacional até então relativamente desconhecidas nestes territórios. Isto é, apesar de existir uma razão político-diplomática cimeira, os variados esforços

[1] Ver Roland Burke, *Decolonization and the Evolution of International Human Rights* (Filadélfia: University of Pennsylvania Press, 2012); Steve Jensen, *The Making of International Human Rights: the 1960s, Decolonization and the Reconstruction of Global Values* (Cambridge: Cambridge University Press, 2017).

[2] Para alguns exemplos ver Peo Hanssen e Stefan Jonsson, *Eurafrica: The Untold History of European Integration and Colonialism* (Londres: Bloomsbury, 2015); Frederick Cooper, *Citizenship between Empire and Nation: Remaking France and French Africa (1945-1960)* (Princeton: Princeton University Press, 2014); ver ainda o capítulo por Miguel Bandeira Jerónimo e José Pedro Monteiro neste volume.

de intervenção das organizações internacionais no continente africano não podem ser reduzidos a um olhar instrumental. Ademais, dos muitos estudos produzidos até agora, uma questão surge frequentemente: as organizações internacionais dificilmente podem ser julgadas como sendo monolíticas, dado que diferentes indivíduos ou grupos que lhe estavam subordinados ou agiram na sua órbita responderam às suas intimações e objectivos em função de uma miríade de razões, de ordem pessoal ou política passando por imperativos técnicos.[3] As organizações internacionais e os seus agentes posicionaram-se face à questão colonial de formas muito diversas, em função do tempo e do lugar. Elas representaram campos de disputa em torno da questão colonial, mas responderam também a imperativos institucionais, desde logo, o de expandir e aprofundar o seu campo de actuação.

Na fase pós-1945, com o adensar da Guerra Fria poucos anos mais tarde, a assistência técnica surge também como a resposta das agências internacionais e de regimes coloniais aos problemas de «sub-desenvolvimento» de territórios vários, muitos dos quais ainda integrados nos espaços imperiais.[4] Por conseguinte, enquanto os poderes metropolitanos introduziam planos de fomento para estes territórios – no caso britânico, já a partir de 1940 mas, sobretudo, a partir de 1945 – estas agências operacionalizavam o conceito da assistência técnica, subjacente a esta «ajuda» planificada, mas de forma multilateral, aos países membros e «territórios dependentes». De facto, a história da evolução dos regionalismos em África mostra que estas formas de cooperação – inter-imperial e internacional – levaram regimes coloniais a conduzirem uma diplomacia paralela através de organizações regionais particulares. Nesta óptica, a missão cimeira da Comissão de Cooperação Técnica na África a Sul do Saara (CCTA) consistiu em condicionar e controlar a acção de agências especializadas da Organização das Nações Unidas (ONU) neste espaço geográfico. Os principais actores envolvidos, nomeadamente o Reino Unido, a França, a Bélgica e Portugal, pretenderam reforçar a defesa da sua legitimidade imperial, e antecipar e contrariar a temida interferência internacional relativa às questões laborais e económicas, à ciência, ao ensino

[3] Sandrine Kott, «Une "communauté epistémique du social"? Experts de l'OIT et internationalisation des politiques sociales dans l'entre-deux-guerres», *Gèneses*, vol. 2, n.º 71 (2008), pp. 26-46.

[4] David Webster, «Development advisors in a time of cold war and decolonization: the United Nations Technical Assistance Administration, 1950-59», *Journal of Global History*, vol. 6, n.º 2 (2011), pp. 249–272.

e à saúde, entre outros, através de mecanismos de cooperação bilateral ou multilateral (no quadro da CCTA).

Umas das áreas onde a aplicação desta estratégia foi historicamente visível, a saúde, beneficiou nos últimos anos de maior atenção, através de estudos reveladores das acções de Estados coloniais que visavam diminuir ou neutralizar a influência das agências da ONU no continente.[5] A saúde representava uma questão particularmente sensível, na medida em que constituía um indicador do progresso reivindicado pela medicina colonial, por exemplo, quanto aos cuidados médicos ou o controle de doenças. E, não obstante a sua apresentação como matéria estritamente técnica e científica, nunca deixou de estar associada a dinâmicas de discriminação e segregação racial.[6] A confiança e optimismo generalizados no poder da ciência e da tecnologia que se manifestava durante estes anos, bem como no potencial da sua transferência para países menos desenvolvidos, sobretudo por meio de peritos, abriu um espaço de competição, tendo por fim demonstrar os méritos e vantagens da ciência colonial face à *expertise* internacional.[7] Este «tecnocentrismo», que se baseava na descoberta de novos antibióticos, vacinas e pulverização por DDT, e novos métodos diagnósticos, não descurou a oportunidade de aplicar em massa estas técnicas às populações de um continente flagelado por altos níveis de morbilidade e mortalidade. Este processo traduzir-se-ia em apoios internacionais para programas verticais de controlo e erradicação de doenças endémicas, como, por exemplo, a malária, a doença do sono, a tuberculose, a febre tifóide, as doenças sexualmente transmissíveis, as boubas, varíola e poliomielite.[8]

Como cada poder imperial havia já, no período entre as guerras, desenvolvido as suas próprias infraestruturas no terreno especificamente

[5] Jessica Pearson, *The Colonial Politics of Global Health: France and the United Nations in Postwar Africa* (Cambridge, MA: Harvard University Press, 2018), pp. 67-88; Simplice Ayangma Bonoho, *L'Organisation Mondiale de la Santé (OMS): les politiques de dévéloppement sanitaire et leur mise en oeuvre en Afrique Centrale entre 1956 et 2000* (Tese de doutoramento, Genebra, Universidade de Genebra, 2019).

[6] Veronika Lipphardt e Alexandra Widmer, eds., *Health and Difference: Rendering Human Variation in Colonial Engagements* (Nova Iorque: Berghahn, 2016).

[7] Marcos Cueto, Theodore M. Brown e Elizabeth Fee, *The World Health Organization: a History* (Cambridge: Cambridge University Press, 2019), pp. 86-114; Randall M. Packard, *A History of Global Health: Interventions into the Lives of Other Peoples* (Baltimore: Johns Hopkins University Press, 2016), pp. 105-131.

[8] Packard, *A History of Global Health*, p. 125; Sunil S. Amrith, *Decolonizing International Health: India and South-East Asia, 1920-1965* (Basingstoke: Palgrave MacMillan, 2006), pp. 83-86.

dirigidas ao combate a este tipo de doenças, a decisão e controlo sobre a aplicação do financiamento e dos recursos humanos internacionais tornou-se uma matéria delicada nas negociações, estabelecidas entre a CCTA e a AFRO, o *bureau* regional da Organização Mundial de Saúde (OMS) em África, sobre programas de cooperação no continente. Os debates no seio destas organizações são também reveladores da existência de desacordos entre Estados-membros, que, em parte, seguiram uma divisão linguística, entre a África anglófona e francófona, mas também linhas fracturantes associadas à presença de estados independentes, como a Libéria, e, de forma mais crítica, com a adesão de novos Estados às duas organizações a partir de 1957.[9] No que diz respeito ao império colonial português, a análise da sua posição ambivalente ou de absoluto afastamento em relação às organizações internacionais foi, durante largo tempo, enquadrada em função das consequências da guerra colonial e da descolonização para a diplomacia portuguesa.[10] Todavia, começaram, nos últimos anos, a despontar estudos que procuram reinterpretar o papel de organismos internacionais (governamentais, privados ou de natureza inter-imperial) durante o colonialismo tardio, cobrindo temas que vão da investigação científica aos esforços de cooperação em matérias como a segurança e desenvolvimento.[11] Notória, todavia, é a reduzida atenção que tem sido

[9] Pearson, *The Colonial Politics of Global Health,* p. 170; Ayangma, *L'Organisation Mondiale de La Santé,* capítulo II.

[10] Aurora Almada Santos, *A Organização das Nações Unidas e a Questão Colonial Portuguesa* (Lisboa: Instituto da Defesa Nacional, 2017); Norrie MacQueen, *The Decolonization of Portuguese Africa: Metropolitan Revolution and the Dissolution of Empire* (Londres: Longman, 1997); A. E. Duarte Silva, «O litígio entre Portugal e a ONU (1960–1974)», *Análise Social,* vol. 30, n.º 130 (1995), pp. 5–50.

[11] Ver, por exemplo: Miguel Bandeira Jerónimo e José Pedro Monteiro, «Internationalism and the labours of the Portuguese colonial empire (1945-1974)», *Portuguese Studies,* vol. 29, n.º 2 (2013), pp. 142-163; Cláudia Castelo, «Developing "Portuguese Africa" in late colonialism: confronting discourses», em Joseph M. Hodge, Gerald Hödl e Martina Kopf, orgs., *Developing Africa: Concepts and Practices in Twentieth Century Colonialism* (Manchester: Manchester University Press, 2014), pp. 63-86; Miguel Bandeira Jerónimo e António Costa Pinto, «A modernizing empire? Politics, Culture and Economy in Portuguese Late Colonialism»", em Miguel Bandeira Jerónimo e António Costa Pinto, eds., *The ends of European Colonies Empires: Cases and Comparisons* (Basingstoke: Palgrave, 2015), pp. 51-80; Miguel Bandeira Jerónimo e José Pedro Monteiro, *Internationalism, Imperialism and the Formation of the Contemporary World* (Basingstoke: Palgrave, 2017); Miguel Bandeira Jerónimo, «Rural (in)securities: resettlement, control and "development", in Angola (1960s-1970s)», *Comparativ,* vol. 27, n.º 2 (2017) pp. 75-97; pp. 101-123; José Pedro Monteiro, *Portugal e a Questão do Trabalho Forçado: Um Império sob Escrutínio (1944-1962)* (Lisboa: Edições 70, 2018); Frederico Ágoas e Cláudia Castelo, «Ciências Sociais, diplomacia e colonialismo tardio:

dada ao tema da saúde colonial e a cooperação regional ou internacional. É de sublinhar que, no caso da OMS, a adesão portuguesa se verifica logo aquando da sua criação, em 1948. Esta vontade expressa de estabelecer algum grau de cooperação internacional resultou, seguramente, da percepção do papel-chave das iniciativas sanitárias e de combate às doenças tropicais em África para a consolidação do colonialismo europeu moderno. Nesse contexto, é de notar a preponderância de estudos dedicados às várias missões de combate à doença do sono (transmitida pelas glossinas ou moscas tsé-tsé, e fatal se não tratada atempadamente), a «doença colonial» por excelência.[12] Empreendidos por cientistas da Escola de Medicina Tropical (rebatizada Instituto de Medicina Tropical, em 1935), os percursos históricos destas missões têm sido estudados, com poucas excepções[13], com um foco direccionado ao primeiro ciclo de consolidação imperial, após a definição das esferas de soberania em África, ou seja, antes de 1945.[14] Mas será sobretudo na fase posterior à Segunda Guerra Mundial que este tipo de iniciativas vai assumir um lugar cimeiro na política colonial portuguesa na área de saúde, com destaque para o espaço africano, nomeadamente Guiné, Angola e Moçambique. E é também durante o colonialismo tardio que a vontade «reformista» do Estado Novo se manifestará de forma mais evidente nas questões de saúde, que, deste modo, se viriam a constituir num tópico central dos debates em torno das políticas imperiais portugueses.

a participação portuguesa na Comissão de Cooperação Técnica na África ao Sul do Saara», *Revista de Estudos Históricos*, vol. 32, n.º 67 (2019): p. 409-428; Miguel Bandeira Jerónimo e Hugo Gonçalves Dores, «Enlightened developments? Inter-imperial organizations and the issue of colonial education in Africa (1945-1957)», em Miguel Bandeira Jerónimo, Damiano Matasci e Hugo Gonçalves Dores, eds., *Education and Development in Colonial and Post-Colonial Africa* (Basingstoke: Palgrave, no prelo).

[12] Maryinez Lyons, *The Colonial Disease: A Social History of Sleeping Sickness in Northern Zaire, 1900--1940* (Cambridge: Cambridge University Press, 1992)

[13] Ver, por exemplo: Philip J. Havik, «Public health and tropical modernity: the Commission for the Combat of Sleeping Sickness in Portuguese Guinea (1945–1974)», *História, Ciências e Saúde – Manguinhos*, vol. 21, n.º 2 (2014), pp. 641–666.

[14] Ver, por exemplo, Samuel Coghe, «Sleeping sickness control and the transnational politics of mass chemoprophylaxis in Portuguese colonial Africa», *Portuguese Studies Review*, vol. 25, n.º 1 (2017), pp. 57-89; *Ibid.*, «Inter-imperial learning and African health care in Portuguese Angola in the interwar period», *Social History of Medicine*, vol. 28, n.º 1 (2015), pp. 134-154; Sebastião de Araújo Barros e Silva, *The land of Flies, Children and Devils: the Sleeping Sickness Epidemic on the Island of Príncipe (1870s–1914)*, (Oxford: tese de doutoramento, Oxford University, 2013); Isabel Amaral, «Bacteria or parasite? The controversy over the etiology of sleeping sickness and the Portuguese participation, 1898-1904», *História, Ciências, Saúde – Manguinhos*, vol. 19, n.º 4 (2012), pp. 1275-1300.

O impacto das iniciativas internacionais no campo da saúde e a *standardização* de métodos, normas e metas para avaliar o desempenho de sistemas e serviços, são visíveis, por exemplo, no recurso sistemático a estatísticas com o intuito de atestar o bem-estar das populações africanas sob domínio português, sobretudo após a eclosão do conflito colonial em 1961. Mas também porque, como procuraremos mostrar, a cooperação internacional em torno de questões de saúde se tornou particularmente premente num contexto de existência de fronteiras políticas porosas, elevada e sempre crescente mobilidade intra-colonial e inter-regional e consequentes riscos de disseminação das doenças e vectores. Ao que acresce a longa genealogia de dinâmicas de circulação de conhecimento e técnicos entre especialistas coloniais, com forte incidência na ciência colonial na área da saúde (sobretudo em torno dos «feitos» da medicina tropical, e das narrativas etnocêntricas e nacionalistas que os celebraram).[15]

Desta forma, este capítulo procura recuperar e contextualizar alguns episódios da história da integração internacional do império colonial português em matéria de saúde colonial. Fá-lo, através de duas perspectivas complementares. Primeiro, procura reconstituir a interacção do império com dois organismos internacionais dedicados à questão da saúde no continente africano, a Organização Mundial de Saúde (OMS) e a sua organização regional africana (AFRO), e a Comissão de Cooperação Técnica na África a Sul do Saara (CCTA). Dar-se-á nota das evoluções históricas em torno da questão da cooperação médica e sanitária, relacionando-as com dinâmicas políticas e diplomáticas que marcaram o período entre 1948 e 1966. Num segundo momento, procurar-se-á demonstrar as vicissitudes da diplomacia portuguesa no âmbito da saúde na região africana, abordando dois projectos de cooperação médica sobre malária e a doença do sono que envolveram as colónias portuguesas no Sul de África, com particular incidência em Moçambique. Da mesma forma, observar-se-á a forma como dinâmicas políticas e institucionais condicionaram a acção no terreno, mas também as profundas implicações deste tipo de esquemas de cooperação internacional na área da saúde pública e epidemiologia.

[15] Myriam Mertens e Guillaume Lachenal, «The history of "Belgian" tropical medicine from a cross-border perspective», *Révue Belge de Philologie et d'Histoire*, n.º 90 (2012), pp. 1249-72.

Portugal, o AFRO e a CCTA

Criada em 1948, a OMS rapidamente se deparou com a necessidade de proceder a uma divisão orgânica orientada em função de especificidades regionais e baseada na necessidade de descentralização administrativa.[16] Entre uma das questões mais problemáticas, pelo menos para os poderes coloniais, emergiu a necessidade de criar uma secção regional africana, comummente conhecida por AFRO, a penúltima das organizações regionais da OMS a ser criada, em 1951. O seu objectivo passava por estimular a cooperação multilateral ao nível regional, melhorar os índices dos serviços sanitários, potenciar os recursos humanos em saúde e harmonizar *standards* de controlo e combate de certas doenças, e reduzir o seu impacto em termos da morbilidade e mortalidade infantil e adulta. Não se tratou, todavia, de um simples procedimento administrativo, como se pode constatar pelo facto de outras organizações internacionais só muito mais tarde, no final dos anos 1950, terem optado pela autonomização de ramos africanos.[17] Era a consequência do temor das potências coloniais de uma supervisão mais intrusiva nos seus territórios africanos, e testemunho do sucesso – mesmo que efémero – da diplomacia paralela que conduziram na fase pós-1945.

No caso do AFRO, a hipótese de participação de territórios africanos «subordinados» esteve presente desde o seu início. O Artigo 47.º da OMS previa que territórios que não fossem responsáveis pelas suas relações internacionais – isto é, que não fossem plenamente soberanos – teriam direito a participar nas reuniões dos comités regionais.[18] As iniciativas da África do Sul e da Libéria – alguns dos raros Estados independentes no continente, na altura – para criar o comité, de resto, mereceram oposição da França e da Bélgica, na medida em que permitiria uma interferência internacional nos seus territórios e criava um precedente para outras organizações, como a UNESCO, por exemplo.[19] Não foi o caso do governo britânico nem do

[16] Elizabeth Fee, Marco Cueto e Theodore Brown, «At the roots of the World Health Organization's challenges: politics and regionalization», *American Journal of Public Health*, vol. 106, n.º 11 (2016), pp. 1912-1917.

[17] Daniel Maul, *Human Rights, Development and Decolonization* (Nova Iorque: Palgrave MacMillan, 2012), pp. 59-85.

[18] WHO Constitution, *Basic Documents*, Forty-fifth edition, Supplement, October 2006. Acedido em 2 de Outubro de 2018: http://www.who.int/governance/eb/who_constitution_en.pdf.

[19] Memorando, Bureau Médical Inter-Africain, Delegação Francesa, 2.ª sessão da CCTA, Bruxelas, 7-30 de Junho de 1950, The National Archives, Kew (Londres) [TNA], CO 936/64/5;

governo português que, apesar dos temores, apoiaram a criação do comité regional africano da OMS. Mesmo que tendo aderido por razões distintas, a sua avaliação das vantagens da cooperação com a OMS reflectia uma atitude relativamente pragmática, que valorizava os potenciais benefícios do financiamento de programas na área da saúde nos territórios por estes administrados. No caso britânico, a percepção de que, sem a criação do AFRO, estes fundos não seriam disponibilizados na mesma medida pela OMS, a par do receio do impacto político gerado pela rejeição da criação do comité regional, foram decisivos.[20] A aquiescência portuguesa – bem menos entusiasta – à criação do AFRO, por seu lado, sucedeu ao insucesso da tentativa de integrar as colónias africanas no comité regional europeu. Esta última fora justificada com recurso à nova orgânica do império, resultante da revisão constitucional de 1951.[21] Apesar de, desde o início, a criação do AFRO estar associada a ponderações relativas aos riscos políticos da internacionalização da questão colonial, ela acabaria por se concretizar, tendo a sua sede em Brazzaville.

Esta era, todavia, apenas uma das formas de «regionalismo sanitário» em África. Em 1950, ainda antes da constituição do AFRO, já a institucionalização da CCTA se processara. Dedicada a uma multiplicidade de temas, da agricultura às ciências sociais, a CCTA possuía uma forte componente dedicada à cooperação médica e sanitária. Visava, esta, através do fornecimento de assistência técnica num formato bilateral, contrariar as dinâmicas de internacionalização da questão colonial, oferecendo um espaço alternativo de colaboração entre as potências coloniais, que servia para dar legitimação científica à manutenção do domínio colonial. Dotada de um Conselho Científico para a África ao Sul do Sahara (CSA) que incluía o Reino Unido, França, Bélgica, África do Sul e a Rodésia, a CCTA permitia a circulação de técnicos e especialistas em matéria de saúde, bem como abria um espaço para propostas no sentido de desenvolver iniciativas de cooperação bilateral. A sobreposição orgânica que se verificava nestas duas organizações, resultado da adesão conjunta destes países, todavia, não era vista de igual modo pelos

Ver também: Jessica Pearson, «French colonialism and the battle against the WHO Regional Office for Africa», *Hygiea*, vol. 13, n.º 1 (2016), pp. 65-80.

[20] Memorando, Relations CCTA-WHO, Londres, D.G. Pirie (Colonial Office) para Foreign Office, TNA, FO 371/80210.

[21] Ofício Confidencial, nº. 1253/P.B-23, Direcção-Geral da Administração Política e Civil (DGAPC), MU, Lisboa, 30 de Outubro de 1952; Arquivo Histórico Ultramarino [AHU], MU/DGAPC/Processo B-23, Pasta 5.

diferentes governos imperiais. Em particular, e em matéria de saúde, o Reino Unido tendia a favorecer a cooperação por via das agências especializadas das Nações Unidas como a OMS e UNICEF, enquanto governos coloniais de domínio britânico favoreciam esta cooperação por razões económicas e financeiras.[22] Por conseguinte, demarcavam-se da posição francesa de canalizar forçosamente todos os pedidos de assistência técnica para a OMS-AFRO através da CCTA,[23] criando assim brechas no edifício da diplomacia paralela.

No caso português, o apoio à criação do AFRO resultava da convicção de que, dada a constelação de Estados-membros presentes, a esmagadora maioria comprometida com o projecto imperial de domínio europeu (ou branco, no caso da África do Sul), o novo comité regional permitiria fortalecer a posição dos países coloniais, através da sua maioria efectiva, e substancial, na AFRO e na CCTA. Por conseguinte, todas as reuniões do Comité Regional Africano (CRA) foram precedidas de conferências inter-imperiais da CCTA, numa tentativa de concertar posições e condicionar decisões. Um tópico de discussão que emergiu logo à nascença foi o da falta de autonomia financeira do *bureau*, que dependia dos organismos decisores da OMS e, em última instância, da Assembleia Geral de Saúde. Esta circunstância levou Estados-membros, como a França, a contestarem os limites do poder de decisão do comité regional, consequência de os Estados-membros desempenharem uma função meramente consultiva no que respeitava à assistência técnica.[24]

Mais crítico ainda (e demorado) seria o debate sobre os chamados «membros associados» do AFRO. Segundo o Artigo 8.º da constituição da Assembleia Mundial de Saúde, os seus membros deveriam ser qualificados tecnicamente e escolhidos entre as populações «nativas». Para as autoridades portuguesas, era uma estipulação que interferia na sua liberdade de escolha dos representantes, reclamando o direito imperial, exclusivo e sem condições, de nomeação.[25] O debate em torno dos direitos dos membros associados

[22] I. V. Gruhn, «The Commission for Technical Co-Operation in Africa, 1950-65», *Journal of Modern African Studies*, vol. 9, n.º 3 (1971), pp. 459-69; Memorando, A.H. Reed, Commonwealth Relations Office (CRO), Londres, 4 de Agosto de 1950, TNA, DO 35/3767.

[23] Instruções, Delegação Britânica, 7ª Sessão da CCTA, Relações com a OMS, Londres, Commonwealth Office, Janeiro 1953, TNA, CO 859/407.

[24] J.B. Johnston, Commonwealth Office para M. Farmer, Foreign Office, Londres, 13 de Outubro de 1952, TNA, CO 859/407.

[25] Parecer A. Barata e Silva, 1 de Setembro de 1948, Arquivo Histórico Diplomático do Ministério dos Negócios Estrangeiros [AHD-MNE], 2.º Piso, Armário 3, Maço 689.

ocuparia encontros regionais durante a década de 1950. Dada a natureza «unitária» do império português, atribuir direitos aos membros associados enfraqueceria a posição deste. A necessidade de fazer prova da «unidade imperial» impunha-se sobre outras considerações. É essa a explicação para o apoio português à proposta francesa de incluir Marrocos e a Tunísia, antigos protectorados, como membros associados na região europeia da OMS e, ao mesmo tempo, rejeitar a proposta de inclusão do Egipto na região africana (algo que se repetiria, uns anos mais tarde, na OIT).[26] A prioridade passava por manter o domínio colonial dentro do AFRO, porque a extensão dos limites geográficos do AFRO «daria voto (...) a países hostis a nações com responsabilidades em África».[27] Por outro lado, o governo português garantia à Rodésia do Sul que não impediria que esta, como membro associado, tivesse direito de voto. As autoridades portuguesas defendiam que não se adoptasse uma posição «rígida».[28] Isto é, e apesar das várias proclamações das autoridades portuguesas de que as agências especializadas deviam evitar a politização, o seu critério de acção era eminentemente político.

De forma recorrente, a acção do governo português procurava fortalecer a posição dos membros da CCTA dentro do AFRO, ou seja, inicialmente, excluir os representantes da Libéria. Como o próprio secretário-geral da CCTA afirmava, era necessária uma maior cooperação entre os membros da CCTA se estes queriam evitar a «mais infeliz situação (...) de ver os seus programas de saúde nos territórios africanos discutidos por elementos irresponsáveis e preconceituosos».[29] O problema, porém, é que a CCTA não dispunha dos recursos necessários para levar a cabo reais programas de cooperação técnica, em detrimento dos mais frequentes debates inter-imperiais especializados. Nesse sentido, o AFRO surgia como veículo incontornável em matéria de cooperação sanitária em África. O facto de Francisco Cambournac – malariologista português e frequentemente representante técnico do governo em matérias de saúde nas instituições internacionais – ter sido nomeado

[26] «Informação de serviço», Amândio Pinto, 14 de Março de 1953, AHD-MNE, 2.º Piso, Armário 3, Maço 689

[27] Carta de Manuel Rocheta para o embaixador em Espanha, 27 de Abril de 1953, AHD-MNE, 2.º Piso, Armário 3, Maço 689.

[28] Parecer Manuel Rocheta, 6 de Abril de 1953, AHD-MNE, 2º Piso, Armário 3, Maço 689; Apontamento, Franco Nogueira, 1de Maio de 1952, AHD, 2.º Piso, Armário 3, Maço 689.

[29] P.M. Henry, Secretary-General, CCTA 52/12, Relatório da 2.ª Sessão do RCA-AFRO, 10 de Setembro de1952, TNA, CO 859/407 WHO Regional Office for Africa 1952-1953.

director do AFRO (1954-1964) – o que foi assinalado como um feito da diplomacia e da ciência portuguesa – contribuía para a disposição portuguesa em colaborar. E era o próprio Cambournac quem realçava que essa cooperação era fundamental caso se quisesse evitar acusações, por membros exteriores à CCTA, de os poderes coloniais não terem qualquer consideração pela saúde das populações africanas, usando como demonstração a ausência de pedidos de apoio à OMS.[30] Tratou-se de um elemento de mudança substancial. No início dos anos 1950, um representante português confidenciava que as actividades da organização representavam o início da sua «interferência (...) em África ao sul do Saara».[31] Nesse sentido, a CCTA defendia que os projectos de cooperação assumissem uma dimensão exclusivamente bilateral, para contornar a OMS. Por outro lado, nesta altura, os pedidos dirigidos ao AFRO centravam-se, maioritariamente, na disponibilização de bolsas para a formação de técnicos e delegados, enquanto estados-membros, tal como França, avançavam com programas de combate a endemias (por exemplo, às treponematoses) sem qualquer auxílio da OMS.[32] Os governos de Portugal e da África do Sul insistiam que os pedidos se cingissem a bolsas.[33] A própria CCTA criou organismos específicos para a troca e divulgação de informações na área da epidemiologia como o *Bureau Permanente Inter-Africano da Tsé-Tsé e das Tripanossomíases* (BPITT)[34], além de manter redes de correspondentes sobre lepra, treponematoses, schistosomose e tuberculose. Mas, e à medida que a década se desenrolava, a CCTA aproximava-se da OMS, movimento consolidado através de reuniões pontuais entre os directores da AFRO e os secretários-gerais da CCTA. A presença de observadores de cada uma das organizações nas reuniões e conferências reforçava este intercâmbio. Tratou-se de um processo que resultou da acção de indivíduos como Cambournac mas que respondeu também a questões estruturais, à medida que

[30] F. Cambournac, Relatório da Reunião de Peritos, 31 de Julho de 1953, AHD-MNE, MU-GM-GNP-RRI-0908-12188.

[31] Parecer DGNPAI/MNE, 19 de Dezembro de 1951, AHD-MNE, MU-GM- GNP-RRI-0679-12339.

[32] Francisco Cambournac, Relatório da Reunião de Peritos destinada a preparar a actuação dos seis países membros da CCTA na sessão do Comité Regional Africano da OMS, Paris, 24 de Julho de 1953; AHD-MNE, MU-GM- GNP-RRI-0908-12188.

[33] *Compte Rendu* da reunião preparatória da 3.ª sessão da CRA e da OMS, J.J. Peyronnet, Paris, Julho de 1953; Archives Nationales d'Outre-Mer [ANOM], Ministére d'Outre-Mer, 1AFFPOL 1400, Rélations OMS-Conferences Internationales (1951-1957).

[34] Brief, WHO Regional Office for Africa, Minutas da 7.ª Sesssão da CCTA, 1953, TNA, CO 859/407.

a independência de vários países africanos reconfigurou bruscamente a própria CCTA.[35]

Esse estreitamento das relações entre os poderes coloniais e a OMS, que trazia aparentemente o tão desejado reconhecimento internacional da CCTA, traduziu-se de diferentes formas. Por exemplo, um plano regional de pré-erradicação da malária (de que falaremos mais adiantes), que incluía Moçambique, o norte do Transval, a Bechuanalândia, Suazilândia e a Rodésia do Sul, fora criado em 1959 (ainda que cada território tivesse o seu próprio protocolo e plano de acção). Tratava-se, segundo Cambournac, de uma «data histórica», o primeiro plano inter-países em África tendo em vista a erradicação da malária.[36] Desconfiados da nova orgânica da CCTA, as autoridades portuguesas reclamavam uma cooperação mais próxima com a OMS.

Esta dinâmica traduziu-se num incremento dos momentos de colaboração e supervisão internacional. Peritos sobre lepra visitaram Angola, Guiné e Moçambique em 1958 e outros seguiram-se-lhes, numa altura em que o tratamento (por sulfonas) e as práticas convencionais (através do internamento em leprosarias) estavam a ser revistos na região. No que dizia respeito à questão da lepra, por exemplo, se visitas a Moçambique e à Guiné eram vistas com agrado, as referências Angola eram «pouco lisonjeiras», dado que a situação poderia ser «explorada contra nós nos meios internacionais».[37] Mesmo assim, em 1961, quando foram novamente contactadas, as autoridades portuguesas indicavam a possibilidade de visitar apenas Angola, sendo este era o único território que necessitava de aperfeiçoar os seus mecanismos de combate à lepra.[38] A possibilidade de cooperação internacional estava, frequentemente, envolta numa tensão entre as potenciais implicações de um diagnóstico crítico da situação no império e os benefícios que apenas essa mesma cooperação permitia. Mas, regra geral, as autoridades tinham menos dúvidas quanto à autorização de visitas de peritos das missões

[35] CCTA (54) 34, Memorando, reunião CCTA, 22-27 de Março de 1954 em Brazzaville, 30 de Março de 1954; Ministère des Affaires Étrangères, Bruxelas, Archives Africaines [AA], H-4538/L. 1369. Uma reunião semelhante teve lugar entre o seu antecessor, François Daubenton, e o secretário-geral da CCTA durante a 5.ª Assembleia Geral da OMS em Maio de 1952.

[36] Discurso inaugural, F.C.J. Cambournac, Report Meeting on Malaria, Eradication in South Eastern Africa, Lourenço Marques (Moçambique), 25-27 de Agosto de 1958; Outubro de 1958; World Health Organization [WHO], Third Generation Files, 1955-1983, WHO.3: Mozambique M2/372/3/MOZ.

[37] Ofício DGNPAI, MNE, 14 de Março de 1959, AHDMNE, MU-GM-GNP-RRI/0679-12854.

[38] Parecer J. Ferreira da Silva, 31 de Janeiro de 1961, AHD-MNE, MU-GM-GNP-RRI-0679-12854.

permanentes de combate às endemias, sobretudo aquelas orientadas para Tripanossomíase Humana Africana (THA).[39] No que dizia respeito a serviços de saúde regulares, a atitude não era, contudo, a mesma. A visita de uma especialista da OMS em enfermagem, Louise Bell, a Moçambique, e as suas observações menos elogiosas sobre as Escolas Técnicas dos Serviços de Saúde e práticas de enfermagem hospitalar geraram protestos do governo português. Apesar de ter declarado que todas as instituições eram multirraciais, Bell descrevia um sistema de enfermagem marcado pela existência de quatro classes de pacientes, com acesso a diferentes condições de tratamento, onde as discrepâncias raciais eram evidentes. Como consequência, a visita que já tinha agendado a Angola acabaria por ser cancelada.[40] Motivou ainda uma advertência do então Ministro do Ultramar, Adriano Moreira, que sublinhava que este tipo de «inquéritos de grande interesse político» devia ser cuidadosamente gerido pelo Ministério dos Negócios Estrangeiros.[41]

Descolonização, diplomacia e a OMS

À medida que o processo de descolonização global se agudizava, o império português via-se confrontado com um cada vez maior escrutínio das suas colónias. Este era agravado pela vigência de um quadro de disponibilização de assistência técnica, que incluía iniciativas de inspecção internacional e solicitações para o fornecimento de informações, muitas vezes detalhadas, sobre a situação nestes territórios (o que não era exclusivo do domínio da saúde colonial). Estes pedidos, por sua vez, obrigavam ao fornecimento de estatísticas nas mais diversas áreas, nem sempre existentes, através dos governos coloniais e outras estruturas locais.[42] Poderia ainda implicar dar o seu aval a recolha de dados no terreno por peritos externos. Por exemplo,

[39] José Agapito da Silva Carvalho, Governador-Geral de Angola, para Ministro do Ultramar, Luanda, 25 de Agosto de 1952; AHU, MU, DGAPC 55, Maço 66, Processo B-23C, vol. I.

[40] Parecer Joaquim Ferreira da Silva, DGSA, 4 de Outubro de 1962; Comentários ao Relatório da visita efectuada a Moçambique pela Consultora de Enfermagem da OMS, Ferreira da Silva, 1-10-1962; Louise M. Bell, Relatório de uma visita a Moçambique, AHD-MNE, MU-GM-GNP-RRI-0679-12852-004.

[41] Parecer, Ferreira da Silva, DGSA, 31 de Maio de 1962, AHD-MNE, MU-GM-GNP-RRI-0679-12852-004.

[42] Sobre os impactos das dinâmicas de internacionalização nas ordens informacionais dos impérios, ver: Miguel Bandeira Jerónimo e José Pedro Monteiro, «Internationalism and empire: the question of "native labour" in the Portuguese empire (1919-1962)», em Simon Jackson e

o pedido da ONU para visitar Angola, em 1961, foi rejeitado, mas uma outra visita de peritos da OIT, no mesmo ano, relacionada com a queixa apresentada pelo governo do Gana por alegada violação da Convenção n.º 105 sobre trabalho forçado, mereceu a resposta positiva do Estado português. A colaboração portuguesa variou em função das circunstâncias políticas e institucionais mas nunca deixou de depender de criteriosos cálculos de natureza política e diplomática.[43] O mesmo sucedia com a OMS, apesar de, dadas as características da sua intervenção, esta, aparentemente, merecer uma maior receptividade relativamente à cooperação das autoridades portuguesas. De resto, numa estratégia de antecipação de maiores danos políticos, as próprias autoridades portuguesas requereram uma missão internacional de inspecção que caucionasse os seus esforços em matéria sanitária e médica em África. Por apontar a falta de estatísticas de saúde e deficiências ao nível das condições sanitárias em Angola, Guiné e Moçambique, e constatar que, apesar das reformas em curso, os recursos humanos e materiais escasseavam face ao «grande afluxo de pacientes», a sua circulação permaneceu altamente restringida.[44]

Com a intensificação da contestação ao colonialismo português, tanto em instituições internacionais como nas próprias colónias, com a emergência de conflitos armados em Angola, Guiné e Moçambique, durante a primeira metade da década de 1960, este tipo de cálculo tornava-se mais evidente. Por exemplo, em 1963, quando o AFRO pediu para o seu representante, Lavois Pierre, visitar a Guiné Portuguesa as autoridades portuguesas acederam, alegando que este parecia não estar de acordo com as «novas fórmulas de racismo negro» e nutrir pouca simpatia pelos novos dirigentes africanos.[45] Outro pedido, desta vez envolvendo o especialista Duncan Gunthrie, que pretendia estudar os serviços de reabilitação, mereceu uma resposta negativa, em função da quase inexistência desses serviços nas colónias portuguesas.[46] Noutro exemplo, que sublinha as diferenças do tipo de

Alanna O'Malley, eds., *The Institution of International Order: from the League of Nations to the United Nations* (Abingdon: Routledge, 2018), pp. 206-233.

[43] Ver José Pedro Monteiro, «"Um exemplo demasiado raro": a Organização Internacional do Trabalho, a questão imperial e o trabalho forçado», em Miguel Bandeira Jerónimo e José Pedro Monteiro, orgs., *Os Passados do Presente* (Coimbra: Edições Almedina, 2015), pp. 349-374.

[44] Rapport de la Mission de l'OMS sur la Situation Sanitarie dans la Guinée Portugaise, l'Angola et Le Mozambique, Ernni Braga, Ruperto Casanueva e Jean-Simon Cayla, December 1962; WHO, P8-451-4 JKT-1.

[45] Informação n.º 596, 21 de Dezembro de 1962, AHD-MNE, MU-GM-GNP-RNP-00115-004.

[46] Relatório do director do GNP, 10 de Agosto de 1962, AHD-MNE, MU-GM-GNP-RNP-00115-004

integração internacional que o Estado português encetou com diferentes organizações internacionais, um pedido de especialistas estrangeiros, então localizados no Congo-Brazzaville, para visitar Angola mereceu uma resposta ambivalente da parte da PIDE. Aqueles vinculados à OMS poderiam entrar, mas não aqueles ligados à ONU.[47] Como veremos de seguida, não se tratava de reacções lineares e apenas dependentes de um cálculo político, ainda que este nunca desaparecesse por completo das considerações políticas e administrativas.

A abertura à cooperação internacional por parte do governo português, por outro lado, respondia a desenvolvimentos geopolíticos mais vastos. O processo de descolonização global estava a transformar profundamente os espaços através dos quais essa cooperação poderia ser canalizada. O primeiro sinal dessa mesma transformação foi logo visível em 1957, quando o Gana e a Libéria aderiram à CCTA, acabando com o monopólio colonial. Em 1960, a organização já contava com 18 Estados africanos independentes.[48] No AFRO, um processo similar ocorreu: em 1961, 20 Estados independentes tinham assento de direito próprio no comité. A acrimónia internacional em relação ao colonialismo português cedo repercutir-se-ia também nas organizações especializadas do sistema da ONU. Num espaço muito curto de tempo, a configuração política dos organismos internacionais mudou drasticamente. Por exemplo, na OIT, o início da década de 1960 foi marcado por iniciativas para tentar isolar a África do Sul na organização e, porventura, a excluir.

No AFRO, ao regime de *apartheid* juntava-se o governo português como alvo predilecto dos novos estados africanos. A primeira proposta no sentido de excluir os dois países do organismo surgiu em 1961, sem sucesso, contudo. Cambournac terá desempenhado um papel fundamental, «dessolidarizando os restantes africanos» sobre o assunto. Terá também ajudado os delegados portugueses a tomarem consciência das mudanças então ocorridas, sugerindo que a proposta portuguesa para o encontro seguinte do AFRO se realizar em Lourenço Marques fosse abandonada, por pouco oportuna.[49] As iniciativas dos delegados africanos prosseguiriam, todavia, em várias frentes. No caso da CCTA, também houve tentativas de barrar o acesso de delegados portugueses a reuniões como, por exemplo, na 6.ª Conferência Inter-Africana sobre

[47] Carta da PIDE para o GNP, 16 de Abril de 1962, AHD-MNE, MU-GM-GNP-RNP-00115-004.

[48] WHO Regional Committee for Africa, Report on 11th Session, AFR/RC11/20 –Rev.1, 1 de Dezembro de 1961.

[49] Carta do MNE para o GNP, 25 de Outubro de 1961, AHD-MNE, MU-GM-GNP-RRI/0908--12191; Informação n.º 52, 6 de Junho de 1960, AHD-MNE, MU-GM-GNP-RRI-0908-12191.

o Trabalho, realizada em Abidjan, em 1962; ou declarações de representantes de países africanos, liderados pelo Mali, exigindo o abandono de políticas raciais nas colónias portuguesas e na África do Sul, ou, então, a sua expulsão da organização.[50] No encontro de 1963 do AFRO, os representantes da Guiné e do Senegal protestaram energicamente contra a presença dos delegados portugueses e sul-africanos. O encontro foi suspenso, com os representantes africanos a ameaçarem não emitir futuramente vistos para os delegados dos dois países, resultando no agendamento do próximo encontro para Genebra.[51] Em 1964, na Assembleia Mundial da Saúde, foi votada uma resolução que retirava os direitos de voto ao governo sul-africano, levando o país a abandonar a organização. Em consequência, uma emenda foi introduzida na constituição da OMS que permitia a exclusão de membros com base nas suas práticas de discriminação racial.[52]

Ao mesmo tempo, prosseguiam as discussões sobre a questão portuguesa. Asseverando que falavam em nome de uma única comunidade política, os representantes portugueses tentavam contrariar as acções de repúdio defendendo, tal como acontecia noutras organizações internacionais, a «despolitização» de temas técnicos. Tratava-se de tentar dissociar a condição jurídico-política dos territórios dos seus feitos em matéria de saúde e assistência médica. Esta era, de resto, uma acção integrante de uma estratégia mais vasta que procurava sublinhar o carácter excepcional da situação imperial portuguesa, desde logo, negando-a. A proclamada ausência de discriminação racial e a comprovação do alcance do progresso socio-cultural, nomeadamente através da difusão repetida de estatísticas, mais ou menos em bruto, faziam parte do repertório de argumentação português que visava retirar a questão da auto-determinação política da equação dos debates «técnicos».

Em última instância, essa estratégia não vingou na OMS. No encontro da AFRO de 1964, que se realizou em Genebra, o representante da Guiné--Conacri, Ousmane Keita, acusou o governo português de praticar o «terror e a guerra», mantendo as suas populações nativas num «atraso confrangedor». O delegado português, seguindo instruções da administração imperial,

[50] Ofício, Franco Nogueira, MNE, para Claude Cheysson, secretário-geral da CCTA, Lisboa, 31 de Maio de 1962; NA, OD 9/27.

[51] Relatório de L. Santos Garcia, 13.º e 14.º encontros do comité Regional, Genebra, Lisboa, 25 de Setembro de 1964; AHU-MU-DGSA-RHS-015, Processo 7/4, sub-processo 3.

[52] Relatório 18.ª Assembleia Mundial de Saúde (WHA), Genebra, 4-21/5/1965; WHO Official Records n.º 141, Setembro de 1965.

acusou Keita de politizar a questão, enquanto ele estava ali como um simples médico. No relatório do encontro, o chefe da delegação portuguesa sublinhou que o sistema de saúde nas colónias portuguesas era superior ao da generalidade dos restantes países africanos mas que a situação poderia mudar dado o volume da assistência que a OMS prestava agora a esses Estados. Alertando para os resultados que alguns estados africanos estavam já a atingir, ele recomendava como urgente o investimento na formação de pessoal africano. Outro representante português alertou para o risco de Portugal perder perante o mundo a sua «posição inatacável de estarmos os [sic] primeiros no campo da medicina social em África». Mesmo que esta narrativa parecesse demonstrar uma fé inabalável na medicina colonial lusa, os receios não eram infundados, dado que os projetos de cooperação médica entre a OMS e os novos Estados africanos tinham aumentado drasticamente, em número e alcance, com a descolonização e ainda pelo facto de o governo português estar consciente de que as condições políticas obstavam a que a OMS acompanhasse esse movimento nas colónias portuguesas.[53]

Porém, e apesar da multiplicação de esforços de apresentação de comparações estatísticas favoráveis ao império português, a questão racial permanecia ubíqua nestes debates. Uma das medidas propostas por um delegado português era a de incluir deputados negros ou mestiços para contrariar os esforços de «politização». Era necessário encontrar delegados que possuíssem as competências técnicas e ao mesmo tempo corporizassem um exemplo da alegada multirracialidade portuguesa. É importante recordar que o primeiro delegado colonial africano a uma reunião do AFRO foi o nigeriano Samuel Manuwa, em 1952, que também foi o primeiro africano a fazer parte da delegação do Reino Unido à 2.ª Conferência Inter-Africana de Cooperação Médica em Dakar, patrocinada pela CCTA.[54] Para os delegados portugueses, que questionavam as competências profissionais dos delegados africanos, era necessário que os seus congéneres portugueses dominassem também as diversas «técnicas» políticas.[55]

[53] Relatório de Augusto de Andrade Silva, 12.ª Reunião do CRA/AFRO em Genebra (24 de Setembro até 2 de Outubro), Repartição de Saúde e Higiene, AHU-DGSA-MU, 23 de Novembro de 1962; Relatório de L. Santos Garcia, 25 de Setembro de 1964, AHD-MNE, MU-GM-GNP-RRI-0908-12194.

[54] Samuel Manuwa, Discurso Sessão Final, Dakar, 24 de Maio de 1951; Archives Diplomatiques La Courneuve [ADLC], Paris, MAE/AffPOL/Afrique Levant, K.23.5/E3.

[55] Informação 200/SP, 16.ª reunião CRA/AFRO, Guilherme A.A. Abranches Pinto DGSA, Angola, para Ministro do Ultramar, Luanda, 26 de Abril de 1966; AHU-MU-DGSA-RHS-015, Cx. 17, Sub-processo 2.

Apesar das recomendações e esforços para melhor adequar a participação portuguesa, os resultados foram insatisfatórios. Na OIT, iniciativas similares sucederam-se, não logrando atingir o objectivo de expulsar Portugal. Na UNESCO, isso sucederia mais tarde. Na OMS, a situação também se agravava. Por exemplo, nacionalistas moçambicanos desencadearam acções em alguns dos locais onde se realizaram os encontros do *bureau* para pedir a expulsão de Portugal. No encontro de 1965, em Lusaka, uma resolução seria aprovada que instava o governo português a desistir do esforço de guerra. Em 1966, finalmente, na Assembleia Mundial de Saúde, onde o grupo afro-asiático detinha a maioria, acabaria por ser aprovada a resolução WHA 19.31 que, invocando a resolução do AFRO supramencionada e outras proclamações da ONU, suspendeu a participação portuguesa no AFRO e cancelou todos os projectos de assistência técnica nas colónias portuguesas em África.[56]

Regionalismos sanitários e cooperação internacional

Como referido anteriormente, a possibilidade de se estabelecerem programas de cooperação internacional no campo da saúde colonial emergiu com inusitada frequência nos finais da década de 1950 e durante a década de 1960. Trata-se de uma história relativamente pouco conhecida mas que ajuda a compreender os anos finais do colonialismo português, seja no que concerne às suas políticas sociais, numa acepção mais vasta do termo, seja das formas através das quais estas se relacionaram com dinâmicas geopolíticas e institucionais associadas ao processo global de descolonização. Permite-nos, ainda, perceber melhor como algumas dimensões tradicionalmente associadas aos projectos de saúde colonial, nomeadamente no que concerne ao mapeamento e controlo das populações nativas, por exemplo, através de programas verticais, continuavam a manifestar-se nos diferentes esquemas de cooperação e colaboração sanitária na fase derradeira do colonialismo europeu.

As iniciativas no âmbito da cooperação portuguesa na região africana na fase pós-1945 denotam o predomínio de projectos de carácter vincadamente

[56] Ofício, Confidential, 1795/66, Missão do Reino Unido, Genebra, M. Solesby para J.E. Powell-Jones (FO), Genebra, 4 de Fevereiro de 1966; Resolução AFR-RC15-R2, 15.ª sessão CRA/AFRO, Lusaka, 9 de Setembro de 1965; WHO, AFR/RCI5/11 Rev.1.; Banha da Silva, Note 11511, Ministério do Ultramar, 4 de Novembro de 1965, AHD-MNE, MU-GM-GNP-RRI-0908-12193; Minuta do MNE, 29 de Setembro de 1965, AHD-MNE, MU-GM-GNP-RRI-0908-12193.

epidemiológico, regra geral associados a programas verticais contra THA, lepra, malária, tuberculose, bilharziose e boubas.

Mais raras foram, porém, as propostas para cooperação inter-territorial na área da saúde pública, uma questão sensível devida às deficiências já assinaladas nos serviços coloniais de saúde. Já desde a criação do AFRO que as autoridades portuguesas mostravam interesse em colaborações «em pequena escala nos vários territórios e segundo as possibilidades (...) para não ficarem em situação diferente de outros territórios».[57] O já referido projecto de combate à lepra foi um dos que mereceu consideração superior sobre os potenciais benefícios de uma colaboração internacional com a OMS. Muito provavelmente, as novéis condições políticas de 1961, quando o conflito colonial aberto emergiu em Angola, impediram a sua realização. De facto, as cronologias específicas dos programas de cooperação médica e sanitária aparentam ter sido decisivas na sua concretização, definidas em função dos «ventos de mudança» no continente. No que diz respeito à malária, que se tornou o foco principal das investidas da OMS no quadro da campanha global de erradicação que arrancou em 1955, apesar de ter excluído a região africana, o AFRO não deixou de desenvolver as suas actividades. Afinal, o controlo da malária implicava uma estratégia global «que, para ter sucesso, teria de envolver a África».[58] Liderado por um malariologista, o AFRO organizou sucessivos encontros de peritos e responsáveis de serviços sobre paludismo, em Kampala (Uganda), em 1951, Lagos (Nigéria), em 1955, e Yaoundé (Camarões), em 1962. A participação portuguesa nestas conferências permitiu comparar políticas em curso, a sua organização e métodos e discutir planos futuros, bem como estabelecer pontes com outros territórios na região. Tal sucedeu, por exemplo, numa reunião em Nairobi, em 1956, onde se discutiu a resolução de problemas associados aos aspectos técnico-administrativos da coordenação inter-países de projectos verticais.[59] Para facilitar a dinâmica de cooperação, o AFRO lançou, em 1959, as Equipas Consultivas para a Erradicação da Malária (ATME), compostas por malariologistas, entomologistas e técnicos de laboratório, com a tarefa de realizar inquéritos em zonas endémicas, e propor planos de intervenção.

[57] Relatório, Reunião de Peritos, CCTA, para preparar 3.ª reunião CRA-AFRO, DGAPC, 5 de Agosto de 1953; AHD-MNE, MU-GNPR-RRI-0908-12188.

[58] Relatório AFRO Director para 1961, F. Cambournac, 11.ª sessão CRA, Brazzaville, 23 de Setembro de 1961; Arquivos OMS, Assembleias CRA/AFRO.

[59] Ofício, MNE para DGAPC-MU, Lisboa, 24 de Setembro de 1956; AHD-MNE, MU-GNP-RRI-0679-12861.

Uma das primeiras visitas destas equipas foi ao Transval, Suazilândia, Natal e Sul de Moçambique, para averiguar as hipóteses existentes para uma acção conjunta.[60] Em 1957, quando a hipótese da cooperação com a OMS estava a ser considerada, um administrador reportava que «infelizmente, entre nós, o problema da malária não mereceu ainda a atenção superior que merece».[61] Sendo que África tinha sido excluída do programa global da OMS para a erradicação da malária, as iniciativas teriam necessariamente de ficar a cargo do AFRO. Mas, para este *bureau*, os programas portugueses eram vistos como estando atrasados. Com medo das consequências políticas de se constatar as insuficiências no programa de combate à doença em Angola e na Guiné, Moçambique surgiu como a única colónia apta a ser integrada num programa internacional de cooperação para o combate à doença.

Se bem que a colónia de Cabo Verde foi a que mais se destacou entre aquelas que testemunharam investidas desenvolvidas no combate a malária, a partir dos anos 1940 (num projecto de erradicação de malária do Instituto de Medicina Tropical liderado por Cambournac), foi em Moçambique que se criou o primeiro centro de estudo e combate, a Estação Anti-Malárica (EAM), em Lourenço Marques, em 1937.[62] A partir de 1955, tal como noutros programas existentes na zona da Beira, o centro foi integrado no Instituto de Investigação Médica (IIM) de Moçambique, que coordenava os serviços especializados, e cujo primeiro director, Alberto Soeiro, um malariologista, liderou o EAM desde a sua fundação. O IIM deu continuação aos programas «tecnológicos» já estabelecidos de pulverizações de habitações e a aplicação de larvicidas em reservatórios de água e zonas pantanosas à volta da capital da colónia. Por conseguinte, as autoridades portuguesas viam Moçambique como a colónia «onde o problema do paludismo tem sido considerado com mais cuidado».[63] Enquanto os serviços saúde reivindicavam a execução de «uma campanha em larga escala», a falta de investimento nas condições de saúde das populações locais ameaçava tornar-se um tópico cada vez mais sensível politicamente e instrumentalizável no quadro colonial e internacional. Por conseguinte, era imperioso que as autoridades demonstrassem não regatear

[60] Relatório AFRO Director para 1960, F. Cambournac, 10.ª Sessão CRA, Acra, 15 de Julho de 1960, p. 74; Arquivos OMS, Assembleias CRA/AFRO.

[61] Parecer Aires Pinto Ribeiro, 12 de Setembro de 1957, AHD-MNE, MU-GM-GNP-RRI-0679- 12861.

[62] João Schwalbach e Maria Cecília Reyes dela Maza, *A Malária em Moçambique, 1937-1973* (Maputo: Instituto Nacional de Saúde, 1985).

[63] Comissão de Higiene, MU para DGAPC, Lisboa, 18 de Setembro de 1957; AHD-MNE, MU-GNP-RRI-0679-12339.

esforços na matéria. A omissão, segundo o próprio Cambournac, poderia promover insinuações de que «não púnhamos grande interesse no bem-estar das populações indígenas».[64]

Finalmente, em 1959 realizou-se uma conferência organizada pela OMS-AFRO sobre malária em Lourenço Marques, com a participação de delegados da África do Sul e da Rodésia do Sul, cujas recomendações apontavam para a criação de um projecto inter-territorial. Em 1960, o projecto materializar-se-ia com a assinatura de um acordo entre o governo de Portugal e a OMS com vista a instituir um Plano de Operações de Pré-Erradicação da Malária na Província de Moçambique, para o período entre 1960 e 1968. Programas de pré-erradicação eram tradicionalmente aplicados em territórios onde os serviços de saúde ainda não tinham atingido o nível de funcionamento que permitia que um programa integrado de erradicação vingasse. Para tal, era necessário haver um serviço especializado de malária e infraestruturas consolidadas de saúde pública nas zonas rurais; estas «redes capilares» interligadas teriam de ter uma capacidade efectiva de detectar e tratar casos.[65] O facto de ser um plano de pré-erradicação implicava que tivesse, sobretudo, uma dimensão de estudo das melhores formas de combate à malária, que incluía a investigação das medidas anti-palúdicas a utilizar, dos meios socio-económicos e condições locais bem como das necessidades administrativas e orgânicas. O programa definia uma zona piloto na zona de Namaacha, Matola e Maputo. O seu potencial escopo de alcance populacional cifrava-se em cerca de um milhão e quinhentas mil pessoas. Reconhecendo a complexidade de um projecto deste género que exigia «uma organização minuciosa», as autoridades avançaram primeiro com um projecto-piloto, que arrancou em 1961 e ao longo dos anos se estenderia por zonas contíguas. Incluía, criticamente, o colonato branco do Limpopo, e várias localidades com grandes aglomerações de populações africanas, sujeitando habitações e zonas envolventes de maior endemicidade à pulverização residual com DDT com base no mapeamento detalhado e vigilância apertada. Ao mesmo tempo, incluía o desenvolvimento de estudos entomológicos e epidemiológicos em toda a área a Sul do Save.[66] Esta zona, onde Brigadas Técnicas de Fomento estavam a realizar um projecto de irrigação desde a construção da barragem

[64] Despacho, 4377/316/B/81, DGAPC, Lisboa, 23 de Outubro de 1959, Director-geral, Ministério do Ultramar to Comissão de Higiene e Saúde; AHU-MU- DGSA-RSH-007.

[65] Relatório AFRO Director for 1961. p. 25.

[66] Relatório da Direcção Provincial dos Serviços de Saúde e Assistência-Paludismo, 1966. AHU-MU-DGSA-RSH-007, Caixa 2.

do Limpopo, já tinha sido alvo de intervenções de controlo de malária com a colaboração da Missão de Combate as Tripanossomíases (MCT) e a Estação Anti-Malárica da capital.[67] Uma das motivações para a colaboração com a OMS era que «a colaboração de elementos nativos dotados de preparação técnica (com) afinidades étnicas com as populações nativas» podia facilitar «de maneira muito positiva a penetração progressiva da ideia sanitária naqueles meios».[68]

Segundo peritos da OMS, a ausência de serviços de saúde polivalentes, móveis e fixos nas zonas rurais e recursos humanos adequados – incluindo quadros auxiliares locais – constituíram entraves à implementação do projecto e a uma futura elaboração de um programa para toda a colónia.[69] Problemas de ordem administrativa, a falta de coordenação dos serviços, a fraca capacidade de intervenção dos postos sanitários e das campanhas de promoção, calendários e metas não cumpridos, a falta de equipamento e a reticência do governo em fornecer estatísticas atrasavam a sua operacionalização. A recusa das populações em autorizar a entrada em sua casa de equipas de pulverizadores, sobretudo no colonato do Limpopo e a prática de habitação não permanente entre a população africana afectaram a cobertura do projecto-piloto. Contudo, até à retirada de pessoal da OMS-AFRO, o programa tinha concluído o mapeamento detalhado da área, registado e pulverizado 165 mil casas, distribuído anti-malariais e reduzido a população de vectores nas habitações bem como tinha interrompido o ciclo de transmissão intra-domiciliar e diminuir de forma significativa a prevalência da doença, por exemplo, entre crianças até um ano de idade.[70]

Enquanto as autoridades portuguesas reconheciam existir problemas com o recrutamento de pessoal e com a «sua aptidão física e o tacto para lidar com as populações»[71], também se queixavam da rotatividade das equipas

[67] M.J. Ferreira, Consultor OMS, «Report on malaria in Mozambique: analyses of the epidemiology, feasibility and planning of a malaria eradication campaign», OMS-AFRO, 1958; Arquivos OMS. Genebra, Malaria1 AFRO-Mozambique WHO7.0028, SJ3.

[68] Ofício, Comité de Saúde e Higiene, MU, a DGAPC-GNP, Lisboa, AHD-MNE, MU-GM-GNP-RRI-0908-12192-001.

[69] Memo, L.J. Charles, consultor AFRO, para E.B. Weeks, ME/PP HQS Genebra, 1 de Maio de 1963; Arquivos OMS, M2/372/3/MOZ/A J.1.

[70] *Quarterly reports, 1962-1965*, OMS-AFRO e Chefe Programa Malária Moçambique; Arquivos OMS, Genebra, M2/372/3/MOZ/B J.1-5.

[71] Relatório, Problemas e Métodos de Cooperação na Luta Contra as Grandes Endemias, L. Santos Garcia, Lourenço Marques, 3 de Setembro de 1962; AHU-MU-DGSA-RHS-015, Caixa 17, Processo 7/4, sub-processo 2.

de peritos externos, como entomólogos e epidemiologistas. Essa situação só se agravaria como consequência da decisão da Assembleia Mundial de Saúde, de 1966, de retirar todos os apoios em matéria de cooperação internacional às colónias portuguesas.[72] O que se depreende é que havia, de facto, uma receptividade das autoridades portuguesas à intervenção desses técnicos. Só assim se pode explicar, por exemplo, a autorização de entrada de um médico soviético e outro polaco, ambos malariologistas, em Moçambique, em 1964.[73] De resto, a participação desses técnicos seria definitiva e abruptamente restringida com a saída de Portugal do AFRO, em 1966, apesar das promessas da OMS de que essa retirada seria feita de forma gradual. A decisão seria consumada no mesmo ano, explicada por razões administrativas, e gerando o destacamento dos especialistas para outros programas de pré-erradicação no continente. A reacção portuguesa imediata foi a de que os esforços deveriam prosseguir, o que se sucedeu. Em 1970, dava-se nota que outros auxílios tinham sido encontrados, como por exemplo o da Fundação Calouste Gulbenkian, já envolvida em outros projectos na área da saúde na colónia, que forneceria ajuda no valor de três milhões de escudos para este programa específico, destinados à compra de meios de transporte e aquisição de medicamentos anti-palúdicos.[74]

Se neste caso é relativamente cristalina a forma como a evolução do projecto de pré-erradicação de malária acompanhou desenvolvimentos políticos e institucionais, não foi, todavia, o único. Um outro exemplo, menos conhecido, que também envolveu Moçambique, consistiu no esforço de coordenação inter-territorial desenvolvido pela União da África do Sul, a Rodésia do Sul e o governo português no combate às tripanossomíases. Na colónia, após a criação de uma missão de combate à doença do sono em 1940, esta foi integrada nos serviços de saúde, em 1946, dotada com secções médica, veterinária, entomológica e, mais tarde, de investigação. A sua zona de actuação, que se estendia por dois terços da área da colónia, concentrava-se nas zonas endémicas no Norte, nas bacias dos rios Zambeze, Rovuma e Lúrio, com uma baixa densidade populacional. Além de recensear anualmente acerca de 300 mil pessoas no início dos anos 1960 e baixar

[72] Relatório do Chefe de Campanha, 1962, António da Silva Santos – AHU-MU-DGSA-RSH-007, Caixa 2. Parecer Joaquim Ferreira da Silva, 7 de Outubro de 1966. AHU-MU-DGSA-RSH-007, Caixa 2

[73] Ofício DGSAU, Acácio Augusto Saraiva, 24 de Setembro de 1964, AHU-MU-DGSA-RSH-007, Caixa 2.

[74] Informação, João Pinheiro, 15 de Junho de 1970, AHU-MU-DGSA-RSH-007, Caixa 2.

consideravelmente a incidência de THA, a missão também se envolveu no combate à tripanossomíase animal, a *nagana,* um problema maior que impedia a expansão das áreas de criação de gado na colónia, e limitava a produção agrícola.[75]

Dado que os focos endémicos da doença estavam, na sua grande maioria, localizados perto de zonas fronteiriças, acordos com territórios vizinhos como a Federação das Rodésias e Niassalândia e a África do Sul visavam trocar dados epidemiológicos. As autoridades portuguesas estavam bem conscientes do contexto político-social nestas zonas de contacto. Enquanto o distrito de Tete, com fracos índices de desempenho socio-económico, fazia fronteira com «um dos países mais evoluídos do continente africano, com núcleos importantes de população civilizada», a situação na fronteira sul destacava-se pelos grandes fluxos de migrantes para as minas da África do Sul.[76] Detectado um movimento de alastramento de moscas tsé-tsé em direcção à última, começou a ganhar forma um programa de controlo, ainda no seio da CCTA, em 1960, materializado numa reunião em Lourenço Marques.[77] Tratava-se de um projecto que implicava «uma vez mais pôr à prova a capacidade realizadora do nosso país em prol do benefício das populações locais».[78] Todavia, face aos desenvolvimentos institucionais no seio da CCTA, esta tornara-se um veículo inoportuno. Devido à «situação política relativa à CCTA»", os três governos defendiam que acção se desenvolvesse «fora do âmbito» daquela instituição, levando à criação de uma «Comissão Permanente Inter-Territorial».[79] Porém, nada disto obstou a que as autoridades sanitárias afirmassem, de forma inequívoca, a vontade de colaborar com a OMS-AFRO, para o estudo e o controle da doença do sono.[80]

Por se tratar, segundo as autoridades sanitárias, de uma «ameaça» considerada no «plano internacional», o problema do alastramento dos vectores poderia gerar «certo melindre sob o ponto de vista internacional», na

75 Mário A. De Andrade Silva, «Missão de combate às Tripanossomíases da Província de Moçambique», *Anais do Instituto de Medicina Tropical*, vol. 15, supl. n.º 2 (1958), pp. 241-261.

76 Ofício, José Franco Rodrigues, governador do distrito de Tete, para governador-geral, Tete, 27 de Fevereiro de 1960, Arquivos Históricos de Moçambique [AHM], Maputo, GG – 1959-1974, cota 530.

77 Parecer, Joaquim Ferreira da Silva, 14 de Março de 1962, AHU-MU-DGSA-RSH-007, Caixa 9.

78 Parecer, António da Fonseca, 29 de Novembro de 1962, AHU-MU-DGSA-RSH-007, Caixa 9.

79 Parecer Andrade e Silva, 5 de Outubro de 1962, AHU-MU-DGSA-RSH-007, Caixa 9.

80 Mário A. de Andrade Silva, director, Missão de Combate a Doença do Sono, em Ofício, secretário provincial de Moçambique, Rui de Araújo Ribeiro, 27 de Janeiro de 1959.

medida em que ameaçava as regiões fronteiriças.[81] A necessidade de garantir o bom nome do império prevalecia. Não era, porém, a saúde das populações locais que estava em causa como prioritária. Desde logo, porque nesta zona de Moçambique onde a cooperação incidiria, o problema não se prendia principalmente com a tripanossomíase humana africana, mas sim do foro animal, sendo as opções de tratamento limitadas. O problema, exponenciado pelo desiderato político que pendia sobre a zona do Limpopo, era a destruição de muito do gado que poderia garantir a ocupação portuguesa da região, ao potenciar as actividades agrícolas e pecuárias.[82] No início dos anos 1960, na sequência de uma reforma do conceito de missão, implicando uma dotação financeira maior e um aumento dos recursos humanos, os programas verticais visavam recuperar áreas «de grande interesse económico» para fins de povoamento e exploração agrícola.[83] Tratava-se de um problema que se entrelaçava com os desígnios de instalação de um regime de «ruralato» nas zonas do Mambone que permitisse a ocupação sustentável daquela região, visto que esta evitaria a propagação glossínica. Porém, este objectivo nunca se poderia realizar sem a garantia de meios de subsistência, situação que estava a ser resolvida ali, mas não noutros espaços geográficos. Há muitos anos, de resto, peritos na matéria clamavam por uma colaboração inter-territorial mais vasta, considerada a única via para resolver o problema.[84] Para tal, o governo português precisava, definitivamente, de apoios externos, em particular da África do Sul. Um apoio que, segundo o representante da Missão de Combate às Tripanossomíases, custaria uma verba anual de um milhão e duzentos mil escudos, durante dez anos, a ser gasto em despesas com mão de obra (que incluía *fly boys,* construtores de derrubas e de caminhos), com veículos, armamento e serviços específicos relacionados com a acção médica (aquisição de fármacos tripanocidas e insecticidas). Particularmente crítica era a região de Massangena, onde outros problemas agravavam a situação, como a insuficiência e desadequação dos meios de comunicação bem como

[81] Relatório Salazar Leite, presidente da Comissão de Higiene e Saúde, 19 de Fevereiro de 1960, AHU-MU-DGSA-RSH-007- Caixa 9; Relatório, secretário provincial de Moçambique, Rui de Araújo Ribeiro, 8 de Outubro de 1959, AHU-MU-DGSA-RSH-007, Caixa 9.

[82] Relatório do secretário provincial de Moçambique, Rui de Araújo Ribeiro, 8 de Outubro de 1959, AHU-MU-DGSA-RSH-007, Caixa 9.

[83] Ofício urgente, João Ferreira da Silva, DGSA, para DG NPAI, Lisboa, 18 de Julho de 1961; AHD-MNE, MU-GM-GNP-RRI-0908-12191.

[84] João Fraga de Azevedo, «The present state and future propspects of the problem of African Trypanosomiais» em J.F de Azevedo, org. *Recent Works on Sleeping Sickness in Overseas Portuguese Territories* (Lisboa: Junta de Investigações Científicas do Ultramar, 1974), pp. 605-631; p. 625.

a dificuldade de obtenção de mão-de-obra, visto a maior parte dos *magaiças*, jovens adultos, do sexo masculino, se deslocarem para as minas no Rand e na Rodésia. Aqui eram necessários outros doze milhões de escudos, a serem aplicados de forma faseada ao longo de oito anos.[85]

A própria história do financiamento destas iniciativas desvela importantes ramificações globais associadas aos altos e baixos das disputas em matéria de legitimidade imperial. Nascido ainda no seio da CCTA, o projecto viria a autonomizar-se. Mas ainda antes de tal suceder, indicações surgiram do secretário-geral daquela organização sobre a possibilidade de o projecto ser auxiliado por entidades estranhas à região, nomeadamente a agência governamental norte-americana *International Cooperation Administration* (ICA), que no final dos anos 1950 declarara a sua vontade em apoiá-lo. Ainda que alguns elementos da administração portuguesa desejassem obter somente apoio financeiro, outras logo perceberam as implicações políticas de tal gesto. A ICA estava apenas na disposição de disponibilizar apoio na forma de técnicos especializados (sobretudo entomologistas norte-americanos) e meios de transporte. Eram apoios que poderiam ainda ser canalizados pelas fundações Rockefeller e Ford, com ligações conhecidas ao governo norte-americano. Essas possibilidades foram, todavia, eclipsadas entre 1960 e 1961. Não havendo mais do que sugestões sobre essa decisão, dificilmente esta pode ser vista como desligada do momento global de descolonização, da mudança da atitude da administração Kennedy face à sua precedente em matéria colonial, associada que estava a acontecimentos como o massacre de Sharpeville, em 1960, e os levantamentos no norte de Angola, em Março de 1961.[86]

Gorado o apoio externo, os três países acabariam por enveredar numa iniciativa de regionalismo sanitário alternativa aos programas da OMS. Tratava-se de uma iniciativa que englobava os três poderes «brancos» do sul de África, que, desta forma, contrariavam acusações de isolacionismo. O facto de haver uma insistência por parte do governo português sobre a designação da Comissão Permanente, exigindo que se designasse como «inter-territorial» e não «internacional», é sintomática do regime de exclusividade do projecto que operava num «casulo».[87] Não obstante a perda de quadros no decurso

[85] Informação n.º 29, Missão de Combate às Tripanossomíases, M. A. de Andrade e Silva, 10 de Março de 1959.

[86] Parecer, António da Fonseca, 29 de Novembro de 1962, AHU-MU-DGSA-RSH-007, Caixa 9.

[87] Ofício nº23/2/16 de 14 de Setembro de 1963, Parecer António da Fonseca, 29 de Novembro de 1962, AHU-MU-DGSA-RSH-007, Caixa 9.

do conflito armado, a contribuição de Moçambique no plano regional foi elogiada por peritos da África do Sul e da Rodésia do Sul, qualificando-a «como exemplo excepcional de elevada cooperação internacional, realmente construtiva e de real compreensão dos problemas comuns dos territórios vizinhos, dispostos a resolvê-los no melhor espírito de boa vizinhança, colaboração e amizade».[88]

Conclusão

Na trajectória de cooperação na área de saúde na região africana pós 1945, destacou-se o papel de organizações multilaterais das agências da ONU, como a OMS (e o AFRO), e aquelas criadas pelos estados coloniais, tal como a CCTA. No quadro de uma perspectiva desenvolvimentista, a assistência técnica surgiu, então, como a principal ferramenta de cooperação intra e inter-imperial, por um lado, e internacional, por outro, gerando inevitáveis tensões políticas. Por conseguinte, a diplomacia paralela conduzida por estes estados, sustentada pelas ambições de permanência imperial, acabou por alimentar diferentes regionalismos, num quadro político dominado pela Guerra Fria e a crescente reivindicação do direito à auto-determinação por parte de povos africanos. Enquanto as políticas de cooperação de inspiração imperial se guiaram pela vontade de neutralizar o impacto da «interferência externa», a adesão dos novos Estados africanos a estas organizações a partir de 1957 resultou numa sua maior aproximação às agências da ONU.

A análise do papel de Portugal nesta conjuntura dinâmica durante o colonialismo tardio, demonstra uma atitude diferente, e ambivalente, perante as investidas da OMS e do AFRO, ao apostar simultaneamente na CCTA como via privilegiada de cooperação inter-imperial. Porém, perante a transformação política operada globalmente, do que resultou a crescente importância das organizações de vocação «universalista» ao nível internacional e regional, houve a necessidade de se proceder a uma acomodação por parte do governo português. Esta traduziu-se por tentativas de um uso instrumental das intervenções no campo da saúde em regime de colaboração, tendo por fim melhorar os índices de saúde, entretanto sujeitos a cada vez maiores críticas da comunidade internacional (sendo que a integração internacional era,

[88] Informação 218, DGSA, Joaquim Ferreira da Silva, 3 de Abril de 1969; AHM, GG – 1959--1974, Cota 859.

em si mesma, um importante dispositivo ideológico e diplomático). Os dois projectos inter-territoriais de cooperação acima referidos ilustram bem as motivações subjacentes à mobilização de recursos humanos e materiais através da assistência técnica externa e que acabariam por envolver territórios vizinhos, nomeadamente os três poderes brancos na zona sudeste da região africana. Apesar de responderem a diferentes condições institucionais e políticas, ambos os projectos podiam ser apresentados como prova dos esforços para melhorar as condições sanitárias de populações «nativas» e de afirmar uma suposta centralidade do seu bem-estar.[89] Mas somente através de programas verticais, que implicavam um forte aparato de censo e vigilância das populações. Como descrevia um administrador português, se a campanha anti-malárica tinha em vista «o extermínio de um inimigo nacional», devia a «nação portuguesa preparar-se para fazer face a esse inimigo com soldados nacionais».[90] O carácter belicoso da linguagem, de resto, transpirava nas formulações de aplicação dos diferentes programas, que visavam a gestão de populações, tal como em outras paragens coloniais.[91] No caso da malária, a resistência europeia só poderia ser resolvida com «propaganda ou medidas compulsivas»[92] ou através de «legislação tornando obrigatória a despistagem e o tratamento radical de todos os casos de sezonismo».[93] Mas as campanhas contra doenças endémicas desenvolvidas com recursos externos também se justificaram pela oportunidade de penetrar melhor o meio «nativo», para mudar comportamentos e práticas de «higiene». Deste modo, além de robustecer a presença administrativa e política no território, os programas verticais ofereceram um repertório de medidas de controlo das populações, de importância acrescida no contexto do conflito armado. O programa de combate a doença do sono, que operou numa perspectiva multidimensional, por englobar tanto a saúde humana como a animal, também realçou a vontade de afirmação internacional de Portugal para consolidar o seu prestígio no combate desta «doença colonial». A sua continuação, apesar da mudança da situação política no continente, não era alheia à hipótese

[89] Relatório, L. Santos Garcia, Direcção dos Serviços de Saúde e Assistência, 1 de Maio de 1970, AHU-MU-DGSA-RSH-007, Caixa 9.

[90] Relatório do chefe de campanha contra o paludismo, 1962, AHU-MU-DGSA-RSH-007, Caixa 2.

[91] Lipphardt e Widmer, «Introduction», p. 7.

[92] Parecer Ferreira da Silva, DGSAU, 1 de Fevereiro de 1966, AHU-MU-DGSA-RSH-007, Caixa 2.

[93] Relatório da Direcção Provincial dos Serviços de Saúde e Assistência- Paludismo, 1966. AHU-MU-DGSA-RSH-007, Caixa 2.

de instrumentalizar colaborações internacionais para ajudar a solucionar problemas socio-económicos internos.

Apesar da suspensão da participação de Portugal na OMS-AFRO, bem como da assistência técnica às suas colónias, a importância da cooperação internacional em matéria de saúde continuaria, de resto, a ser reclamada pelas autoridades portuguesas, a despeito das condições políticas. De facto, as brochuras do AFRO continuariam a ser recolhidas pelas autoridades portuguesas, na esperança de que houvesse uma «mudança de atitude em relação a Portugal».[94] Pedidos da OMS para colaboração internacional em África eram vistos como uma oportunidade política para ultrapassar a resolução de 1966.[95] O próprio ministro do Ultramar verberaria as «considerações políticas sem qualquer justificação impeçam que no âmbito se estabeleça uma colaboração franca e completa entre todos os territórios africanos».[96] O argumento da suposta centralidade do bem-estar das populações «nativas» por parte das autoridades portuguesas, figurava neste sentido como contrapeso para desviar as fortes pressões, locais, metropolitanas e internacionais, que clamavam pela descolonização da África portuguesa.

[94] João Pinheira, Informação, 696, DGSA, Lisboa, 2-12-1970; AHU-MU-DGSA-RHS-015 OMS, Caixa 18, Vol. V, Sub-processo 7.

[95] Ver vários elementos em processo. KK. 10-55, AHD-MNE, MU-GM-GNP-RRI-0728-12353.

[96] Relatório da DGSA-MU, 13 de Dezembro de 1970, AHD-MNE, MU-GM-GNP-RRI-0728-12353.

11. REIVINDICAÇÕES CONCORRENTES SOBRE A POPULAÇÃO: RESPOSTAS POLÍTICAS À MUDANÇA DEMOGRÁFICA NA ÍNDIA DO SÉCULO XX*

CORINNA R. UNGER**
Instituto Universitário Europeu

Introdução

A soberania e a legitimidade políticas dependem, em grande medida, da noção de controlo. Uma categoria central a este respeito é «a população».[1] «População» é uma categoria simultaneamente bastante óbvia e elusiva. Por um lado, refere-se aos habitantes de uma certa região ou país, e por

* Tradução de Mariana Mendes.

** Este trabalho foi co-financiado pelo FEDER – Fundo Europeu de Desenvolvimento Regional através do COMPETE 2020 – Programa Operacional Competitividade e Internacionalização (POCI) e por fundos nacionais através da FCT – Fundação para a Ciência e a Tecnologia, no âmbito do projeto «Os mundos do (sub)desenvolvimento: processos e legados do império colonial português em perspectiva comparada (1945-1975)» (PTDC/HAR-HIS/31906/2017 | POCI-01-0145-FEDER-031906).

[1] Ver, entre outros, Silvana Patriarca, *Numbers and Nationhood: Writing Statistics in Nineteenth--Century Italy* (Cambridge: Cambridge University Press, 1996); Libby Schweber, *Disciplining Statistics: Demography and Vital Statistics in France and England, 1830-1885* (Durham: Duke University Press, 2006); Daniel Schmidt, *Statistik und Staatlichkeit* (Wiesbaden: VS Verlag für Sozialwissenschaften, 2005). Para uma perspectiva governamentalista, ver James C. Scott, *The Art of Not Being Governed: An Anarchist History of Upland Southeast Asia* (New Haven: Yale University Press, 2009), capítulo 3.

isso tem um carácter distinto em termos empíricos e materiais. Por outro lado, «população» é um constructo altamente artificial, já que implica um processo de definição de que indivíduos incluir e excluir num grupo específico baseado em critérios de etnicidade, linguagem, religião e espaço.[2] O carácter selectivo da construção ou identificação de uma população específica leva a reivindicações políticas de todos os tipos. Considerando a natureza intensamente política do que é entendido como «população» e a esta associado, mudanças demográficas inesperadas, como o rápido crescimento populacional ou um súbito declínio no número da população, podem desafiar não apenas as estruturas socioeconómicas, mas também a estabilidade política.

Durante vários séculos, os poderes imperiais bem como os nascentes governos nacionais usaram ferramentas como censos, registos fiscais e mapas cadastrais para obter uma melhor percepção dos desenvolvimentos demográficos nos seus territórios.[3] No final do século XIX e início do século XX, a preocupação com a demografia tornou-se cada vez mais abrangente. À medida que a tecnologia, comunicação, comércio e migrações intensificaram a ligação entre continentes, a «população» passou a ser vista como um recurso benéfico, mas potencialmente ameaçador, que precisava de ser distribuído de forma equilibrada para evitar um escoamento desigual dos recursos naturais. O redescobrimento do pensamento malthusiano, e as ideias neo-malthusianas que foram formuladas nesta base, passaram a caracterizar os debates demográficos internacionais na primeira metade do século XX.[4] Especialistas de vários campos e origens contribuíram para estes debates. Estaticistas, economistas, biólogos, zoólogos, médicos, sociólogos, epidemiologistas, e representantes do novo campo emergente (ainda que lentamente) da demografia eram bastante requisitados e fizeram-se ouvir em muitas das discussões políticas. Muitos especialistas consideraram a migração para continentes e regiões menos densamente povoados como

[2] Ver Corinna R. Unger e Heinrich Hartmann, «Bevölkerung», *Europäische Geschichte Online*, Maio de 2015, em <http://www.ieg-ego.eu/ungerc-hartmannh-2015-de>.

[3] Ver, entre outros, Justus Nipperdey, *Die Erfindung der Bevölkerungspolitik: Staat, politische Theorie und Population in der Frühen Neuzeit* (Göttingen: Vandenhoeck & Ruprecht, 2012); Axel C. Hüntelmann, «Statistics, nationhood, and the state», em The Population Knowledge Network, ed., *Twentieth Century Population Thinking: A Critical Reader in Primary Sources* (Abingdon: Routledge, 2016), pp. 11-36.

[4] Ver Alison Bashford, *Global Population: History, Geopolitics, and Life on Earth* (Nova Iorque: Columbia University Press, 2014), pp. 43-51; Mohan Rao, *From Population Control to Reproductive Health: Malthusian Arithmetic* (Nova Deli: Sage, 2004), capítulo 2.

a solução para a alta densidade populacional de outras partes do mundo. Outros pediram a esterilização e medidas de carácter eugénico para prevenir o crescimento dessas partes da população consideradas menos produtivas e menos valiosas, com o último critério a ser frequentemente baseado em premissas sobre diferenças raciais e de classe.[5]

Ideias sobre o diferente crescimento populacional eram especialmente relevantes para os poderes imperiais monitorizarem os desenvolvimentos demográficos nas suas colónias. Por um lado, uma taxa de fertilidade estável era considerada necessária para fornecer os recursos de trabalho necessários para as economias coloniais e, portanto, beneficiar o poder imperial. Por outro lado, se a população nas colónias crescesse demasiadamente rápido, isto poderia implicar repercussões económicas e políticas que poderiam afectar o domínio imperial de forma negativa. As mudanças demográficas, reais ou imaginadas, contribuíram para um entendimento da «população» como um elemento-chave na luta pela manutenção do poder imperial, o que levou a uma maior atenção e controlo sobre a produção e a interpretação dos dados demográficos. Assim, a demografia colonial estava intimamente ligada à agenda do poder imperial e ferramentas demográficas como censos eram utilizadas para assegurar e expandir o controlo sobre as colónias.[6]

Desde os seus primórdios, a demografia foi um empreendimento amplamente internacional, com uma variedade de especialistas de vários países. Além disso, enquanto muitos governos hesitavam em intervir diretamente em assuntos sensíveis, como a reprodução, e frequentementeligados a crenças religiosas, actores não-governamentais mostraram-se cada vez mais dispostos a preencher essa lacuna e começaram a trabalhar próximo de governos e organizações oficiais. É aqui que o imperialismo e o internacionalismo se reúnem. Ao mesmo tempo, a demografia tinha uma forte conotação nacional. Os censos organizavam-se desta forma e até os debates nas colónias sobre o crescimento ou declínio da população estavam enquadrados nesta perspectiva. Além disso, as elites sociais pensavam sobre o futuro das suas sociedades referindo-se ao desenvolvimento demográfico nacional.

[5] Bashford, *Global Population*, capítulos 3 e 4.

[6] Samuël Coghe e Alexandra Widmer, «Colonial demography: discourses, rationalities, methods», em The Population Knowledge Network, ed., *Twentieth Century Population Thinking*, pp. 37-64, esp. 37-38.

Para analisar as semelhanças e diferenças na forma como actores imperiais, internacionais e nacionais abordavam o «problema populacional» e o integravam nas suas respectivas agendas políticas, este capítulo investiga como o crescimento populacional na Índia do século XX foi conceptualizado. Para isso, acompanha a discussão sobre o desenvolvimento demográfico na Índia do século XX, da era colonial à pós-colonial, de modo a estudar os diferentes níveis e interesses envolvidos naquilo que era entendido e tratado como um «problema populacional». Embora as preocupações do governo com questões populacionais fossem elevadas, é importante não negligenciar aqueles atores que não representavam interesses do Estado: organizações internacionais como a Sociedade das Nações, grupos privados como o Madras Neo-Malthusian League (MNML), que se pronunciaram a favor do planeamento familiar no período entre-guerras, e indivíduos como a reformadora social sueca Signe Höjer, que promoveu o controlo de natalidade na Índia nos anos 1950. Ao incluir estas vozes na análise, este capítulo tenta alargar a compreensão do que era a «população» aos olhos dos contemporâneos e do grau em que estruturas e interesses políticos imperiais, coloniais e pós-coloniais definiram as formas pelas quais o «problema populacional» era abordado.

Este capítulo começa por inquirir as origens históricas da percepção do problema populacional indiano no período entre-guerras. Mais especificamente, presta atenção às formas como os interesses coloniais e imperiais influenciaram a perspectiva britânica e o retrato da situação demográfica na Índia. De seguida, definem-se os contornos do que poderia ser chamado de contrapartida internacionalista ao poder imperial, no que diz respeito às actividades dos demógrafos indianos e não-indianos, e dos defensores do controlo de natalidade que pediam medidas para conter o crescimento da população na Índia. Espelhando tendências persistentes no pensamento reformista social e desenvolvimentista inicial, os seus esforços continuaram nos primeiros anos após a independência indiana. Por fim, o texto analisa a segunda vaga de activismo internacional no campo das políticas populacionais na Índia, começando nos finais dos anos 1950 e atingindo o seu pico nos anos 1960. Esta fase terminou na segunda metade dos anos 1970, quando o governo indiano, depois da experiência de radicalização do controlo populacional durante o estado de emergência (1975-1977), tentou recuperar e assegurar o controlo sobre o campo através da exclusão de atores e intervenções externos.

Colonialismo Numérico: a Descoberta de um «Problema Populacional» Indiano

O argumento que a Índia sofria de um problema populacional emergiu ainda no século XIX, mas apenas se estabeleceu e tornou amplamente aceite depois da Primeira Guerra Mundial. É interessante que a «descoberta» do problema populacional indiano não tenha resultado de uma nova visão sobre os desenvolvimentos demográficos da Índia. De facto, a qualidade das estatísticas sobre a população indiana na época era muito baixa.[7] Apesar dos censos conduzidos na Índia Britânica desde 1872, estes (tal como muitos outros censos noutros países nesse período) eram considerados pouco fiáveis. Contudo, com base nos censos de 1921 e 1931, os demógrafos acreditavam que havia sinais de um crescimento populacional continuado. Além disso, as altas taxas de mortalidade materna e infantil prevaleceram em muitas partes da Índia, o que preocupava especialistas em saúde, e levou alguns nacionalistas indianos a atacar os britânicos pela negligência com o bem-estar da população indiana. Sarah Hodges afirmou que «ainda assim, a opinião indiana continuava dividida sobre se uma grande população era ou não uma causa da pobreza na Índia, e resultado disso, ou se era a solução para a pobreza indiana».[8]

Apesar da crescente consciencialização sobre a relevância económica e política da questão populacional, as estatísticas demográficas permaneciam imprecisas. Na primavera de 1947, apenas uns meses antes da Índia se tornar independente, um demógrafo indiano criticou a falta de dados fidedignos sobre a demografia do país. Argumentou que «embarcar numa política populacional sem estatísticas populacionais é como embarcar numa política comercial sem estatísticas do comércio externo».[9] Assim, pode dizer-se

[7] Sarah Hodges, *Contraception, Colonialism and Commerce: Birth Control in South Asia, 1920-1940* (Aldershot: Ashgate, 2008), p. 40. Ver também Gyan Prakash, *Another Reason: Science and the Imagination of Modern India* (Princeton: Princeton University Press, 1999), pp. 133-135; Dennis D. Cordell «African historical demography in the postmodern and postcolonial eras», em Karl Ittmann, Dennis D. Cordell e Gregory H. Maddox, eds., *The Demographics of Empire: The Colonial Order and the Creation of Knowledge* (Athens, OH: Ohio University Press, 2010), pp. 22-58, 36.

[8] Hodges, *Contraception, Colonialism and Commerce*, p. 14. Sobre a interpretação das taxas de mortalidade materna e infantil ver *ibid.*, p. 39; Rao, *From Population Control to Reproductive Health*, p. 19.

[9] B. Ramamurti, *Demographic Trends in Asian Countries: Asian Relations Conference, March-April 1947* (Nova Deli: Indian Council of World Affairs, 1947), p. 16.

que as estatísticas por si só não levaram à descoberta do alegado problema populacional indiano.

De acordo com o historiador Rahul Nair, o argumento que a Índia sofria de um problema populacional ancorava-se no discurso público dos oficiais de saúde dos anos 1920. Quando, em 1919, o *Government of India Act*, em resposta às reivindicações de maior autonomia indiana, transferiu a responsabilidade política e administrativa de assuntos locais e provinciais para os indianos, os oficiais britânicos encarregados desses assuntos temeram a perda de autoridade e posição. De modo a «manter o controlo sobre as políticas de saúde pública nas suas mãos», estes enfatizaram a gravidade do que era descrito como o problema populacional indiano, argumentando que este só podia ser abordado de forma centralizada e não podia ser deixado para os governos provinciais (indianos).[10] De acordo com Nair, os políticos e os administradores indianos adoptaram posteriormente a interpretação britânica de que a Índia sofria de um problema populacional, ajudando assim a consolidar a crença de que um dos desafios cruciais da Índia independente passava por limitar o crescimento populacional do país.[11]

O argumento de Nair parece plausível em muitos sentidos. No período entre-guerras os administradores coloniais europeus consideraram a «despopulação» ou «subpopulação» em partes de África e nas ilhas do Pacífico um problema grave, tendo especialmente em conta o potencial económico das colónias. De forma a abrandar o declínio e a assegurar um nível de fertilidade considerado necessário para as necessidades de trabalho das potências coloniais, alguns serviços coloniais instituíram esquemas de saúde pública que visavam reduzir a mortalidade, particularmente as taxas de mortalidade infantil, e a melhorar a saúde materna nas zonas rurais. Além disso, a questão da migração de mão-de-obra ficou sob escrutínio. Demógrafos que trabalhavam para as administrações coloniais argumentaram que os sistemas de migração de mão-de-obra, que se estavam a tornar numa parte integral das economias imperiais no período entre-guerras, separavam as famílias, tendo um efeito negativo nas taxas de fertilidade. Para prevenir a migração de mão-de-obra, assim como o temido efeito de «destribalização» que parecia ameaçar a estabilidade social e política, vários governos coloniais fizeram esforços para melhorar as condições de vida e de trabalho. Esperavam

[10] Rahul Nair, «The construction of a "population problem" in Colonial India, 1919-1947», *The Journal of Imperial and Commonwealth History*, vol. 39, n.º 2 (2011), pp. 227-247, 228.
[11] *Ibid.*, pp. 240-242.

que isto ajudasse a aumentar a fertilidade e produtividade, que viria, por sua vez, a beneficiar as economias coloniais e a fortalecer o poder imperial de forma mais ampla.[12]

Além disso, para melhorar as condições de trabalho e de saúde nas colónias eram consideradas necessárias intervenções nas estruturas sociais existentes, para encorajar a reprodução. Por exemplo, «nos anos 1920 as autoridades britânicas nas Novas Hébridas (actual Vanuatu) [...] desenvolveram uma política para regular o preço da noiva, para que os homens pudessem casar jovens, ao invés de o fazerem durante a meia idade ou na velhice, quando os oficiais presumiam que eles seriam menos férteis».[13] Se esses tipos de esforços tiveram ou não efeito sobre as taxas de natalidade e mortalidade nas Novas Hébridas, e em outros lugares, é difícil avaliar. O que parece evidente é que os estudos sobre a situação demográfica nas colónias ajudavam a melhor consciencializar os administradores coloniais sobre a relevância política do crescimento populacional e contribuíram para a produção e análise sistemáticas de dados demográficos estatísticos. Os números desempenharam um papel importante nos esforços coloniais para criar uma imagem de legitimidade e o crescente interesse na demografia como disciplina, que emergiu no período entre-guerras, acelerou o estabelecimento deste projecto numérico.[14] Parece, portanto, inteiramente plausível assumir que os oficiais britânicos na Índia temiam que desistir da responsabilidade sobre políticas públicas em áreas relacionadas com a população ameaçava a sua autoridade individual assim como o sistema colonial em geral, e, portanto, enfatizaram a urgência de resolver o alegado problema populacional, centralmente e sob liderança britânica.

Contudo, se nos focarmos nos interesses institucionais do pós-1919, corremos o risco de negligenciar preocupações mais antigas sobre o crescimento populacional que remontavam ao século XIX. Além disso, as explicações institucionais sugerem que a construção do problema

[12] Joseph Hodge, *Triumph of the Expert: Agrarian Doctrines of Development and the Legacies of British Colonialism* (Athens, OH: Ohio University Press, 2007), p. 124; Karl Ittmann, «"Where Nature dominates Man": Demographic ideas and policy in British Colonial Africa», em Ittmann, Cordell e Maddox, eds., *The Demographics of Empire*, pp. 59-88; Samuël Coghe, «Inter-imperial learning and African health care in Portuguese Angola in the interwar period», *Social History of Medicine*, vol. 28, n.º 1 (2015), pp. 134-154.

[13] Coghe e Widmer, «Colonial demography», p. 40.

[14] Arjun Appadurai, «Numbers in the colonial imagination», em Carol A. Breckenridge e Peter van der Veer, eds., *Orientalism and the Postcolonial Predicament: Perspectives on South Asia* (Filadélfia: University of Pennsylvania Press, 1993), pp. 314-339.

populacional indiano era primeiramente um projeto britânico, em que os indianos eram espectadores e, no máximo, receptores do conhecimento colonial. No entanto, enquanto as ideias neo-malthusianas e os apelos aos controlos de imigração e redistribuição populacional ganharam proeminência nos finais do século XIX e nas primeiras décadas do século XX, os intelectuais e políticos indianos não eram apenas observadores, tendo contribuído activamente para o debate. Entre outros, o jornalista Taraknath Das e o sociólogo Radhakamal Mukerjee participaram em várias conferências internacionais sobre população, que tiveram lugar nos anos 1920 e 1930, e desafiaram algumas das premissas dos seus colegas europeus acerca das consequências e dos perigos do crescimento populacional na Ásia, muitos dos quais carregavam noções racistas e estavam ligados a interesses imperiais.[15]

Debates sobre temas relacionados com a população também ocorreram no cenário interno indiano. Como Sarah Hodges mostra no caso de Madrasta, membros da classe média Tamil começaram a reivindicar medidas de controlo de natalidade nos anos 1920 e 1930. Fizeram-no, parece, não tanto porque os britânicos tivessem definido um problema populacional, mas porque partilhavam a percepção de muitos observadores internacionais e reformadores sociais da época que uma elevada taxa de natalidade, especialmente entre os grupos rurais e iletrados, desafiava a força de uma sociedade e deveria ser enfrentada com a ajuda da educação e da ciência. O que unia muitos dos defensores do controlo de natalidade era uma perspectiva neo-malthusiana do crescimento populacional combinada com uma crença eugénica sobre a necessidade de melhorar a «qualidade» da população indiana.[16] Enquanto muitos dos indianos argumentavam que o colonialismo estava no coração dos problemas sociais e económicos, incluindo os alegados problemas populacionais, os membros fundadores da MNML não estavam primeiramente interessados em usar as questões populacionais para desafiar o domínio colonial.[17] De acordo com Hodges, eles devem ser vistos mais como «membros das classes médias urbanas» que seguiram a sua própria perspectiva, especificamente sul-indiana, sobre o «problema populacional», numa época em que as mudanças culturais e socioeconómicas desafiavam os pressupostos estabelecidos sobre relações de género e sexualidade.[18]

[15] Bashford, *Global Population*, pp. 115-116, 125.

[16] Hodges, *Contraception, Colonialism and Commerce*, p. 39.

[17] *Ibid.*, pp. 14, 47, 53-55.

[18] *Ibid.*, p. 52. Sara Hodges escreve que «A MNML abraçou a contracepção não como uma extensão do nexo casta-classe-género para controlar os pobres de Madrasta, mas antes como

Enquanto as suas preocupações demográficas se baseavam em desenvolvimentos locais e regionais, os membros da MNML pertenciam, pelo menos conceptualmente, a uma rede internacional encabeçada por defensores do controlo de natalidade como Marie Stopes e Margaret Sanges. Estes e muitos outros reformadores sociais partilhavam ideias neo-malthusianas e eugenistas e promoviam o planeamento familiar através da educação, saúde pública e contraceptivos.[19] Ao fazer isso, muitos deles focavam-se no papel e na saúde da mulher. De igual modo, nos anos 1930, as mulheres indianas ativas no seio do movimento de controlo de natalidade – por exemplo, aquelas representadas na All India Women's Conference – exigiam melhor acesso a informação sobre saúde materna e métodos para o espaçamento entre gestações. Nilanjana Chatterjee e Nancy Riley argumentam que esta posição, em contraste com as reivindicações mais radicais da saúde reprodutiva das mulheres sobre os seus próprios corpos, estava em linha com a «imagem nacionalista hegemónica da mulher indiana», que Gandhi e outros promoveram e usaram na luta contra o colonialismo.[20] De forma semelhante, os membros do Comité de Planeamento Nacional, estabelecido pelo Congresso Nacional anticolonial e encarregado de preparar planos para a independência indiana, argumentavam que o controlo de natalidade, como forma de reduzir o crescimento populacional, interessava ao futuro desenvolvimento nacional da Índia.[21]

Em suma, a noção de existência de um problema populacional na Índia colonial tardia deve ser entendida como um produto de um processo complexo no qual estavam envolvidos diferentes actores e interesses – coloniais e imperiais, e até anticoloniais, regionais e internacionais. O colonialismo e imperialismo deixaram uma forte impressão nas percepções sobre o crescimento demográfico e a «sobrepopulação» na Índia, particularmente na forma de conhecimento estatístico e de preocupações institucionais.

uma ferramenta para negociar uma nova paisagem moral e sexual da conjugalidade urbana brâmane». *Ibid.*, p. 50.

[19] *Ibid.*, pp. 49, 58-60; Bashford, *Global Population*, pp. 220-223; Matthew Connelly, *Fatal Misconception: The Struggle to Control World Population* (Cambridge, MA: The Belknap Press da Harvard University Press, 2008), pp. 84-88.

[20] Nilanjana Chatterjee e Nancy E. Riley, «Planning an Indian modernity: the gendered politics of fertility control», *Signs*, vol. 26, n.º 3 (2001), pp. 811-845, 821. Ver também Rao, *From Population Control to Reproductive Health*, pp. 21-23.

[21] Rao, *From Population Control to Reproductive Health*, pp. 19-21.

Contudo, restringir-nos à visão das políticas coloniais centradas no Estado traz o risco de ignorar que tanto actores indianos quanto não-indianos lidaram com e usaram a questão populacional para o seu próprio interesse, o que não estava necessariamente em linha com o projecto imperial. Foi este ambicioso legado que moldou a forma como o crescimento populacional foi abordado após 1947.

No interesse da Nação: controlo da população na Índia independente

Após a independência, o governo indiano fez um grande esforço para assegurar a sua legitimidade ao tornar-se o zelador da nação: «o Estado foi ampliado, as suas ambições inflacionadas, e foi transformado de um objecto distante e estranho num que aspirava a entranhar-se na vida quotidiana dos indianos, proclamando-se responsável por tudo o que pudessem desejar: trabalho, cartões de racionamento, espaços de educação, segurança, reconhecimento cultural».[22] Poder-se-ia adicionar o controlo de natalidade à lista, uma vez que o «planeamento familiar» se tornou responsabilidade do Estado após 1947. Ainda em 1935, o National Planning Committee (o precursor da Comissão Independente de Planeamento da Índia) afirmava: «o interesse da economia social, a felicidade familiar e o planeamento nacional, o planeamento familiar e a limitação de crianças são essenciais e o Estado deve adoptar uma política que as encoraje. [...] As clínicas de controlo de natalidade devem ser estabelecidas e outras medidas necessárias tomadas a esse respeito».[23] Isto foi o que o governo independente fez no princípio dos anos 1950.[24]

O primeiro plano quinquenal da Índia fez provisões para medidas de controlo de natalidade, baseadas no pressuposto de que para o desenvolvimento socioecónomico prosseguir como planeado, a fertilidade deveria baixar. Assim, clínicas de planeamento familiar foram estabelecidas por todo o país, utilizando-se a chamada *cafeteria approach* para encorajar os indivíduos a escolher diferentes tipos de controlo de natalidade dependendo das suas necessidades. Os orçamentos para o planeamento familiar foram

[22] Sunil Khilnani, *The Idea of India* (Nova Iorque: Farrar Straus Giroux, 1997), p. 41.

[23] Citado em S. Chandrasekhar, *Population and Planned Parenthood in India* (Londres: George Allen & Unwin, 1961), p. 94.

[24] Chatterjee e Riley, «Planning an Indian modernity», p. 822.

aumentados de forma constante nos segundo e terceiro planos quinquenais.[25] Claramente, o Estado indiano no pós-1947 fez uma forte aposta no campo da política populacional. Isto pode ser entendido como uma resposta pós-colonial à experiência da intervenção colonial naquilo que era considerado (não só na Índia) um elemento chave da soberania nacional.

De forma algo irónica, o esforço do Estado indiano para tornar o controlo da população numa matéria de interesse nacional dependeu de apoio internacional. Por razões financeiras, mas também por uma clara percepção da falta de competência especializada, o governo central e os estados indianos convidaram e receberam especialistas internacionais para estabelecer clínicas de planeamento familiar e tentar novos métodos contraceptivos. Assim, não é surpreendente que os esforços para o controlo de natalidade do princípio da década de 1950 fossem uma continuidade linear dos projectos de reformismo social do período entre-guerras. Por exemplo, no princípio dos anos 1950, a social-democrata, activista pela paz, e assistente social sueca, Signe Höjer, conduziu programas de planeamento familiar em Travancore-Cochin; o seu marido, Axel Höjer, tinha sido nomeado director do Colégio Médico em Trivandrum pela Organização Mundial de Saúde. Os Höjer (menos conhecidos que o casal mais famoso das ciências sociais suecas e reformas internacionalistas, Alva e Gunnar Myrdal, mas de muitas formas muito semelhante a estes) foram ativos no controlo do movimento da população na Suécia nos anos 1930. Enquanto na Suécia, Signe Höjer se tinha envolvido em actividades pró-natalidade, na Índia tentou abordar aquilo que entendia ser o problema de superpopulação e pobreza relacionados com os casamentos precoces e o grande número de crianças que muitas mulheres tinham. Ela foi instrumental para estabelecer uma associação de planeamento familiar em Travancore-Cochin, que treinou médicos, enfermeiros e parteiros em métodos de controlo de natalidade, e ajudou a estabelecer creches de modo a facilitar a situação das mães. De muitas formas, os seus esforços reflectiram a sua experiência com programas de reformismo social na Suécia antes da guerra, destinados à educação e emancipação.[26]

Similarmente, muitos indianos e defensores internacionais do controlo de natalidade ativos na Índia nos anos 1950 sentiram que o elevado crescimento

[25] Chandrasekhar, *Population and Planned Parenthood in India*, pp. 95-101; Rao, *From Population Control to Reproductive Health*, pp. 25-28.

[26] Annika Berg, «A suitable country: the relationship between Sweden's interwar population policy and family planning in postindependence India», *Berichte zur Wissenschaftsgeschichte*, vol. 33, n.º 3 (2010), pp. 297-320, esp. 305-309.

populacional na Índia era resultado das estruturas sociais «tradicionais» e que melhores acessos à informação e contraceptivos e melhores cuidados de saúde eram cruciais para baixar a taxa de mortalidade e, como consequência directa, a taxa de fertilidade. Noutras palavras, o «problema populacional» no princípio e meados dos anos 1950 não era, à partida, entendido como um problema económico, mas antes como problema social e de saúde.

Esta perspectiva ficou sob pressão no final da década e ainda mais nos anos 1960, quando os argumentos económicos sobre o impacto do crescimento da população no desenvolvimento ganharam popularidade face às repetidas crises alimentares e financeiras que a Índia atravessou. Um número crescente de políticos indianos e comentadores internacionais começou a argumentar que a alta taxa de fertilidade indiana impedia a Índia de resolver os seus problemas alimentares e de se industrializar como planeado. Para defender a sua posição, apoiaram-se nos argumentos do estudo de 1958, *Growth and Economic Development in Low-Income Countries: A Case Study of India's Prospects*, de Ansley Coale e Edgar Hoover, que parecia provar que o crescimento populacional inibia o crescimento económico.[27] Este estudo teve um efeito considerável na elaboração de políticas, sugerindo intervenções estratégicas que poderiam travar aquilo que ameaçava tornar-se numa situação de declínio em vez de crescimento.[28] Neste contexto, muitos observadores indianos e internacionais argumentaram que já não era suficiente educar a população indiana sobre as possibilidade de espaçar os nascimentos e de melhorar a saúde materna e infantil. Ao invés, muitos acreditavam ser necessária uma redução rápida da fertilidade, que teria de ser conseguida através da ajuda de novos tipos de tecnologias.[29]

O Primeiro-Ministro Jawaharlal Nehru não partilhava desta opinião, pelo menos publicamente. Nos anos 1960, afirmou que o objectivo de limitar o crescimento da população não deveria receber mais atenção que o objectivo

[27] Ansley J. Coale e Edgar M. Hoover, *Population Growth and Economic Development in Low-Income Countries: A Case Study of India's Prospects* (Princeton: Princeton University Press, 1958). Ver também Maria Dörnemann, «Die 'Bevölkerungsexplosion' in Kenia als Verflechtungsgeschichte: Ein nationales Familienplanungsprogramm im Rahmen internationaler Politik (1967-1972)», em Thomas Etzemüller, ed., *Vom «Volk» zur «Population»: Interventionistische Bevölkerungspolitik in der Nachkriegszeit* (Munique: Westfälisches Dampfboot, 2015), pp. 54-78, esp. 62-64.

[28] Simon Szreter, «The idea of demographic transition and the study of fertility change: a critical intellectual history», *Population and Development Review*, n.º 19 (1993), pp. 659-701, 689, 680.

[29] Bashford, *Global Population*, pp. 322-327; Connelly, *Fatal Misconception*, capítulo 7; Rao, *From Population Control to Reproductive Health*, pp. 30-38.

de promover o crescimento económico. «Não deve haver conflito entre os dois e nós temos, assim, de prosseguir em ambas as linhas», argumentou.[30] Com a necessidade da construção da nação em mente, Nehru e o seu governo tinham trabalhado desde 1947 para aumentar os padrões de vida das populações rurais e providenciar acesso à educação, cuidados de saúde, e consumo, o que, por sua vez, aceleraria o processo de industrialização e faria da Índia uma nação «moderna». Assim, o desenvolvimento era suposto ter um efeito positivo tanto a nível individual como a nível nacional. De acordo com Nehru, «sem a rápida melhoria na agricultura e crescimento industrial, há pouca esperança no futuro. Quando esse crescimento acontece, e há uma educação generalizada, o planeamento familiar vem por acréscimo».[31] O seu argumento de que a baixa taxa de fertilidade resultante da educação e do desenvolvimento económico estava em linha com o pressuposto segundo o qual as sociedades «tradicionais» tinham elevadas taxas de fertilidade e mortalidade, e que estas seriam substituídas por taxas de fertilidade e de mortalidade baixas, como resultado da modernização.

Nos anos 1950 e 1960, esta linha de pensamento entrou no discurso político na forma da teoria da transição demográfica. Com base nos conceitos desenvolvidos nos anos 1920, a teoria foi formulada por demógrafos no Office of Population Research da Universidade de Princeton. Os académicos afastaram-se das velhas ideias eugenistas sobre reprodução e destacaram o desenvolvimento linear da mudança demográfica em sociedades que experienciavam alterações socioecónomicas num contexto de urbanização e industrialização. Com as suas teorias, deram sustentação académica aos apelos pelo controlo da natalidade.[32]

Nehru morreu em 1964 e foi sucedido primeiro por Lai Bahadur Shastri, e depois pela sua filha Indira Gandhi. Ambos estavam mais abertos do que Nehru a aceitar o pressuposto de que a alta taxa de fertilidade da Índia inibia o desenvolvimento socioecónomico do país. Além disso, as exigências americanas para que a Índia resolvesse o problema alimentar e o evidente problema populacional intensificaram-se, especialmente durante o governo

[30] Jawaharlal Nehru, «Foreword», em Chandrasekhar, *Population and Planned Parenthood in India*, s.p. Ver também Chatterjee e Riley, «Planning an Indian modernity», p. 823.

[31] Nehru, «Foreword», *op. cit.*

[32] Simon Szreter, «The idea of demographic transition and the study of fertility change: a critical intelectual history», pp. 659-701, 689, 680; Paul Demeny e Geoffrey McNicoll, «World Population 1950-2000: perception and response», *Population and Development Review*, n.º 32 (2006), pp. 1-51, esp. 29-30.

de Indira Gandhi. Assim, em meados dos anos 1960, o governo indiano, num contexto de grave crise económica e financeira, e sob pressão considerável dos Estados Unidos e do Banco Mundial, fez do controlo de natalidade uma prioridade e pediu apoio a organizações internacionais e governos nacionais. Durante a segunda metade dos anos 1960, muitas organizações internacionais iniciaram projectos na Índia para reduzir a taxa de fertilidade indiana. A Agência para o Desenvolvimento Internacional dos Estados Unidos (USAID) investiu largas quantias, assim como governos nacionais (nomeadamente escandinavos, e em particular a Suécia), organizações da ONU, e organizações não-governamentais como o Population Council, a Fundação Ford e a Fundação Rockefeller, grupos religiosos, entre outros.[33]

Apesar da elevada competição por oportunidades e visibilidade no campo do controlo de natalidade na Índia, os diferentes actores envolvidos (tanto indianos como internacionais) concordavam de modo geral que o reconhecido problema populacional era causado por padrões de reprodução tradicionais. Como os denominados estudos «Knowledge, Attitudes, and Practices» (KAP) dos anos 1960 indicavam, muitos dos casais indianos, como os casais de outros países «em desenvolvimento», eram capazes de indicar o número de crianças que acreditavam ser ideal, mas na realidade tinham mais filhos. Assim, os defensores do planeamento familiar apelaram a esforços para convencer os indianos a ter apenas dois ou três filhos.[34] A ideia da chamada «*small family norm*» («norma da família pequena») já tinha sido discutida antes da guerra, mas era agora, em 1960, que o governo indiano a estabelecia como objectivo.[35] Como o editor do volume sobre planeamento familiar na Índia escreveu, «de modo a fazer com que as pessoas saiam dos legados da norma das famílias numerosas e lealdades dos clãs, e legitimar o cumprimento da família pequena, foi feito um esforço deliberado para

[33] Connelly, *Fatal Misconception*, pp. 217-232, 255; Kristin L. Ahlberg, «"Machiavelli with a Heart": The Johnson Administration's Food for Peace Program in India, 1965-1966», *Diplomatic History*, vol. 31, n.º 4 (2007), pp. 665-701.

[34] S. N. Agarwala, *Attitudes Towards Family Planning in India* (Bombaim: Asia Publishing House, 1962), p. 33. Sobre os estudos KAP ver Heinrich Hartmann, «A twofold discovery of Population: assessing Turkish population by its "Knowledge, Attitudes, and Practices", 1962-1980», em Heinrich Hartmann e Corinna R. Unger, eds., *A World of Populations: The Production, Transfer, and Application of Demographic Knowledge in the Twentieth Century in Transnational Perspective* (Nova Iorque: Berghahn, 2014), pp. 178-200.

[35] Corinna R. Unger, «The making of the small family norm in post-1947 India», *Contemporanea*, vol. 18, n.º 3 (2015), pp. 483-488.

fazer com que todo o sistema de valores metafísico e social mudasse».[36] Nada menos do que a revisão completa das normas e comportamentos estabelecidos parecia ser necessário para se resolver o reconhecido problema populacional. No princípio dos anos 1970, muitos estados indianos aprovaram legislação que debilitou as regras relativamente restritas de esterilização existentes e permitiu o uso de incentivos monetários na tentativa de aumentar os níveis de esterilização para atender as novas metas estabelecidas por Nova Deli, que estavam vinculadas ao montante de apoio financeiro que os estados recebiam do governo central.[37]

Ao nível discursivo, estabeleceu-se que a norma da pequena família na Índia era apresentada como o passo final para fazer do país uma nação moderna, cujos cidadãos se comportavam de forma «responsável» e «racional». Como o ministro de Estado, da Saúde e do Planeamento Familiar argumentou, a Índia não podia esperar que o modelo de transição demográfico resolvesse o alegado problema populacional porque o país estava demasiado «atrasado».[38] De acordo com esta lógica, se não se pudesse contar com a modernização para baixar as taxas de fertilidade (como Nehru argumentava em 1960), o Estado tinha que intervir e iniciar a mudança do comportamento reprodutivo. Esta linha de argumentação é notavelmente semelhante àquela dos oficiais coloniais britânicos que, nos anos 1920, tinham tentado manter a sua autoridade ao sublinhar quão intenso e grave era o alegado problema populacional. De forma semelhante ao período entre-guerras, nos anos 1960 e 1970, a noção de que o Estado se devia preocupar com o comportamento reprodutivo dos seus cidadãos estava muito presente na Índia, e o controlo populacional significava não só o controlo do planeamento familiar, mas também sobre a população. Enquanto o governo indiano dos anos 1950 tentou incluir as preocupações sobre a população como parte do processo de construção da nação, a percepção que a população era uma fonte de perigo para o Estado veio à tona nos anos posteriores. Neste sentido, era similar às preocupações coloniais e imperiais sobre o crescimento descontrolado de uma população incontrolável, ainda que com maior participação internacional no esforço para atingir um objectivo nacional de suposta importância global.

[36] V. Jagannadham, «Introduction», em V. Jagannadham, ed., *Family Planning in India: Policy and Administration* (Nova Deli: The Indian Institute of Public Administration, 1973), pp. ix-xvi, xii.

[37] Rao, *From Population Control to Reproductive Health*, pp. 45-47.

[38] D. P. Chattopadhaya, «Inaugural Address», em V. Jagannadham, ed., *Family Planning in India: Policy and Administration* (Nova Deli: The Indian Institute of Public Administration, 1973), pp. 1-4, esp. p. 3.

A reivindicação nacional sobre a questão populacional intensificou-se a um nível inédito em meados dos anos 1970, quando Indira Gandhi, na sequência da decisão do Tribunal Supremo contra ela, tentou manter-se no poder ao declarar o estado de emergência (1975-1977). Neste contexto, o seu filho, Sanjay Gandhi, conduziu o que foi chamado de campanha anti-pobreza. A campanha incluiu uma tentativa em larga escala para abordar o problema de «sobrepopulação» ao erradicar bairros de lata e ao reduzir as taxas de crescimento populacional. Tragicamente, centenas de milhares de pessoas, senão milhões, sobretudo pobres nas diferentes partes da Índia, foram pressionadas a aceitar esterilizações ou esterilizadas à força.[39] Indira Gandhi defendeu as ações do seu governo argumentando, em Janeiro de 1976, que o «problema populacional» era tão urgente que «nós não deveríamos hesitar em dar passos que podem ser descritos como drásticos. Alguns direitos individuais devem ser mantidos em suspenso pelos direitos humanos da nação: o direito de viver, o direito ao progresso».[40] A associação do comportamento reprodutivo individual ao futuro da nação serviu para justificar o uso da força.

Quando o estado de emergência terminou, os políticos indianos e os defensores do controlo de natalidade fizeram grandes esforços para garantir que violações dos direitos humanos deste tipo não voltassem a acontecer e para melhorar a imagem dos serviços de saúde pública da Índia que tinham levado a cabo as campanhas de esterilização. Agora, o controlo de natalidade devia tornar-se «uma parte integral do bem-estar familiar», com ênfase na saúde das crianças e da mãe.[41] Ao mesmo tempo, o governo fez esforços para reduzir e eliminar a influência que os actores internacionais tinham ganhado na arena populacional indiana desde dos anos 1960.[42] A participação internacional nas tentativas da Índia baixar a fertilidade do país eram agora retratados como uma das razões para a radicalização ocorrida durante o estado de emergência.

[39] Emma Tarlo, *Unsettling Memories: Narratives of the Emergency in Delhi* (Londres: Hurst & Company, 2003); Connelly, *Fatal Misconception*, pp. 317-326; Rao, *From Population Control to Reproductive Health*, pp. 45-50.

[40] Citado em Rao, *From Population Control to Reproductive Health*, pp. 47.

[41] Chandra Sekaran, «Foreword», em M. M. Gandotra e Narayan Das, eds., *Population Policy in India* (Bombaim: Blackie & Son Publishers, 1984), pp. v-vi. Ver também Rao, *From Population Control to Reproductive Health*, pp. 50-53.

[42] Chatterjee e Riley, «Planning an Indian modernity», pp. 824-825.

Recuperar a autoridade que os atores não-indianos tinham conseguido assegurar no domínio do controlo populacional parece ter sido considerado um passo necessário para restaurar a soberania indiana, tanto a nível nacional como internacional. Nesse sentido, poder-se-ia falar de uma segunda vaga de descolonização. Quer fosse denominado controlo populacional ou bem-estar familiar, os representantes de Nova Deli destacavam agora que esta era uma responsabilidade do Estado, fazendo assim uma afirmação que era notavelmente semelhante às tentativas coloniais e nacionalistas de estabelecer um vínculo entre controlo populacional e soberania política.

Conclusão

O que nos dizem as diferentes fases da percepção e do debate indiano e internacional sobre o suposto problema populacional? Por um lado, sugerem que não houve um desenvolvimento linear de uma visão imperialista para uma visão internacionalista sobre a mudança demográfica, e que é difícil fazer uma distinção clara entre internacionalismo, imperialismo, e nacionalismo com base na questão populacional. De uma perspectiva governamental, a «população» continuou a ser um objecto de intervenção e controlo, independentemente do regime que estivesse no poder e dos actores envolvidos. O entendimento do controlo populacional como um poderoso instrumento de autoridade política era partilhado pelos diferentes actores – oficiais coloniais, representantes da classe média, políticos nacionalistas, reformadores sociais, organizações não-governamentais nacionais e internacionais, governos nacionais.

Contudo, os modos específicos com que lidavam com o problema do crescimento populacional, em particular, e os desenvolvimentos demográficos em geral, variavam. Os defensores do controlo populacional, nos seus esforços lobistas, baseavam-se em explicações académicas e argumentos sobre o significado da elevada fertilidade na Índia enquanto sociedade e nação, tais como a eugenia, o neo-Malthusianismo ou a teoria da transição demográfica. Dependendo das diferentes interpretações dos alegados problemas populacionais, aqueles que apelavam a um controlo de natalidade, estavam interessados na saúde e produtividade da população e, desse modo, do império ou da nação; em evitar a armadilha malthusiana de demasiadas pessoas para pouca terra; ou na mudança comportamental enquanto etapa em direcção a uma modernização generalizada. As estruturas, organizações e redes de especialistas imperiais e internacionais providenciavam uma ponte para estes argumentos e interesses e permitiram-lhes enraizar-se em diferentes níveis da vida política indiana. Ao mesmo tempo, e como demonstram os exemplos da MNML, do trabalho de indivíduos como Signe Höjer, e a participação de organizações não-governamentais no controlo da natalidade, a preocupação acerca do crescimento populacional não era monopólio dos representantes governativos. Ideias acerca da interconexão entre crescimento populacional, pobreza, recursos económicos e desenvolvimento social eram muito populares e, por muito tempo, não inteiramente controlados por especialistas científicos. Assim, em maior grau que noutros campos (por exemplo, na economia), muitos indivíduos e organizações privadas sem poder político formal, puderam reivindicar uma participação na área da população e fazer-se ouvir.

O que parece notável é que a percepção de que a Índia sofria de um problema populacional ganhou intensidade em paralelo com a expansão dos serviços e estruturas de bem-estar social. Esta expansão estava intimamente relacionada aos interesses económicos e políticos. Por exemplo, a administração colonial preocupava-se com os assuntos da população na Índia pela sua relevância na economia imperial, assim como por razões institucionais. Da mesma forma, após 1947, o governo indiano tentou assegurar a legitimidade dos serviços providenciados, incluindo cuidados de saúde e controlo de natalidade, para os indivíduos e grupos constituintes da nova nação, e prevenir que o crescimento da população abrandasse o desenvolvimento económico do país. Curiosamente, com o tempo, a questão do bem-estar social passou de uma preocupação imperial para uma preocupação global. A segunda vaga de participação internacionalista no controlo da população sugere que, depois de 1945, o bem-estar social numa região não era já considerado uma responsabilidade regional, mas um problema de relevância cada vez mais global. Neste sentido, talvez fosse útil complementar esta análise das relações entre imperialismo e internacionalismo com o surgimento de estruturas globais alternativas. Ao mesmo tempo, pode ser observado que o interesse no controlo da população nunca foi inteiramente internacionalizado ou globalizado, mas manteve-se crucial para o Estado-nação ao produzir e assegurar legitimidade política, especialmente face à crescente pressão e competição de actores não-estatais.

ÍNDICE

INTRODUÇÃO
TRAJECTÓRIAS IMPERIAIS E OS MUNDOS DO «INTERNACIONAL»: CASOS, DINÂMICAS E PERSPECTIVAS 7
Hugo Gonçalves Dores
Ana Filipa Guardião
Miguel Bandeira Jerónimo
José Pedro Monteiro

PARTE I – ANTI-COLONIALISMO, DESCOLONIZAÇÃO E ORDEM GLOBAL

1. «DANSE COSMOPOLITAINE»: ANTICOLONIALISMO E INTERNACIONALISMO NO PERÍODO ENTRE-GUERRAS 29
Fredrik Petersson

2. O IMPÉRIO FRANCÊS VAI A SÃO FRANCISCO: A FUNDAÇÃO DAS NAÇÕES UNIDAS E OS LIMITES DA REFORMA COLONIAL 59
Jessica Pearson

3. A BIGORNA DO INTERNACIONALISMO, AS NAÇÕES UNIDAS E AS RELAÇÕES ANGLO-AMERICANAS DURANTE OS DEBATES SOBRE O CATANGA, 1960-1963 87
Alanna O'Malley

PARTE II – DIREITOS HUMANOS, HUMANITARISMO E UNIVERSALISMO(S)

4. OS INVENTORES DOS DIREITOS HUMANOS EM ÁFRICA: PORTUGAL, O COLONIALISMO TARDIO E O REGIME DE DIREITOS HUMANOS DA ONU 117
Miguel Bandeira Jerónimo
José Pedro Monteiro

5. DIREITOS LEGAIS OU DIREITOS HUMANOS? ATIVISMO JUDICIAL, PRISIONEIROS POLÍTICOS E REFUGIADOS DURANTE A TRANSIÇÃO DOS CAMARÕES FRANCESES DE PROTETORADO A ESTADO 157
Meredith Terretta

6. OS DESAFIOS DO COLONIAL: PRIMEIRAS ABORDAGENS DO CICV E DO ACNUR AO PROBLEMA DOS REFUGIADOS NAS GUERRAS DE INDEPENDÊNCIA DO QUÉNIA, ARGÉLIA E ANGOLA 189
Ana Filipa Guardião

7. EM BUSCA DE LEGITIMIDADE: O COMITÉ INTERNACIONAL DA CRUZ VERMELHA E ÁFRICA DURANTE OS ANOS 1960 221
Marie-Luce Desgrandchamps

PARTE III – POLÍTICAS SOCIAIS, DESIGUALDADES E INTERNACIONALISMOS

8. EM NOME DE UMA «MISSÃO SAGRADA»: A UNESCO E A QUESTÃO COLONIAL EM ÁFRICA 243
Hugo Gonçalves Dores

9. UM PARADIGMA PARA O DESENVOLVIMENTO. A «EDUCAÇÃO DE BASE» E OS LIMITES DA COOPERAÇÃO INTERNACIONAL NA ÁFRICA COLONIAL (1945-1949) 275
Damiano Matasci

10. REGIONALISMO(S) E COLONIALISMO TARDIO EM ÁFRICA: PROJECTOS INTER-TERRITORIAIS E DINÂMICAS DE COOPERAÇÃO EM SAÚDE 297
Philip J. Havik
José Pedro Monteiro

11. REIVINDICAÇÕES CONCORRENTES SOBRE A POPULAÇÃO: RESPOSTAS POLÍTICAS À MUDANÇA DEMOGRÁFICA NA ÍNDIA DO SÉCULO XX 327
Corinna R. Unger